O lado oculto das coisas

C. W. LEADBEATER

O LADO OCULTO DAS COISAS

Editora Teosófica
Brasília - DF

The Theosophical Publishing House
Edições em inglês: 1974
Adyar, Chennai (Madras), 600 020, Índia

Direitos Reservados à
EDITORA TEOSÓFICA
Sig Sul - Qd. 06 - Nº 1.235
70.610-460 – Brasília-DF – Brasil
Tel.: (61) 3322-7843
E-mail: editorateosofica@editorateosofica.com.br
Site: www.editorateosofica.com.br

L 434 Leadbeater, C. W.

O lado oculto das coisas / C. W. Leadbeater:
Tradução: Raymundo Mendes Sobral
2ª. ed.- Brasília: Editora Teosófica, 2023.

Tradução de: The Hidden Side of Things
ISBN: 978-85-7922-102-6
1. Teosofia
II. Título

CDD 141.332

Equipe de revisão:
  Ricardo Lindemann
  Walter da Silva Barbosa
  Zeneida Cereja da Silva
  Diagramação: Reginaldo Mesquita - Fone (61) 3341-3272
  Capa: Tiago Portes
  Impressão: Grafika Papel e Cores fone (61) 3344-3101
        E-mail: comercial@grafikapapelecores.com.br

PALAVRAS PRELIMINARES

Este livro foi idealizado e está em processo de construção faz uns dez ou doze anos, mas somente agora me foi possível publicá-lo. A demora em nada prejudicou, porque o estudante do oculto nunca cessa de aprender – e hoje, eu tenho muito mais informações do que doze anos atrás, tanto mais que diante de nós eu vejo que se abre sempre uma infinidade de conhecimentos novos por adquirir.

Grande parte do que está aqui escrito apareceu nas páginas de The Theosophist e de outros periódicos. Toda a matéria foi, porém, revista e bastante ampliada. Acredito que possa ajudar alguns irmãos a compreender a importância daquele aspecto muitíssimo maior da vida que se desdobra além da nossa visão física: a compreender que, conforme nos ensinou o Senhor Buddha:

As coisas invisíveis são a maioria.

C. W. Leadbeater

PREFÁCIO

Charles Webster Leadbeater (Stockport, Inglaterra 1847 – Perth, Austrália 1934) um dos maiores clarividentes do Século XX, particularmente pelas evidências apresentadas dentro de uma linguagem cientificamente verificável através da publicação de seu livro *Occult Chemistry*[1] (*Química Oculta*), em 1908, em coautoria com a Dra. Annie Besant. Ali os autores antecipam várias descobertas científicas, a saber: os quarks, descobertos pela Ciência Oficial somente em 1963; os isótopos do Hidrogênio, descobertos em 1932 e 1934; o meta-neon, Prêmio Nobel de Aston em 1922, entre outros... Assim, Besant e Leadbeater sustentaram, pela sutilização progressiva da matéria, a realidade de outros planos ou dimensões superiores da existência. Tal tema está também desenvolvido em outra obra muito recomendável de Leadbeater intitulada *Clarividência*, também publicada pela Editora Teosófica (2013).

Sua definição de Ocultismo ou Ciência Oculta é clássica: "é o estudo do lado oculto da natureza; ou melhor, é o estudo da natureza em sua totalidade, e não apenas daquela parte mínima que é o objeto de investigação da ciência moderna."

Devido a essa faculdade paranormal de clarividência ter sido extraordinariamente desenvolvida pelo autor, o livro *O Lado Oculto das Coisas*, publicado originalmente em1913, é uma clássica referência para todos os interessados no tema. Nesta obra, produto de vários anos de sua meticulosa pesquisa clarividente, o autor revela uma infinidade de fatores visíveis e invisíveis, que se mostram favoráveis ou desfavoráveis, classificados logicamente em várias seções: Como Nós Somos Influenciados; Como Nos Influenciamos a Nós Mesmos; e Como Nós Influenciamos Os outros. Suas considerações no subcapítulo sobre Medi-

---

[1] Theosophical Publishing House, Adyar, Chennai (Madras), 1908. (N. E.).

tação apresentam importantes referências práticas para todos, e apontam para o caminho do desenvolvimento da clarividência com segurança.

Dessa forma, ele também apresenta, de modo leve e simples, uma visão panorâmica do pensamento teosófico sobre os planos ou dimensões da natureza, o ciclo da vida e da morte, o *karma* e a evolução orientada pela Hierarquia Oculta, embora não tão detalhadamente. Para quem desejar tal detalhamento pelo mesmo autor, pode-se sugerir outros livros seus, a saber *O Plano Astral, A Vida Interna, A Gnose Cristã,* e *Os Mestres e a Senda* (Ed. Teosófica), respectivamente.

O leitor, ao penetrar nesta obra e desvendar a descrição clarividente de Leadbeater, sobre todos estes temas, poderá mudar muito sua vida pela esplendorosa ampliação do seu sentido. A vida pode adquirir um novo significado à luz do ensinamento da Lei do *Karma* e de nossa evolução infinita perante a eternidade, como o autor considera que só nos resta assumir uma atitude otimista:

> Embora tudo esteja tendendo para um fim glorioso, esse ainda não foi atingido de modo algum, e por isso quando vemos múltiplos erros e sofrimentos à nossa volta, devemos fazer tudo o que pudermos para acertar as coisas – permitir que o bem essencial se manifeste... A Deidade confia ao homem uma certa quantidade de livre-arbítrio e, portanto, o homem pode usá-lo mal, e uma certa porção da humanidade sempre procede assim... Se as coisas não estiverem tão bem quanto deveriam [...], sabemos com absoluta certeza que, finalmente, ficarão bem. (LEADBEATER, C.W. A Atitude Teosófica. *Revista TheoSophia,* Brasília, 91: 3-14. out. – dez./2002. [Sociedade Teosófica no Brasil] p. 7.)

Tais temas suscitam também a investigação sobre as questões fundamentais da predestinação e do livre-arbítrio, e o próprio sentido da vida em evolução, pois Leadbeater não considerava a clarividência como um fim em si mesmo, mas como um meio de auxílio altruísta, bem como de pesquisa e evidência da Sabedoria Divina ou Teosofia, que ele pretende resumir em três grandes verdades básicas em seu artigo "A Atitude Teosófica":

que Deus é bom, que o homem é imortal, e que o que ele semear, isso também ele colherá . [...] Para o estudante mediano, essa certeza chega somente como resultado da convicção intelectual de que deve ser assim – que a evidência a favor dela é mais forte do que a oferecida contra ela. (*Ibidem*, p. 7 – 12)

Sobre a prova ou evidência a favor dessas verdades espirituais, ele afirma que:

existe, e existe em quantidade esmagadora; porém, como muito dela depende de evidência clarividente, o homem que desejar examiná-la terá de satisfazer-se considerando a possibilidade da clarividência existir. (*Ibidem*, p. 10)

Somos assim todos convidados a investigar essas evidências que o autor nos traz em sua obra inspiradora, pois como ele assim cita o próprio Senhor Buddha: "As coisas invisíveis são a maioria".

Brasília, 19 de novembro de 2017.

+ Ricardo Lindemann

Diretor da Editora Teosófica
Ex-Presidente da Sociedade Teosófica no Brasil

SUMÁRIO

Primeira Seção

INTRODUÇÃO   19

Capítulo 1
OCULTISMO   21

Capítulo 2
O MUNDO COMO UM TODO   29
Vista Panorâmica   29
A Quarta Dimensão   32
O Mundo Superior   34
O Objetivo da Vida   36

Segunda Seção

COMO NÓS SOMOS INFLUENCIADOS   39

Capítulo 3
PELOS PLANETAS   41
Radiações   41
A Divindade do Sistema Solar   42
Diferentes Tipos de Matéria   43
Os Centros de Vida   44
A Influência dos Planetas   48
Liberdade de Ação   49

Capítulo 4
PELO SOL   51
O Calor do Sol   51
As Folhas de Salgueiro   52

A Vitalidade   53
O Glóbulo da Vitalidade   54
A Absorção de Vitalidade   56
Vitalidade e Saúde   60
Vitalidade, e não Magnetismo   62

Capítulo 5
PELO AMBIENTE NATURAL   65
O Tempo   65
As Rochas   67
As Árvores   68
Os Sete Tipos   70
Os Animais   71
Os Seres Humanos   71
As Viagens   74

Capítulo 6
PELOS ESPÍRITOS DA NATUREZA   79
Uma Evolução à Parte   79
Linhas de Evolução   80
A Evolução da Vida   81
Superposição   85
Fadas   87
Tipos Nacionais   88
Sobre uma Montanha Sagrada da Irlanda   90
Vida e Morte das Fadas   91
Seus Passatempos   92
As Fantasias do Reino das Fadas   93
Sua Atitude para com o Ser Humano   94
Encantamento   95
Exemplos de Camaradagem   96
Espíritos da Água   97
Fadas da Água Doce   99
Silfos   100
Seus Divertimentos   102
Um Desenvolvimento Anormal   104
As Vantagens do Seu Estudo   105

Capítulo 7
PELOS CENTROS DE MAGNETISMO

PELOS CENTROS DE MAGNETISMO	107
Nossas Grandes Catedrais	107
Templos	110
Local e Relíquias	111
Ruínas	114
Cidades Modernas	117
Edifícios Públicos	119
Cemitérios	120
Universidades e Escolas	120
Bibliotecas, Museus e Galerias	121
Lugares Especiais	122
As Montanhas Sagradas	122
Os Rios Sagrados	124

Capítulo 8
PELAS CERIMÔNIAS

PELAS CERIMÔNIAS	125
A Hierarquia	125
Os Três Caminhos	128
Magia Cristã	130
A Missa	132
Ordenação	136
A Igreja Anglicana	138
A Música	139
As Formas-Pensamento	140
O Efeito da Devoção	142
Água Benta	144
Batismo	144
União é Força	145
Consagração	145
Os Sinos	146
Incenso	147
Serviços Fúnebres	148
Outras Religiões	149
As Ordens do Clero	150

Capítulo 9
PELOS SONS

PELOS SONS	151
Som, Cor e Forma	151
Música Religiosa	151

Música Vocal	154
Música Militar	156
Os Sons da Natureza	157
Na Vida Doméstica	157
Ruídos	159

Capítulo 10
PELA OPINIÃO PÚBLICA

	161
Preconceito de Raça	161
Preconceito Popular	162
Preconceito Político	163
Preconceito Religioso	164
Preconceito de Classe	165
Padrões da Opinião Pública	166
O Dever de Liberdade	167
Métodos de Comércio	168
Os Resultados da Fraude	170
Preconceitos Contra as Pessoas	171
A Influência dos Amigos	172
Superstições Populares	172
O Medo da Fofoca	174
Um Aspecto Melhor	174

Capítulo 11
PELOS ACONTECIMENTOS OCASIONAIS

	177
Um Funeral	177
A Destinação do Corpo Morto	179
Uma Operação Cirúrgica	183
Uma Conferência	184
Um Comício Político	186
Aglomerações	187
Uma Sessão Espírita	188
Um Comício de Revivescência Religiosa	191
Uma Onda de Patriotismo	196
Guerra	199
Catástrofes	202

Capítulo 12
POR SERES INVISÍVEIS — 205
Pessoas Sensitivas — 205
Um Caso Notável — 206
Investigando a Visão — 214
Escrevendo um Livro — 227
Explica também em uma das notas: — 236

Capítulo 13
NOSSA ATITUDE PARA COM ESSAS INFLUÊNCIAS — 239
Conchas Protetoras — 239
A Concha Etérica — 240
Escudos — 244
Uma Advertência — 245
A Concha Astral — 245
A Concha Mental — 247
O Melhor Uso de uma Concha — 248
Uma História Sugestiva — 248
O Melhor Caminho — 249

Terceira Seção
COMO NOS INFLUENCIAMOS A NÓS MESMOS — 253

Capítulo 14
POR NOSSOS HÁBITOS — 255
Alimentação — 255
Licores Intoxicantes — 257
Alimentação de Carne — 259
O Fumo — 261
Drogas — 263
Higiene — 264
Higiene Oculta — 265
Exercício Físico — 267
A Leitura e o Estudo — 267
Método e Perfeição — 270
Leitura de Jornais e Novelas — 270
A Conversação — 273
A Meditação — 274

Capítulo 15
PELO AMBIENTE FÍSICO 279
As Casas 279
As Ruas 281
Os Quadros 282
Curiosidades 284
Livros 285
O Mobiliário 286
As Joias 286
Talismãs 287
Os Objetos que Trazemos Conosco 293
O Dinheiro 294
O Vestuário 295

Capítulo 16
PELAS CONDIÇÕES MENTAIS 299
Formas-Pensamento 299
Estados de Espírito 301
Pensamentos que se Repetem 301
A Paixão Amorosa 302
Flores Não Fecundadas 305
Ocultismo e Casamento 306
As Mudanças em Nossa Consciência 307

Capítulo 17
POR NOSSOS DIVERTIMENTOS 311
Jogos Infantis 311
Esporte 313
A Pesca 315
Corridas de Cavalos 315
O Jogo 316
O Teatro 317

Quarta Seção
COMO NÓS INFLUENCIAMOS OS OUTROS 319

Capítulo 18
PELO QUE SOMOS

	321
O Inter-relacionamento dos Seres Humanos	321
O Dever de Felicidade	322
A Paz	328

Capítulo 19
PELO QUE PENSAMOS

	333
O Reino do Pensamento	333
Os Efeitos do Pensamento	334
A Onda de Pensamento	338
A Forma-Pensamento	339
O Que Podemos Fazer	342
A Responsabilidade pelo Pensamento	346

Capítulo 20
PELO QUE FAZEMOS

	353
O Trabalho para os Pobres	353
A Força do Mestre	355
A Fabricação de Talismãs	356
Variedades de Talismãs	359
Desmagnetizaçao	362
Fazer Bem as Pequenas Coisas	364
Escrever uma Carta	365
O Trabalho Durante o Sono	369

Capítulo 21
PELO PENSAMENTO COLETIVO

	375
Hinos e Rituais da Igreja	375
As Congregações	376
Os Mosteiros	377
Efeitos Sobre os Mortos	377
Salvar as Almas	378
Os que não Gostam das Cerimônias	379
Reuniões Teosóficas	380

Capítulo 22

PELAS NOSSAS RELAÇÕES COM AS CRIANÇAS — 391

O Dever dos Pais — 391
A Plasticidade da Infância — 394
A Influência dos Pais — 396
A Aura de uma Criança — 396
A Negligência dos Pais — 397
A Necessidade de Amor — 402
Educação Religiosa — 405
Educação Física — 407

Capítulo 23

PELAS NOSSAS RELAÇÕES COM OS REINOS INFERIORES — 409

Os Animais Domésticos — 409
Os Pássaros — 410
As Plantas — 411
Os Espíritos da Natureza — 414
As Coisas Inanimadas que nos Cercam — 416
Um Navio — 416
As Máquinas — 417
Navios Fatídicos — 419
As Pedras Empregadas nas Construções — 420
Enjoo no Mar — 421

Quinta Seção

CONCLUSÃO — 423

Capítulo 24

OS RESULTADOS DO CONHECIMENTO — 425

Resumo — 425
O Futuro — 427

Capítulo 25

O CAMINHO DA CLARIVIDÊNCIA — 433

Primeira Seção

INTRODUÇÃO

Capítulo 1

OCULTISMO

"Ocultismo" – eis um termo cujo sentido tem sido muito mal compreendido. Na mente do ignorante era, até pouco tempo atrás, sinônimo de magia, considerando-se os que se dedicavam ao seu estudo como profissionais da arte negra, que usavam vestes ondulantes, de cor escarlate, cobertas de signos cabalísticos, e que se reuniam em ambientes misteriosos, tendo por companhia um gato preto, a fim de preparar poções ímpias, com a ajuda de evocações satânicas.

Ainda hoje, e entre aqueles cuja educação se presume acima de tais superstições, persistem muitos equívocos a esse respeito. A derivação da palavra latina *occultus* devia mostrar-lhes que se trata da ciência do oculto; mas geralmente olham com desdém o ocultismo e como coisa inútil ou disparate, relacionado com sonhos e *buena-dicha,* com histeria e necromancia, com a procura do elixir da vida e da pedra filosofal. Os estudantes, que deviam saber algo mais, constantemente falam como se o lado oculto das coisas estivesse intencionalmente velado, como se o conhecimento dele, que devia estar ao alcance de todas as pessoas, lhes fosse deliberadamente sonegado, por capricho ou egoísmo de alguns. A verdade, porém, é que nada está ou pode estar oculto de nós, a não ser em razão de nossas próprias limitações, e que para todos nós, à medida que avançamos em evolução, o mundo se alarga progressivamente, porquanto nos tornamos capazes de ver cada vez mais a sua magnitude e a sua beleza.

A isso se pode levantar uma objeção: a de que, como é sabido, em cada uma das grandes Iniciações que assinalam o adiantamento do neófito ao longo do caminho que conduz às etapas superiores do progresso, novo acervo de conhecimentos lhe é proporcionado. Isso é uma verdade, mas os conhecimentos somente são postos à sua disposição porque ele atingiu um grau de evolução que lhe permite apreendê-los. Não estão sendo recusados ao ser humano comum mais do que o é, por exemplo, o conhecimento sobre seções cônicas à criança que ainda está aprendendo a tábua de multiplicar. Quando a criança atinge o nível em que pode compreender equações quadradas, o professor se dispõe a explicar-lhe as regras que as governam. Analogamente, quando uma pessoa está qualificada para receber informações ministradas na Iniciação, é imediatamente iniciada. Mas o caminho único para adquirirmos a capacidade de apreender o conhecimento superior é prepararmo-nos para compreender nossas atuais condições, e ordenar inteligentemente nossas vidas em relação aos fatos que se nos deparam.

Ocultismo é, portanto, o estudo do lado oculto da natureza; ou melhor, é o estudo da natureza em sua totalidade, e não apenas daquela parte mínima que é objeto de investigação da ciência moderna. No presente estágio de nosso desenvolvimento, sem dúvida a maior parte da natureza é inteiramente desconhecida da humanidade, porque esta ainda não desenvolveu senão em proporção insignificante as faculdades que possui. E, por isso, o ser humano comum baseia sua filosofia (se é que tem alguma) sobre um terreno de todo inadequado; suas ações moldam-se mais ou menos de acordo com as poucas leis da natureza que ele conhece. Consequentemente, tanto a sua teoria da vida como o seu comportamento diário são, necessariamente, incorretos. O ocultista adota uma atitude muito mais compreensiva, porque leva em conta aquelas forças dos mundos superiores cuja ação está oculta ao materialista, e assim, pauta a sua vida com obediência ao código integral das leis da natureza, em vez de considerar somente a expressão ocasional e fragmentária dessas leis.

Ao ser humano que nada conhece do oculto é difícil perceber como são grandes e sérias as suas próprias limitações e como a tudo se estendem. Só há um meio de podermos representá-las adequadamente: é supor uma forma de consciência ainda mais limitada que a nossa, e imaginar em que sentido ela difere. Imaginemos que fosse possível existir uma consciência capaz de perceber somente a matéria sólida – sendo para ela de todo inexistentes os estados líquido e gasoso, assim como o são, para o ser humano comum, os estados etérico, astral e mental. É fácil ver, desde logo, como seria impossível para tal consciência qualquer concepção correta do mundo em que vivemos. A matéria sólida, a única que lhe seria dada a conhecer, estaria constantemente passando por importantes modificações, sobre as quais não seria possível nenhuma teoria racional.

Por exemplo: sempre que houvesse uma forte chuva, a matéria sólida da terra sofreria alteração; em muitos casos, ou se tornaria mais mole ou mais pesada quando impregnada de umidade; mas a razão de semelhante alteração seria totalmente incompreensível para a consciência que estamos imaginando. O vento podia levantar nuvens de areia e transportá-las para outro lugar. Mas semelhante movimento da matéria sólida seria inexplicável para quem não tivesse noção alguma da existência do ar.

Sem mencionar outros exemplos do que é tão óbvio, vemos claramente quão insuficiente seria a ideia de um mundo como o concebido por aquela consciência limitada à matéria sólida. O que, entretanto, não percebemos com a mesma facilidade é que a nossa consciência atual tem um alcance tão inferior ao do ser humano desenvolvido quanto o da consciência que, imaginamos, é inferior ao nosso.

Os estudantes de Teosofia estão, pelo menos em teoria, familiarizados com a ideia de que tudo tem o seu lado oculto e, também sabem que, na grande maioria dos casos, esse lado invisível é de importância muito superior ao que é visível a olho nu.

Contemplando a mesma ideia de outro ponto de vista, os sentidos, por cujo intermédio obtemos todas as nossas informações acerca dos objetos exteriores, estão ainda imperfeitamente desenvolvidos. As informações recebidas são, portanto, parciais. O que vemos no mundo que nos cerca está longe de representar tudo o que há para ver; e a pessoa que se der ao trabalho de cultivar os sentidos verá que, na medida em que progredir, a vida para ela se tornará cada vez mais plena e mais rica. Para o amante da natureza, da arte, da música, um vasto e inacreditável campo de prazer e alegria jaz ao alcance de suas mãos, bastando que ele se decida a penetrar ali. E, sobretudo, para quem ama o próximo, há a possibilidade de uma compreensão mais íntima e, portanto, de benefícios muito mais amplos.

Estamos apenas a meio caminho na escada da evolução e, por isso, os nossos sentidos se encontram ainda semidesenvolvidos. Mas é possível subirmos com mais rapidez a escada – é possível, mediante um trabalho árduo, fazer com que os nossos sentidos sejam agora o que os sentidos de todos os seres humanos virão a ser em um futuro distante. Aquele que o consegue fazer é geralmente chamado vidente ou clarividente.

Eis uma bela palavra – clarividente. Quer dizer: "o que vê claramente"; mas, infelizmente, tem sido mal-empregada e deturpada, de modo que as pessoas a associam com toda sorte de trapaça e impostura – com ciganos que por seis níqueis dirão a uma mulher humilde qual a cor do cabelo do duque que vai desposá-la; ou com certas casas de Bond Street, onde, pelo preço de um guinéu, se pretende erguer o véu do futuro para os clientes aristocratas.

Tudo isso é irregular e nada tem de científico e, em muitos casos, é puro charlatanismo e roubo impudente. Mas nem sempre o é. Predizer o futuro, até certo ponto, é uma possibilidade; pode tornar-se uma realidade, e assim tem acontecido centenas de vezes. Sem dúvida, alguns daqueles profissionais irregulares chegam a ter, às vezes, vislumbres de visão superior que, entretanto, não lhes advêm normalmente quando o desejam.

Por trás de toda essa incerteza há, porém, um fundo de verdade – algo que pode ser alcançado de modo racional e estudado em termos científicos. É com base no resultado de muitos anos de estudo e experiência que eu afirmo solenemente o que acima está escrito – que é possível aos seres humanos desenvolverem os seus sentidos até adquirir a capacidade de ver, deste mundo belo e maravilhoso em que vivemos, muito mais do que pode suspeitar o ser humano médio, pouco desenvolvido, que se conforma com as trevas que o envolvem, chamando-as luz.

Dois mil e quinhentos anos atrás, o maior dos Instrutores hindus, Gautama Buddha, declarou aos seus discípulos: "Não vos lamenteis, não griteis, não supliqueis, mas abri os olhos e vede. A verdade se acha toda junto de vós, se apenas vos dispuserdes a tirar a venda dos olhos e olhar; e ela é tão maravilhosa, tão bela, que excede a tudo quanto os seres humanos já sonharam ou por que oraram – e existe para todo o sempre".

Certamente Ele quis dizer muito mais do que tudo sobre o que estou agora escrevendo; mas isso já representa um passo no caminho para a gloriosa meta da perfeita realização. E se isso ainda não nos diz toda a verdade, pelo menos nos dá uma boa parte dela. Afasta de nós uma legião de equívocos e nos esclarece muitos pontos havidos como misteriosos e problemáticos por aqueles que ainda não estão versados nesta ciência. Mostra-nos que todas essas coisas eram mistérios e problemas para nós, somente porque, até então, víamos uma parcela insignificante dos fatos, em razão de nossa visão estar confinada a uma pequena parte das coisas e, como fragmentos isolados e sem conexão, em vez de abranger a totalidade dos aspectos, como aconteceria se nos erguêssemos acima delas, situando-nos em uma posição de onde a perspectiva tornasse possível a sua compreensão como um todo. Soluciona de uma vez inúmeras questões que têm sido tão debatidas – como, por exemplo, a da existência do ser humano depois da morte. Explica muitas daquelas estranhas coisas de que nos falam as Igrejas; dissipa a nossa ignorância e remove o nosso medo do desconhecido, proporcionando-nos um esquema racional e ordenado.

Além de tudo isso, descerra-nos um mundo novo em relação à nossa vida quotidiana – um mundo novo que, não obstante, é parte do velho. Mostra-nos que, como disse no início, há um lado oculto em todas as coisas, e que os nossos atos mais triviais produzem, muitas vezes, resultados que nunca haveríamos de conhecer sem esse estudo. Por meio dele, compreendemos a razão de ser do que comumente se chama telepatia, pois vemos que, tal como as ondas de calor ou de luz, ou de eletricidade, há igualmente ondas geradas pelo pensamento, apesar de serem estas de um tipo mais sutil de matéria e, por isso, imperceptíveis aos nossos sentidos físicos. Pelo estudo de tais vibrações, vemos como atua o pensamento, e ficamos sabendo que é dotado de extraordinário poder, para o bem ou para o mal – um poder que todos nós estamos inconscientemente usando até certo ponto – e que podemos tornar cem vezes mais efetivo quando compreendermos o seu *modus-operandi*. Maior investigação nos revela o método de formação das chamadas "formas--pensamento", e mostra como podem ser utilmente empregadas, tanto para nós como para outrem e de diferentes modos.

O ocultista estuda cuidadosamente todos esses efeitos invisíveis e, portanto, sabe, mais do que os outros seres humanos, quais as consequências de seus atos. Possui um maior número de informações sobre a vida e exercita o bom senso, modificando a sua vida de acordo com o que sabe. Em muitos aspectos vivemos hoje de maneira diferente da de nossos antepassados da Idade Média, porque sabemos mais do que eles. Descobrimos certas leis de higiene; as pessoas instruídas procedem de acordo com este conhecimento, e por isso a duração média da vida é, sem dúvida, muito maior agora que nos tempos medievais. Ainda há os que, por ignorância ou falta de discernimento, deixam de tomar conhecimento das leis da saúde, ou são descuidados no observá-las; pensam que, por serem invisíveis, os germes não merecem que se lhes dê importância: tais pessoas não acreditam em ideias novas. São as primeiras vítimas quando sobrevém uma epidemia, ou quando uma doença nova ataca a comunidade. Sofrem desnecessariamente, porque se deixaram atrasar no tempo. Mas não é somente a si mesmas que elas causam dano com sua negligência; as condições criadas por sua ignorância, não raro, contaminam a comunidade que, de outro modo, estaria livre do mal.

O caso sobre o qual estou escrevendo é precisamente o mesmo, só que em um nível diferente. O microscópio revelou germes portadores de doença; a descoberta é utilizada pelo ser humano inteligente a fim de reorganizar a própria vida; ao passo que o ignorante não lhe dá atenção e permanece como era antes. A clarividência revela a força do pensamento e muitas outras forças que até então passavam despercebidas; mais uma vez aquele que é inteligente tira proveito da descoberta e recompõe sua vida de acordo com ela. Mais uma vez o ignorante não dá atenção à novidade, pensando que o que ele não pode ver, não carece de importância; e uma vez mais continua a sofrer, desnecessariamente, por ter se atrasado no tempo.

Não somente sofre uma dor real, mas deixa ainda de experimentar muitos dos prazeres da vida. Na pintura, na música, na poesia, na literatura, nas cerimônias religiosas, nos encantos da natureza, há sempre um aspecto oculto – uma plenitude, uma perfeição, além da simples aparência física; e o ser humano que o pode ver ou sentir domina uma riqueza de gozos muito além da compreensão daquele que passa por tudo isso com suas percepções fechadas.

As percepções existem em todos os seres humanos, ainda que não desenvolvidas na maioria deles. Para abri-las há necessidade, em geral, de um bom período de tempo e de um trabalho árduo; mas bem que vale a pena o esforço despendido. É imperioso que os motivos inspiradores desse esforço sejam absolutamente puros e isentos de egoísmo, pois aquele que busca desenvolver suas faculdades para fins que não sejam os mais elevados atrairá para si a maldição, ao invés de bênçãos.

Mas o homem de negócios, que não tem tempo para gastar num esforço continuado a fim de desenvolver as faculdades latentes em si mesmo, não está, por isso, impedido de partilhar de, pelo menos, alguns dos benefícios derivados do estudo oculto. Da mesma forma, o homem que não possui microscópio, nem por isso é privado de viver higienicamente. Este último não viu os germes patológicos; mas, pelo testemunho do especialista, sabe que existem, e sabe como precaver-se contra eles. Identicamente, aquele que ainda não despertou a visão clarividente pode estudar o que escreveram os que a adquiriram e, assim, beneficiar-se com o trabalho desses. Em verdade, ele não pode ver, ainda, toda a glória e beleza que jazem ocultas de nós devido à imperfeição de nossos sentidos; contudo, pode facilmente aprender como evitar o mal invisível e como pôr em movimento as forças invisíveis do bem. Assim, muito antes de poder vê-las diretamente, pode conclusivamente provar para si essa existência, exatamente como aquele que dirige um motor elétrico tem a prova da existência da eletricidade, apesar de nunca a ter visto e nem ao menos saber o que é.

Devemos nos esforçar por compreender o máximo que pudermos acerca do mundo em que vivemos. Não devemos nos atrasar na marcha da evolução. Não devemos nos tornar anacrônicos por desinteresse quanto às novas descobertas, que são apenas a apresentação de um novo aspecto da sabedoria arcaica. "Conhecimento é poder" – neste como em todos os casos; aqui, como ali, para assegurar os melhores resultados, a gloriosa trindade de poder, sabedoria e amor tem que andar de mãos dadas.

Todavia, há uma diferença entre o conhecimento teórico e a prática; e eu pensei que poderia, de algum modo, ajudar os estudantes no sentido da percepção das realidades, para que tenham uma noção do lado invisível das operações simples da vida diária, tão logo lhes venha a surgir a visão clarividente – àqueles, vamos dizer, que tenham desenvolvido em si o poder de percepção através dos corpos astral, mental e causal. As coisas vistas através do veículo intuitivo oferecem um aspecto infinitamente mais amplo e real, mas tão inexpressáveis , que parece inútil tentar uma descrição a esse respeito: pois naquele nível, toda experiência se realiza dentro do ser humano, e não fora; e sua glória e beleza já não representam algo que ele possa observar com o intelecto, senão algo que sente no mais íntimo do coração, porque é parte dele mesmo.

O objetivo deste livro é dar algumas informações sobre o lado oculto do mundo como um todo, e sobre nossa vida quotidiana. Vamos considerar esta última em três divisões, que correspondem aos aspectos passivo, intermédio e ativo de nossa juventude: como nós somos influenciados; como nos influenciamos a nós mesmos; e como influenciamos os outros. E concluiremos com observações a respeito dos resultados que devem necessariamente decorrer de uma difusão mais ampla desse conhecimento, no que se refere às realidades da existência.

Capítulo 2

O MUNDO COMO UM TODO

Vista Panorâmica

Quando observamos o mundo que nos circunda, não podemos ocultar de nós mesmos a existência de um imenso quadro de dor e sofrimento. Em verdade, grande parte disso é obviamente por causa das falhas dos sofredores, e poderia ser facilmente evitada com o exercício de autocontrole e bom senso; mas há também muita coisa não imediatamente auto-induzida, cuja causa direta advém, sem dúvida, do exterior. Muitas vezes parece que o mal triunfa, que a justiça falha em meio ao tumulto e à pressão da tempestuosa confusão da vida e em consequência desta desmesurada e incontida ânsia do resultado final, e também, da dúvida sobre se existe realmente um plano efetivo de progresso por trás de todo esse caos desnorteante.

É tudo uma questão de ponto de vista: o ser humano que está no meio do combate não pode julgar o plano do general ou da marcha do conflito. Para compreender a batalha em seu conjunto, deve-se retirar dela para observar, do alto, o campo de luta. De modo análogo, a fim de entender o plano de batalha da vida, teremos que dela nos apartar por algum tempo e contemplá-la do alto, em pensamento – não do ponto de vista do corpo que perece, mas da alma que vive para sempre. Devemos ter em conta não só a pequena parcela da vida que os nossos olhos físicos podem ver, mas a imensa totalidade, da qual tanta coisa é, para nós, ainda invisível.

Até que o possamos fazer, estamos na posição do ser que olha da parte de baixo para o lado inferior de um grande tapete que está em processo de tecedura. Tudo não passa, então, de uma confusa mistura de cores, de pontas que pendem a esmo, sem ordem nem beleza, e somos incapazes de conceber o que esse estranho barulho das máquinas pode estar fazendo. Mas quando estamos em condições de olhar do alto, através do nosso conhecimento do lado oculto da natureza, o desenho começa a desenvolver-se ante os nossos olhos e, então, o aparente caos se converte em progresso ordenado.

Uma analogia mais sugestiva pode ser obtida, ao contemplarmos, com a imaginação, o panorama da vida que se apresentaria a um micróbio que fosse arrastado pela impetuosidade das águas, como as que se despenham na catarata do Niágara. Borbulhando, espumando, rodopiando, a força dessa corrente é tão poderosa, que o seu centro fica muitos pés acima de suas bordas. O micróbio, na superfície de semelhante torrente, deve ser atirado violentamente para lá e para cá, no meio da espuma, às vezes projetado para cima no ar, às vezes volteando para trás num remoinho, incapaz de ver as margens por entre as quais está passando, com toda a sua atenção ocupada na furiosa luta para se manter de qualquer modo acima das águas. Essa luta e esse esforço representam todo o mundo que ele conhece Como ele pode dizer para onde se dirige a corrente?

Mas a pessoa que observa da margem pode ver que todo esse tumulto assustador não é, senão, superficial e, também, que o único fato de real importância é a queda permanente e vertiginosa dos milhões de toneladas de água que correm para o mar. Se pudermos, além disso, supor que o micróbio possui alguma noção de progresso, identificando-o com o movimento para frente, certamente que ele ficaria apavorado quando se visse jogado para os lados ou puxado para trás por um remoinho; enquanto que o(a) observador(a) veria que o aparente movimento retrógrado não passava de uma ilusão, pois que os pequenos remoinhos estavam sendo todos arrastados para frente juntamente com o resto. Não há exagero em dizer que o conhecimento do micróbio em luta na corrente está para o da pessoa que o observa, assim como a compreensão da vida pela pessoa dentro do mundo está para a de outra que conhece o lado oculto das coisas.

Mais ilustrativa, embora não tão fácil de acompanhar por causa do esforço de imaginação que exige, é a parábola que nos oferece Mr. Hinton em seu livro *Scientific Romances*. Para fins relacionados com o enredo, supõe o autor a construção de uma estrutura vertical de madeira, com inúmeros fios fortemente seguros e esticados de cima para baixo, em diversos ângulos. Inserindo-se na estrutura uma folha de papel horizontalmente, é óbvio que cada fio determinará um minúsculo orifício no papel. Se se mover lentamente toda a estrutura para cima, permanecendo preso o papel, vários efeitos serão produzidos. Quando o fio é perpendicular, deslizará através do orifício sem dificuldade; mas, estando fixado em ângulo, fará um corte no papel ao ser movida a estrutura.

Imaginemos que, em vez de uma folha de papel, temos uma folha delgada de cera e que esta seja suficientemente viscosa para recompor-se depois que o fio se move. Então, em lugar de numerosas incisões, teremos muitos orifícios em movimento; e, para quem não vê os fios que os origina, o movimento de tais orifícios aparecerá necessariamente irregular e inexplicável. Uns se aproximarão de outros, alguns se afastarão; vários desenhos e combinações se formarão e se desfarão, dependendo tudo da posição em que forem dispostos os fios.

Agora, por um voo imaginário mais ousado, não pensemos nos orifícios, mas nas diminutas seções de fio por ocasião de serem obturados e imaginemos estas seções como átomos conscientes. Estes se consideram entidades separadas, veem que estão se movimentando, sem ser por vontade própria, no que lhes parece um labirinto e confusão inextricável; e esta dança desnorteante é a vida como eles a conhecem. No entanto, toda essa aparente complexidade e esse movimento sem objetivo não passam, na realidade, de uma ilusão causada pela limitação da consciência daqueles átomos, porque um movimento extremamente simples está realmente sendo produzido – o movimento permanente, para cima, da estrutura como um todo. Mas o átomo nunca pode compreender isso, até perceber que não é um fragmento separado, mas parte do fio.

"As coisas são uma alegoria" – e uma belíssima alegoria; pois os fios somos nós mesmos – nossos egos verdadeiros, nossa alma. E os átomos nos representam nesta vida terrena. Durante o tempo em que confinamos nossa consciência ao átomo e encaramos a vida tão somente do ponto de vista terrestre, jamais poderemos entender o que está acontecendo no mundo. Se, porém, alçarmos a nossa consciência, ao ponto de vista da alma, cuja existência corpórea é apenas uma parte mínima e uma expressão transitória, então veremos que há uma esplêndida simplicidade por trás de toda a aparente complexidade, uma unidade subjacente em toda a diversidade. A complexidade e a diversidade são ilusões causadas por nossas limitações; o simples e o uno é que são reais.

O mundo em que vivemos possui uma face oculta, e a concepção que uma pessoa comum tem deste mundo é, de todo, imperfeita e permeia três linhas bem distintas. Primeiro, o mundo tem uma extensão em seu próprio nível, que o ser humano é incapaz de apreender; segundo, há um lado superior, que é demasiado sutil para as percepções não desenvolvidas; terceiro, existe um sentido e uma finalidade das quais, geralmente, não se possui o mais pálido vislumbre. Dizer que nós não vemos o todo de nosso mundo é enunciar debilmente a questão: o que vemos é uma parte absolutamente insignificante do mundo, por mais bela que essa parte possa ser. E assim como a extensão adicional é infinita, comparada à nossa ideia de espaço – não podendo ser expressa em termos correspondentes –, o escopo e o esplendor do todo são infinitamente maiores do que qualquer concepção que dele se possa aqui fazer, tornando-se impossível expressá-los em termos daquela parte do mundo que conhecemos.

A Quarta Dimensão

A extensão a que nos referimos acima, em primeiro lugar, tem sido geralmente chamada quarta dimensão.

Muitos escritores zombaram da ideia de uma quarta dimensão e lhe negaram a existência. A verdade, porém, é que o nosso mundo físico é um mundo de muitas dimensões, e que todos os objetos nele existentes se estendem numa direção que escapa à nossa compreensão no presente estágio da evolução mental da humanidade. Quando desenvolvemos os sentidos astrais, ficamos em contato muito mais imediato com aquela dimensão do que a nossa mente é capaz de avaliar, e os mais inteligentes conseguem afinal compreendê-la, gradualmente; há, contudo, aqueles menos desenvolvidos intelectualmente que, até mesmo depois da morte e dentro do plano astral, se encontram demasiado presos a suas antigas limitações e adotam as mais absurdas e irracionais hipóteses para se recusarem a aceitar a realidade de uma vida superior, que eles tanto receiam.

Porque, para as pessoas em geral, o caminho mais fácil, com vistas à percepção da quarta dimensão do espaço, é desenvolverem em si mesmas o poder da visão astral; muita gente é levada a supor que a quarta dimensão é uma propriedade exclusiva do mundo astral. Uma curta reflexão mostrará que não pode ser assim. Fundamentalmente, só há uma espécie de matéria no Universo, chamem-na física, astral ou mental, conforme o grau da subdivisão e a velocidade da respectiva vibração. Consequentemente, as dimensões do espaço – se existem – são independentes da matéria contida nelas; e, se este espaço possui três, quatro ou mais dimensões, toda a matéria ali existente está sujeita àquelas condições, se pudermos acessá-las ou não.

Talvez facilite a compreensão se imaginarmos que o que chamamos espaço é uma limitação da consciência, e que há um nível superior, em que uma consciência suficientemente desenvolvida se acha totalmente isenta de limitação. A esta consciência, podemos atribuir o poder de manifestar-se em qualquer número de direções e presumir que cada descida a um plano de matéria mais densa lhe impõe, sucessivamente, uma limitação, que impede a percepção de alguma das direções. Suponhamos que durante o tempo em que a consciência desceu ao plano mental só lhe restaram cinco daquelas direções; que, ao descer ou mover-se, mais uma vez, até o nível astral, ela perde mais um de seus poderes, ficando assim limitada à concepção de quatro dimensões; e que a descida subsequente, ou movimento que a traz para o mundo físico, lhe intercepta a possibilidade de apreender essa quarta dimensão. Poderá verificar-se, então, e é o nosso caso, confinada às três dimensões que nos são familiares.

Observando as coisas desse ponto de vista, é claro que as condições do Universo permaneceram inalteradas, apesar de haver-se modificado o nosso poder de percebê-las; de modo que, conquanto seja exato que, quando a nossa consciência está funcionando por intermédio da matéria astral, adquirimos a faculdade de perceber uma quarta dimensão, normalmente oculta de nós quando atuamos por meio do cérebro físico, não devemos, por isso, cometer o engano de pensar que a quarta dimensão pertence tão somente ao mundo astral, e que a matéria física é peculiar a um tipo de espaço diferente do espaço astral ou mental. Tal suposição se mostra injustificada se atentamos para o fato de que ao ser humano é possível, usando o seu cérebro físico, conseguir, mediante exercício, o poder de compreender algumas das formas quadridimensionais.

Não desejo aqui me estender amplamente sobre tão fascinante assunto. Aqueles que quiserem obter maiores noções poderão recorrer aos livros de Mr. C. H. Hinton – *Scientific Romances* e *The Fourth Dimension*; o primeiro, a respeito de todas as interessantes possibilidades relacionadas com esse estudo e, o segundo, no tocante aos meios pelos quais pode a mente perceber a realidade da quarta dimensão. Para os nossos presentes objetivos, basta dizer que temos aqui um aspecto ou extensão do nosso mundo que, apesar de completamente ignorado pela maioria das pessoas, requer a atenção e o exame dos que desejam compreender a vida em sua totalidade, não somente em um pequeno fragmento dela.

O Mundo Superior

Há um lado oculto do nosso mundo físico em um segundo e mais elevado sentido que é bem conhecido de todos os estudantes de Teosofia, pois muitas exposições se têm feito e muitos livros foram escritos para tentar descrever os planos astral e mental – os mundos invisíveis que interpenetram este com o qual todos nós estamos familiarizados e formam, sem dúvida, a sua parte mais importante. Sobre esse aspecto mais elevado já se deram suficientes indicações no quinto e no sexto manuais teosóficos, bem como no meu livro *O Que Há Além da Morte;*[2] por isso, aqui não preciso fazer mais do que uma breve e genérica exposição, para ajudar o leitor que ainda não teve contato com aquelas obras.

Dizem os físicos modernos que a matéria é interpenetrada pelo éter – substância hipotética à qual eles atribuem numerosas qualidades, aparentemente contraditórias. O ocultista sabe que há muitas variedades dessa matéria sutil interpenetrante, e que algumas das qualidades a ela atribuídas pelos cientistas não lhe pertencem absolutamente, mas à substância primordial de que ela é a negação. Não quero afastar-me aqui do propósito deste livro, para dar uma descrição minuciosa das qualidades do éter; os que desejarem estudar este assunto poderão reportar-se ao livro *Occult Chemistry*. Direi apenas

---

[2] Ed. Pensamento, São Paulo. (N. E.)

que o verdadeiro éter do espaço existe, como supuseram os cientistas, possuindo a maior parte das qualidades contraditórias que lhe atribuem. Não é, porém, com esse éter em si mesmo, mas com a matéria formada das bolhas nele existentes, que os mundos interiores de matéria sutil são construídos – e é dessa matéria que temos falado até agora. Estamos referindo-nos ao fato de que toda a matéria visível é interpenetrada, não só pelo éter, como também pelos vários tipos de matéria sutil, da qual existem muitos graus.

Ao tipo que está mais próximo do mundo físico, os estudantes de ocultismo deram o nome de matéria astral; o tipo imediatamente acima foi chamado mental, porque, com a sua textura, é formado o mecanismo da consciência, aquilo que comumente se denomina mente humana, havendo ainda outros tipos mais sutis, dos quais não nos ocuparemos por enquanto. Deve estar presente ao nosso raciocínio que em toda porção de espaço coexistem todos esses diferentes tipos de matéria. É um postulado científico de ordem prática que, até mesmo nas mais densas formas de matéria, duas partículas jamais se tocam, mas cada uma flutua, isolada, no seu campo de éter, como um sol no espaço. De modo exatamente igual, cada partícula do éter físico flutua em um mar de matéria astral, e cada partícula astral flutua, por sua vez, em um oceano mental; assim, todos esses mundos paralelos não necessitam de mais espaço do que aquele nosso conhecido fragmento, porque em verdade são todos eles partes de um mesmo mundo.

O ser humano tem dentro de si a matéria desses graus sutis; e, aprendendo a focar nela, sua consciência, em vez de somente no cérebro físico, pode chegar a conhecer aquelas partes internas e superiores do mundo, e, assim, adquirir bastante conhecimento do mais profundo interesse e valor. A natureza do mundo invisível, o seu cenário, os seus habitantes e suas possibilidades estão descritos nas obras acima referidas. É a existência desses domínios superiores da natureza que torna possível o ocultismo; e são poucos os departamentos da vida em que sua influência não há de ser considerada. Do berço à sepultura, nós estamos em estreita relação com eles durante o que chamamos estado de vigília; no sono e após a morte, a relação é ainda mais íntima, pois a nossa existência é quase que intrínseca a eles.

Talvez, a maior de tantas transformações fundamentais, inevitáveis à pessoa que estuda os fatos da vida, seja aquela produzida em sua atitude perante a morte. Esse assunto foi amplamente tratado em outro livro. Aqui, eu necessito apenas dizer que o conhecimento da verdade acerca da morte lhe tira todo o aspecto de terror e grande parte da angústia, habilitando-nos a encará-la em seu justo sentido e a compreender o seu lugar no esquema de nossa evolução. É perfeitamente possível aprender a conhecer todas essas coisas, em vez de aceitar cegamente crenças de segunda mão, como faz a maioria das pessoas; e conhecimento significa poder, segurança e felicidade.

O Objetivo da Vida

O terceiro aspecto de nosso mundo, que está oculto à maioria, é o plano e o objetivo da existência. A maior parte das pessoas parece desnorteada na vida, sem qualquer objetivo definido, salvo talvez a luta meramente física para fazer dinheiro ou alcançar o poder, porque supõe, erroneamente, que isso lhe trará felicidade. Não tem uma ideia precisa da razão pela qual está aqui, nem certeza alguma quanto ao futuro que a espera. Tais pessoas nem mesmo fazem ideia de que são almas e não corpos, e de que, assim sendo, o seu desenvolvimento é parte de um grande esquema de evolução cósmica.

Quando essa verdade sublime despontar no horizonte da humanidade, haverá uma transformação, que as religiões ocidentais chamam conversão – uma palavra sutil, que infelizmente tem sido deturpada por associações inadequadas, por ser usada, muitas vezes, para significar nada mais que uma crise de emoção hipnoticamente induzida pelas ondas agitadas da excitação, procedentes de uma multidão exaltada. Seu verdadeiro significado corresponde exatamente ao que sua etimologia indica: "voltar-se com". Até agora o ser humano, ignorando a maravilhosa corrente da evolução, tem lutado contra ela, sob a ilusão do egoísmo; mas, desde o momento em que a magnificência do Plano Divino refulge ante seus olhos atônitos, a sua atitude passa a ser a de colocar todas as suas energias ao esforço de cooperar no cumprimento do desígnio supremo, "voltar-se e acompanhar" a esplêndida corrente do amor e da sabedoria de Deus.

Seu único objetivo, então, é capacitar-se para ajudar o mundo, tendo todos os seus pensamentos e ações dirigidos a essa meta. Podemos esquecê-la por um instante, sob a pressão das tentações; mas o esquecimento será apenas temporário, e este é o sentido do dogma eclesiástico de que o eleito não pode falhar jamais. O discernimento há de chegar, as portas da mente hão de se abrir – para adotar os termos da fé antiga para essa transformação. A pessoa agora sabe o que é real e o que é irreal, o que merece ser adquirido e o que carece de valor. Vive como uma alma imortal, que é uma Centelha do Fogo Divino, em vez de viver como um animal que perece – para usar de uma frase bíblica, que, aliás, carece de correção, visto que os animais não perecem, exceto no sentido de sua reabsorção na respectiva alma-grupo.

A essa pessoa desvelou-se, em verdade, um aspecto da vida que antes estava oculto à sua percepção. Seria mais exato dizer que agora, pela primeira vez, ela começou realmente a viver, ao passo que, antes, toda a sua existência simplesmente se arrastava, improfícua e sem finalidade.

Segunda Seção

COMO NÓS SOMOS INFLUENCIADOS

CAPÍTULO 3

PELOS PLANETAS

Radiações

O primeiro fato a considerar é que todas as coisas irradiam influências em seus arredores, e que o meio onde se encontram, por sua vez, está sempre retribuindo essa influência. Literalmente, todas as coisas – o sol, a lua, as estrelas, os anjos, os seres humanos, os animais, as árvores, as pedras – tudo emite uma incessante corrente de vibrações, cada uma com seu tipo característico, não somente no mundo físico, mas também nos mundos sutis. Apenas um número limitado dessas radiações pode ser captado pelos nossos sentidos físicos. Sentimos imediatamente o calor irradiado pelo sol ou pelo fogo, mas, em geral, passa despercebido à nossa consciência que nós próprios estejamos constantemente irradiando calor; no entanto, se estendermos a mão para um radiômetro, o delicado instrumento reagirá ao calor que lhe é comunicado pela mão, até mesmo à distância de vários decímetros, e começará a girar. Dizemos que a rosa tem um perfume, e a margarida, nenhum; contudo, a margarida está desprendendo partículas da mesma forma que a rosa; acontece apenas que num caso tais partículas são perceptíveis aos nossos sentidos, e no outro não o são.

Desde tempos remotos, a humanidade acreditava que o sol, a lua, os planetas e as estrelas exerciam influência sobre a vida humana. Hoje em dia, a maioria das pessoas limita-se a rir de semelhante crença, sem nada saber a esse respeito; mas quem se der ao trabalho de fazer um estudo cuidadoso e imparcial da Astrologia descobrirá muita coisa que não pode ser levianamente posta de lado. Defrontar-se-á com muitos erros, não há dúvida, alguns bastante ridículos; encontrará, porém, um bom número de resultados exatos, que não podem ser racionalmente atribuídos a coincidências. Suas investigações o convencerão de que há, inquestionavelmente, algum fundamento nas pretensões dos astrólogos, embora, ao mesmo tempo, não deixe de observar que os sistemas desses estão longe de ser perfeitos, ainda.

Quando atentamos para o espaço imenso que nos separa do planeta mais próximo, é óbvio, a princípio, que devemos rejeitar a ideia de que eles possam exercer sobre nós uma ação física digna de ser considerada; e, além disso, se tal ação existe, parecerá que a sua força depende menos da posição do planeta no céu do que de sua proximidade da Terra – fator que geralmente não é levado em conta pelos astrólogos. Quanto mais nos detemos no assunto, parece menos racional ou possível supor que os planetas influenciem a Terra, ou seus habitantes, de modo apreciável; no entanto, subsiste o fato de que uma teoria baseada nessa aparente impossibilidade funciona corretamente. A explicação talvez se encontre na circunstância de que, assim como o movimento dos ponteiros de um relógio indica a passagem do tempo, conquanto não seja sua causa, da mesma forma os movimentos dos astros indicam a predominância de certas influências, sem absolutamente serem responsáveis por elas. Vejamos o que a luz do estudo oculto projeta sobre este complexo tema.

A Divindade do Sistema Solar

O estudo do oculto encara o Sistema Solar, em toda a sua vasta complexidade, como a manifestação parcial de um grande Ser vivente, e todas as suas partes como aspectos dessa manifestação. Muitos nomes Lhe têm sido dados; em nossa literatura teosófica, Ele foi descrito, muitas vezes, sob o título gnóstico de Logos – o Verbo que no princípio estava com Deus e era Deus; mas agora costumamos referir-nos a Ele como a Divindade Solar. Todos os constituintes físicos do Sistema Solar – o sol com sua magnífica coroa, todos os planetas com seus satélites, seus oceanos, suas atmosferas e os vários éteres que os envolvem – tudo isso, coletivamente, é o Seu corpo físico, a expressão d'Ele no plano físico.

De modo idêntico, os mundos astrais coletivos – não somente os mundos astrais pertencentes a cada planeta físico, mas também os planetas puramente astrais de todas as cadeias do Sistema (como, por exemplo, os planetas B e F de nossa cadeia) – formam o Seu corpo astral, e os mundos coletivos do plano mental são o Seu corpo mental, o veículo por cujo intermédio Ele se manifesta nesse nível particular. Cada átomo de cada mundo é um centro através do qual Ele é consciente, e, portanto, não só é verdade que Deus é onipresente, mas também que tudo que existe, existe em Deus.

Vemos, assim, que a antiga concepção panteísta se aproxima da verdade, ainda que apenas em parte, pois toda a natureza, em seus diversos planos, não é senão a vestimenta daquele Ser que existe fora e acima de tudo isso, em uma vida que transcende a toda e qualquer definição, e da qual nada podemos saber. Uma vida entre outros Regentes de outros Sistemas. Assim como todas as nossas vidas estão literalmente dentro d'Ele e são, em verdade, uma parte d'Ele, assim a Sua vida e a das Divindades Solares dos inumeráveis Sistemas Solares são parte de uma vida ainda maior, a da Divindade do Universo visível. E se existe, nas profundezas do espaço, outros Universos, para nós invisíveis, todas as suas Divindades, por sua vez, devem fazer parte igualmente da Grande Consciência Una, que inclui a totalidade.

Diferentes Tipos de Matéria

Nesses "corpos" da Divindade Solar, em seus vários níveis, há certas classes ou tipos diferentes de matéria que se distribuem uniformemente por todo o Sistema. Não estou aludindo aqui à nossa usual divisão dos mundos e de suas subseções – divisão que se baseia na densidade da matéria; no mundo físico, por exemplo, temos os estados sólido, líquido, gasoso, etérico, superetérico, subatômico e atômico, todos eles físicos, mas diferem em suas densidades. Os tipos a que me refiro constituem séries totalmente distintas de divisões que se entrecruzam, cada uma contém matéria em todas as suas diferentes condições, de modo que, se enumerarmos os vários tipos, encontraremos matéria sólida, líquida e gasosa do primeiro tipo, matéria sólida, líquida e gasosa do segundo tipo, e assim por diante.

Esses tipos de matéria se interpenetram, como também o fazem os constituintes de nossa atmosfera. Imaginemos uma sala cheia de ar; qualquer vibração comunicada ao ar, como a de um som, por exemplo, seria perceptível em todas as partes da sala. Suponhamos que fosse possível produzir uma espécie de ondulação que atingisse apenas o oxigênio, sem perturbar o nitrogênio; a ondulação ainda se faria sentir em todas as partes da sala. Se admitirmos que, por um momento, a proporção de oxigênio fosse maior em uma parte da sala que em outra, então a oscilação, embora perceptível em todas, seria mais intensa naquela. Assim como o ar de uma sala se compõe (principalmente) de oxigênio e nitrogênio, do mesmo modo a matéria do Sistema Solar se compõe daqueles diferentes tipos; e, assim como uma onda (se tal fosse o caso) que somente atingisse o oxigênio, ou somente o nitrogênio, seria, não obstante, sentida em todas as partes da sala, um movimento ou modificação que atinja só um dos tipos produzirá efeito em todo o Sistema Solar, embora possa ser mais intensa em um ponto do que em outro.

Essa afirmação é verdadeira em todos os mundos; mas, por amor à clareza, vamos por enquanto restringir o nosso pensamento a um mundo apenas. Talvez a ideia seja mais fácil de entender no tocante ao astral. Costuma-se explicar que, no corpo astral dos seres humanos, a matéria pertencente a cada uma das subsecções astrais deve estar presente, e que a proporção entre os tipos mais densos e os mais sutis mostra até que ponto este corpo é capaz de responder aos desejos grosseiros ou refinados e, portanto, é, de certo modo, uma indicação do grau de evolução da pessoa. Analogamente, em cada corpo astral há matéria de cada um dos tipos e, nesse caso, a proporção entre eles mostrará a inclinação do ser humano: se é devocional ou filosófica, artística ou científica, pragmática ou mística.

Os Centros de Vida

Pois bem, cada um desses tipos de matéria no corpo astral da Divindade Solar é, de certa forma, um veículo separado, podendo ainda ser considerado como o corpo astral de um Regente subsidiário ou Ministro, que é ao mesmo tempo um aspecto da Divindade do Sistema, um tipo de gânglio ou centro de força n'Ela. Em verdade, se esses tipos diferem entre si é porque a matéria de sua composição original surgiu por intermédio desses diferentes centros de vida, e a matéria de cada tipo é, ainda, o veículo especial e a expressão do Regente subsidiário através do qual adveio, de modo que o mais simples pensamento, movimento ou alteração n'Ele, seja qual for, se reflete instantaneamente, de uma ou de outra forma, em toda a matéria do tipo correspondente. Naturalmente, cada tipo de matéria tem suas próprias afinidades peculiares, e é capaz de vibrar sob influências que, provavelmente, não produzirão repercussão alguma nos outros tipos.

Uma vez que em toda a humanidade existe matéria de todos os tipos, é óbvio que qualquer modificação ou ação de um daqueles grandes Centros de vida deve influenciar, de algum modo, em todos os seres do Sistema. Na medida em que uma pessoa em particular é influenciada, depende da proporção do tipo de matéria que esteja atuando em seu corpo astral. Consequentemente, vemos diferentes tipos de seres humanos como de matéria e, em razão de sua constituição, devido à própria composição de seus corpos astrais, uns são mais suscetíveis a determinadas influências, do que os outros.

São sete os tipos, aos quais os astrólogos têm frequentemente dado os nomes de certos planetas. Cada tipo se divide em sete subtipos, pois cada "planeta" pode não ser praticamente influenciado ou pode sê-lo predominantemente por algum dos outros seis. Além dos quarenta e nove subtipos assim obtidos, há grande número de possíveis permutações e combinações de influências. Muitas vezes tão complexas, que não é uma tarefa fácil acompanhá-las. Não obstante, isso nos permite um sistema de classificação, de acordo com o qual podemos ordenar não somente os seres humanos, mas também os reinos animal, vegetal e mineral, assim como a essência elemental que os precede na evolução.

Todas as coisas no Sistema Solar pertencem a uma ou outra dessas sete grandes correntes, visto que procedem de um ou outro daqueles grandes Centros de Força, a que se filiam em essência, apesar de serem mais ou menos influenciadas também pelos outros – o que confere a cada ser humano, a cada animal, a cada vegetal, a cada mineral, determinada característica, que nunca se modifica, simbolizada às vezes por seu tom, cor ou raio.

Tal característica é permanente não só durante o período de uma cadeia, como durante todo o esquema planetário; de maneira que a vida, manifestada através da essência elemental do tipo A, animará, no curso de sua evolução, sucessivamente, minerais, plantas e animais do tipo A; e, quando sua alma-grupo se separar em unidades e receber a Terceira Emanação, os seres humanos resultantes de sua evolução serão do tipo A e não de outro tipo e, em condições normais, todos continuarão assim ao longo do seu desenvolvimento, até que venham a se tornar Adeptos do tipo A.

Nos primeiros dias do estudo teosófico, tínhamos a impressão de que esse plano funcionava sem variações até sua meta final e de que aqueles Adeptos voltavam a integrar-se na Divindade Solar através do mesmo Regente subsidiário, ou Ministro, de que originariamente procediam. Investigações ulteriores convenceram-nos de que essa ideia deve ser modificada. Sabemos agora que multidões de Egos de tipos diferentes seguem juntos para um objetivo comum.

Por exemplo: nas pesquisas relacionadas com as vidas de Alcyone, vimos que muitos Egos circulavam em torno de vários Mestres, e chegaram cada vez mais perto d'Eles com o passar dos tempos. Um por um, quando já estavam devidamente preparados, alcançaram o estágio em que eram aceitos como discípulos ou aprendizes por um ou outro dos Mestres. Em verdade, chegar a ser discípulo de um Mestre significa entrar em contato com Ele, cuja intimidade transcende qualquer laço de relações que conhecemos na Terra. Significa um grau de união com Ele, que nenhuma palavra é capaz de expressar plenamente, apesar de, ao mesmo tempo, o discípulo conservar integralmente sua própria individualidade e sua própria iniciativa.

Desse modo, cada Mestre vem a ser um centro do que se pode descrever como um grande organismo, uma vez que os seus discípulos são, verdadeiramente, partes d'Ele. Quando pensamos que Ele mesmo é, por sua vez, parte de um Mestre ainda mais elevado, chegamos à concepção de um poderoso organismo, que é uno, em sentido exato, embora formado por milhares de Egos perfeitamente inconfundíveis.

Esse organismo é o Ser Celeste, que emerge como o resultado da evolução de cada grande raça-raiz. N'Ele, como no ser humano terrestre, existem sete grandes centros, cada um dos quais é um poderoso Adepto; e o Manu e o Bodhisattva ocupam, nesse grande organismo, o lugar dos centros do cérebro e do coração, respectivamente. Ao redor d'Eles – e, sem embargo, não ao redor d'Eles, mas n'Eles e como parte d'Eles, na sua plenitude e na sua glória, sem deixarmos de ser nós mesmos – estaremos nós, seus servos; e esta grande imagem, em sua totalidade, representa a flor daquela raça particular, incluindo todos os que nela atingiram o Adeptado. Cada raça-raiz é, assim, representada, no seu final, por um dos Seres Celestes; e Eles próprios, essas esplêndidas totalidades, virão a ser, em Seu próximo estágio evolutivo, Ministros de uma futura Divindade Solar. Entretanto, cada um d'Eles contém, dentro de Si, seres humanos de todos os tipos possíveis, de modo que cada Ministro futuro é em verdade um representante, não de uma linha, mas de todas as linhas.

Quando visto de uma perspectiva suficientemente elevada, nota-se que todo o Sistema Solar se constitui desses grandes Centros de Vida, ou Ministros e, também, dos tipos de matéria pelos quais cada um d'Eles se manifesta. Vou repetir aqui, para maior clareza, o que escrevi há algum tempo sobre este assunto em *A Vida Interna*:[3]

> Cada um desses grandes Centros de Vida apresenta uma espécie de mudança ou movimento periódico e regular que lhe é peculiar, correspondendo talvez a um nível infinitamente mais elevado da palpitação regular do coração humano, ou ao movimento de inspiração e expiração. Alguns daqueles movimentos periódicos são mais rápidos do que outros, produzindo-se assim uma série complicada de efeitos; e observou-se que os movimentos dos planetas físicos, em relação a cada um dos outros, proporcionam uma chave da operação dessas influências em dado momento. Cada um dos Centros tem sua localização especial ou foco maior no corpo do Sol, e um foco menor exterior, que é sempre indicado pela posição de um planeta.
>
> Dificilmente pode ser expressa de modo claro em nossa fraseologia tridimensional a relação exata; mas talvez se possa mostrar que cada Centro tem um campo de influência praticamente da mesma extensão de um Sistema Solar; que, se fosse possível tomar uma seção desse campo, veríamos ser elíptica; e que um dos focos de cada elipse seria sempre o Sol, e o outro o planeta especial regido pelo Ministro. É provável que, na condensação gradual da nebulosa ígnea original de que foi formado o Sistema, a localização dos planetas fosse determinada pela formação de

---

[3] Ed. Teosófica, Brasília, 1996. (N. E.)

vórtices nos focos menores, sendo eles pontos auxiliares de distribuição daquelas influências – ou gânglios, por assim dizer – no Sistema Solar.

Deve-se naturalmente entender que estamos referindo-nos não à curiosa teoria astrológica que considera o próprio sol como um planeta, mas aos planetas verdadeiros que giram ao seu redor.

A Influência dos Planetas

As influências exercidas por aqueles grandes tipos variam amplamente em qualidade. Um aspecto em que se manifesta a variação consiste na ação sobre a essência elemental viva, tanto na humanidade, como em torno dela. Convém lembrar que essa predominância ocorre em todos os mundos, não somente no astral, apesar de estarmos nos limitando a esse, por uma questão de simplificação. Essas agências misteriosas não só podem ter, como realmente têm outras e mais importantes linhas de ação que, até o presente momento, não conhecemos; mas isso, pelo menos, leva o observador a deduzir que cada Centro produz seu próprio efeito especial, sobre as múltiplas variedades de essência elemental.

Poderá ver-se, por exemplo, que um Centro estimula a atividade e a vitalidade daquelas espécies de essência que pertencem a esse mesmo Centro, ainda que aparentemente reprimam e controlem outras; que a influência de outro tipo é mais forte em relação às essências pertencentes ao seu Centro, não atingindo aparentemente a série de essências precedente. Há toda sorte de combinações e permutações desses poderes místicos, sendo a ação de uma delas, em certos casos, bastante intensificada e, em outros, quase neutralizada pela presença de outra.

Uma vez que essa essência elemental é vividamente ativa nos corpos astral e mental do ser humano, é claro que toda excitação anormal, de uma das classes daquela essência – qualquer aumento súbito de atividade – deve, sem dúvida, até certo ponto, influir em suas emoções ou em sua mente, ou em ambas; e é também óbvio que tais forças atuarão de maneira diferente em pessoas diferentes, devido às variedades de essência que entram em sua composição.

Essas influências não existem e nem são exercidas por causa do ser humano ou por qualquer referência a ele, da mesma forma que o vento não existe por causa do navio ao qual é favorável ou adverso. Fazem parte do jogo das forças cósmicas, sobre cujo objetivo nada se sabe, se bem que, em certa medida, possamos aprender a calcular-lhes os efeitos e a usá-las. Tais energias não são em si melhores nem piores que qualquer outra das forças da natureza: como a eletricidade ou outra grande força natural, que podem ser úteis ou prejudiciais, conforme a aplicação que lhes dermos. Assim como algumas experiências serão mais bem-sucedidas quando o ar estiver mais carregado de eletricidade, ao passo que outras, em condições idênticas, provavelmente hão de falhar, assim como um esforço que envolva o uso dos poderes de nossa natureza mental e emocional alcançarão seu objetivo com maior ou menor facilidade, segundo as influências que predominem na ocasião.

Liberdade de Ação

Para nós é da máxima importância compreender que tal pressão não pode, de modo algum, suplantar a vontade do ser humano; tudo o que pode fazer, em alguns casos, é contribuir para que a vontade de atuar se torne mais fácil ou mais difícil, em determinado sentido. Uma pessoa não pode, seja qual for o caso, submeter-se à pressão sem seu próprio consentimento, embora possa evidentemente ser ajudada ou atravancada por ela em qualquer esforço que esteja fazendo. A pessoa realmente forte não precisa perturbar-se frente aos fatores de influência; mas àquele de vontade menos firme, valerá a pena saber em que momento esta ou aquela força pode ser proveitosamente aplicada. Esses fatores serão postos de lado, como quantidade desprezível, pela pessoa de determinação férrea ou pelo estudante do verdadeiro ocultismo; uma vez, porém, que a maioria dos seres humanos ainda se conforma em ser joguete das forças do desejo, e não desenvolveu o que se poderia chamar uma vontade própria, sua fraqueza permite que aquelas influências assumam importância decisiva na vida humana, sem que haja uma razão intrínseca para isso.

Por exemplo, certa variedade de tensão pode, eventualmente, conduzir a um estado de coisas em que todas as formas de excitação nervosa são consideravelmente intensificadas e, em consequência, há uma sensação geral de irritabilidade. Tal situação não chega ao extremo de causar uma rixa entre pessoas sensatas; mas nessas circunstâncias surgem discussões com muito mais frequência que habitualmente, até mesmo sob os pretextos mais fúteis, e muita gente, que parece estar sempre na iminência de perder a calma, facilmente se descontrola ao menor sinal de provocação. Às vezes pode acontecer de essas influências atuarem na efervescência de um ciúme cego, potencializando um frenesi explosivo, que resulta num desastre de grandes proporções.

Mesmo nesse caso, devemos precaver-nos contra o erro fatal de supor que a influência é ruim porque as paixões humanas a convertem em efeito nocivo. A força em si é simplesmente uma onda de atividade provinda de um dos Centros da Divindade e é, por natureza, uma intensificação de certas vibrações – talvez necessárias, a fim de produzirem um efeito cósmico de longo alcance. A atividade adicional, ocasionada incidentalmente por meio delas no corpo astral de alguém, oferece a oportunidade de provar o seu domínio sobre os veículos; e se ele é bem-sucedido ou falha nesse quesito, é ainda uma das lições que o ajudam na evolução. O *karma* pode lançar uma pessoa em determinados ambientes ou submetê-la a influências, mas não pode jamais forçá-la a cometer um crime, embora venha a colocá-la em uma situação que exija, de sua parte, grande força de vontade para evitar o crime. A um astrólogo é possível, portanto, advertir uma pessoa das circunstâncias em que se verá em dado momento, mas qualquer previsão definida sobre o que ela fará, nesse momento, pode basear-se exclusivamente nas probabilidades – embora possamos reconhecer facilmente, como algumas previsões se tornam certezas, no caso da pessoa comum, sem vontade própria. Da extraordinária mistura de êxito e fracasso que caracteriza as previsões da Astrologia moderna, parece indubitável que os praticantes desta arte não são inteiramente conhecedores de todos os fatores necessários. Quando só intervêm fatores já conhecidos, o êxito é alcançado; mas, quando entram fatores ignorados, nós temos, às vezes, completo fracasso como resultado.

Capítulo 4

PELO SOL

O Calor do Sol

Os que se interessam por Astronomia terão no lado oculto desta Ciência um dos mais fascinantes estudos acessíveis à mente humana. É claro que seria, ao mesmo tempo, demasiado profundo e técnico para ser compendiado num livro como este, que concerne mais imediatamente àqueles fenômenos invisíveis que nos deparamos no dia a dia de nossa existência; mas a relação entre o sol e esta vida é tão estreita, que se faz necessário dizer algumas palavras a respeito disso.

Todo o Sistema Solar representa, em verdade, a vestimenta de sua Divindade, mas o sol é sua verdadeira epifania – a manifestação mais próxima de nós, no plano físico, a lente através da qual o seu poder irradia o seu brilho sobre nós.

Considerado do ponto de vista puramente físico, o sol é uma imensa massa de matéria incandescente, a temperaturas quase inconcebivelmente altas, num estado de eletrificação tão intenso que escapa inteiramente à nossa experiência. Os astrônomos, supondo que o seu calor se deve tão somente à contração, fizeram cálculos sobre a sua idade e sobre o tempo em que poderia manter-se no futuro; e viram-se incapazes de lhe dar mais do que algumas centenas de milhares de anos, ao passo que os geólogos, por outro lado, propõem que somente na Terra há evidência de processos que se estendem por milhões de anos. A descoberta do elemento químico radium derrubou as velhas teorias, mas até mesmo com sua ajuda eles não puderam apresentar de maneira simples a solução exata do problema.

Imaginemos que um micróbio inteligente, vivendo dentro do corpo humano, comece a especular sobre a sua temperatura de maneira idêntica. O micróbio poderia dizer, sem dúvida, que ela vai esfriando gradualmente e poderia calcular com exatidão que, em tantas horas ou minutos, alcançará uma temperatura que lhe tornará impossível continuar existindo. Se, no entanto, vivesse ainda bastante tempo, chegaria à conclusão de que o corpo humano não esfriou, como aconteceria segundo as suas teorias, e sem dúvida, tal coisa lhe haveria de parecer muito misteriosa, pelo menos até descobrir que não se tratava de um fogo que se extinguia, mas de um ser vivo, e verificar que, enquanto restasse vida, a temperatura não se extinguiria. Precisamente da mesma forma, se refletirmos que o sol é a manifestação física da Divindade Solar, veremos que a poderosa vida, ali subjacente, manterá decerto a sua temperatura pelo tempo que for necessário à completa evolução do Sistema.

As Folhas de Salgueiro

Explicação análoga nos proporciona uma solução para alguns dos outros problemas da física solar. Por exemplo, os fenômenos denominados, por causa de sua configuração, "folhas de salgueiro" ou "grãos de arroz", de que praticamente se compõe a fotosfera do Sol, confundiram muitas vezes os estudantes esotéricos, pelas características aparentemente inconciliáveis que apresentam. Pela sua posição, não podem ser outra coisa senão massas de gás incandescente a uma temperatura excessivamente alta e, portanto, de grande tenuidade; apesar disso, devem ser muito mais leves que qualquer nuvem terrestre, pois nunca deixam de manter sua forma peculiar, por mais violentamente que se agitem em meio às tempestades de energia, tão fortes que destruiriam instantaneamente a própria Terra.

Quando imaginamos que por trás de cada um desses estranhos objetos há uma Vida esplêndida – que cada um pode ser considerado como o corpo físico de um grande Anjo – compreendemos que é aquela Vida que os mantém coesos e lhes dá sua admirável estabilidade. Empregar-lhes o termo físico de corpo pode, talvez, induzir-nos ao erro, porque a vida no plano físico, para nós, parece de grande importância e ocupa posição proeminente no presente estágio de nossa evolução. A Sra. Blavatsky nos disse que não podemos, em verdade, descrevê-los como habitantes do Sol, uma vez que os Seres Solares dificilmente se colocariam no foco de nossos telescópios, mas que são eles os reservatórios da energia vital do Sol, compartilhando da vida que dali flui.

Digamos, porém, que as "folhas de salgueiro" são manifestações, no plano físico, dos Anjos solares, para um objetivo especial, à custa de certo sacrifício ou limitação de suas atividades nos planos superiores, seu *habitat* normal. Lembrando que é através dessas "folhas de salgueiro" que a luz, o calor e a vitalidade do sol chegam até nós, podemos facilmente ver que a finalidade do sacrifício é trazer ao plano físico certas forças que, de outro modo, ficariam não manifestadas; e que os grandes Anjos funcionam como canais, como refletores, como especializadores da energia divina; e que eles estão realizando, nos planos cósmicos e para um Sistema Solar, o que, se formos bastante inteligentes para usar de nossos privilégios, nós mesmos poderemos realizar, numa escala microscópica, em nosso pequeno círculo, como será visto em um dos capítulos subsequentes.

A Vitalidade

Todos nós conhecemos a sensação de alegria e bem-estar que o sol proporciona, mas só os estudantes de ocultismo estão a par das razões por que isso acontece. Assim como o sol inunda de luz e calor o seu Sistema, também nele irradia, perpetuamente, outra força ainda não cogitada pela ciência moderna – força que recebeu o nome de vitalidade (prana). Ela irradia em todos os planos, e se manifesta em cada esfera – física, emocional, mental, etc.; mas, no momento, estamos nos ocupando de seu aparecimento no plano inferior, onde penetra em alguns dos átomos físicos, proporcionando um aumento considerável em sua atividade, dando ânimo e calor.

Não devemos confundir esta força com a eletricidade, embora a ela se assemelhe em alguns aspectos. A Divindade emite três grandes formas de energia. Pode haver mais centenas, das quais nada sabemos; mas existem, pelo menos, três. Cada uma delas tem sua manifestação própria em todos os planos a que já tiveram acesso os nossos estudantes; por enquanto, vamos, porém, considerá-las como se mostram no mundo físico. Uma se manifesta como eletricidade, outra como vitalidade, e a terceira como o fogo serpentino, a respeito do qual já escrevi em *A Vida Interna*.

As três permanecem distintas e nenhuma, em nosso plano, pode converter-se em outra. Não têm relação alguma com as Três Grandes Emanações; todas aquelas representam esforços da Divindade Solar, enquanto estas parecem ser resultantes de Sua vida: Suas qualidades em manifestação sem qualquer esforço visível. A eletricidade, ao circular através dos átomos, faz com que eles se desloquem, mantendo-os num certo sentido – sendo este efeito adicional e inteiramente à parte da velocidade de vibração que também lhes comunica.

Mas a ação da vitalidade difere em muitos pontos da eletricidade, luz ou calor. Qualquer das variações desta última força produz oscilação do átomo como um todo – uma oscilação cujo comprimento é enorme, se comparado com o tamanho do átomo; mas a força que chamamos vitalidade vem ao átomo, não de fora, mas de dentro.

O Glóbulo da Vitalidade

O átomo é, em si mesmo, nada mais do que a manifestação de uma força. A Divindade Solar quer uma determinada forma, que denominamos átomo físico último; e por esse esforço de Sua vontade, quatorze bilhões de bolhas são mantidas com aquela determinada forma. É preciso realçar que a coesão das bolhas, assim formadas, depende inteiramente desse esforço de vontade, de maneira que, se por um instante sequer cessasse tal esforço, as bolhas deixariam de existir, e com elas todo o mundo físico, em menos tempo que o da duração de um relâmpago. A verdade é que o mundo inteiro não passa de ilusão, inclusive deste ponto de vista – sem falar no fato de serem as bolhas, que constituem o átomo e são apenas buracos no Koilon[4], o verdadeiro éter do espaço.

Assim, é a vontade-força da Divindade Solar, em ação contínua, que assegura a coesão do átomo; e, se procuramos examinar como é exercida essa força, vemos que ela não vem ao átomo de fora, mas brota de seu interior – o que significa que nele perpassa e, sobretudo, vem de dimensões superiores. Isso também é verdade em relação à força da vitalidade, que por via interna penetra no átomo, junto com aquela força que mantém a coesão deste, ao

---

[4] *Koilon*: Nome grego, pelo qual o autor e Annie Besant designaram a substância que contém os protótipos espirituais de todas as coisas, ou seja, os seus elementos, onde elas se originam e de que evolvem. (Glossário Teosófico, Ed. Ground, São Paulo, 1995. (N. E.)

invés de proceder de fora a fim de atuar sobre ele, como o fazem as outras variedades de energia, luz, calor ou eletricidade.

Ao emergir do interior do átomo, o mesmo é dotado, pela vitalidade, de uma vida adicional que lhe confere o poder de atrair, levando ele consigo e, ao seu redor, seis outros átomos, os quais são dispostos de certa forma, constituindo o que, em *Occult Chemistry*, é chamado hiper-meta-proto-elemento. Mas este elemento difere de todos os demais até agora observados, em que a força que o cria e o mantém coeso procede do segundo Aspecto da Divindade Solar, e não do Terceiro. Este glóbulo de vitalidade está desenhado na pág. 45 de *Occult Chemistry*, onde primeiro aparece à direita da linha de cima no diagrama. É o pequeno grupo que forma a extraordinariamente brilhante borbulha sobre a espiral masculina ou positiva do elemento químico oxigênio, e é também o coração do globo central no radium.

Esses glóbulos se destacam de todos os outros que se podem ver flutuando na atmosfera, por causa do seu brilho e extrema atividade A vida de grande intensidade que eles apresentam são provavelmente as vidas ígneas, tantas vezes mencionadas pela Senhora Blavatsky, embora pareça que ela emprega esse termo em dois sentidos. Em *A Doutrina Secreta*[5], vol. II, parece significar o glóbulo como um todo; no vol. I, quer dizer provavelmente os átomos originais adicionalmente vitalizados, cada um dos quais se move com seis outros ao seu redor.

Embora a força que vivifica os glóbulos seja completamente diferente da luz, parece, contudo, depender desta quanto ao seu poder de manifestação. Pela luz brilhante do sol essa vitalidade constantemente se renova, e os glóbulos são gerados com muita rapidez e em quantidade incrível; mas em tempo nublado há grande diminuição do número de glóbulos formados, e durante a noite a operação parece ficar totalmente suspensa. Podemos dizer, portanto, que à noite estamos vivendo com a provisão manufaturada no dia transcorrido e, embora pareça praticamente impossível que venha a esgotar-se inteiramente, é claro que essa provisão se reduz quando há uma longa sucessão de dias enevoados. O glóbulo, uma vez vitalizado, permanece como elemento subatômico, e não parece estar sujeito a nenhuma alteração ou perda de energia, pelo menos enquanto esta não é absorvida por alguma criatura viva.

---

[5] Ed. Pensamento, São Paulo. (N. E.)

A Absorção de Vitalidade

Esta vitalidade é absorvida por todos os organismos vivos, e um suficiente suprimento dela parece ser necessário à sua existência. No caso dos seres humanos e dos animais superiores, é absorvida através do centro ou vórtice do duplo etérico que corresponde ao baço. Cabe lembrar que este centro tem seis pétalas, formadas pelo movimento ondulatório das forças que o vórtice produz. Mas o movimento ondulatório é causado pelas radiações de outras forças do centro desse vórtice. Imaginando o ponto central do vórtice como o cubo de uma roda, podemos pensar que as forças, por último mencionadas, são representadas pelos raios que dele saem em linhas retas. Então as forças do vórtice, varrendo ao redor, passam alternadamente sob e sobre esses raios, como se estivessem tecendo algum cesto etérico, obtendo-se, deste modo, a aparência de seis pétalas separadas por depressões.

Quando a unidade de vitalidade está piscando na atmosfera, brilhante como é, é quase incolor e pode ser comparada à luz branca. Mas, logo que entra no vórtice do centro de força esplênico, ela se decompõe, distribuindo-se em raios de cores diversas; no entanto, esta divisão não corresponda exatamente à do espectro solar. Como os seus átomos componentes rodopiam no vórtice, cada raio se prende a um deles, de modo que todos os átomos amarelos são impelidos ao longo de um raio, e os verdes ao longo de outro, e assim sucessivamente, enquanto que o sétimo desaparece absorvido pelo centro do vórtice – através do cubo da roda, digamos assim. Esses raios então se prolongam em diversas direções, cada qual para desempenhar seu trabalho especial na vitalização do corpo. Mas, como foi dito, as divisões não correspondem exatamente às que ordinariamente adotamos no espectro solar, assemelhando-se antes às combinações cromáticas que, nos planos superiores, vemos nos corpos causal, mental e astral.

Por exemplo, o que chamamos índigo se divide em um raio violeta e um raio azul, e assim temos somente duas divisões, em vez de três; mas, por outro lado, o que chamamos vermelho se divide em dois tons: o vermelho-rosa e o vermelho carregado. As cores dos seis raios são, portanto: violeta, azul, verde, amarelo, laranja e vermelho carregado; enquanto que o sétimo átomo, de cor vermelho-rosa (ou mais propriamente o primeiro, pois é o átomo primordial, em que apareceu originariamente a energia), passa adiante pelo centro do vórtice. Assim, a vitalidade é claramente sétupla em sua constituição, mas flui pelo corpo em cinco correntes principais, como o descreve uma das escrituras da Índia[6] – porque, ao saírem do centro esplênico, o azul e o violeta se fundem num só raio, o mesmo acontecendo com o alaranjado e o vermelho carregado.

1. O azul-violeta dirige-se para a garganta, onde parece dividir-se; o azul-claro passa pelo centro laríngeo e o vivifica, enquanto que o azul-carregado e o violeta vão para o cérebro. O azul escuro despende-se nas partes inferiores e centrais do cérebro, enquanto o violeta inunda a parte superior e parece dar vigor especial ao centro de força no topo da cabeça, difundindo-se principalmente pelas novecentas e sessenta pétalas deste centro.
2. O raio amarelo dirige-se para o coração e, depois de executar ali sua tarefa, uma parte dele também vai para o cérebro e o permeia, difundindo-se principalmente pela flor de doze radiações no meio do mais elevado centro de força.
3. O raio verde inunda o abdômen e, apesar de centralizar-se especialmente no plexo solar, vivifica o fígado, os rins, os intestinos e em geral todo o aparelho digestivo.
4. O raio de cor rósea circula por todo o corpo ao longo dos nervos, e é certamente a vida do sistema nervoso. É o que comumente se define como vitalidade – a vitalidade especializada que um ser humano pode facilmente infundir a outro em que seja deficiente. Se os nervos não se acham plenamente supridos com essa cor rósea, tornam-se demasiado sensíveis e irritadiços, ficando o paciente quase impossibilitado de permanecer na mesma posição, não sentindo, tampouco, um mísero alívio, ao mudar para outra posição. O mais leve ruído ou contato lhe é penoso e seu estado é de contínuo sofrimento. Quando seus nervos estão impregnados de vitalidade especializada procedente de outra pessoa que seja sadia, a recuperação é imediata e, sobre ele, recai uma sensação de paz e bem-estar. Uma pessoa

---

[6] "Assim lhes falou a vida primordial: Não vos deixeis cair na ilusão. Eu me divido em cinco para vos proteger o corpo, do qual sou o sustentáculo". – *Prashnopanishad*, II, 3. – "De mim procedem aquelas sete chamas". – *Ibidem.*, III, 3.

de perfeita saúde absorve e especializa muito mais vitalidade que a necessária para o seu corpo, e assim está constantemente irradiando uma torrente de átomos róseos, de modo que, inconscientemente, infunde energia às pessoas próximas mais fracas sem nada perder com isso; ou, por um esforço de sua vontade, pode acumular a energia supérflua e distribuí-la para quem ela desejar ajudar.

O corpo físico possui uma espécie de consciência cega e instintiva própria, que corresponde, no mundo físico, ao elemental do desejo no corpo astral; e essa consciência procura sempre protegê-lo do perigo ou no que for necessário. Ela é inteiramente distinta da consciência propriamente humana, e trabalha do mesmo modo quando o Ego[7] se ausenta do corpo durante o sono. Todos os nossos movimentos instintivos são devidos àquela consciência física, e é a sua ação que possibilita o trabalho do sistema simpático, que é realizado de maneira contínua, sem qualquer pensamento ou conhecimento de nossa parte.

Enquanto permanecemos no estado de vigília, esse elemental físico se mantém sempre vigilante, em atitude de defesa, deixando os músculos e nervos sempre tensos. Durante a noite ou quando dormimos, ele os relaxa, e cuida especialmente da assimilação da vitalidade, a fim de restaurar as forças do corpo físico. Funciona com maior eficiência na primeira metade da noite, porque então há plenitude de vitalidade, ao passo que, nos instantes que precedem a aurora, a vitalidade, que foi trazida pela luz do Sol, se encontra quase toda exaurida. Daí a sensação de fraqueza e semitorpor que acompanha as primeiras horas da manhã; e essa é também a causa de muitos enfermos morrerem no mesmo período com mais frequência. A mesma ideia está expressa naquele velho ditado da sabedoria popular de que "uma hora de sono antes da meia-noite equivale a duas horas depois dela". A ação do elemental físico explica a importante influência restauradora do sono, que se

---

[7] Referência ao Ego Superior ou Eu Superior, Tríade Superior ou alma imortal individual que reencarna e evolui, conquista que caracteriza o estágio evolutivo humano, distinguindo-o dos animais, cuja a alma é grupal (vide LEADBEATER, C.W. *A Gnose Cristã*. Ed. Teosófica). Não confundir com o ego da psicologia moderna, que, em contraposição, se refere à personalidade mortal, quaternário inferior ou corpo, conforme o denominava São Paulo, que ainda o subdividia em corpo natural (abrangendo o corpo físico e o corpo etérico) e o corpo psíquico (às vezes, também chamado confusamente de espiritual, mas que abrange o corpo astral ou emocional, e o corpo mental – I Coríntios 15:44). Também não confundir com o espírito ou mônada, a centelha divina que é eterna e perfeita, porque está fora da dimensão evolutiva do tempo. (N. E.)

pode observar ainda quando se trata de uma simples sesta ou ligeiro cochilo.

A vitalidade é realmente o alimento do duplo etérico, e lhe é tão necessária quanto o é para manter a parte densa do corpo físico. Por isso, quando o corpo é incapaz, por algum motivo (como na doença, na fadiga ou na extrema velhice), de assimilar a vitalidade para a nutrição de suas células, o elemental físico procura extrair, para seu próprio uso, a vitalidade que já foi preparada em outros corpos; e assim acontece que muitas vezes nos sentimos fracos e exaustos depois de estarmos por algum tempo com uma pessoa carente de vitalidade, pois ela retirou, por sucção, os átomos róseos antes de havermos assimilado a energia neles contida.

O reino vegetal também absorve essa vitalidade, mas em muitos casos parece utilizar apenas uma parte. Muitas árvores extraem dela quase exatamente os mesmos constituintes que a parte superior do duplo etérico retira do ser humano , acontecendo, porém, que, depois de terem absorvido os que lhes são necessários, os átomos residuais liberados são precisamente os róseos de que precisam as células do corpo físico do homem. É esse principalmente o caso do pinheiro e do eucalipto, e, por isso, a proximidade destas árvores infunde saúde e vigor aos que se acham sofrendo de carência daquela parte do princípio vital – as pessoas nervosas. São nervosas porque as células de seus corpos têm fome, de modo que o nervosismo só pode ser aliviado com o alimento e, muitas vezes, a maneira mais fácil de fazer isso é, portanto, fornecer-lhes de fora o tipo especial de vitalidade que elas precisam.

5. O raio vermelho-laranja flui para a base da espinha e daí para os órgãos reprodutivos, com os quais uma parte de suas funções está intimamente ligada. Este raio parece incluir não só o vermelho-laranja e o vermelho carregado, como também o purpúreo intenso, numa certa quantia, como se o espectro desse uma volta em círculo e as cores recomeçassem numa escala mais baixa. No ser humano normal, este raio ativa os desejos carnais e, parece, também, que penetra no sangue e ajuda a manter o calor do corpo; mas se um ser humano persevera em repelir os apelos de sua natureza inferior, este raio, mediante esforços deliberados e ininterruptos, pode desviar-se para o cérebro, onde os seus três componentes passam por considerável modificação. O alaranjado se converte em amarelo

puro e intensifica as faculdades intelectuais; o vermelho carregado se transforma em carmesim, e dá grande reforço ao amor não egoísta; ao passo que o purpúreo intenso se transmuta em belo violeta pálido, que aviva a parte espiritual da natureza humana. Aquele que realizar essa transmutação verá que os desejos sensuais não mais o perturbarão, e, quando se fizer necessário despertar o fogo serpentino, estará livre do mais grave dos perigos deste processo. Quando a pessoa finalmente completa a transformação, o raio laranja-vermelho penetra diretamente no centro da base da espinha, e daí segue pelo ducto da coluna vertebral até o cérebro.

Vitalidade e Saúde

O fluxo vital dessas várias correntes regula a saúde das partes do corpo por onde passam. Se, por exemplo, uma pessoa está sofrendo de má digestão, quem for dotado de visão etérica o perceberá imediatamente, porque o fluxo da corrente verde ou é lento ou insuficiente. Onde a corrente amarela atua com plenitude e vigor, ela indica ou, mais propriamente, produz um funcionamento seguro e normal do coração. Fluindo através desse centro, a vitalidade também faz com que o sangue destinado ao coração seja por ela interpenetrado, distribuindo-a por todo o corpo. Mas ainda há o suficiente para se estender para o cérebro também e, além disso, o poder do pensamento filosófico e metafísico depende, em grande parte, do volume e intensidade da corrente amarela, com o correspondente despertar da flor de doze pétalas situada no meio do centro dinâmico do alto da cabeça.

Os elevados pensamentos e nobres emoções, de caráter espiritual, parecem depender, em sua maior parte, do raio violeta, ao passo que a força dos pensamentos comuns é estimulada pela ação do azul mesclado com uma porção do amarelo. Observou-se que, em algumas formas de idiotia, tanto o amarelo como o azul-violeta sofrem quase total inibição no fluxo de vitalidade para o cérebro. A atividade fora do comum e o grande volume do azul-claro que penetra no centro laríngeo mantêm a saúde e o vigor dos órgãos físicos desta região do corpo; dá, por exemplo, força e elasticidade às cordas vocais, de modo que, nos oradores e cantores, essa corrente parece dotada de brilho e atividade especial. A doença ou debilidade é acompanhada de uma deficiência no fluxo de vitalidade em qualquer parte do corpo.

À medida que executam seu trabalho, as diversas correntes de átomos vão descarregando a vitalidade neles contida, tal como acontece em uma carga elétrica. Os átomos de cor rósea vão gradualmente empalidecendo quando passam pelos nervos e, por fim, saem através dos poros para formar o que foi chamado aura de saúde no livro *O Homem Visível e Invisível*.[8] No momento em que deixam o corpo, eles perdem, em sua maioria, o tom róseo e, por isso, toda a emanação apresenta um aspecto branco-azulado. Parte do raio amarelo que o sangue absorve e transporta consigo também perde sua cor peculiar.

Os átomos, quando vazios de sua carga de vitalidade, ou entram em uma das combinações que constantemente se processam no corpo, ou dele saem através dos poros ou pelos canais comuns. Os átomos desprovidos do raio verde, relacionado principalmente com a função digestiva, parecem fazer parte dos resíduos do corpo humano e são eliminados juntamente com eles, o que também ocorre com os átomos de cor vermelho-laranja no caso do ser humano comum. Os átomos pertinentes aos raios azuis, que são utilizados pelo centro laríngeo, geralmente deixam o corpo nas exalações respiratórias; e os que compõem o azul-escuro e o violeta saem pelo centro do topo da cabeça.

Quando o estudante aprendeu a desviar os raios de cor vermelho-laranja, de modo que fluam também pela espinha, os átomos descarregados deles e dos raios de cor azul-violeta precipitam-se do alto da cabeça como uma cascata ígnea, que é representada habitualmente por uma chama nas estátuas antigas de Buddha e de outros grandes Santos. Quando já não são portadores de força vital, os átomos voltam a ser iguais aos outros átomos; o corpo absorve quantos lhe sejam necessários, e assim participam das várias combinações que constantemente se efetuam no organismo físico, e os que não se prestam a essa finalidade são eliminados por algum canal adequado.

O fluxo de vitalidade no interior ou através de um centro, inclusive sua intensificação, não deve ser confundido com o desenvolvimento do centro (coisa inteiramente à parte) que corresponde ao despertar do fogo serpentino em uma fase ulterior da evolução do ser humano. Todos nós absorvemos vitalidade e a especializamos, mas muitos não a utilizam plenamente, porque

---

[8] Ed. Pensamento, São Paulo. (N. E.)

em vários aspectos nossas vidas não são tão puras, sadias e sensatas como deveriam ser. Aqueles que embrutecem o corpo com o uso de carne, álcool ou fumo nunca podem aproveitar ao máximo sua vitalidade, como é capaz de fazê-lo uma pessoa de vida regrada e sem mácula. Uma pessoa de vida impura pode ser, e muitas vezes é, mais vigorosa fisicamente do que outras de comportamento austero: é uma questão de *karma*. Mas, em igualdade de condições, as pessoas de vida pura levam imensa vantagem.

Vitalidade, e não Magnetismo

Não se deve confundir a vitalidade que corre ao longo dos nervos com o chamado magnetismo do ser humano – o seu próprio fluido nervoso, gerado nele mesmo. É este fluido que mantém constante a circulação do sangue nas veias; e, assim como o oxigênio é levado pelo sangue a todas as partes do corpo, também a vitalidade é conduzida ao longo dos nervos por esta corrente elétrica. As partículas da parte etérica do corpo humano estão sempre mudando, tal como sucede com a parte densa; juntamente com o alimento que comemos e o ar que respiramos, nós recebemos matéria etérica que é assimilada pela parte etérica do corpo. A matéria etérica é constantemente eliminada pelos poros, assim como o é a matéria gasosa, e assim, quando duas pessoas estão próximas uma da outra, cada qual, necessariamente, absorve muito das emanações da outra.

No hipnotismo, o operador concentra, por um esforço de vontade, grande quantidade de magnetismo e o projeta sobre o paciente, cujo fluido nervoso o operador repele a fim de substituí-lo pelo que emite. Sendo o cérebro, como é, o centro da circulação nervosa, a parte do corpo do paciente atingida pelo fluido magnético fica sob o domínio do cérebro do hipnotizador, e assim o primeiro sente tudo quanto este último quer que ele sinta. Se o cérebro do paciente fica vazio de seu próprio magnetismo, que é substituído pelo do hipnotizador, aquele somente pode pensar e fazer o que este ordenar que ele pense e faça, pois se acha então completamente dominado.

Ainda quando o magnetizador atua com um objetivo terapêutico e está incutindo energia no paciente, isso não evita que, junto com a vitalidade, lhe transmita muito de suas emanações pessoais. Deste modo, é evidente que, se o operador padece de alguma enfermidade, poderá contagiar o hipnotizado. E outra consideração ainda mais importante é que, embora sua saúde seja perfeita do ponto de vista médico, existem doenças morais e mentais além das fisiológicas; e como o magnetizador projeta no paciente matéria astral e mental com as correntes físicas, aqueles males são facilmente transmissíveis.

A vitalidade, tal como a luz e o calor, é emanada pelo sol continuamente, mas é frequente surgirem obstáculos que impedem o suprimento de alcançar, em sua totalidade, a Terra. Nos climas das regiões frias e sombrias, impropriamente chamados temperados, também acontece muitas vezes que, durante dias seguidos, o céu se apresenta com um manto escuro de pesadas nuvens; à semelhança da luz, influi na vitalidade; não chega a obstar-lhe a passagem, mas lhe faz minguar sensivelmente a intensidade. Assim, em tempo nublado e escuro a vitalidade diminui, e todas as criaturas vivas sentem um anseio instintivo pelo retorno da luz do Sol.

Quando os átomos vitalizados se acham, desse modo, mais dispersos, as pessoas de saúde forte aumentam seu poder de absorção, esgotam uma área maior a fim de manter sua energia em nível normal; mas as inválidas e as de reduzida força nervosa, que não o podem fazer, têm quase sempre intensificado o seu sofrimento, sentindo-se cada vez mais fracas e irritáveis, sem saber por quê. Por razões idênticas, a vitalidade declina mais no inverno que no verão; pois, ainda quando em um dia curto de inverno o sol venha a aparecer, temos que enfrentar a sombria e longa noite hibernal, durante a qual devemos consumir vitalidade que o dia armazenou em nossa atmosfera. Em compensação, o longo dia de verão, quando há claridade e ausência de nuvens, acumula na atmosfera tanta vitalidade que a noite curta faz pouca diferença.

Pelo estudo desta questão da vitalidade, o ocultista não pode deixar de reconhecer que, posta de lado inteiramente a temperatura, a luz do sol é um dos fatores mais importantes na realização e preservação da saúde perfeita – um fator cuja ausência nada há que possa compensar. Como a vitalidade é irradiada não apenas sobre o plano físico, mas igualmente sobre todos os outros planos, é evidente que os outros aspectos terão condições satisfatórias, de modo que a emoção, o intelecto e a espiritualidade alcançarão o seu melhor sob um céu claro e com a inestimável ajuda da luz solar.

Todas as cores deste tipo de vitalidade são etéricas; vê-se, porém, que sua ação apresenta certas correspondências com a significação atribuída a idênticos tons no corpo astral. O pensamento correto e o sentimento correto reagem sobre o corpo físico e lhe aumentam o poder de assimilar a vitalidade necessária ao seu bem-estar. Conta-se que o Senhor Buddha, certa vez, disse que o primeiro passo no caminho para o Nirvana é uma saúde perfeita; e, sem dúvida, o meio de alcançá-la é seguir o Nobre Caminho Óctuplo que Ele indicou. "Buscai primeiramente o Reino de Deus e Sua justiça, e todas essas coisas vos serão acrescentadas" – sim, inclusive a saúde física.

Capítulo 5

PELO AMBIENTE NATURAL

O Tempo

É sabido que o tempo tem os seus caprichos e, apesar do estudo e da observação de seus fenômenos nos permitirem aventurar algumas predições limitadas, a causa última da maior parte das mudanças ainda nos escapa, e assim continuará a ser até que nos certifiquemos de que existem fatores a serem levados em conta além da ação do calor e do frio, da radiação e da condensação. A própria Terra tem vida; esta bola de matéria está servindo de corpo físico a uma colossal entidade – não um Adepto ou um Anjo, não um ser altamente desenvolvido em todos os sentidos, senão algo que se pode imaginar como um gigantesco espírito da natureza, para o qual a existência em nossa Terra representa uma encarnação. Sua precedente encarnação foi naturalmente na Lua, quando esta era o quarto planeta da última cadeia, e a próxima deverá ser igualmente no quarto planeta da cadeia que há de suceder à nossa, quando se completar a evolução da atual cadeia terrestre. Sobre sua natureza ou sobre o caráter de sua evolução, podemos saber pouco e isso, de algum modo, não nos diz respeito: para ele não somos mais que insignificantes micróbios ou parasitas sobre o seu corpo, e é de todo provável que ignore mesmo a nossa existência, pois nada do que podemos fazer estará em escala suficientemente grande para chamar-lhe a atenção.

Para ele, a atmosfera que circunda a Terra será como uma espécie de aura, ou talvez corresponda mais à película de matéria etérica que se estende pouco além do contorno do corpo físico dos seres humanos; e, assim como qualquer alteração ou perturbação no ser humano repercute nessa película de éter, também toda mudança nas condições daquele espírito da Terra deve repercutir na atmosfera. Algumas dessas alterações devem ser periódicas e regulares, à semelhança de certos movimentos e funções do corpo humano, como, por exemplo, a respiração, o pulsar do coração, o caminhar; outras devem ser irregulares e ocasionais, como as causadas em uma pessoa por um susto ou uma explosão emocional.

Sabemos que uma emoção violenta, ainda que astral em sua origem, produz alterações químicas e variações de temperatura no corpo físico do ser humano; o que quer que corresponda a essa emoção no espírito da Terra bem pode ocasionar alterações químicas também em seu corpo físico; e variações de temperatura na atmosfera significam vento; variações súbitas e violentas significam tempestade, e alterações químicas abaixo da superfície da Terra não raro provocam terremotos e erupções vulcânicas.

Nenhum estudante de ocultismo incidirá no erro comum de ver maldade nessas explosões de tempestades ou erupções, pelo fato de algumas vezes destruírem vidas humanas; pois reconhecerá que, onde quer que esteja a causa imediata, tudo o que acontece faz parte do trabalho da grande e imutável lei de justiça, e que o Autor de todas essas coisas certamente faz o que é justo. Este aspecto dos fenômenos naturais será, porém, considerado em capítulo subsequente.

Não pode haver dúvida de que as condições climáticas exercem muitas e variadas influências na humanidade. Prevalece no consenso geral a ideia de que o tempo nublado é depressivo – o que, porém, se deve à circunstância de, na ausência da luz solar, haver insuficiência de vitalidade, conforme já expliquei. Algumas pessoas, contudo, sentem-se bem quando há chuva, neve ou ventos fortes. Existe em tais perturbações algo que produz uma sensação definida de prazer que lhes acelera as vibrações, harmonizando-as com a tônica de sua natureza. É provável que isso não seja totalmente nem principalmente devido à perturbação física; é mais provável que a sutil alteração na aura do espírito da Terra (que produz ou coincide com este fenômeno) deve estar em simpatia com os espíritos daquelas pessoas. Um exemplo ainda mais sugestivo consiste no efeito de uma tempestade acompanhada de raios e trovões. Há muita gente em que ela produz uma curiosa sensação de terror e pânico, desproporcional ao perigo físico que supostamente ela traz.

Em outras pessoas, ao contrário, a tempestade elétrica ocasiona uma enorme sensação de bem-estar. A influência da eletricidade sobre os nervos desempenha, sem dúvida, um papel na produção de tais sensações anormais; mas sua verdadeira causa tem raízes mais profundas.

A impressão produzida nas pessoas por essa variedade de manifestações depende da preponderância, no temperamento de cada uma delas, de certos tipos de essência elemental, em virtude daquelas vibrações simpáticas, chamadas pelos estudantes medievais de terrestres, aquosas, aéreas ou ígneas. Da mesma forma, o efeito das várias seções de nossa atmosfera será maior ou menor sobre as pessoas conforme possuam elas maior ou menor quantidade de um ou outro daqueles constituintes em sua composição. Para a pessoa que responde mais prontamente às influências da Terra, a natureza do solo em que foi construída sua casa é de importância capital, mas lhe faz pouca diferença, relativamente, que haja ou não água nas proximidades; ao passo que, aquela que responde mais às radiações da água, dispensará pouca atenção ao solo enquanto houver dentro do seu raio de visão e ao seu alcance o oceano ou um lago.

As Rochas

Todos os objetos da natureza irradiam influências perpetuamente sobre nós, inclusive a própria terra em que pisamos. Cada tipo de rocha ou de solo tem sua variedade peculiar, e são grandes as diferenças existentes de um para outro; por isso, não se deve negligenciar o efeito que nos causam. Na produção deste efeito participam três fatores – a própria vida da rocha, o tipo de essência elemental apropriado à sua contraparte astral e a classe de espíritos da natureza que ela atrai. A vida da rocha é a vida mesma da Segunda Grande Emanação, quando alcançou o estágio de animar o reino mineral; e a essência elemental é uma onda posterior da Vida Divina, que passa de um período de cadeia ao outro e que na descida à matéria chegou apenas ao mundo astral. Os espíritos da natureza pertencem a uma evolução diferente, sobre a qual falaremos mais adiante.

O ponto que agora nos cumpre ter em mente é que cada espécie de solo – granito ou arenito, giz, argila ou lava – tem uma influência específica sobre os que vivem nela, uma influência que jamais cessa. Noite e dia, verão e inverno, ano após ano, esta pressão se exerce permanentemente, influindo na formação das raças e das regiões, dos tipos e dos indivíduos. Todos estes aspectos são ainda pouco compreendidos pela ciência comum, mas não há dúvida de que no futuro serão inteiramente estudados, e os médicos os levarão em conta, prescrevendo para seus pacientes não só mudança de ares como de solo.

Onde quer que exista água – lago, rio ou mar – entra em ação uma série nova e distinta de fatores, cuja eficácia ali se manifesta em diferentes formas, sobretudo no mar. Mas também aqui aqueles outros três fatores têm que ser considerados: a vida própria da água, a essência elemental que a interpenetra e o tipo de espíritos da natureza a ela associados.

As Árvores

Poderosas influências são irradiadas pelo reino vegetal também e, conforme os diferentes tipos de plantas e árvores, os efeitos variam consideravelmente. Aqueles que não fizeram estudos especiais a respeito do assunto costumam subestimar a força, a capacidade e inteligência da vida vegetal. Não vou aqui repetir o que já tive ocasião de escrever em *O Credo Cristão*[9]. Assinalarei, apenas, que as árvores – principalmente as velhas árvores – possuem uma individualidade marcante e definida, que bem merece o nome de alma. Esta alma, se bem que temporária, no sentido de que não é ainda uma entidade reencarnante, é, contudo, dotada de apreciável força e inteligência, dentro de suas linhas peculiares.

Ela manifesta preferências e simpatias, e quem tem a visão clarividente percebe claramente, pela emanação com um tom róseo vivo, uma alegria que aumenta com a luz do sol e a chuva, e um contentamento especial com a presença daqueles que ela aprendeu a gostar ou com quem tenha vibrações simpáticas. Emerson parece que o sentiu, conforme é citado nas Reminiscências de Hutton, quando se referia às suas árvores: "Estou certo de que elas sentem falta de mim; parecem ficar tristes em minha ausência, e sei que exultam quando eu volto para junto delas e me aconchego aos seus ramos mais próximos".

---

[9] Ed. Civilização Brasileira. Seu conteúdo foi em grande parte abrangido por obra posterior de C. W. Leadbeater, *A Gnose Cristã*, Ed. Teosófica. (N. E.)

Uma velha árvore da floresta representa um alto grau de desenvolvimento da vida vegetal e, quando é transferida deste reino, não vai para a forma mais baixa da vida animal. Em alguns casos, sua individualidade é bastante acentuada e lhe permite manifestar-se temporariamente fora de sua vida física; quando isso acontece, muitas vezes assume forma humana. As coisas podem suceder de modo diferente em outros Sistemas Solares, ao que sabemos; mas, em nosso Sistema, a Divindade escolheu a forma humana para consagrar a inteligência superior, a ser elevada à perfeição máxima de acordo com a evolução do Seu esquema; e, porque é assim, há sempre uma tendência entre os reinos inferiores da vida para ascenderem àquela forma e, em sua condição primitiva, imaginarem a si mesmas em sua posse.

Desta forma, acontece que criaturas como gnomos ou elfos, cujos corpos são de natureza fluídica, de matéria astral ou etérica, que é plástica sob a influência da vontade, adotam habitualmente uma aparência semelhante à da humanidade. Assim também, quando é possível à alma de uma árvore exteriorizar-se e fazer-se visível, quase sempre é na forma humana que se deixa ver. Sem dúvida, foi esse o caso das dríadas dos tempos clássicos; e o aparecimento eventual de tais figuras pode explicar a prática, largamente difundida, do culto da árvore. *Omne ignotum pro magnifico* (O desconhecido sempre passa por maravilhoso); e se o homem primitivo viu uma forma humana colossal surgir de uma árvore, foi provavelmente a sua ignorância que o fez levantar ali um altar para adorá-la, longe de compreender que ele próprio estava muito mais avançado em evolução do que supunha, e que a assunção daquela imagem já significava um reconhecimento desse fato.

O lado oculto do instinto vegetal também é extremamente interessante; o grande e único objetivo da planta, como o de alguns seres humanos, é sempre constituir uma família e reproduzir a espécie; e, por certo, ela experimenta uma sensação de intensa alegria quando bem-sucedida, na cor e na beleza de suas flores e na sua eficiência em atrair abelhas e outros insetos. Inquestionavelmente, as plantas sentem uma acentuada admiração por eles, com um misto de prazer; são sensíveis à afeição e a retribuem.

Quando se tem tudo isso presente na mente, é fácil compreender que as árvores exercem sobre os seres humanos influência muito maior do que se supõe, e quem quer que se dedique a cultivar relações de simpatia e amizade com todos os seus vizinhos, sejam vegetais, animais ou humanos, pode receber e dar muita coisa que a média da humanidade ignora, podendo assim ter uma vida mais cheia, mais ampla e mais completa..

Os Sete Tipos

A classificação do reino vegetal adotada pelo ocultista segue a linha dos sete grandes tipos mencionada no capítulo anterior a respeito das influências planetárias, e cada um deles se divide em sete subtipos. Se pensarmos em organizar uma tábua do reino vegetal, essas divisões serão naturalmente dispostas em linhas perpendiculares, e não horizontais. Não teremos as árvores separadas em um tipo, os arbustos em outro tipo, as samambaias em um terceiro, e as gramíneas ou os musgos em um quarto; mas teremos árvores, arbustos, samambaias, gramíneas e musgos de cada um dos sete tipos, de tal modo que ao longo de cada linha estarão representados todos os graus da escala ascendente.

Podemos expressá-lo dizendo que, quando a Segunda Emanação está pronta para descer, sete grandes canais se abrem à sua escolha, cada qual com suas sete subdivisões; mas o canal por onde passa lhe dá uma coloração própria – um conjunto de características temperamentais – que nunca desaparece totalmente; embora necessite ela, para manifestar-se, de matéria pertencente a todos os diferentes tipos, há sempre a predominância do seu tipo peculiar, que sempre se pode identificar como tal, até que, finda a sua evolução, retorne como potência gloriosa e espiritual à Divindade, de onde originariamente saiu como simples potencialidade não desenvolvida..

O reino vegetal é apenas um estágio no vasto curso da evolução, no qual se podem distinguir aqueles diferentes tipos, assim como se distinguem entre os animais ou os seres humanos, e cada um exerce sua influência, suave ou benéfica para alguém, penosa ou nociva para outrem, e inócua para um terceiro, conforme o seu tipo e a sua condição no momento. O treinamento e a prática são necessários para habilitar o estudante a distribuir as várias plantas e árvores em suas classes próprias, mas a distinção entre o magnetismo irradiado pelo carvalho e o pinheiro, a palmeira e o baniano, a oliveira e o eucalipto, a rosa e o lírio, a violeta e o girassol não pode deixar de evidenciar-se a toda pessoa sensível. Tão grande como a distância entre os polos é a dissimilaridade entre o "sentimento" de uma floresta inglesa e o de uma selva tropical, da mata da Austrália ou da Nova Zelândia.

Os Animais

Durante milhares de anos o ser humano tem vivido de modo tão bárbaro que todos os animais selvagens o temem e evitam; por isso, a influência exercida sobre ele, pelo reino animal, praticamente se limita à dos animais domésticos. Nas relações com estes, nossa influência sobre eles é naturalmente muito maior que a deles sobre nós, conquanto esta última não deva absolutamente ser desprezada. O ser humano que realmente cultivou a amizade de um animal é, não raro, auxiliado e confortado pela afeição a ele devotada. Sendo mais adiantado, o ser humano tem maior capacidade de amar que o animal; mas o afeto do animal é, normalmente, mais concentrado, e é provável que seja mais intenso que o afeto do ser humano.

O próprio desenvolvimento superior do ser humano lhe confere multiplicidade de interesses, entre os quais a sua atenção se reparte; o animal frequentemente deixa fluir toda a energia de sua natureza por um só canal, produzindo assim um efeito de mais intensidade. O ser humano tem uma centena de outros assuntos em que pensar, e a corrente do seu amor é, por consequência, variável. Quando o cão ou o gato desenvolve uma afeição realmente grande, ela enche toda a sua vida, e por isso mantém um fluxo permanente de força visando sempre ao seu objeto – fator cuja importância de modo algum deve ser ignorada.

Analogamente, o ser humano, cuja crueldade é tal que chega a despertar o ódio e o medo dos animais domésticos, converte-se, por natural retribuição, no centro convergente de forças de antipatia; pois semelhante atitude provoca forte indignação entre os espíritos da natureza e outras entidades astrais e etéricas, assim como entre todos os seres humanos de mente sã, quer estejam vivos ou mortos.

Os Seres Humanos

Assim como certamente ninguém pode evitar o medo ou a antipatia da parte de seu cão ou do seu gato, assim também acontece, com mais forte razão, quanto aos seres humanos que o rodeiam. Não é fácil avaliar a importância, para uma pessoa, de conquistar a simpatia daqueles com quem está constantemente em contato – para um professor, a atitude de seus alunos para com ele; para um negociante, o sentimento de seus empregados; para um oficial, a dedicação de seus homens. Sem falar nos óbvios efeitos que se verificam no mundo físico. Se a pessoa, numa dessas posições, é capaz de despertar a atenção entusiástica de seus subordinados, ela se torna o foco de convergência de muitas correntes de forças semelhantes. Não somente isso a beneficia e revigora, se ela conhece algo do *modus-operandi* das leis ocultas, mas também a habilita a ser de inestimável utilidade em proveito dos que a estimam, e a fazer por eles muito mais do que seria possível de outra forma.

Para a obtenção desse resultado, não é preciso que eles tenham a mesma opinião; sua atitude não tem qualquer relação com o efeito particular de que nos estamos ocupando: é apenas uma questão de sentimento afetivo. Se, infelizmente, o sentimento é de natureza oposta – se a pessoa inspira medo ou aversão – correntes de antipatia fluem sem cessar para ela, ocasionando vibrações fracas e dissonantes em seus veículos mais elevados, e também é vetada a possibilidade de fazer algo de útil e proveitoso por aqueles que estão aos seus cuidados.

Não se trata simplesmente do poder do sentimento transmitido pela pessoa: o amor atrai amor, assim no mundo astral como no mundo físico. Há sempre massas de pensamentos imprecisos flutuando na atmosfera, uns bons e outros maus, mas todos igualmente prontos para reforçar qualquer pensamento definido de tipo similar. Há igualmente espíritos da natureza de classe inferior que se comprazem com as vibrações grosseiras de cólera e ódio, e estão sempre dispostos a participar de correntes desse tipo. Procedendo assim, intensificam as ondulações e acrescentam vida nova a elas. Tudo isso tende a fortalecer o efeito produzido pelos fluxos convergentes de pensamentos e sentimentos indesejáveis.

Já foi dito que se conhece uma pessoa pela companhia em que anda. Há também muito de verdade no dizer-se que é a companhia que faz a pessoa, pois aquelas com quem constantemente convive a influenciam a todo o momento, e a sintonizam cada vez mais com as ondas por elas irradiadas. O que fica muito tempo na presença de uma pessoa de mente aberta e espiritualizada tem excelente oportunidade de adquirir iguais características, porque está recebendo uma firme, embora imperceptível, influência nesse sentido, sendo-lhe, portanto, mais fácil obter progresso por esse meio que por outro qualquer. Pela mesma razão, a pessoa que desperdiça seu tempo na ociosidade e no vício, em uma taverna, acaba provavelmente por se tornar preguiçosa e viciada . O estudo do lado oculto das coisas confirma o velho adágio de que as más companhias corrompem os bons costumes.

A enorme influência da estreita associação com uma personalidade mais adiantada é fato bem conhecido no Oriente, onde se admite que a parte mais importante e eficaz da preparação do discípulo consiste em que deve ele estar constantemente na presença de seu instrutor e em contato com a sua aura. Os diversos veículos do instrutor vibram todos com um forte e permanente impulso em condições mais regulares e superiores às que o discípulo porventura possa manter, apesar de este as conseguir igualar, às vezes, por alguns momentos; mas a constante pressão das ondas mais fortes de pensamento do instrutor eleva gradualmente as do discípulo ao mesmo nível. Uma pessoa cujo ouvido musical é ainda pouco apurado sente dificuldade para cantar intervalos corretos sozinha; mas, se ela se juntar a outra de voz mais forte, que já esteja perfeitamente educada, sua tarefa se tornará mais fácil – o que, de algum modo, serve como analogia.

O importante é que sempre a nota dominante do instrutor se faça sentir, a fim de que sua ação influa noite e dia sobre o discípulo, sem necessidade de qualquer pensamento especial por parte de um deles. Há, certamente, um processo contínuo de desenvolvimento e transformação nos veículos do discípulo, como nos de todos os outros seres humanos; mas as poderosas ondas emanadas do instrutor contribuem para que o progresso se efetive na direção exata, e seja muito difícil ao discípulo seguir por outro caminho, de forma semelhante às talas com que se envolve um membro fraturado, para assegurar que este se consolide no lugar certo, evitando desvio.

Uma pessoa comum, que atue mecanicamente e sem objetivo, nunca será capaz de exercer nem mesmo um centésimo da influência dirigida cuidadosamente por um instrutor espiritual. Entretanto, muitas podem, até certo ponto, compensar a carência de energia individual, de maneira que a pressão ininterrupta, embora despercebida, das opiniões e dos sentimentos de nossos companheiros, frequentemente, nos leva a absorver, sem que o saibamos, muitos de seus preconceitos. Não é recomendável que uma pessoa permaneça sempre entre um grupo ouvindo somente uma série de opiniões idênticas. É de todo aconselhável que ela conheça algo sobre as outras opiniões, pois só assim pode discernir entre todas; somente com o pleno e total conhecimento de ambos os lados pode formar uma opinião que mereça ser considerada como um juízo verdadeiro. A pessoa com preconceitos é sempre e necessariamente uma pessoa ignorante; e o único meio de libertar-se da ignorância é sair de seu pequeno e estreito círculo e aprender a olhar as coisas por si mesma, descobrindo o que realmente são – não o que acreditam aqueles que nada sabem.

As Viagens

A extensão da influência das pessoas que nos cercam só é percebida quando mudamos de ambiente por algum tempo, e o meio mais seguro de verificá-la é viajarmos a um país estrangeiro. Mas a verdadeira viagem não é correr de uma a outra excursão, em um grupo composto de cidadãos de nosso próprio país, durante o tempo todo, estranhando que os costumes sejam diferentes dos de nossa pequena comarca. Mas sim demorar um pouco em terra estranha, procurando realmente travar conhecimento com seu povo e compreendê-lo; estudar os costumes e investigar sua razão de ser, o que há de bom neles, em vez de condená-los de supetão, por não serem os mesmos costumes que os nossos. A pessoa que assim proceder, logo identificará os traços característicos das várias raças – compreenderá essas diversidades fundamentais, como as existentes entre ingleses e irlandeses, hindus e americanos, bretões e sicilianos, mas concluirá que devem eles ser olhados não como melhores uns do que os outros, senão como as diferentes cores de que se compõe o arco-íris, os diferentes acordes que são todos necessários como partes do magnífico oratório da vida.

Cada qual tem sua parte a desempenhar na evolução dos Egos, que necessitam de sua influência, carecem de suas características. Há um poderoso anjo por trás de cada raça, ou seja, o Espírito da Raça, que sob a direção do Manu lhe preserva as qualidades especiais e a guia ao longo da linha que lhe foi destinada. Nasce uma nova raça quando o esquema da evolução requer um novo tipo de temperamento; extingue-se uma raça quando por ela já passaram todos os Egos que podia beneficiar. A influência do Espírito de uma Raça impregna por inteiro a região ou país sobre o qual se estende a sua supervisão, e é naturalmente um fator da máxima importância para todo visitante que possua um mínimo de sensibilidade.

O turista comum é demasiadamente aprisionado na tríplice armadura dos agressivos preconceitos de raça; acha-se tão imbuído de preconceitos acerca da suposta excelência de sua própria nação que se torna incapaz de ver o que há de bom em outro país. O viajante esclarecido, que deseja abrir o coração à ação das forças superiores, pode receber dessa fonte muita coisa valiosa, tanto em instrução como em experiência. Mas, para fazer isso, deve situar-se na atitude correta; deve estar disposto mais a ouvir do que a falar, mais a aprender do que a alardear, mais a apreciar do que a criticar, mais a tentar compreender do que a condenar irrefletidamente.

Obter semelhante resultado é o verdadeiro objetivo da viagem e, neste sentido, as oportunidades de que dispomos são muito melhores do que aquelas que puderam ter nossos antepassados. Os meios de comunicação alcançaram tanto progresso que agora é possível a qualquer pessoa realizar viagens em muito menos tempo e a preços muito mais baratos que há um século. Ao longo dessas possibilidades de intercomunicação, ocorre uma ampla disseminação de notícias do exterior por meio do telégrafo e dos jornais, de modo que também aqueles que não deixam seu país conhecem ainda sobre os outros povos muito mais do que era possível anteriormente. Sem todas essas facilidades, não poderia nunca existir a Sociedade Teosófica ou, tampouco, não teria as características atuais, nem alcançaria o seu presente nível de eficiência.

O primeiro objetivo da Sociedade Teosófica é promover a fraternidade universal, e nada contribui mais para induzir o sentimento fraternal entre as nações do que um intercâmbio permanente de relações de uma para com outra. Quando os povos se conhecem uns aos outros somente por ouvir dizer, toda espécie de preconceitos se desenvolve; mas quando chegam a conhecer-se mutuamente, cada um verifica que o outro é, acima de tudo, um ser humano como ele, com os mesmos aspectos e interesses, as mesmas alegrias e tristezas.

Antigamente cada nação vivia quase sempre em uma condição de isolamento egoísta e, se alguma calamidade sobre ela viesse a desabar, só lhe seria possível, na maioria dos casos, contar com os seus próprios recursos. Hoje, o mundo inteiro se acha tão próximo que, se há fome na Índia, é enviado auxílio da América; se um terremoto devasta um dos países da Europa, imediatamente se organizam subscrições em favor das vítimas em todos os outros. Por mais distante que ainda se encontre a perfeita realização do ideal de fraternidade universal, a verdade é que nos aproximamos cada vez mais desse ideal; ainda não aprendemos a confiar inteiramente uns nos outros, mas pelo menos estamos prontos a socorrer-nos mutuamente, e isso já representa um grande passo no caminho para nos tornarmos realmente uma só família.

Sabemos quão frequentemente é recomendada a viagem para a cura de muitas enfermidades físicas, em especial aquelas que se manifestam sob as várias formas de perturbações nervosas. Muita gente considera fatigante a viagem, ainda que sem dúvida estimulante, sem pensar que isso se deve, não só à mudança de ares e das impressões físicas ordinárias, mas também à mudança das influências etéricas e astrais inerentes a cada lugar e região.

O oceano, a montanha, a floresta, ou a queda d'água – cada qual tem o seu peculiar tipo de vida, astral e etérico, tanto quanto o visível; e, portanto, seu próprio conjunto especial de impressões e influências. Muitas dessas entidades invisíveis estão irradiando vitalidade e, qualquer que seja o caso, as vibrações irradiadas despertam porções não habituais de nosso duplo etérico e de nossos corpos astral e mental, e o efeito é semelhante ao exercitar de músculos que não são comumente postos em atividade – algo cansativo no começo, mas obviamente saudável e desejável a longo prazo.

O habitante da cidade acostumou-se ao seu ambiente e não faz ideia dos males que nele existem, a não ser quando o deixa por algum tempo. Morar em uma rua movimentada da cidade é, do ponto de vista astral, como viver à beira de um canal aberto de esgoto – uma corrente de lama fétida, que esteja sempre a exalar e espalhar odores nauseabundos. Nenhuma pessoa, por menos impressionável que seja, pode suportá-lo indefinidamente sem prejuízo para a saúde, e uma mudança temporária para o campo será uma necessidade, tanto sob o aspecto físico como moral. Ao viajar da cidade para o campo, deixamos também para trás muitíssimo do mar tempestuoso de lutas e paixões hostis, e estes pensamentos humanos, embora continuem a influenciar-nos, são geralmente menos egoístas e mais elevados.

Em presença de uma das grandes maravilhas da natureza, como a Catarata do Niágara, sentimo-nos quase todos extasiados e libertos do círculo restrito das preocupações diárias e dos desejos egoístas, sendo por isso mais nobre e mais amplo o nosso pensamento, e menos prejudiciais e mais proveitosas as formas-pensamento que vamos emitindo. Essas considerações evidenciam uma vez mais que, com o fim de obter pleno benefício da viagem, a pessoa deve prestar atenção à natureza e deixá-la exercer sua influência sobre ele. Se, durante todo esse tempo, ela for dominada por pensamentos egoístas e melancólicos, sob o peso de preocupações financeiras, ou deixar-se absorver pela sua doença e fraqueza, poucos benefícios das influências curativas poderão ser absorvidos.

Outro ponto é que certos lugares estão impregnados de alguns tipos especiais de pensamento. A consideração desta matéria pertence antes a outro capítulo, mas aqui podemos adiantar que a disposição de ânimo com que as pessoas visitam habitualmente o lugar tem profunda repercussão em todos os demais visitantes. As populares estâncias balneárias da Inglaterra apresentam-lhes um ar de alegria e despreocupação, um determinado sentimento de vida em férias, de libertação temporária dos negócios, e da sensação de aproveitar o máximo, influência da qual é difícil escapar. Assim, a pessoa sobrecarregada e cansada, que aproveita para passar suas merecidas férias em tal lugar, obtém resultado muito diferente daquele que teria se apenas permanecesse sossegado em casa. Ficar em casa seria provavelmente menos fatigante, mas também muito menos estimulante.

Fazer um passeio pelo campo é como uma viagem em miniatura e, a fim de apreciar o seu efeito salutar, devemos ter em mente o que foi dito a respeito da diversidade de vibrações emitidas pelas várias espécies de plantas e árvores e, também, dos diferentes tipos de solo ou rocha. Exercem todos como que uma massagem nos corpos etérico, astral e mental, e tendem a afrouxar a tensão que os aborrecimentos da vida quotidiana trazem a determinadas partes desses veículos.

Alguns vislumbres da verdade acerca dos pontos a que nos referimos podem ser captados de tradições da gente do campo. Por exemplo, há uma crença generalizada de que se adquire energia dormindo debaixo de um pinheiro com a cabeça voltada para o norte. Isso, em alguns casos, é admissível, e a razão está em que existem correntes magnéticas que sempre estão fluindo na superfície da terra e que o ser humano comum desconhece inteiramente.

Essas correntes, por meio de uma pressão suave, mas firme, eliminam gradualmente os obstáculos e fortalecem as partículas, tanto do corpo astral como da parte etérica do corpo físico, e assim lhes dão mais harmonia, repouso e tranquilidade. Primeiro, o papel desempenhado pelo pinheiro é tal que suas radiações tornam o ser humano sensível às correntes magnéticas, levando-o a um estado em que é possível, para elas, agir sobre ele; segundo, o pinheiro está sempre difundindo vitalidade naquele estado especial que facilita a absorção por parte da pessoa.

Capítulo 6

PELOS ESPÍRITOS DA NATUREZA

Uma Evolução à Parte

Outro fator que exerce grande influência, com determinadas restrições, é o espírito da natureza. De certo modo, podemos considerar os espíritos da natureza como os habitantes originais da Terra, afugentados de algumas partes dela pela invasão humana, assim como tem sido com muitos animais selvagens. Tal como estes, os espíritos da natureza evitam as grandes cidades e todos os lugares onde os seres humanos se reúnem; de sorte que sua influência quase não se faz sentir. Mas nos recantos tranquilos do interior, no meio da floresta e no campo, nas montanhas ou no mar, os espíritos da natureza estão sempre presentes e, apesar de raramente se mostrarem, sua influência é enorme e se encontra em toda a parte, à semelhança do perfume das violetas, que impregnam o ar, embora estejam modestamente ocultas entre as folhas.

Os espíritos da natureza formam uma evolução à parte, de todo distinta da evolução da humanidade no estágio atual. Já ficamos conhecendo o curso percorrido pela Segunda Emanação através dos três reinos elementais, descendo até o mineral e subindo pelos reinos vegetal e animal, para atingir a individualidade no nível humano. Sabemos que, depois de alcançada a individualidade, o desenvolvimento da humanidade conduz gradualmente nossos passos ao Caminho, e então continuamos em frente e para o alto, com vistas ao Adeptado e às possibilidades grandiosas que se acham além.

Essa é a nossa linha de desenvolvimento; não devemos, porém, cometer o erro de pensar que seja a única. Neste mesmo globo, a vida divina está impulsionando para cima, através de várias correntes, das quais a nossa é apenas uma numericamente, portanto, não é a mais importante. Servirá para ajudar-nos a compreender, se nos lembrarmos de que, enquanto a humanidade, em sua manifestação física, ocupa tão só uma pequena parte da superfície terrestre, entidades de um nível correspondente em outras linhas de evolução não apenas povoam a Terra em maior número do que os seres humanos, mas ao mesmo tempo enchem as enormes planícies do mar e os campos do ar.

Linhas de Evolução

No estágio atual vemos essas correntes seguirem paralelamente uma à outra, mas, por enquanto, inteiramente distintas. Os espíritos da natureza, por exemplo, nunca foram e nem jamais serão membros de uma humanidade como a nossa, ainda que a vida interior do espírito da natureza provenha da mesma Divindade Solar que a nossa, e a Ela deva igualmente retornar. As correntes podem ser mais ou menos consideradas como acompanhando *pari passu* o nível mineral, mas tão logo passam ao arco ascendente da evolução começa a surgir uma divergência. O estágio de metalização é naturalmente aquele em que a vida se encontra mais profundamente imersa na matéria física; enquanto, porém, algumas das correntes retêm formas físicas ao longo de vários dos estágios posteriores de seu desenvolvimento, tornando-as, cada vez mais, uma expressão da vida interior, há outras correntes que começam a alijar a parte mais grosseira, e durante o seu aperfeiçoamento neste mundo somente se utilizam de corpos compostos de matéria etérica.

A EVOLUÇÃO DA VIDA

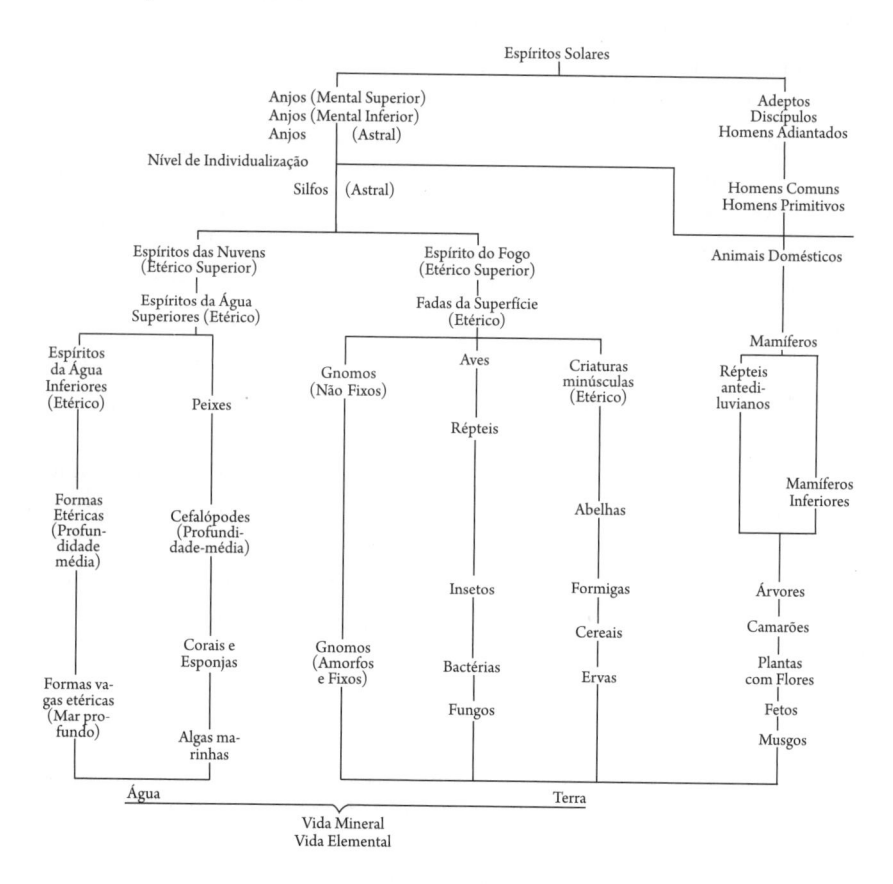

```
                                    Espíritos Solares
                         ┌──────────────────┴──────────────────┐
                    Anjos (Mental Superior)              Adeptos
                    Anjos (Mental Inferior)              Discípulos
                    Anjos        (Astral)                Homens Adiantados
    Nível de Individualização                                  │
                          Silfos │ (Astral)             Homens Comuns
                                 │                      Homens Primitivos
         ┌───────────────────────┼───────────────────┐
    Espíritos das Nuvens    Espírito do Fogo      Animais Domésticos
    (Etérico Superior)      (Etérico Superior)
         │                       │
    Espíritos da Água       Fadas da Superfície
    Superiores (Etérico)    (Etérico)
Espíritos                        │
da Água                   ┌──────┼──────┐
Inferiores             Aves    Gnomos  Criaturas              Mamíferos
(Etérico)                      (Não     minúsculas      ┌────────┴────────┐
         │                     Fixos)   (Etérico)    Répteis
      Peixes                     │                   antedi-
         │                    Répteis                luvianos
Formas
Etéricas                                                       Mamíferos
(Profun-                                                       Inferiores
didade    Cefalópodes
média)    (Profundi-                    Abelhas
          dade-média)
                                Insetos  Formigas              Árvores
          Corais e                         │
          Esponjas                       Cereais                Camarões
                         Gnomos  Bactérias                     Plantas
Formas va-              (Amorfos           Ervas               com Flores
gas etéricas            e Fixos)                                  │
(Mar pro-                        Fungos                        Fetos
fundo)    Algas ma-                                               │
          rinhas                                               Musgos
    └──────────┬──────────┘                  └───────┬───────┘
              Água                                 Terra
                              Vida Mineral
                              Vida Elemental
```

    Uma dessas correntes, por exemplo, depois de terminar o estágio em que participa da mônada mineral, em vez de passar ao reino vegetal reveste--se de veículos de matéria etérica que habitam o interior da Terra, vivendo realmente dentro da rocha sólida. A muitos estudantes é difícil compreender como é possível que uma criatura assim more no interior de uma substância sólida como a rocha ou a crosta terrestre. Criaturas dotadas de corpos de matéria etérica não encontram obstáculo na substância da rocha para o seu movimento ou sua visão. Em verdade, a matéria física em seu estado sólido é, para elas, o seu elemento natural e o seu *habitat* – o único a que estão adaptadas e onde se sentem em casa. Essas vidas inferiores, em veículos etéricos amorfos, não são de fácil compreensão para nós; mas, de qualquer forma, elas evolucionam de estágio quando, apesar de ainda habitarem a rocha sólida, vivem na proximidade da superfície da Terra, em vez de ficarem nos locais profundos; e as mais desenvolvidas são, ocasionalmente, capazes de se destacarem da Terra por um período curto.

Tais criaturas são vistas, algumas vezes, e, mais frequentemente, ouvidas, em cavernas ou minas, e na literatura medieval foram descritas com o nome de gnomos. A matéria etérica de seus corpos não é, nas condições ordinárias, visível aos olhos físicos; assim, quando se fazem visíveis, uma de duas coisas sucede: ou elas se materializam, envolvendo-se em um véu de matéria física, ou o observador experimenta um aumento de sensibilidade, que o habilita a responder ao comprimento das ondas etéricas superiores, e a ver o que normalmente não lhe é perceptível.

A ligeira e transitória exaltação da faculdade, para isso necessária, não é muito incomum, nem difícil de obter-se; e, por outro lado, a materialização se torna fácil para criaturas que se acham um pouco além dos limites da visibilidade e que, por isso, seriam vistas com muito mais frequência do que o são, se não fosse a dificuldade criada pela vizinhança dos seres humanos – dificuldade que todas elas partilham, exceto os tipos inferiores dos espíritos da natureza. Seu próximo estágio de adiantamento as conduz à subdivisão das fadas, o tipo de espíritos da natureza que vivem habitualmente na superfície da Terra, como nós, embora usem apenas corpos etéricos; e, depois, passam a espíritos do ar, no reino dos anjos, pela forma que mais tarde será explicada.

A onda de vida que se acha no nível mineral manifesta-se não só nas rochas que formam a crosta sólida da Terra, mas também nas águas do oceano; e, assim como aquelas podem atravessar as formas etéricas inferiores de vida (presentemente desconhecidas do ser humano) no interior da Terra, também as últimas podem passar através das correspondentes formas etéricas inferiores que têm sua morada nas profundezas do mar. Neste caso, igualmente, o estágio ou reino seguinte nos conduz a formas mais precisas, conquanto ainda etéricas, habitantes das profundidades médias, e que só aparecem na superfície raramente. Para elas, o terceiro estágio (correspondente ao das fadas, em relação aos espíritos das rochas) consiste em se unirem à imensa legião dos espíritos da água que abundam as vastas planícies do oceano com sua vida jovial.

Tomando exclusivamente corpos de matéria etérica, as entidades que seguem essas linhas de desenvolvimento, como se verá, saltam sobre os reinos vegetal e animal, bem como sobre o reino humano. Contudo, há outros tipos de espíritos da natureza que entram naqueles dois reinos antes de começarem a diversificar. No oceano, por exemplo, há uma corrente de vida que, após deixar o nível mineral, passa para o reino vegetal sob forma de algas marinhas, e em seguida se dirige, passando pelos corais, as esponjas e os enormes cefalópodes das águas meio profundas, para a grande família dos peixes, e só posteriormente é que se integram na classe dos espíritos da água.

Veremos que esses conservam o corpo físico denso como veículo até um nível muito mais elevado; e da mesma forma observaremos que as fadas da Terra são recrutadas não somente na classe dos gnomos, mas também nas camadas menos evoluídas do reino animal, pois vamos deparar com uma linha de desenvolvimento que apenas toca o reino vegetal sob a forma de minúsculos fungoides, passando para as bactérias e animálculos de vários tipos, para os insetos e os répteis, até a interessante família das aves e, só depois de muitas encarnações entre esses, ingressa na tribo ainda mais graciosa das fadas.

Mais outra corrente se diversifica na vida etérica em um ponto intermediário, pois, enquanto aparece durante algum tempo no reino vegetal sob a forma de ervas e de cereais, daí se desvia para o reino animal, transferindo-se para as curiosas comunidades das formigas e das abelhas, e depois para um grupo de criaturas etéricas que está em estreita correspondência com as últimas – aqueles pequenos espíritos da natureza semelhantes a beija-flores, que tão amiúde vemos esvoaçarem ao redor das flores e das plantas, e que desempenham tão importante papel na produção de suas múltiplas variedades, sendo muitas vezes utilizado o seu alegre entretenimento para especializá-las e ajudá-las a crescer.

Faz-se, porém, necessário estabelecer aqui uma cuidadosa distinção, para evitar confusão. As pequenas criaturas que cuidam das flores podem dividir-se em duas grandes classes, embora haja certamente muitas variedades de cada espécie. A primeira classe chamar-se-á propriamente a dos elementais, porque, apesar de serem belas, são apenas formas-pensamento, e, portanto, não se trata verdadeiramente de criaturas viventes. Talvez se deva antes dizer que são entidades que só têm existência temporária, pois, conquanto se mostrem muito ativas e ocupadas durante suas curtas vidas, não têm realmente uma evolução, não passam por reencarnações, e quando concluem sua tarefa se desfazem, dissolvendo-se na atmosfera ambiente, tal e qual sucede com as nossas formas-pensamento. São as formas-pensamento dos Grandes Seres ou Anjos que têm a seu cargo a evolução do reino vegetal.

Quando algum desses Grandes Seres tem uma ideia nova relacionada com uma das espécies de plantas ou flores que estão aos seus cuidados, cria uma forma-pensamento destinada especialmente a levar avante a ideia. Esta toma quase sempre a forma ou de um modelo etérico de flor ou de uma criaturinha que permanece junto à planta ou à flor durante todo o tempo em que se estão formando os botões, e os vai construindo com o feitio e a cor imaginados pelo anjo. Mas assim que a planta alcançou seu pleno desenvolvimento, ou a flor desabrochou, o trabalho está acabado e seu poder é exaurido, e, conforme eu tenho dito, a criaturinha simplesmente se desintegra, porque a vontade de elaborar aquele trabalho era a única alma que a animava.

Existe, porém, outro tipo de pequeninas criaturas, que se veem frequentemente brincando com flores, e são essas realmente espíritos da natureza, de que também há inúmeras variedades. Uma das formas mais comuns é, conforme já citado, algo que se assemelha bastante ao pequenino beija-flor, e que se pode ver como que zumbindo ao redor das flores, tal como o faz o beija-flor ou a abelha. Essas lindas criaturinhas nunca se tornarão humanas, porque não pertencem à mesma linha de evolução dos seres humanos. A vida que as está animando procede das ervas e dos cereais (como o trigo e a aveia), quando se encontrava no reino vegetal e, depois que ingressou no reino animal, das formigas e das abelhas. Agora atingiu o nível desses minúsculos espíritos da natureza, e seu próximo estágio será o de animar graciosas fadas de corpos etéricos que vivem na superfície da Terra. Mais tarde, transferir-se-ão para as salamandras ou espíritos do fogo, já sem corpos etéricos e portadores apenas de corpos astrais. Subsequentemente, animarão os diferentes estágios do grande reino dos anjos.

Superposição

Em todos os casos de transferência da onda de vida de um reino para outro, observa-se grande amplitude de variações; há numerosas superposições entre os reinos. Pode-se notar isso mais claramente ao longo de nossa própria linha evolutiva, pois a vida que chegou aos mais elevados níveis do reino vegetal nunca se transfere para a parte ínfima do reino animal, mas, ao contrário, nele ingressa em um estágio bem adiantado. Recorde-se o exemplo que há pouco mencionei: a vida que animou uma grande árvore da floresta jamais desce a animar um enxame de mosquitos, nem uma família de ratos, camundongos ou animaizinhos semelhantes; ao passo que estes são formas apropriadas para aquela porção da onda de vida que deixou o reino vegetal no nível da margarida ou do dente-de-leão.

É necessário, em geral, subir a escada da evolução; mas parece que a parte superior de um reino é, numa grande extensão, paralela à parte inferior do que se acha acima, sendo assim possível operar-se a transferência de um para outro em diferentes níveis e em vários casos. A corrente de vida que ingressa no reino humano evita inteiramente os estágios mais baixos do reino animal; isto é, a vida que agora se dirige à humanidade nunca se manifesta através dos insetos ou dos répteis; esteve, às vezes, no passado, presente no reino animal no nível dos grandes répteis antediluvianos, mas atualmente passa diretamente das formas superiores da vida vegetal para os mamíferos. Analogamente, quando os animais domésticos mais adiantados se individualizam, não necessitam descer à forma do selvagem primitivo para sua primeira encarnação humana.

O diagrama anexo na página 81 mostra algumas dessas linhas de desenvolvimento em forma tabular, as quais não devem, porém, ser consideradas as únicas, visto que há, sem dúvida, outras linhas ainda não observadas, e existe certamente toda a espécie de variantes e possibilidades de cruzamento, em diversos níveis, de uma linha com outra; de modo que tudo quanto podemos fazer é dar os traços gerais do esquema.

Conforme se pode ver no esquema, em um estágio ulterior todas as linhas de evolução convergem para um ponto comum; pelo menos, à nossa acanhada visão parece não haver distinção de glória entre aqueles Seres Excelsos – conquanto, se maior fosse o nosso conhecimento, talvez pudéssemos tornar mais completo o nosso quadro. Seja como for, sabemos que, por mais que a humanidade se encontre acima do reino animal, além e acima da humanidade existe, por sua vez, o grande reino angélico, e que ingressar entre os Anjos é uma das sete possibilidades que o Adepto encontra aberta diante de si. Esse mesmo reino é também o próximo estágio dos espíritos da natureza, mas aqui temos outro exemplo da superposição já mencionada, por isso que o Adepto entra nesse reino em um alto nível, omitidos três de seus estágios, enquanto que o passo imediato à frente, a fim de alcançar o mais elevado tipo de espírito da natureza, é chegar à classe mais baixa dos anjos, começando assim pelo primeiro degrau desta escada especial, em vez de pisar nela até a metade.

É ao ingressar no reino angélico que o espírito da natureza recebe a Centelha divina da Terceira Emanação, alcançando assim a individualização – exatamente como o animal ao passar para o reino humano; e outro ponto de analogia consiste em que, assim como somente através do contato com a humanidade que o animal adquire a individualização, também o espírito da natureza a adquire pelo contato com o anjo – procurando aproximar-se dele e trabalhando para agradá-lo, até finalmente aprender como fazer ele mesmo o trabalho do anjo.

O espírito da natureza mais adiantado não é, portanto, um ser humano etérico ou astral, pois ainda não é um indivíduo; no entanto, ele é muito mais do que um animal etérico ou astral, porque seu nível intelectual paira muito acima de tudo quanto vemos no reino animal e, em verdade, se equipara em muitos aspectos à média da humanidade. Por outro lado, algumas das variedades primárias possuem apenas uma limitada inteligência, e parecem aproximar-se particularmente dos beija-flores, das abelhas ou das borboletas, com os quais tanto se assemelham. Como vimos no diagrama, esse nome de espírito da natureza se aplica a um segmento imenso do arco da evolução, inclusive estágios correspondentes à totalidade dos reinos vegetal e animal e à humanidade, até o nível atual de nossa própria raça.

Alguns dos tipos inferiores não agradam ao senso estético; mas isso ocorre igualmente com os espécimes inferiores dos répteis e dos insetos. Há tribos não desenvolvidas de aspectos grosseiros, e naturalmente sua aparência corresponde ao seu estado de evolução. Há massas disformes, de grandes bocas vermelhas e abertas, que vivem no meio de repugnantes emanações etéricas de sangue e carne em decomposição, e que são horríveis à vista e aos sentidos de toda pessoa de mente pura; assim também são as vorazes criaturas crustáceas de cor vermelho-escura que rodeiam as casas de má fama, e os monstros ferozes, parecidos com polvos, que se regalam com as orgias dos bêbados e dos que se entregam aos vapores do álcool. Mas até mesmo essas harpias não são más em si, posto que repulsivas ao ser humano; e este jamais entrará em contato com elas se ele próprio não se degradar até igual nível, tornando-se escravo das paixões subalternas.

São somente esses espíritos da natureza e outros de espécie primitiva e desagradável que se aproximam voluntariamente do ser humano comum. Outros de tipo semelhante, mas de aspecto menos material, dão a impressão de estarem imersos em emanações especiais de tipo grosseiro, como aquelas produzidas pela ira, avareza, crueldade, inveja, ciúme ou ódio. As pessoas que se deixam dominar por tais sentimentos ficarão constantemente sujeitas a ter à sua volta essas nauseabundas gralhas do mundo astral, que estremecem de um júbilo hediondo, acotovelando-se umas às outras, na ansiosa antecipação de um explodir de paixões e, à sua maneira cega e confusa, tudo fazem no sentido de provocar ou intensificar tais paixões. É difícil crer que esses horrores possam pertencer ao mesmo reino dos espíritos joviais que vamos descrever.

Fadas

O tipo mais conhecido do ser humano é o das fadas, os espíritos que vivem normalmente na superfície da Terra, embora possam atravessar o solo à vontade por seus corpos serem constituídos de matéria etérica. Suas formas são múltiplas e variadas, geralmente com um grotesco exagero de alguma característica particular ou membro. Sendo plástica a matéria etérica e facilmente moldável pela força do pensamento, são capazes de assumir à vontade qualquer aparência, possuindo, contudo, formas próprias e definidas, que usam quando não precisam de outra forma para algum fim especial e, portanto, não necessitam de empregar sua vontade para mudar o aspecto. Também possuem suas próprias cores, que distinguem as tribos ou espécies, tal como acontece com as aves em suas variações de plumagem.

Há um número imenso de subdivisões ou raças entre elas, e os indivíduos destas subdivisões se diversificam em inteligência e disposição, precisamente como se dá com os seres humanos. Ainda como os seres humanos, as diversas raças habitam diferentes países, ou, às vezes, regiões diferentes do mesmo país e os membros de uma raça têm, geralmente, tendência a viver juntos, do mesmo modo que o fazem os seres humanos de uma nação. No conjunto, sua distribuição é idêntica à que existe nos demais reinos da natureza; como os pássaros, dos quais alguns tipos parecem ter evoluído, algumas variedades são peculiares à determinada região, outras são comuns em uma região e raras em outras, havendo ainda as que podem ser encontradas em qualquer parte. À semelhança dos pássaros, os tipos de cores mais brilhantes vivem nas regiões tropicais.

Tipos Nacionais

Os tipos predominantes – de seres humanos e espíritos da natureza –, nas diversas partes do mundo, são claramente distinguíveis, inclusive em seus aspectos característicos. Talvez porque tenha sido a influência desses espíritos, no lento curso dos tempos, que se fez sentir nos seres humanos, animais e plantas que viviam perto deles, de forma que o espírito da natureza tem estabelelecido os modelos para outros reinos, que o têm seguido inconscientemente. Por exemplo, não podia haver contraste mais acentuado do que aquele entre os bonequinhos álacres, brincalhões, de cores alaranjada e purpúrea ou escarlate e dourada, que dançam entre os vinhedos da Sicília, e as criaturas quase contemplativas, de cores cinzenta e verde, que se movimentam sossegadamente entre os carvalhos e os matagais cheios de urzes da Bretanha, ou as "inocentes aparições" de um dourado escuro que frequentam as regiões montanhosas da Escócia.

Na Inglaterra, a variedade verde-esmeralda é provavelmente a mais comum, e eu também a tenho visto nos bosques da França e da Bélgica, no distante Massachusetts e nas margens do rio Niágara. As vastas planícies dos Dakotas são habitadas por uma espécie preta e branca que não vi em outro lugar, e a Califórnia é alegrada por uma espécie branca e dourada, que também parece ser única.

Na Austrália, o tipo mais frequente é uma criatura que se distingue por sua magnífica cor luminosa azul-celeste; mas há uma grande diversidade entre os habitantes etéricos da Nova Gales do Sul ou de Vitória e os da tropical Queensland do Norte. Estes últimos muito se aproximam dos das Índias

Neerlandesas. Java parece abundar especialmente nessas graciosas criaturas, e as espécies mais comuns são dois tipos distintos, ambos monocromáticos – uma de cor azul-anil com fulgurações metálicas, e a outra de cor amarela com todos os seus matizes fantásticos, mas admiravelmente reais e atrativos.

Uma notável variedade local é vistosamente adornada com listas alternadas de verde e amarelo, como a camisa de um jogador de futebol. Esse tipo assim enfeitado é, possivelmente, uma raça peculiar àquela parte do mundo, pois eu vi combinação semelhante em vermelho e amarelo na Península Malaya, e em verde e branco em outros lugares dos Estreitos de Sumatra. Esta grande ilha também exibe uma tribo que tem a cor de um belo heliotrópio pálido, que anteriormente só me fora dado observar nos montes de Ceilão. Na Nova Zelândia, a peculiaridade é um misto de azul intenso e prata, e nas Ilhas dos Mares do Sul se encontra uma variedade de branco prateado que cintila com toda as cores do arco-íris, à semelhança de uma figura de nácar.

Na Índia, deparamos com todos os tipos, desde o delicado rosa-e-verde--pálido, ou o azul-pálido-e-primavera da região montanhosa, até a rica mistura de cores com um brilho deslumbrante, quase bárbaras em sua intensidade e profusão, característica das planícies. Em algumas partes daquele maravilhoso país, vi o tipo preto-e-ouro , que é mais frequentemente associado com o deserto africano, e também uma espécie que se assemelha a uma estatueta feita de um metal carmesim brilhante, como o oricalco dos atlantianos.

Algo semelhante a esta última é uma curiosa variedade que se diria fundida em bronze e polida; parece ter como residência a imediata vizinhança das perturbações vulcânicas, pois os únicos lugares em que tem sido até agora vista são as faldas do Vesúvio e do Etna, o interior de Java, as Ilhas Sandwich, o Parque Yellowstone na América do Norte e certa região da Ilha Setentrional de Nova Zelândia. Muitas indicações parecem conduzir à conclusão de que se trata de sobrevivência de um tipo primitivo, e que representa um estágio intermediário entre os gnomos e as fadas.

Em alguns casos, verifica-se que as regiões circunvizinhas são habitadas por classes completamente diferentes de espíritos da natureza; por exemplo, como já se disse, os elfos de verde-esmeralda são comuns na Bélgica, embora a umas cem milhas além, na Holanda, dificilmente se veja um deles, existindo em seu lugar uma espécie que tem uma cor atenuada de púrpura escura.

Sobre uma Montanha Sagrada da Irlanda

Fato curioso é que a altitude acima do nível do mar parece influir na distribuição das fadas, pois os tipos que pertencem às montanhas raramente se misturam aos das planícies. Lembro-me bem de quando escalei o Slieve-na-Mon, uma das colinas tradicionalmente sagradas da Irlanda, de ter observado linhas bem definidas de demarcação entre os diversos tipos. As rampas inferiores, como as planícies vizinhas, estavam habitadas por uma raça intensamente ativa e travessa, de cor entre vermelho e preto, que enxameava todo o Sul e o Oeste da Irlanda, sendo especialmente atraída para os centros magnéticos estabelecidos há cerca de dois mil anos pela obra mágica dos sacerdotes da antiga raça Milesiana com o fim de lhe assegurar e perpetuar o domínio sobre a população, mantendo-a sob a influência da grande ilusão. Entretanto, após a escalada de meia hora, não foi visto nenhum desses pequenos entes de cor preta-e-vermelha, mas, ao invés disso, as encostas se achavam povoadas por um tipo azul-pardo mais suave, que, desde muito tempo, prestava especial obediência aos Tuatha-de-Danaan.[10]

Esses também tinham sua zona e seus limites claramente definidos e nenhum espírito da natureza de outro tipo se aventurava a atravessar o espaço ao redor do topo, consagrado aos grandes anjos verdes que ali se postaram desde mais de dois mil anos, guardando um dos centros de força vital que unem o passado ao futuro daquela terra mística do Erin. De altura superior à do ser humano, estas formas gigantescas, de cor parecida com a das primeiras folhas novas da primavera, suaves, luminosas, tremulantes, indescritíveis, observam o mundo com olhos admirados, que brilham como as estrelas, repletos da paz dos que vivem no eterno, aguardando, com a tranquila certeza dos que sabem da vinda anunciada dos tempos. Pode-se perfeitamente imaginar a força e a importância do lado oculto das coisas, ao contemplar-se um espetáculo como esse.

Mas em verdade o oculto não o é senão aparentemente, pois as diferentes influências são tão fortes e tão distintas, que alguém com um mínimo de sensibilidade não poderia deixar de percebê-las, e há uma boa razão para a tradição local, segundo a qual aquele que passa uma noite no topo da montanha despertará na manhã seguinte como um poeta ou um louco. Um poeta,

---
[10] Povos ligados à mitologia da formação da Irlanda. (N. E.)

se se mostrou capaz de responder à exaltação de tudo o que é produzido pelo extraordinário magnetismo sobre ele exercido durante o sono; um louco, se não for suficientemente forte para suportar a tensão.

Vida e Morte das Fadas

Os períodos de vida das diferentes subdivisões dos espíritos da natureza variam consideravelmente, alguns sendo extremamente breves e outros mais longos que a média da vida humana. O princípio universal da reencarnação também prevalece em sua existência, embora as condições em que naturalmente operam seja algo diferente. Neles não existem os fenômenos correspondentes ao que chamamos nascimento e crescimento. Uma fada surge já adulta em seu mundo, como é o caso do inseto, e vive a sua vida, curta ou longa, sem nenhum sinal de fadiga ou necessidade de repouso, e sem qualquer indício perceptível de idade com o passar dos anos.

Mas afinal chega um tempo em que sua energia parece ter-se exaurido, quando ela se torna como que cansada de viver; quando tal coisa acontece, seu corpo se faz cada vez mais diáfano, até ficar como uma entidade astral, para viver por algum tempo nesse mundo entre os espíritos do ar que representam o seu estágio seguinte de desenvolvimento. Depois de passar por essa vida astral, a fada é reabsorvida em sua alma-grupo, na qual (se é bastante adiantada) tem um pouco de existência consciente antes que a lei cíclica, atuando novamente sobre a alma-grupo, nela desperte o desejo de separação. Quando isso acontece, a sua corrente de energia é, mais uma vez, pressionada para fora, e o desejo, trabalhando sobre a matéria plástica astral e etérica, materializa um corpo de tipo semelhante, adequado para ser uma expressão do desenvolvimento alcançado na última vida.

Nascimento e morte, para o espírito da natureza, são ocorrências mais simples do que para nós. Para ele, a morte está inteiramente isenta de todo pensamento de tristeza. Toda a sua vida, realmente, parece mais simples – um tipo de existência alegre e despreocupada – tal como havia de transcorrer um divertimento de crianças felizes em ambiente excepcionalmente propício. Não há sexo entre os espíritos da natureza, não há enfermidades, não há conflitos, estando assim imunes às causas mais frequentes do sofrimento humano. São capazes de grandes afeições e de estreitas e permanentes amizades, em que encontram fontes de alegrias profundas, que jamais decepcionam. São suscetíveis ao ciúme e à ira, mas parece que estes sentimentos se dissipam rapidamente por causa da jovialidade que neles predomina, e que é sua característica principal, diante dos espetáculos da natureza.

Seus Passatempos

As fadas exultam com a luz e o calor do sol, mas também com igual prazer dançam ao luar; compartilham com a terra sedenta, com as flores e as árvores, a satisfação que elas sentem ao receber a água da chuva, mas igualmente se regozijam com o cair dos flocos de neve e experimentam uma sensação de felicidade quando flutuam preguiçosamente na calma de uma tarde de verão, sem embargo de se rejubilarem também com o soprar do vento. Não somente admiram a beleza de uma flor ou de uma árvore, com uma intensidade que poucos de nós podemos compreender, como também a delicadeza de sua cor ou a graça de sua forma. Elas demonstram grande interesse e profundo deleite em todos os processos da natureza, no circular da seiva, no entreabrir dos botões, na formação e queda das folhas. Essa característica é naturalmente utilizada pelos Grandes Seres que cuidam da evolução, e os espíritos da natureza são empregados no preparo das cores e na combinação das variedades. Prestam ainda muita atenção à vida dos pássaros e dos insetos, ao chocar do ovo e ao abrir da crisálida e acompanham alegremente o movimento dos cordeiros e das corças, das lebres e dos esquilos.

Outra inestimável vantagem de uma evolução etérica sobre uma evolução na matéria física densa é que não existe necessidade de comer. O corpo da fada absorve a nutrição, à medida que dela precisa, sem dificuldade e sem restrição, do éter que o circunda; ou melhor, estritamente falando, não se trata de absorver alimento, mas antes de uma troca de partículas, que se está constantemente processando, com a eliminação das que já lhe não servem à vitalidade e a substituição por outras que estão plenamente ativas.

Apesar de não comerem, os espíritos da natureza obtêm da fragrância das flores um prazer análogo ao que sente o ser humano com o sabor do alimento. O aroma, para eles, é mais uma questão de olfato ou gosto, que os impregna e interpenetra, alcançando simultaneamente todas as partículas.

O que neles toma o lugar de um sistema nervoso é muito mais delicado que o nosso e sensível a muitas vibrações que passam de todo despercebidas aos nossos sentidos grosseiros e, assim, encontram em muitas plantas e minerais um perfume que para nós não existe.

Seus corpos não possuem mais estrutura interna que um disco de névoa e, por isso, não podem ser despedaçados nem danificados, e nem o calor nem o frio produzem neles qualquer efeito penoso. Em verdade, há um tipo em que as criaturas parecem, sobretudo, deliciar-se no meio do fogo; afluem de todos os lados para um grande incêndio, e borboleteiam repetidamente por entre as chamas com um prazer estranho, como crianças que se divertem escorregando muitas e muitas vezes em um tobogã. São os espíritos do fogo, as salamandras da literatura medieval. A dor corporal somente pode sobrevir ao espírito da natureza por efeito de uma vibração ou emanação desagradável ou desarmoniosa; mas o seu poder de rápida locomoção facilmente lhe permite evitá-la. Tanto quanto foi possível observar, ele está isento da praga do medo, que desempenha um papel tão importante na vida animal que, ao longo de nossa linha de evolução, corresponde, em nível, às fadas.

As Fantasias do Reino das Fadas

A fada possui uma fértil imaginação e ocupa grande parte de sua atividade diária em construir, juntamente com suas companheiras e pelos meios de que dispõem, toda espécie de coisas incríveis e situações fantásticas. É como uma criança que conta histórias aos seus colegas de folguedos – mas com esta vantagem sobre a criança: como as companheiras podem ver tanto a matéria etérica quanto a matéria astral inferior, as formas construídas por sua ardente imaginação adquirem plena visibilidade em relação a elas.

Sem dúvida, muitas de suas inventivas nos haviam de parecer infantis e acanhadas para suas finalidades, porque a inteligência das fadas, como a dos elfos, opera em direções tão diferentes da nossa, embora sejam para elas intensamente reais e uma fonte de interminável deleite.

A fada que desenvolve talento incomum em ficção ganha afeição e honraria junto às outras, e reúne ao seu redor um grupo permanente de acompanhantes. Quando um ser humano porventura chega a ter um vislumbre desse grupo, geralmente acrescenta em seu relato os seus próprios preconceitos pessoais, e toma a líder por uma rainha ou um rei das fadas, segundo a forma eventualmente assumida por essa líder. Na realidade, o reino dos espíritos da natureza não precisa de nenhuma espécie de governo, exceto a supervisão geral sobre ele, exercida de modo talvez inconsciente por todos os Devarajas (exceto os membros de categoria mais elevada) e seus subordinados.

Sua Atitude para com o Ser Humano

A maioria dos espíritos da natureza não gosta dos seres humanos e os evita – o que não é de estranhar. Para eles, o ser humano parece um demônio destruidor, que tudo devasta e espolia, onde quer que vá. Ele mata sem necessidade, muitas vezes com requintes de torturas, todas as lindas criaturas que aqueles se comprazem em contemplar; corta as árvores, pisa na relva, arranca as flores e as joga de lado descuidadamente, para morrerem; substitui toda a vida silvestre da natureza, com os seus encantos, por horríveis tijolos e argamassa e a fragrância das flores pelos vapores mefíticos das fumaças químicas de suas fábricas, que tudo poluem. Podemos nós estranhar que as fadas nos vejam com horror e que fujam de nós do mesmo modo como fugimos de um réptil venenoso?

Não só levamos a devastação a tudo o que elas mais prezam, como a maioria de nossas vestes e de nossas emanações lhes é detestável; alguns de nós envenenamos o ar com os vapores repugnantes do álcool e do fumo; nossos desejos e paixões, inquietantes e irregulares, estabelecem um constante fluxo de correntes astrais, que as perturbam e incomodam, produzindo-lhes o mesmo sentimento de mal-estar que experimentamos quando é despejado um balde de água suja sobre nós. Para elas, estar nas proximidades de um ser humano comum é viver sob um perpétuo furacão – um furacão que soprou sobre uma fossa. Elas não são anjos puros, com o perfeito conhecimento que traz a paciência perfeita; são como crianças felizes e, sobretudo, de boa índole – e muitas se assemelham a gatinhos excepcionalmente inteligentes. Repito: podemos, pois, estranhar sua atitude, quando ultrajamos habitualmente os seus melhores e mais elevados sentimentos? Podemos admirar-nos de que nos detestem, desconfiem de nós e nos evitem?

Casos houve em que, devido a alguma hostilidade ou intromissão indébita, mais do que habitualmente, por parte do ser humano, foram elas provocadas até o ponto de uma represália direta, e mostraram então certo rancor. Depõe a favor do reino das fadas – considerado em seu conjunto – a circunstância de, mesmo em face de tão insuportável provocação, serem raros tais casos; seu método para repelir o importuno é preparar-lhe ardis, muitas vezes infantis e travessos, mas não seriamente nocivos. Sentem um endiabrado deleite em desorientá-lo ou iludi-lo, fazendo-o desviar-se para local pantanoso e andar de um para outro lado em círculos, durante toda a noite, quando ele acredita estar seguindo em linha reta, ou levando-o a imaginar que está vendo palácios e castelos onde nada semelhante realmente existe. Muitas histórias ilustrativas dessa curiosa característica das fadas são constantes nas conversas dos camponeses, em quase todas as longínquas regiões montanhosas.

Encantamento

As fadas possuem extraordinário poder de lançar encantamento sobre aqueles que são alvo de sua influência, de tal forma que as vítimas, durante esse tempo, veem e ouvem somente o que lhes sugerem elas, exatamente como o paciente hipnotizado vê, ouve, sente e acredita naquilo que o magnetizador quer. Os espíritos da natureza, contudo, não têm o poder de subjugar a vontade humana, exceto quando se trata de pessoas cuja mente é demasiado fraca, ou que se deixam dominar por um estado de terror tal que a sua vontade fica temporariamente suspensa.

O poder das fadas não vai além de iludir os sentidos, mas nisso são mestras indubitavelmente, e não faltam casos em que lançam encantamento sobre muita gente ao mesmo tempo. Mediante a invocação de sua ajuda no exercício dessa faculdade peculiar é que são conseguidos alguns dos mais admiráveis feitos dos prestidigitadores indianos, como o célebre truque da cesta, ou outro em que uma corda é erguida para o céu e permanece rígida sem apoio algum, enquanto o ilusionista por ela sobe e desaparece. Toda a audiência está efetivamente sugestionada e as pessoas são induzidas a crer que veem e ouvem toda uma série de acontecimentos que em verdade absolutamente não existem.

O poder de encantar não é mais que o de produzir uma forte e nítida imagem mental e, em seguida, projetá-la na mente de outrem. Para a maioria dos seres humanos, tal coisa é quase impossível, porque a existência das fadas sempre lhes passou despercebida, e eles não têm noção de como fazê-lo. A mente das fadas não possui a amplitude ou o alcance da mente do ser humano, mas está habituada a esse processo de construir imagens e gravá-las na mente dos outros, pois essa é uma das principais ocupações da vida quotidiana dessas criaturas.

Não é de admirar que com a prática usual a fada se torna perita nesse particular, e tudo fica mais simplificado para ela quando, como no exemplo do truque indiano, idêntica imagem deve produzir-se e reproduzir-se centenas de vezes, até que todos os pormenores se fixem sem esforço como resultado do hábito inconsciente. Procurando compreender exatamente como isso é feito, devemos atentar ao fato de que a imagem mental é uma coisa bem real – uma construção, de contornos definidos, na matéria mental, conforme ficou explicado no livro *Thought-Forms*[11]; e também devemos nos lembrar de que a linha de comunicação entre a mente e o cérebro físico denso passa através das correspondentes partes astral e etérica do cérebro, e de que a linha pode ser transpassada para introduzir-se uma impressão em qualquer dos pontos.

Certos espíritos da natureza, não raro, exercitam o seu talento em travessuras e imitações aparecendo em sessões espíritas destinadas à produção de fenômenos físicos. Todo aquele que já teve a oportunidade de frequentar as sessões terá recolhido exemplos da prática de brincadeiras tolas e algumas até grosseiras, embora sem más intenções, e que denunciam, quase sempre, a presença de criaturas travessas; às vezes são devidas, porém, à presença de pessoas mortas que, durante a vida terrena, foram bastante insensatas para julgar divertidas essas futilidades e não se tornaram mais esclarecidas depois da morte.

Exemplos de Camaradagem

Por outro lado, há casos em que alguns espíritos da natureza fizeram camaradagem com seres humanos individuais e lhes ofereceram a assistência ao seu alcance, como nas bem conhecidas histórias contadas sobre os duendes da Escócia ou sobre as fadas luminosas da literatura espírita; e conta-se que em algumas raras ocasiões foi permitido a certas pessoas escolhidas que assistissem a festividades dos elfos e partilhassem por algum tempo da vida desses. Diz-se

---

[11] Livro de autoria de Annie Besant e Leadbeater. Versão em português; Ed. Pensamento. (N. E.)

que animais ferozes se aproximam confiantes de Iogues indianos, reconhecendo-os como amigos de todas as criaturas vivas; de maneira idêntica, os elfos se aproximam do ser humano que entrou no Caminho da Santidade, considerando suas emanações menos tempestuosas e mais agradáveis que as daquele cuja mente ainda está presa às coisas mundanas.

Sabe-se de fadas que, vez por outra, se afeiçoaram a criancinhas e se apegaram muito a elas, especialmente às que são imaginativas e sonhadoras, porque capazes de ver as formas-pensamento que as cercam, deleitando-se com a sua visão. Já houve casos em que tais entidades se apaixonaram por um recém-nascido de atrativos incomuns, e tentaram levá-lo para seu próprio meio – com a intenção de o livrar do que lhes parecia a terrível sina de crescer como um ser humano comum! Tradições vagas de tentativas semelhantes figuram entre as histórias de folclore a respeito de crianças trocadas por ocasião do nascimento, não obstante haja também outra razão para essas lendas, conforme diremos adiante.

Houve um tempo – com mais frequência no passado que no presente – em que certa classe de espíritos da natureza, correspondendo aproximadamente à humanidade em estatura e aparência, costumava materializar-se, construindo corpos físicos transitórios, mas de consistência definida, e por esse meio entrava em relações indesejáveis com homens e mulheres antecipadamente escolhidos. Talvez fosse esse fato que deu origem a algumas das histórias de faunos e sátiros do período clássico, podendo ainda, no entanto, relacionar-se algumas vezes a uma evolução subumana diferente.

Espíritos da Água

Assim como são abundantes as fadas da superfície da terra, em regiões quase sempre afastadas dos centros habitados pelo ser humano, são mais numerosos ainda os espíritos da água – as fadas da superfície do mar. E lá, como na terra, há uma enorme variedade. Os espíritos da natureza do Oceano Pacífico diferem dos do Oceano Atlântico e os do Mar Mediterrâneo são ainda mais diferentes. Os tipos que se divertem no azul glorioso dos oceanos tropicais muito se distanciam daqueles que se projetam através da espuma dos nossos mares frios e cinzentos do Nordeste. Os espíritos do lago, do rio e da queda d'água são diferentes também, pois têm muito mais pontos em comum com as fadas da terra do que com as nereidas do mar aberto.

Estas, como suas irmãs da terra, são de todos os formatos; mas, talvez mais frequentemente, imitam a forma humana. Falando de modo geral, tendem a tomar formas maiores que as dos elfos dos bosques e das colinas; estes últimos, na maioria, são pequenos, enquanto que o espírito do mar, que copia o ser humano, adota comumente o seu tamanho e a sua forma. Com o fim de evitar mal-entendidos, convém insistir sempre no caráter proteico de todas essas formas; qualquer das criaturas, seja da terra, do mar ou do ar, pode tornar-se temporariamente maior ou menor à vontade, ou pode assumir outro formato que lhe aprouver.

Teoricamente, não existe restrição quanto a essa faculdade; mas na prática ela tem seus limites, sem embargo de sua amplitude. Uma fada que tenha naturalmente 30,5cm de altura pode expandir-se até as proporções de um ser humano de 1,83m; mas o esforço lhe ocasionaria considerável tensão, e não poderia manter-se assim mais que alguns minutos. Para tomar outra forma que não a própria, ela deve ser capaz de fixá-la na mente com a máxima nitidez; e não pode conservar a forma senão enquanto sua mente estiver concentrada sobre esta. Se o seu pensamento se desviar, a fada imediatamente principia a recobrar seu aspecto natural.

Embora possa a matéria etérica ser facilmente modelada pelo poder do pensamento, tal coisa decerto não obedece à instantaneidade com que o permite a matéria astral; podemos dizer que a matéria astral se modifica realmente com o pensamento, de sorte que o observador ordinário dificilmente nota qualquer diferença; mas com a matéria etérica a vista do observador pode acompanhar sem dificuldade o aumento ou a diminuição. Um silfo, cujo corpo é de matéria astral, muda instantaneamente de uma forma em outra: uma fada, que é etérica, dilata-se ou contrai-se com rapidez, mas não instantaneamente.

Alguns dos espíritos terrestres são de estatura gigantesca, ao passo que os do mar têm estatura comum. As criaturas da terra frequentemente aparecem com peças de vestuário humano, preparadas segundo suas fantasias e se apresentam com gorros esquisitos, cinturões ou coletes; mas eu nunca vi estas coisas nos habitantes do mar. Quase todos os espíritos de superfície da água parecem possuir o poder de elevar-se acima do seu próprio elemento e flutuar ou voar pelo ar até curta distância; eles se comprazem em brincar no meio da espuma brilhante ou vogar nas ondas que se quebram. Evitam menos os seres humanos do que os seus irmãos da terra – talvez porque o ser humano tem muito menos oportunidade de interferir na vida deles. Não descem a grandes profundidades abaixo da superfície do mar – nunca, em qualquer caso, além do alcance da luz; de modo que sempre há um espaço considerável entre o seu reino e o domínio pertencente às criaturas muito menos evoluídas da profundidade média.

Fadas da Água Doce

Algumas lindas espécies habitam as águas onde o ser humano ainda não tornou impossíveis as condições. Naturalmente que lhes são desagradáveis os resíduos químicos e o lixo que poluem as águas nas proximidades de uma grande cidade; mas, aparentemente, essas espécies não se sentem incomodadas com os moinhos d'água em um recanto sossegado do campo, pois são vistas, às vezes, divertindo-se em um canal que transporta a água. Parecem especialmente deleitar-se na queda da água, tal como o fazem suas irmãs do mar no meio das espumas produzidas pelo rebentar das ondas; devido ao prazer que isso lhes causa, ousam às vezes uma aproximação maior do que a usual com a detestada presença do ser humano. No Niágara, por exemplo, há algumas que se veem quase sempre no verão, embora geralmente se conservem afastadas do centro da catarata e das cachoeiras. Como aves de arribação, no inverno elas abandonam as águas do Norte, que se congelam durante muitos meses, e procuram um refúgio temporário em climas mais agradáveis. Uma geada curta não tem muita importância para elas; o mero frio aparentemente pouco ou nenhum efeito lhes faz, mas sentem-se mal quando são perturbadas suas condições habituais. Algumas das que ordinariamente moram nos rios transferem-se para o mar quando eles se congelam; para outras, a água salgada é desagradável e preferem emigrar até distâncias consideráveis a refugiar-se no oceano.

Os espíritos das nuvens compreendem uma interessante variedade das fadas da água; são entidades cuja vida decorre quase inteiramente entre "aquelas águas que pairam no firmamento". Podem talvez classificar-se como intermediários entre os espíritos da água e os do ar; seus corpos são de matéria etérica, como os destes últimos; sendo, porém, capazes de permanecer fora da água por períodos relativamente longos. Suas formas são muitas vezes colossais e de contornos imprecisos; parecem ter certa afinidade ou parentesco com os tipos de água doce, sem embargo de preferirem mergulhar por algum tempo no mar quando desaparecem as nuvens, que são o seu *habitat* favorito. Residem no luminoso silêncio da região das nuvens, e seu passatempo predileto é modelar suas nuvens em formas estranhas e fantásticas, ou dispô-las naquelas filas compactas que nós chamamos de céu carregado de cúmulos e cirros.

Silfos

Chegamos agora ao mais elevado tipo do reino dos espíritos da natureza – o estágio para o qual as linhas de desenvolvimento das criaturas, tanto do mar como da terra, convergem: os silfos ou espíritos do ar. Estas entidades situam-se acima de todas as outras variedades a que nos referimos, por se haverem desembaraçado do obstáculo da matéria física, sendo o corpo astral o seu veículo inferior. Sua inteligência é bem mais elevada que a das espécies etéricas, e perfeitamente igual à do ser humano médio; mas não alcançaram ainda uma individualidade permanente e reencarnante. Justamente porque são muito mais adiantados, antes de se destacarem da alma-grupo, eles podem compreender melhor do que um animal o que seja a vida. Assim, acontece de muitas vezes saberem que lhes falta individualidade, desejando intensamente adquiri-la. Esta é uma verdade que jaz no fundo de todas as tradições tão largamente espalhadas, sobre o desejo do espírito da natureza de ganhar uma alma imortal.

O método normal para alcançarem essa imortalidade está na associação – e no amor – com os membros do estágio imediatamente acima deles: os anjos astrais. Um animal doméstico, como o cão ou o gato, progride mediante o desenvolvimento de sua inteligência e de sua afeição, resultado de seu íntimo contato com o dono. Não só o amor para com o dono o leva a esforçar-se por compreendê-lo, mas também as vibrações do corpo mental do ser humano, constantemente atuando sobre a mente rudimentar do animal, pouco a pouco vão despertando nele uma atividade crescente; e, ao mesmo tempo, a afeição pelo ser humano provoca da parte deste um profundo sentimento de retribuição. O ser humano pode ou não decidir-se a ensinar algo ao animal; em todo caso, mesmo sem esforço deliberado, a estreita ligação entre os dois ajuda na evolução do animal. Eventualmente o desenvolvimento deste se eleva até o nível que lhe permite receber a Terceira Emanação, e assim ele se torna um indivíduo, separando-se de sua alma-grupo.

Ora, tudo isso é o que exatamente acontece entre o anjo astral e o espírito do ar, com a diferença de que nestes o esquema habitualmente se processa de maneira muito mais efetiva e inteligente. Não há um ser humano entre mil que pense ou conheça alguma coisa sobre a evolução real do seu cão ou do seu gato; e o animal muito menos ainda compreende a possibilidade que se oferece diante dele. O anjo, porém, compreende perfeitamente o plano da natureza, e em muitos casos o espírito da natureza sabe também o que lhe é necessário e se esforça de modo inteligente para o conseguir. Assim, cada um desses anjos astrais reúne à sua volta, frequentemente, vários silfos que desejam aprender com eles e ser por eles treinados, beneficiando-se de seu intelecto e retribuindo-lhes o afeto. Muitos desses anjos são empregados pelos Devarajas para ajudá-los no cumprimento da sua tarefa de distribuição do *karma*; e, deste modo, acontece que os espíritos do ar são muitas vezes subagentes na execução daquele trabalho e, sem dúvida, ganham com isso conhecimento e uma valiosa experiência.

O Adepto sabe como utilizar os serviços dos espíritos da natureza quando se faz necessário, e há uma variedade de pequenas tarefas que lhes podem ser confiadas. Em Broad Views, número de fevereiro de 1907, apareceu uma admirável resenha do sistema engenhoso de que se serve um espírito da natureza para executar um encargo que lhe foi assim destinado.

O espírito da natureza fora instruído para distrair um enfermo que estava sofrendo de um ataque de influenza, e durante cinco dias lhe proporcionou um entretenimento quase ininterrupto, que consistia em estranhas e interessantes visões, sendo os seus esforços coroados de completo êxito, pois o doente escreveu que essa ajuda "teve o feliz resultado de converter em uma das mais admiráveis e interessantes experiências o que, em circunstâncias ordinárias, teria significado dias de incalculável tédio e desconforto".

Mostrou-lhe o espírito uma variedade desnorteante de cenas, em que se moviam grandes quantidades de rochas, que eram vistas, não no exterior, mas internamente, de modo que nelas apareciam faces de criaturas de diversas espécies. Exibiu-lhe também montanhas, florestas e avenidas, e algumas vezes muitas massas arquitetônicas, pedaços de colunas coríntias, fragmentos de estátuas e grandes abóbadas em arco e, ainda, muitas flores e palmeiras belíssimas ondulando de um lado para outro, como sopradas por uma brisa suave. Parecia às vezes que eram tomados objetos físicos do quarto, formando-se com eles como que um cenário de mágica transformação. Podia-se em verdade suspeitar, dada a curiosa natureza do entretenimento, o tipo especial a que pertencia o espírito da natureza empregado nessa caridosa tarefa.

Os mágicos do Oriente tentam por vezes obter a cooperação dos espíritos da natureza elevados para a realização dos seus prodígios, mas o empreendimento não é isento de perigos. Recorrem à invocação ou à evocação – isto é, ou lhes atraem a atenção, como negociantes que desejam fazer alguma barganha, ou experimentam pôr em ação influências que os induzirão à obediência – tentativa que, se falhar, despertará uma determinada hostilidade, da qual muito provavelmente há de resultar o desaparecimento prematuro dos mágicos, ou pelo menos os colocará em posição extremamente ridícula e desagradável.

Existem variedades desses espíritos do ar, bem como das fadas inferiores, diferindo em poder, em inteligência e em hábitos, e ainda em aparência. Estão naturalmente menos restritos quanto à localização do que as outras espécies já descritas, embora pareçam também reconhecer os limites de certas zonas de elevação, alguns ficam pairando sempre por perto da superfície da terra, enquanto outros raramente se aproximam dela. Em regra, partilham da comum aversão à vizinhança do ser humano e de seus insaciáveis desejos. Mas há ocasiões em que se dispõem a suportá-lo, ou para se divertirem ou para lisonjeá-lo.

Seus Divertimentos

Os espíritos da natureza sentem, por vezes, imenso prazer em se divertir animando formas-pensamento de várias espécies.

Um autor, por exemplo, escrevendo uma novela, cria naturalmente formas-pensamento definidas de todos os seus personagens e as movimenta no seu palco-miniatura, como marionetes; algumas vezes, porém, um bando de travessos espíritos da natureza se apodera daquelas formas e representa o drama consoante em um esquema improvisado sob a excitação do momento, de tal modo que o novelista, atônito, sente que os seus fantoches como que lhe escaparam das mãos e desenvolveram uma vontade própria.

O amor da travessura, que é uma nota bem marcante de algumas fadas, persiste em certa extensão entre, pelo menos, os tipos inferiores de espíritos do ar e, por isso, suas personificações não raro assumem um aspecto menos inocente. As pessoas, às vezes, em seu medo, criam formas de pensamento terríveis do diabo imaginário, a quem suas superstições atribuem um papel tão proeminente no Universo; e lamento dizer que certos espíritos da natureza malévolos são de todo incapazes de resistir à tentação de mascarar-se naquelas terrificantes formas e julgam ser um grande gracejo ornar-se de chifres, sacudir uma cauda bifurcada e soprar chamas. A quem conhece a natureza desses demônios de pantomima, nenhum dano acontece; mas, de vez em quando ocorre de crianças ficarem nervosas e impressionadas com visões dessa espécie, o que lhes poderá causar enorme pavor se não forem convenientemente esclarecidas.

Estaremos fazendo justiça ao espírito da natureza se lembrarmos que, sendo ele imune ao medo, não tem a mínima consciência da gravidade daquele resultado e provavelmente julga que o terror infantil é simulado e faz parte do jogo. Dificilmente podemos culpar o espírito da natureza por consentirmos que nossos filhos caiam nas malhas de uma vil superstição, tendo negligenciado incutir neles a grande e fundamental verdade de que Deus é amor e de que o perfeito amor dissipa todo o medo. Se o nosso espírito do ar ocasionalmente aterroriza a criança que não recebeu a educação conveniente, há que levar a seu crédito, por outro lado, que ele proporciona o máximo de contentamento a milhares de crianças que chamamos "mortas", pois que distrair-se com elas e entretê-las por muitas e diferentes maneiras é uma de suas mais felizes ocupações.

Os espíritos do ar descobriram a oportunidade que lhes dão as sessões espíritas, e alguns as frequentam assiduamente, servindo-se de nomes como Margarida ou Girassol. Estão eles aptos a propiciar sessões interessantes, porque dispõem de bons conhecimentos a respeito da vida astral e suas possibilidades. Respondem sem dificuldade a perguntas que se situam nos limites de seus conhecimentos, e até mesmo com uma aparente profundidade, quando o tema vai um pouco além do que eles sabem. Podem facilmente produzir pancadas, balanços e luzes e estão sempre dispostos a transmitir mensagens que percebam desejadas – não significando isso, de modo algum, a intenção de fazer mal ou praticar fraude, senão a alegria inocente de obterem êxito no desempenho do papel e de serem alvo do afeto e da devoção, cheios de respeitoso temor a eles dispensados como "espíritos amados" e "anjos da guarda". Compartilham a satisfação dos assistentes e sentem que estão fazendo um bom trabalho por trazerem, assim, consolo aos aflitos.

Como eles vivem no astral, a quarta dimensão é um fato comum em sua existência, o que torna muito mais simples realizarem pequenos truques, que nos parecem espantosos, tais como a remoção de objetos de uma caixa selada e o transporte de flores para um aposento fechado. Os desejos e as emoções dos assistentes lhes estão expostos; com facilidade e rapidez podem ler quaisquer pensamentos, ainda que abstratos e, também, a produção de materializações é coisa que se inclui totalmente entre seus poderes, quando há material adequado para isso. Pode-se ver, portanto, que, sem qualquer ajuda externa, eles dispõem de habilidade para proporcionar uma variada e satisfatória diversão noturna, e sem dúvida que o têm feito muitas vezes. Não estou absolutamente sugerindo que os espíritos da natureza são as únicas entidades que operam nas sessões; o "espírito" que se manifesta é por vezes o que declara ser; mas também é verdade que em muitos casos não o é, e o frequentador comum não dispõe de meio algum para distinguir entre o artigo genuíno e as imitações.

Um Desenvolvimento Anormal

Como já foi dito, a linha normal de progresso do espírito da natureza visa a atingir a individualização por meio da associação com um anjo, mas têm ocorrido casos de indivíduos que escaparam a esta regra. A intensidade da afeição sentida pelo silfo para com o anjo é o fator principal da grande transformação, e as ocorrências anormais são aquelas em que essa afeição passou a ter como objeto, ao contrário, um ser humano. Isso implica numa radical inversão da atitude comum daquelas entidades em relação ao ser humano, que a ocorrência é naturalmente rara; mas, quando acontece e o sentimento é forte o bastante para levar à individualização, o espírito da natureza se separa de sua linha peculiar de evolução e passa à nossa, de maneira que o novo Ego encarnará não como um anjo, mas como um ser humano..

Encontramos uma tradição dessa possibilidade no fundo de todas as histórias em que um espírito não humano se apaixona por um ser humano e anseia ardentemente obter uma alma imortal a fim de poder passar com ele a eternidade. Alcançando sua encarnação, tal espírito se torna um homem de tipo assaz curioso – afetivo e emotivo, mas travesso, estranhamente primitivo em determinados aspectos e totalmente desprovido de senso de responsabilidade.

Já sucedeu algumas vezes que um silfo assim fortemente vinculado a um homem ou a uma mulher, mas sem o necessário e suficiente afeto para assegurar-se a individualização, envidou esforços no sentido de forçar a entrada na evolução humana apoderando-se do corpo de uma criancinha moribunda, assim que o seu dono original o abandonou. A criança pareceu restabelecer-se, escapando das garras da morte, mas provavelmente apresentando grande mudança de temperamento e mostrando-se mal-humorada e irritável por haver sido obrigada a permanecer no corpo físico denso.

Se o silfo fosse capaz de adaptar-se ao corpo, nada haveria que o impedisse de retê-lo durante o tempo normal de uma existência. Se, durante essa vida, lhe sucedesse criar afeição bastante forte para romper o liame com a alma-grupo, depois ele reencarnaria como ser humano pelo processo ordinário; se não, retrocederia no fim à sua própria linha de evolução. Ver-se-á que tais ocorrências correspondem à verdade que jaz no fundo das tradições tão disseminadas sobre substituições de crianças, que existem em todos os países da Europa, na China e também (ao que sabemos) entre os aborígines da costa do Pacífico na América do Norte.

As Vantagens do Seu Estudo

O reino dos espíritos da natureza é um campo de estudo bem interessante, muito embora ainda não se tenha prestado a devida atenção. Mencionados frequentemente na literatura oculta, não estou certo, porém, de que já se houvesse cogitado de classificá-los sob o critério científico. Esse imenso reino da natureza ainda está à espera do seu Cuvier ou do seu Linneu; mas – talvez quando dispusermos de investigadores experientes – possamos esperar que um deles tome para si mesmo essa tarefa e nos proporcione, como contribuição de sua existência, uma completa e minuciosa história natural de tão notáveis criaturas.

Não será perda de tempo e não será um estudo inútil. Há de ser-nos interessante compreender o que são esses seres, não unicamente, nem mesmo principalmente, devido à influência que exercem sobre nós, mas porque a compreensão de uma linha de evolução assim tão diferente da nossa pode alargar o horizonte de nossas mentes e nos ajudar a reconhecer que o mundo não existe só para nós e que nosso ponto de vista não é o único nem é o mais importante. A viagem pelo exterior tem o mesmo efeito, em escala menor, pois demonstra a todo ser humano preconceituoso que as outras raças, tão boas quanto as dele em todos os sentidos podem, no entanto, diferir amplamente dela em muitos aspectos. No estudo dos espíritos da natureza, vemos a mesma ideia, com maior amplitude; aqui temos um reino que é completamente dessemelhante: sem sexo, isento de medo, ignorante do que significa a luta pela vida; embora o resultado eventual de seu desenvolvimento seja, a muitos respeitos, igual ao que se alcança em nossa linha evolutiva. Aprender isso pode ajudar-nos a ver um pouco mais das múltiplas facetas da Divindade Solar e, portanto, ensinar-nos a lição de modéstia e de caridade, assim como a liberdade de pensamento.

CAPÍTULO 7

PELOS CENTROS DE MAGNETISMO

Todos nós admitimos, até certo ponto, que um ambiente não usual pode dar causa a efeitos especiais. Falamos de alguns edifícios ou paisagens que são tristes e depressivos; percebemos que existe algo de sombrio e repugnante em uma prisão; algo de devocional em uma Igreja e assim por diante. Muita gente não se dá ao trabalho de pensar por que isso acontece ou, se por um momento prestam atenção no assunto, logo deixam de preocupar-se, considerando que é um exemplo de associação de ideias.

Provavelmente o é, mas é também muito mais do que isso; e, se nos detivermos na análise do caso, veremos que a ocorrência se dá muitas vezes quando estamos longe de suspeitar-lhe a influência e que o seu conhecimento pode ser de uso prático na vida quotidiana. Um estudo das forças sutis da natureza nos mostrará não somente que todo ser vivo irradia um complexo de influências definidas sobre o que o rodeia, senão também que isso é verdade, em menor escala e de modo mais simples, quanto às coisas inanimadas.

Nossas Grandes Catedrais

Sabemos que a madeira, o ferro e a pedra emitem suas radiações próprias, mas o aspecto que agora devemos pôr em relevo é que todos são capazes de absorver influência humana e, depois, retransmiti-la. Qual é a origem daquele sentimento de devoção ou de temor reverencial, que tanto impregna algumas de nossas grandes catedrais, a tal ponto que o mais calejado turista da Cook não lhe pode escapar? Deve-se não só a associações históricas, não só à recordação do fato de que durante séculos pessoas ali se reuniram para o culto e suas orações, mas, sobretudo, àquele fato em si mesmo e às condições que produziu na substância da construção.

Para compreendê-lo devemos, em primeiro lugar, recordar as circunstâncias em que foram levantados esses edifícios. Uma igreja moderna de alvenaria, construída por contrato em tempo muito curto, apresenta pouco aspecto de santidade. Mas nos tempos medievais a fé era maior e a influência do mundo exterior era menos acentuada. A verdade é que os homens rezavam ao construir nossas grandes catedrais e colocavam cada pedra como se estivessem depositando uma oferenda no altar. Quando esse era o espírito da obra, cada uma das pedras se convertia em verdadeiro talismã, carregado com a reverência e a devoção do construtor, capaz de irradiar idênticas ondas de sentimento sobre os outros, tanto quanto as que despertavam em si próprios. As multidões que mais tarde vinham render o seu culto não somente sentiam tais radiações, mas, por sua vez, as revigoravam com a reação de seus sentimentos.

Isso ocorre ainda com mais intensidade na decoração interna da igreja. Cada toque do pincel no colorido de um tríptico, cada golpe do buril na escultura de uma estátua, representava uma oferenda direta a Deus. Assim, a obra de arte completa está impregnada por uma atmosfera de veneração e de amor e é certo que ela verte essas qualidades sobre os fiéis. Todos estes, ricos e pobres, sentem algo do efeito, ainda que muitos sejam demasiado ignorantes para receber o estímulo adicional que a excelência da arte proporciona aos capazes de apreciá-la e de perceber tudo o que significa.

A luz do sol, jorrando através dos miríficos vitrais daquelas janelas medievais, traz consigo um esplendor que não pertence totalmente ao mundo físico, pois os hábeis artífices que construíram esses maravilhosos mosaicos, o fizeram inspirados pelo amor a Deus e para maior glória de Seus Santos e, portanto, cada fragmento de vidro é também um talismã. Não nos esquecendo de como o poder comunicado à estátua ou à pintura, pelo fervor do artista original, tem sido perpetuamente revigorado, ao longo das idades, pelo culto de sucessivas gerações de devotos, chegamos a compreender o significado interno da grande influência que indubitavelmente se irradia de tais objetos, havidos como sagrados durante séculos.

O efeito devocional, descrito como estando relacionado com uma pintura ou uma estátua, nada tem a ver com o seu valor como obra de arte. O menino da Ara Coeli em Roma é um objeto de todo inartístico; mas decerto é dotado de considerável poder evocativo de sentimento devocional entre as massas que afluem para vê-lo. Se verdadeiramente fosse uma obra de arte, esta circunstância não acrescentaria senão muito pouco à sua influência sobre a maior parte das pessoas, sem embaraço de produzir, em tal hipótese, um efeito adicional inteiramente diverso sobre outra classe de indivíduos, nos quais agora não desperta o menor interesse.

Dessas considerações se evidencia que aquelas várias propriedades eclesiásticas, tais como estátuas, pinturas e outras decorações têm um valor real pelo efeito que causam nos adoradores; e o disporem de inegável poder que tanta gente pode sentir, provavelmente se deve ao ódio intenso que lhes votam os fanáticos implacáveis e obstinados que se inculcam de puritanos. Imaginaram eles que o poder existente por detrás da Igreja preparou, em grande escala, esses objetos para lhe servirem de canais. E, a despeito de sua aversão por todas as influências superiores ser, em muito, temperada pelo medo, sentiram que, se pudessem romper esses centros de magnetismo, equivaleria isso a suprimir o nexo. E, por conseguinte, em sua revolta contra tudo o que era bom e belo, eles causaram todo o mal que podiam – quase tanto, talvez, como aqueles que se fizeram passar por cristãos antigos que, com sua completa ignorância, puseram por terra as mais formosas estátuas gregas a fim de utilizarem o barro na construção de seus míseros casebres.

Em todas aquelas esplêndidas estruturas medievais, o sentimento de devoção como que literalmente transpira das paredes, porque, durante séculos, sucessivas gerações criaram ali formas-pensamento devocionais. Em flagrante contraste, temos a atmosfera de crítica e discussão que uma pessoa sensitiva pode captar nas salas de reunião de algumas seitas. Em muitos conciliábulos da Escócia e da Holanda, tal sensação se destaca com grande predominância, dando a impressão de que a maioria dos que se diziam crentes não tinham, em absoluto, pensamento de culto ou devoção, mas apenas o da exaltação das próprias virtudes e o da ardente ansiedade por descobrir alguma brecha no enfadonho sermão doutrinário do seu pobre ministro.

Uma igreja nova não produz, de início, nenhum desses efeitos; porque os trabalhadores hoje constroem uma igreja com a mesma ausência de entusiasmo com que constroem uma fábrica. Assim que o bispo a consagra, uma influência se estabelece como resultado de cerimônia; mas nos ocuparemos disso em outro capítulo. Após alguns anos de uso, as paredes estarão efetivamente impregnadas e em tempo muito mais breve do que se daria em uma igreja na qual o sacramento fosse reservado ou se rendesse adoração perpétua. A Igreja Católica Romana ou Ritualista fica logo influenciada inteiramente, mas as salas de reunião de algumas das seitas dissidentes, que não reservam um ponto especial à devoção, comumente produzem, durante muito tempo, uma influência que pouco difere da sentida em um salão ordinário de conferências. Um tipo excelente de influência devocional pode ser encontrado, amiúde, na capela de um convento ou mosteiro, posto que também varie consideravelmente segundo os objetivos que os monges ou as freiras se propuserem.

Templos

Tomei os santuários cristãos como exemplo, porque me são mais familiares – e também à maioria dos leitores; provavelmente ainda porque o Cristianismo é a religião que tem um lugar especial para a devoção, e dá a esta, mais do que outra qualquer, uma expressão coletiva em edifícios para esse fim construídos. Entre os hindus, o Vaishnavita tem uma devoção tão profunda quanto a dos cristãos, embora seja ela, infelizmente, manchada pela expectativa de favores que devem ser obtidos em troca. Mas os hindus não cogitam de nada parecido com o culto coletivo. Apesar de comparecerem multidões aos templos por ocasião dos grandes festivais, cada pessoa faz a sua pequena oração ou executa sua pequena cerimônia para si própria, deixando assim passar o importante efeito adicional que é produzido pela ação conjunta.

Encarado unicamente do ponto de vista de impregnação das paredes do templo com a influência devocional, este plano difere do outro em um aspecto que talvez possamos compreender por meio de uma comparação referente a vários marinheiros que içam uma corda. Sabemos que, quando o estão fazendo, geralmente usam uma espécie de canto, a fim de assegurar que a força dos homens seja empregada exatamente no mesmo instante; e por esse meio se torna muito mais eficaz o içar da corda do que se cada homem, usando a mesma força, somente a aplicasse quando sentisse que o podia fazer, mas sem relação necessária com o trabalho dos outros.

Entretanto, à medida que vão passando os anos, o sentimento no templo Vaishnavita adquire mais intensidade – ficando, talvez, tão forte quanto o do cristão, sem embargo da diferença de tipo. Diferente ainda em outro aspecto é a impressão produzida nos grandes templos dedicados a Shiva. Em um santuário como o de Madura, por exemplo, extraordinária influência é irradiada do Santo dos Santos. Ali existe uma profunda sensação de temor reverencial, quase de medo, que impregna e colore a devoção do público que comparece ao culto, de tal modo que a própria aura do lugar é por ela alterada.

Completamente diversa é ainda a impressão que inspira um templo budista. Ali não existe o menor indício de medo. Talvez haja menos devoção direta, porque a devoção é em grande parte substituída pela gratidão. A radiação predominante é sempre de alegria e amor – com total ausência de austeridade e tristeza.

Outro contraste flagrante está representado pela mesquita maometana; aqui também existe uma espécie de devoção, mas é uma devoção caracterizadamente militante e a impressão particular que deixa transparecer é a de uma ardente determinação. Sente-se que este modo de compreender o povo e o seu credo pode ser limitado, mas não há qualquer dúvida quanto à sua firme resolução de observá-lo.

A sinagoga judaica não se parece com nenhum dos outros templos; apresenta, porém, um sentimento todo peculiar e curiosamente dual – materialista, excepcionalmente, por um lado, e, por outro, cheio de um desejo ardente pela volta às glórias do passado.

Local e Relíquias

Outra faceta das coisas que acabamos de mencionar é facilmente reconhecível: referimo-nos à escolha do local de muitos edifícios religiosos. Erige-se uma igreja ou um templo para comemorar a vida ou a morte de um santo e a primeira preocupação é a de construir o santuário em local que tenha uma conexão especial com ele. Pode ser o lugar em que ele morreu ou o local de seu nascimento ou, também, o lugar em que se deu algum acontecimento importante de sua vida.

A igreja da Natividade em Belém e a da Crucificação em Jerusalém são exemplos, como também o é a grande Stupa em Buddhagaya, onde o Senhor Gautama alcançou o estado de Buddha, ou o templo do "Bishanpad", onde se supõe que Vishnu deixou a impressão de Seus pés. Todos esses santuários foram erguidos, não tanto por um motivo histórico, que visasse indicar à posteridade o lugar exato em que se realizou um acontecimento importante, como pela ideia de que esse lugar é abençoado e cheio de um magnetismo especial, que perdurará através dos tempos e influenciará e beneficiará os que estiverem dentro do seu raio de ação. Essa ideia universal não deixa de ter seu fundamento.

O local em que o Senhor Buddha recebeu o grau que lhe conferiu o Seu augusto título está repassado de magnetismo que, à visão clarividente, é irradiante como um Sol. Calcula-se que produz o mais forte efeito magnético naquele que é dotado de sensibilidade natural a tal influência, ou no que venha a adquirir uma sensibilidade temporária por assumir atitude de sincera devoção.

Outras igrejas e templos são santificados pela posse de relíquias de um Grande Ser e aqui a conexão de ideias é óbvia. Entre os ignorantes nestes assuntos, é hábito ridicularizar a ideia de prestar reverência ao osso que pertenceu a um santo; mas, embora se deixe de lado a reverência ao osso, a influência que ele irradia pode, não obstante, ser uma realidade e perfeitamente digna de séria atenção. Que o tráfico de relíquias, em todo o mundo, tenha levado à fraude, por um lado e à cega credulidade, por outro, está fora de discussão; isso, porém, em nada altera o fato de que uma relíquia genuína pode ser coisa valiosa. Seja o que for que haja feito parte do corpo físico de um Grande Ser ou, ainda, dos adornos com que revestiram esse corpo físico, fica impregnado de seu magnetismo pessoal. Significa que aquilo se encontra carregado com as poderosas ondas de pensamento e sentimento que dele foram irradiadas, da mesma forma como pode ser carregada uma bateria elétrica.

A força que possui é intensificada e perpetuada pelas ondas-pensamento emanadas no correr dos anos, pela fé e devoção das multidões que visitam o santuário. Isto, quando a relíquia é genuína. Mas, em sua maioria, não são genuínas. Ainda neste caso, apesar de não existir nenhuma força inicial própria, muita influência adquirem à medida que passa o tempo, de maneira que a falsa relíquia não é inteiramente desprovida de efeito. Portanto, quem quer que esteja em atitude receptiva, ao chegar perto de uma relíquia, é tocado por suas fortes vibrações, sentindo-se logo mais ou menos sintonizado com elas. Uma vez que estas vibrações, sem dúvida, são melhores e de mais intensidade do que aquelas que a geram por conta própria, para quem quer que seja, serão benéficas. Porque, com o tempo, a pessoa se elevará de nível, abrindo-se assim horizontes mais amplos para ela; e, conquanto o efeito seja apenas temporário, não pode deixar de ser-lhe útil para o resto da vida – algo melhor do que se não tivesse ocorrido.

Essa é a razão lógica das peregrinações e, muitas vezes, de sua eficácia. Em aditamento ao magnetismo original porventura obtido graças à contribuição do santo ou da relíquia, tão logo se haja estabelecido o local da peregrinação e um grande número de pessoas comece a visitá-lo, entra em jogo outro fator, a respeito do qual já falamos no caso dos templos e das igrejas. O lugar principia a ser impregnado com o sentimento devocional de todas essas legiões de visitantes – sentimento que ali perdura e reage sobre os que vierem depois. Desse modo, não míngua a influência desses lugares santos, não obstante o decurso do tempo, porque, se a força original tende a arrefecer, por outra parte ela é continuamente alimentada por novos contingentes de devoção. Em verdade, o único caso em que o poder desvanece é quando o relicário é esquecido – como, por exemplo, se o país é conquistado por gente de outra religião, para quem os antigos relicários nada significam. Assim mesmo, a influência, se na origem foi suficientemente forte, persiste quase sem diminuição durante muitos séculos, e por este motivo as ruínas têm, não raro, uma força poderosa relacionada com a crença antiga.

A religião egípcia, por exemplo, tem sido pouco praticada desde a era cristã; mas não há pessoa de sensibilidade que possa ficar entre as ruínas de um de seus templos sem ser intensamente influenciada pela corrente do seu pensamento. Neste caso particular, entra em ação outra força; a arquitetura egípcia possuía um toque peculiar, as construções obedeciam à intenção de causar certa impressão sobre os fiéis. Talvez nenhuma outra arquitetura tenha preenchido jamais sua finalidade com igual eficiência.

Os esparsos fragmentos que remanescem ainda manifestam esse efeito em um grau que não pode ser desconsiderado, inclusive, sobre indivíduos de raça estrangeira inteiramente dessemelhante do tipo da velha civilização egípcia. Para o estudante de religião comparada, que porventura seja sensitivo, não haverá experiência mais fascinante que esta: banhar-se no magnetismo das velhas religiões do mundo, sentir-lhes a influência como os seus devotos a sentiram há milhares de anos, comparar as sensações de Tebas ou Luxor com as do Parthenon ou as dos belos templos gregos de Girgenti, ou as de Stonehenge, com as grandiosas ruínas de Iucatã.

Ruínas

Assim, pode-se sentir melhor a vida religiosa do mundo antigo por intermédio de seus templos; mas é igualmente possível entrar em contato com a vida diária daquelas nações desaparecidas entre as ruínas de seus palácios e de suas casas. A força que permeia o templo é poderosa porque está bastante concentrada – pois durante séculos as pessoas ali foram com uma ideia predominante de oração ou devoção sendo, por isso, relativamente ativa a impressão que ficou. Em suas casas, por outra parte, elas passaram a vida com toda sorte de ideias díspares e interesses em conflito, de modo que as impressões quase sempre se anulam umas às outras.

Não obstante, com o passar dos anos persiste como que um mínimo múltiplo comum de todos aqueles sentimentos, que é uma característica da raça, sendo perceptível por quem quer que possa suprimir de todo os próprios sentimentos pessoais – que o cercam mais de perto e mais vividamente – e concentrar-se atentamente na captação dos fracos ecos da vida passada naqueles idos longínquos. Tal estudo é capaz de nos proporcionar, não raro, uma visão mais exata da história; os modos e costumes que nos espantam, por se acharem tão distantes do nosso tempo, podem assim ser observados do ponto de vista daqueles a quem eram familiares; e, contemplando-os dessa maneira, chegamos a perceber o quanto estávamos enganados a respeito daqueles homens do passado.

Alguns de nós lembrarão, de como, em nossa infância, os nossos pais, em sua ignorância bem intencionada, tentavam excitar nossa simpatia pelas histórias dos mártires cristãos atirados aos leões no Coliseu de Roma, ou reprovavam, horrorizados, a brutalidade insensível que podia reunir milhares de pessoas para divertir-se assistindo aos combates entre os gladiadores.

Não estou habilitado a defender os postos e os divertimentos dos antigos cidadãos romanos, embora pense que toda pessoa de sensibilidade, que visite o Coliseu de Roma e (se por um momento lhe for possível isolar-se do turista) – ali se deixando ficar em silêncio, fazendo recuar sua consciência no tempo, até poder experimentar o verdadeiro sentimento daquela imensa e histérica multidão de espectadores –, chegará à conclusão de haver cometido para com eles uma grande injustiça.

Primeiro, concluirá que aquela história de atirar às feras os cristãos por causa de sua crença religiosa é uma piedosa mentira dos primeiros tempos. Descobrirá que o governo de Roma foi, em matéria religiosa, muito mais tolerante que muitos governos europeus dos tempos atuais; que ninguém foi jamais executado ou perseguido por motivo religioso, qualquer que fosse, e que os chamados cristãos condenados à morte sofreram esta pena não em virtude de sua religião e sim por conspiração contra o Estado ou por crimes que todos nós reprovaríamos.

Descobrirá que o governo permitia e mesmo estimulava os combates de gladiadores, mas verificará também que apenas três classes de pessoas deles participavam. Primeira, criminosos condenados – homens cujas vidas estavam perdidas segundo as leis da época – eram utilizados para proporcionar um espetáculo ao povo, um degradante espetáculo por certo, mas que não o era mais do que muitos outros que recebem a aprovação popular nos dias de hoje. O malfeitor era sacrificado na arena ou em combate contra outro malfeitor ou contra uma fera; ele preferia, porém, morrer lutando a morrer nas mãos da lei e sempre havia a possibilidade de que, lutando bem, viesse a obter, por esse meio, o aplauso da assistência e salvar a própria vida.

A segunda classe consistia em prisioneiros de guerra que, segundo o costume vigente, eram condenados à morte; mas, neste caso, também havia gente cuja morte estava já decidida e aquela espécie particular de morte servia como divertimento popular, havendo ainda para eles uma oportunidade de se salvarem, à qual desesperadamente se agarravam. A terceira classe compunha-se de gladiadores profissionais, homens semelhantes aos pugilistas dos nossos dias, que adotam tão arriscado meio de vida por causa da popularidade que lhes traz – aceitando-o com plena ciência de seus perigos.

Não estou nem de leve sugerindo que o espetáculo de gladiadores era um tipo de divertimento que um público realmente educado pudesse tolerar, mas, se fôssemos aplicar o mesmo padrão agora, teríamos de admitir que nenhuma nação elevada o traria à existência, pois não era pior que os torneios medievais, que as brigas de galo e a caça aos ursos de um século atrás, que as touradas ou as lutas de boxe dos dias atuais. Nem há que escolher entre a brutalidade de seus patrocinadores e a do público que comparece em multidões para ver quantos ratos um cão pode matar em um minuto, ou a dos nobres desportistas que (sem a escusa, sequer, de um combate leal) se dedicam ao morticínio de inocentes perdizes.

Estamos principiando a ter a vida humana em maior conta que nos tempos da Roma antiga; mas, assim mesmo, devo dizer que esta mudança não assinala diferença entre a antiga raça romana e sua reencarnação no povo inglês, por isso que nossa própria raça foi igualmente responsável por grandes carnificinas até um século atrás. A diferença não está entre nós e os romanos, senão entre nós e nossos mais recentes antepassados; porque as multidões que, nos dias de nossos progenitores, iam divertir-se com uma execução pública dificilmente se pode dizer que eram mais adiantadas que as do tempo em que apinhavam as arquibancadas do Coliseu.

Verdade é que os imperadores romanos favoreciam aquelas exibições, da mesma forma que os ingleses estimulavam os torneios e os reis da Espanha ainda patrocinam as touradas; mas, para entender os vários motivos que os moviam a fazê-lo, é preciso estudar a fundo a política da época – coisa que escapa por inteiro ao escopo desta obra. Aqui é suficiente dizer que os cidadãos romanos constituíam uma sociedade humana em situação política deveras curiosa e que as autoridades consideravam aquilo necessário para ocupá-los com frequentes diversões, a fim de os manterem de bom humor. Serviam-se, portanto, de um método que lhes parecia conveniente, como a execução necessária e habitual de criminosos e rebeldes, com isso, proporcionando à classe proletária um tipo de divertimento que ela apreciava. Um proletariado verdadeiramente brutal, dir-se-á. Devemos certamente convir que não fosse civilizado; mas, afinal, era muito melhor que muitos daqueles que participaram ativamente dos indescritíveis horrores da Revolução Francesa, porquanto sentiam enorme prazer com o sangue e a crueldade que, no caso dos romanos, eram apenas circunstâncias de segundo plano.

Qualquer pessoa que, demorando-se no Coliseu, se deixe penetrar do verdadeiro espírito daquelas multidões do passado, perceberá que eram dominadas pela excitação da disputa e da perícia que ali se exibiam. Sua brutalidade consistia, não em se regozijarem com o derramamento de sangue e o sofrimento, mas no fato de que a excitação de assistir à luta as tornava incapazes de sentir tal brutalidade – o que, afinal de contas, é muito semelhante ao que fazemos quando avidamente acompanhamos nos jornais o que se passa no teatro de guerra atualmente. Nível por nível, caso por caso, nós, da quinta sub-raça, fizemos um ligeiro avanço sobre a condição da quarta sub-raça de dois mil anos atrás; mas esse avanço é bem menor do que nos faz crer a nossa vaidade.

Todo país tem suas ruínas e em todos igualmente o estudo da vida antiga é um estudo interessante. Uma boa ideia das espantosas e variadas atividades e interesses da vida monástica da Idade Média na Inglaterra pode ser obtida visitando-se aquela rainha das ruínas, Fountains Abbey (Abadia das Fontes), assim como as pedras de Carnac (não no Egito, mas em Morbihan), onde se podem observar as alegrias de verão ao redor do *tantad* ou fogo sagrado dos antigos bretões.

Talvez haja menos necessidade de estudar as ruínas da Índia, porque a vida quotidiana permaneceu ali tão imutável através das idades que não se faz mister usar a faculdade de clarividência para descrevê-la tal qual era há milhares de anos. Nenhum dos edifícios atuais da Índia remonta a período que represente diferença apreciável e, em muitos casos, as relíquias da idade de ouro da Índia do tempo das grandes monarquias atlânticas se encontram profundamente sepultadas. Se voltarmos aos tempos medievais, o efeito do ambiente e da religião sobre o mesmo povo está curiosamente ilustrado pela diferença do padrão de vida entre qualquer cidade antiga do Norte da Índia e as ruínas de Anuradhapura, no Ceilão.

Cidades Modernas

Assim como os nossos antepassados de tempos remotos viveram os seus dias da maneira que, então, lhes parecia normal e jamais imaginaram que, assim procedendo, estavam comunicando às pedras dos muros de suas cidades influências que possibilitariam a um psicômetro, milhares de anos depois, estudar os segredos íntimos de sua existência, da mesma forma estamos nós mesmos impregnando nossas cidades e deixando atrás de nós um registro que chocará a sensibilidade dos seres humanos mais civilizados do futuro. Em certos aspectos que falarão por si, todas as grandes cidades são muito semelhantes; mas, por outro lado, há diferenças na atmosfera local que dependem, até certo ponto, da moralidade média da cidade, do tipo de crença religiosa mais largamente observada e do seu comércio e indústrias principais. Por todas essas razões, cada cidade possui determinada soma de individualidade – e individualidade que atrairá algumas pessoas e repelirá outras, conforme suas características. Até aqueles que são menos sensitivos dificilmente podem deixar de notar a diferença que há entre o sentimento de Paris e o de Londres, entre Edimburgo e Glasgow ou entre Filadélfia e Chicago.

Há cidades cuja tônica não está no presente, mas no passado – cidades em que a vida, nos tempos primitivos, era muito mais ativa do que agora quando, comparativamente, o presente decresceu de ritmo. São exemplos as cidades da região do Zuyder Zee, na Holanda; St. Albans, na Inglaterra. Mas o exemplo mais significativo que o mundo tem a oferecer é a imortal cidade de Roma. Roma situa-se singularmente entre as cidades do mundo, por apresentar ao investigador psíquico três grandes e completamente distintos pontos de interesse. Primeiramente e, sobretudo, a mais forte, é a impressão deixada pela espantosa vitalidade e vigor daquela Roma que foi o centro do mundo, a Roma da República e dos Césares; segue-se depois outra forte e singular impressão – a da Roma medieval, centro eclesiástico do mundo; em terceiro lugar e inteiramente diferente das outras, a moderna Roma de nossos dias, centro político do reino italiano, unificado de maneira desordenada e, ao mesmo tempo, ainda centro eclesiástico de larga influência, não obstante despojado de sua glória e poder.

Confesso que a primeira vez que fui a Roma, com a expectativa de que a Roma dos Papas medievais – que por tanto tempo concentrou todo o pensamento mundial e com a vantagem também de se achar tão próxima de nós no tempo –, teria em grande parte extinto a vida da Roma dos Césares. Fiquei surpreendido de ver que os fatos atuais são quase exatamente o inverso disso. As condições da Roma da Idade Média foram suficientemente notáveis para imprimir um caráter indelével sobre outra qualquer cidade no mundo; mas a vida espantosamente vivida daquela antiga civilização era de tal modo mais forte que ainda se destaca, a despeito de toda a história que se passou desde então, como uma característica dominante e indestrutível de Roma.

Para o pesquisador clarividente, Roma é (e sempre será), primeiro que tudo, a Roma dos Césares, e só secundariamente a Roma dos Papas. A impressão da história eclesiástica se acha toda ali, reconstituível no mínimo pormenor; uma confusa massa de devoção e intriga, de insolente tirania e real sentimento religioso; uma história de terrível corrupção e desmedido poder temporal, raramente usado como devia ser. E ainda, por grande que seja, está reduzido a uma insignificância, comparado ao poder maior que é coisa do passado. Havia, no romano antigo, uma inabalável confiança em si mesmo, uma fé no destino, uma firme determinação de viver ao máximo a sua vida, e uma certeza de poder fazê-lo, que poucas nacionalidades de hoje se mostram capazes de ter.

Edifícios Públicos

Uma cidade, considerada em seu todo, não só possui características gerais próprias, como alguns de seus edifícios, destinados a fins especiais, apresentam uma aura indicativa dessa finalidade. A aura de um hospital, por exemplo, consiste em uma curiosa mescla: uma preponderância de fadiga, dor e sofrimento; mas também uma boa dose de piedade para com os sofredores e um sentimento de gratidão dos pacientes pela atenção e cuidados que lhes são dispensados.

Quando alguém escolhe residência, convém evitar a vizinhança de uma prisão, porque emanam tristeza, desespero e depressão, com sensações de raiva impotente, aflição e ódio. Poucos são os lugares que possuem, no conjunto, aura mais desagradável ao seu redor; e até mesmo na escuridão generalizada há, muitas vezes, pontos mais intensamente negros do que outros. Há celas em que o horror de tal modo se instalou que o ambiente ficou impregnado de uma influência maligna. Podem citar-se casos em que os sucessivos ocupantes de uma cela tentaram cometer suicídio. Os que não chegaram a morrer explicaram que tal pensamento lhes veio com insistência ao cérebro e foi exercendo forte pressão, até conduzi-los a um estado que lhes pareceu não comportar alternativa. Algumas vezes fora a direta persuasão de um morto que moveu o suicida; mas também – e mais frequentemente – aconteceu que o primeiro suicida carregou a cela de tal modo com pensamentos e sugestões dessa natureza que os últimos ocupantes provavelmente não dispunham de força de vontade suficiente para resistir à pressão.

Mais terríveis são os pensamentos que ainda pairam ao redor das hediondas masmorras das tiranias medievais, as *oubliettes* (os calabouços) e Veneza ou as câmaras de tortura da Inquisição. Da mesma forma, as paredes de uma casa de jogo emanam aflição, cobiça, desespero e ódio e, também, as casas de tolerância ou de má fama estão literalmente saturadas de exalações com os mais grosseiros aspectos de desejos sensuais e brutais.

Cemitérios

Em casos como os mencionados acima, é bem fácil a todas as pessoas decentes escaparem às influências perniciosas simplesmente evitando o lugar; mas há outros exemplos em que são colocadas em indesejáveis situações pela indulgência de um natural sentimento bondoso. Em países não civilizados o bastante para fazerem cremar seus mortos, os sobreviventes visitam assiduamente os túmulos em que foram sepultados os corpos físicos em dissolução; e um sentimento de afetuosa recordação os leva a rezar e meditar ali e a depositar flores sobre os túmulos. Não percebem que as radiações de tristeza, depressão e desamparo, que tão frequentemente impregnam o cemitério, fazem deste um local impróprio para visitas. Tenho visto pessoas idosas que ficam passeando ou sentadas no interior de nossos belos cemitérios, assim como pajens que conduzem crianças em carrinhos de mão diariamente para tomarem ar – sem que, provavelmente, nenhuma delas tenha a menor ideia de que ficam todas expostas a cargas de influências que podem neutralizar todo o bem proveniente do exercício e do ar puro; e isto sem levar em conta a possibilidade de exalações físicas nocivas à saúde.

Universidades e Escolas

Os velhos edifícios de nossas grandes universidades estão impregnados de um tipo especial de magnetismo, que muito contribui para conferir aos seus graduados aquele selo peculiar tão facilmente distinguível, embora não seja fácil exprimir por palavras em que consiste exatamente. Os frequentadores da universidade são muitos e de vários tipos – leitores, caçadores, religiosos, pessoas sem preocupação; e às vezes um colégio da universidade atrai somente uma dessas categorias. Então as paredes se deixam penetrar por essas características e a atmosfera criada concorre para lhe preservar a reputação. Mas, no conjunto, a universidade está rodeada por um sentimento de trabalho e camaradagem, de associação, conquanto de independência, um sentimento de respeito pelas tradições da Alma *Mater* e pela determinação de mantê-las, que não demora em conduzir o novo universitário à mesma linha de seus colegas e a submetê-lo ao inconfundível tom universitário.

Não é diferente a influência exercida pelos edifícios de nossas grandes escolas públicas. O jovem impressionável que ingressa em uma dessas escolas sente que o cerca um ambiente de ordem e regularidade, um *esprit de corps,* que, uma vez adquirido, dificilmente poderá esquecer. Algo da mesma natureza e ainda mais acentuado, existe no caso de um navio de guerra, especialmente se tem um comandante conhecido por seu espírito de cordialidade e que já esteja no posto desde algum tempo. Aí também o novo recruta se sente à vontade, e adquire o *esprit de corps* rapidamente, considerando-se como membro de uma família, cuja honra lhe cabe zelar. Muita coisa nesse sentido deve-se ao exemplo de seus camaradas e à disciplina imposta pelos oficiais; mas o sentimento, a atmosfera do próprio navio, sem dúvida, tem uma grande participação nisso.

Bibliotecas, Museus e Galerias

As influências de ordem cultural associadas a uma biblioteca são facilmente compreensíveis; mas as dos museus e das galerias de arte são mais complexas, como é compreensível. Nestes dois últimos casos, a influência deriva, sobretudo, dos quadros ou dos objetos em exposição e, por isso, o seu exame fará parte de outro capítulo.

No que se refere propriamente à influência dos atuais edifícios, sem considerar as coisas expostas, o resultado é um tanto inesperado, visto que, como aspecto predominante, há uma sensação opressiva de fadiga e tédio. É evidente que o fator principal, na mente da maioria dos visitantes, é a convicção de que sabem o que devem admirar ou o que os interessa nisto ou naquilo, embora sejam eles realmente incapazes de sentir verdadeiro interesse ou admiração.

Lugares Especiais

Qualquer lugar onde se haja repetidas vezes celebrado uma cerimônia, sobretudo se instituída com vistas a um ideal elevado, está sempre repleto de uma influência especial. Por exemplo, a aldeia de Oberammergau (Alemanha), onde por muitos anos, a intervalos regulares, se tem reproduzido a representação da Paixão, está cheio de formas-pensamento das cenas anteriores, as quais reagem fortemente sobre as pessoas que se preparam para tomar parte em nova representação. Um extraordinário senso de realidade, pleno de profunda e indiscutível sinceridade, é incutido em todos os assistentes e reage até sobre o turista relativamente desatento, para quem tudo não passa de simples exibição. Do mesmo modo, os magníficos ideais de Wagner predominam na atmosfera de Bayreuth e produzem ali um efeito totalmente diferente de uma execução idêntica, com os mesmos músicos, em qualquer outro lugar.

As Montanhas Sagradas

Há casos em que a influência ligada a determinado local não é humana. Isso comumente acontece com as numerosas montanhas sagradas do mundo. No capítulo precedente descrevi os grandes anjos que habitam o cume da montanha de Slieve-na-Mon, na Irlanda. É a presença deles que torna sagrado o lugar, pois os anjos perpetuam a influência da alta magia dos chefes do Tuatha-de-Danaan, a quem ordenaram que ali permanecessem até o dia do futuro esplendor da Irlanda, quando sua participação no grande drama do império será então evidenciada.

Por diversas vezes visitei uma montanha sagrada de tipo diferente – o Pico de Adão, no Ceilão. O que existe de notável nesse pico é que as pessoas de todas as várias religiões da ilha o consideram sagrado. Os budistas dão ao templo sobre o cume o nome de santuário do Sripada ou da pegada santa, e, segundo a sua versão, quando o Senhor Buddha visitou o Ceilão em Seu corpo astral (Ele nunca lá esteve em Seu corpo físico), retribuiu uma visita do gênio tutelar da montanha, que o povo chama Saman Deviyo. Quando Ele ia partir, Saman Deviyo lhe pediu a graça de deixar um sinal permanente de Sua visita, e o Buddha, como resposta (segundo a lenda), calcou o pé na rocha sólida, utilizando uma força que deixou sobre ela uma impressão bem nítida.

Chega-se a dizer, na versão, que Saman Deviyo a fez cobrir por um colossal cone de pedra, que representa o cume atual da montanha, para que a sagrada impressão do pé jamais fosse maculada pelo contato humano, e o magnetismo dela emanado se preservasse. No vértice do cone foi feita uma cavidade, que se assemelha de certo modo a uma pegada gigantesca, e parece provável que alguns dos mais ingênuos adoradores acreditam ter sido o Senhor Buddha que fez essa marca; mas os monges que a conhecem negam inteiramente o fato, alegando que é demasiado grande para ser uma pegada humana e, também, que é visivelmente artificial.

Explicam eles que a marca ali se acha tão somente para indicar o ponto exato em que está a verdadeira pegada e acrescentam que há realmente uma depressão que se estende ao redor de toda a rocha, a uma pequena distância abaixo do cume. A ideia de uma pegada santa no cume parece comum às várias religiões; mas, enquanto os budistas sustentam que é do Senhor Buddha, os habitantes tâmiles da ilha creem ser uma das muitas impressões do pé de Vishnu; já os cristãos e os maometanos atribuem-na a Adão – daí o nome de Pico de Adão.

Diz-se, no entanto, que muito antes de qualquer dessas religiões penetrarem na ilha, muito antes da época do próprio Senhor Buddha, o pico já estava consagrado a Saman Deviyo, a quem os habitantes devotam ainda a mais profunda veneração – o que na verdade é bem plausível, pois que Ele pertence a uma das grandes ordens angélicas de categoria próxima dos mais elevados Adeptos. Apesar de o Seu trabalho ser de natureza completamente diferente da natureza do nosso, obedece Ele também ao Chefe da Grande Hierarquia Oculta; pertence Ele também à Grande Fraternidade Branca, que existe somente com a finalidade de ativar a evolução do mundo.

É natural que a presença de tão excelso Ser exerça poderosa influência sobre a montanha e suas imediações, e principalmente sobre o seu cume; e há realmente um cunho de veracidade nos relatos que falam nas expansões de alegria e entusiasmo manifestadas pelos peregrinos. Aqui também, como em outros santuários, é de acrescentar o efeito dos sentimentos devocionais com que sucessivas gerações de peregrinos impregnaram o local; mas, embora esse efeito tenha que ser levado em conta, ele é ultrapassado pela influência originária e sempre presente da grandiosa entidade que executou Sua obra e ali manteve e mantém Sua vigilância, há milhares de anos.

Os Rios Sagrados

Existem igualmente os rios sagrados – o Ganges, por exemplo. Acredita-se que um grande ser da antiguidade magnetizou a fonte do rio com um poder tal que toda a água que dali flui é verdadeiramente água santa, transportando sua influência e sua bênção. Não é coisa impossível, sem embargo de existir, ou uma grande reserva de força na origem ou um trabalho de constante renovação. O processo é simples e compreensível; a dificuldade única está no que se refere à magnitude da operação. Mas o que se acha além das forças do ser humano comum podia ser perfeitamente exequível a um ser de nível muito mais elevado.

Capítulo 8

PELAS CERIMÔNIAS

Ao considerar a influência de nossas igrejas e catedrais, até aqui temos nos limitado ao que emana de suas paredes. É, porém, apenas uma pequena parte do efeito que aquelas tiveram a finalidade de produzir na comunidade – efeito simplesmente incidental no grande plano do Fundador da religião; e até mesmo esse plano não passa de mero setor de um esquema ainda mais vasto. Tentemos explicar.

A Hierarquia

Sabem os estudantes de teosofia que a direção da evolução do mundo incumbe à Hierarquia de Adeptos[12], que funciona sob a orientação de um grande Chefe; e sabem que um dos departamentos desse governo é devotado à promoção e administração das religiões. O oficial encarregado desse departamento tem no Oriente o nome de Bodhisattva, e no Ocidente é conhecido como Cristo, sendo este efetivamente o título de apenas uma de suas reencarnações. O plano do governo consiste em que durante cada período mundial deve haver sete Cristos sucessivos – um para cada raça-raiz. Cada um deles desempenha a sua missão de Bodhisattva, e durante o Seu período tem a Seu cargo todo o pensamento religioso do mundo – não somente o da raça-raiz a que pertence; e Ele pode encarnar-se muitas vezes.

Para ilustrar precisamente o que isso quer dizer, vamos tomar o caso do detentor precedente dessa função, conhecido como o Senhor Gautama.

---

[12] O tema da Hierarquia Oculta e o caminho que leva aos Mestres de Sabedoria é muito mais detalhado por Leadbeater em *Os Mestres e a Senda*, Ed. Teosófica, Brasília, 2015. (N.E.)

Foi Ele, tecnicamente, o Boddhisattva da quarta raça-raiz, ou raça atlantiana, e nela se encarnou muitas vezes com diferentes nomes, ao longo de um período que se estendeu por centenas de milênios; mas, apesar de Sua tarefa especial se referir à quarta raça-raiz, a Seu cargo ficaram as religiões do mundo inteiro e, consequentemente, não se omitiu Ele na quinta raça-raiz. Na primeira parte da história de cada uma de suas sub-raças, Ele apareceu e fundou uma religião especial. Na primeira sub-raça Ele foi o Vyasa original; e a história não preservou o nome que usou na segunda sub-raça. Na terceira, foi o Zoroastro original, o primeiro de uma extensa linhagem com esse nome. Para a grande religião do Egito, Ele foi Thoth – chamado pelos gregos de Hermes Trismegisto, Hermes o Três-Vezes-Grande, e entre os gregos primitivos da quarta sub-raça foi Orfeu o Bardo, o fundador de seus mistérios.

Em cada um de tais nascimentos, Ele atraiu ao Seu redor certo número de discípulos capazes, em muitos casos naturalmente os mesmos Egos reencarnados em outros corpos, sem embargo de estar Ele sempre aumentando esse número. A quarta raça-raiz não terminou ainda a sua evolução, a ela pertence a maioria dos habitantes da Terra – as grandes populações chinesas, tártaras, malaias e todos os povos subdesenvolvidos; mas já passou há muito tempo o seu apogeu, a época na qual era a raça dominante do mundo, e em que todos os Egos mais adiantados nela estavam encarnados. Quando, finalmente, o período de glória ficou para trás, o Bodhisattva preparou-se para o ato culminante de Sua tarefa, que para Ele significa o haver alcançado o mais alto grau de Iniciação, a saber, o estado de Buddha e também para transmitir o Seu cargo às mãos de Seu sucessor.

A preparação requerida consistiu em reunir em um país, ou em uma região desse país, todos os Egos que foram Seus seguidores especiais nas diversas vidas anteriores. Então Ele próprio se encarnou entre eles – ou talvez, mais provavelmente, um de Seus mais elevados discípulos se encarnou entre eles e cedeu o seu corpo ao Bodhisattva quando a hora se aproximava; e, assim que nesse corpo atingiu a grande Iniciação, tornando-se Buddha, Ele começou a pregar a Sua Lei. Não se dê à palavra Lei o sentido habitual que tem em nossa língua: significa muitíssimo mais que um simples conjunto de mandamentos. Devemos antes entender que a palavra exprime a Sua apresentação da Verdade a respeito da humanidade e sua evolução; e Suas instruções, baseadas nessa Verdade, sobre como deve o o ser humano proceder para cooperar no esquema evolutivo.

Pregando a Lei, Ele congregou todas as hostes de Seus antigos discípulos, e pela imensa força e magnetismo inerentes à Sua condição de Buddha habilitou muitos deles a darem o quarto passo no Caminho, ou seja, o de Arhat. Empregou o resto de Sua vida terrena em difundir e consolidar a nova fé; e, ao deixar a vida física, passou em definitivo Suas funções de diretor da religião ao Seu sucessor, aquele a quem chamamos Senhor Maitreya – o Grande Ser que é honrado em toda a Índia sob o nome de Krishna e, no mundo cristão, como Jesus Cristo. O estudante de Teosofia não ficará confuso com esta última denominação, pois sabe que Cristo, o novo Bodhisattva, tomou o corpo do discípulo Jesus e o ocupou durante os últimos três anos de sua vida a fim de fundar a religião cristã. Após sua morte, continuou Ele por alguns anos a ensinar a Seus discípulos mais próximos, do mundo astral, e desde então vem encarregando o discípulo Jesus (agora Ele próprio também um Mestre) a velar e guiar, tanto quanto possível, os destinos de Sua Igreja.

Imediatamente depois de receber o encargo, o Senhor Maitreya, utilizando-se das condições sumamente favoráveis que Lhe foram legadas pelo Buddha, adotou várias providências no sentido de promover o progresso religioso do mundo. Não somente Ele próprio se dispôs a uma encarnação quase imediata, mas serviu-se ao mesmo tempo de certo número daqueles que haviam alcançado o grau de Arhat com o Senhor Buddha e agora se achavam prontos para reencarnar. A esse grupo de discípulos pertenciam os que conhecemos por Lao-tse e Confúcio, que foram encarnar-se na China. E ainda Platão e seus seguidores, Fídias e outros sábios eminentes da Grécia.

Foi durante o mesmo período que surgiu o grande filósofo Pitágoras – agora o nosso Mestre K. H. Tinha sido um dos assistentes do Senhor Buddha, graduado como Arhat, que necessitou de trabalhar em outra parte; viajou para a Índia com o objetivo de vê-Lo e receber-Lhe a bênção. Pertence igualmente à linha do Bodhisattva e pode ser considerado como um de seus principais adjuntos.

Simultaneamente com todos esses esforços, o próprio Senhor Maitreya encarnou-se como Krishna e teve uma extraordinária existência na Índia, desenvolvendo o aspecto devocional da religião nesse país, que nos oferece talvez os mais fervorosos exemplos de completa devoção já vistos no mundo. Convém não confundir essa notável encarnação com a do Krishna descrito no Mahabharata; este último foi um guerreiro e estadista, e viveu cerca de dois mil e quinhentos anos antes da época a que nos estamos referindo.

Verificou-se, paralelamente, outra grande encarnação – desta vez oriunda, não do departamento de religião, mas de um dos departamentos de organização – a de Shankaracharya, que percorreu a Índia fundando os quatro principais mosteiros e a ordem Sannyasi. Surgiu alguma confusão em virtude de também haverem tomado o título de Shankaracharya todos os que, numa longa série, estiveram à frente das organizações monásticas; de sorte que falar de Shankaracharya é como falar do Papa, sem indicar o ocupante particular da cadeira papal. O grande Fundador a que aludimos não deve, pois, ser confundido com o detentor do cargo mais conhecido que, cerca de setecentos anos depois de Cristo, escreveu volumosa série de comentários sobre o *Bhagavad-Gitā* e alguns dos *Upanishads*.

Os Três Caminhos

Esses três grandes Instrutores, que tão de perto se sucederam um ao outro na Índia, contribuíram para dar um novo impulso ao longo de cada um dos três caminhos. O Buddha fundou uma religião, com preceitos minuciosos para a vida quotidiana, necessários para aqueles que deviam seguir a senda da ação; enquanto que Shankaracharya proveu o ensinamento metafísico àqueles para quem o caminho é a sabedoria; e o Senhor Maitreya (manifestando-se como Krishna) cuidou de um supremo objetivo de devoção, destinado àqueles outros para quem a devoção é a via mais curta para chegar à verdade. O Cristianismo, porém, deve ser considerado como o primeiro esforço do novo Bodhisattva para estabelecer uma religião que se estendesse a novos países, já que o Seu trabalho como Krishna objetivou a Índia em particular. Para os que, por detrás da manifestação exterior, penetram o sentido interno e místico, será significativo que o raio ou tipo a que pertencem o Senhor Buddha, o Bodhisattva e o nosso Mestre K. H. seja, em um sentido especial, manifestação do Segundo Aspecto da Divindade Solar – a segunda pessoa da Santíssima Trindade.

A religião tem um lado objetivo; atua não somente no interior, com o despertar da mente e do coração de seus seguidores, senão também no exterior, cuidando que as influências elevadas e purificadoras lhes cheguem constantemente aos vários veículos. O templo ou a igreja não significam apenas um lugar de culto, mas também representam um centro de magnetismo, através do qual forças espirituais podem difundir-se pela área circunvizinha. As pessoas esquecem muitas vezes que até mesmo os Grandes Seres devem executar o Seu trabalho com obediência às leis da natureza, e que para Eles é dever imediato economizar Sua força tanto quanto seja possível e, por conseguinte, fazerem tudo quanto lhes cumpre da maneira mais fácil que estiver ao Seu alcance.

Neste caso, por exemplo, se o objetivo for o de fazer brilhar a força espiritual sobre determinada região, não seria econômico expandi-la indiscriminadamente por toda a parte, como a chuva, porque tal coisa exigiria que o milagre de sua materialização até um grau inferior se realizasse em milhões de lugares simultaneamente, uma vez para cada gota, por assim dizer, representando cada gota um esforço enorme. Muito mais simples seria estabelecer, em certos pontos, centros magnéticos, onde a mecânica de semelhante materialização fosse instalada de forma permanente, de tal modo que, emitida do alto só uma pequena força, pudesse esta alcançar instantaneamente extensa área.

As religiões primitivas conseguiam fazê-lo com a instalação de centros fortemente magnetizados, como os representados pela imagem ou pelo *lingam* no templo hindu, pelo altar do fogo sagrado entre os parses ou pela estátua do Senhor Buddha entre os budistas. Como cada adorador comparece diante de um desses símbolos para manifestar sua devoção ou gratidão, não só atrai ele sobre si a força correspondente, mas também a faz irradiar-se sobre os que se encontram ao seu redor nas proximidades.

Ao fundar a religião do Cristianismo, o Bodhisattva tentou uma nova experiência com o objetivo de, pelo menos uma vez por dia, assegurar uma distribuição mais completa e efetiva da força espiritual. A circunstância de que experiências novas desta espécie podem ser tentadas – de que, não obstante seja o magnífico sistema de Hierarquia inalteravelmente alicerçado sobre a Rocha das Idades, permite, contudo, tanta liberdade a seus Ministros – é, certamente, do mais profundo interesse. Mostra isso que tal organização, a mais conservadora de todas no mundo inteiro, é, porém, ao mesmo tempo, extremamente liberal, e que a mais antiga forma de governo é também a mais adaptável. Somente no que se refere ao augusto Chefe da Hierarquia é que nós podemos usar em sua mais completa acepção aquelas antigas palavras de uma Oração da Igreja da Inglaterra: "Em Seu serviço a liberdade é perfeita".

Talvez que o meio mais fácil de compreender o novo sistema seja descrever a forma por que eu mesmo, pela primeira vez, me capacitei a ver algo dos pormenores de sua operação. Mas devo primeiro dizer algumas palavras sobre a situação atual da Igreja Cristã.

Esta Igreja, como é vista hoje, não é senão uma débil representação do que o seu Fundador tencionou fazer. Originariamente, ela possuía os seus mistérios maiores, como todas as outras crenças, e seus estágios de purificação, iluminação e perfeição, pelos quais têm que passar os seus filhos. Com a expulsão, por heréticos, dos grandes doutores gnósticos, esse aspecto ficou perdido para a Igreja, e a única ideia que agora se apresenta diante dos seus membros é o primeiro dos três estágios e assim mesmo em termos que não correspondem exatamente ao seu sentido primitivo. Orígenes, um dos homens mais eminentes que já existiram, descreveu com muita clareza os dois tipos de Cristianismo – o somático, ou físico e o espiritual – dizendo que o primeiro objetiva apenas as massas ignorantes, mas que o último se destina àqueles que sabem. Nos dias presentes, a Igreja esqueceu o verdadeiro lado espiritual e superior do ensinamento, ocupando-se apenas com tentativas piedosas de explicar que há, de uma ou de outra forma, um lado espiritual no ensinamento menor, que é praticamente tudo o que nela restou.

Magia Cristã

Nada obstante, e a despeito de tudo isso, a antiga magia, que foi instituída pelo Fundador, ainda opera de maneira efetiva; até mesmo nestes dias de sua decadência ela permanece, sem dúvida, sob orientação e controle. Existe ainda uma força vital e real nos sacramentos quando verdadeiramente administrados – o poder da própria Divindade Solar – e essa força promana do Mestre Jesus, constituindo o Seu departamento especial.

Não foi Ele, mas o Cristo – o Senhor Maitreya – que fundou a religião, sem embargo de haver sido deixada aos cuidados daquele que cedeu Seu corpo para a obra do Fundador. A crença em Seu interesse pessoal pela Igreja Cristã quase que desapareceu em muitos ramos desta, cujos membros o consideram mais como um Instrutor que viveu a dois mil anos do que como um poder ativo na Igreja de hoje. Esqueceram que Ele é ainda uma força vivente, uma presença real – sempre e verdadeiramente conosco, até o fim do mundo, conforme Ele disse. Não Deus no sentido idólatra, mas o canal através do qual a energia Divina tem chegado a milhões de pessoas – o Ministro que tem a seu cargo o setor devocional do trabalho do Cristo.

A Igreja desviou-se bastante da trajetória originariamente traçada para ela. A finalidade era ir ao encontro de todos os tipos; hoje atende somente a um, e assim mesmo de modo imperfeito. A reconstrução dos laços há de vir e, como a atividade intelectual é a marca do nosso tempo e da última sub-raça, o renascimento intelectual, evidenciado na crítica elevada, tem como real objetivo habilitar a religião a ir ao encontro de outro tipo de mente. Se apenas os sacerdotes e os instrutores possuíssem a vantagem do conhecimento direto, seriam eles capazes de entender-se com o seu povo e ajudá-lo nesta crise – guiando-lhe a atividade intelectual com os recursos do seu próprio conhecimento da verdade e mantendo-lhe viva nos corações a espiritualidade, sem a qual o esforço intelectual não pode ser senão estéril.

Não só a Igreja tem esquecido inteiramente, ou quase, a doutrina original ensinada por seu Fundador, como muitos de seus sacerdotes têm hoje uma concepção restrita do verdadeiro significado e da força das cerimônias que lhes cabe celebrar. É provável que o Cristo previsse que tal coisa havia de suceder, pois Ele dispôs cuidadosamente que as cerimônias funcionassem ainda que os celebrantes e o público não tivessem nenhuma compreensão inteligente de seus métodos ou de seus resultados. Seria difícil explicar o traçado do Seu plano ao cristão comum; ao teósofo deve ser mais fácil compreendê-lo, pois que já se familiarizou com algumas de suas ideias.

Nós, que somos estudantes, ouvimos às vezes falar do grande reservatório de energia que os Nirmanakayas estão constantemente abastecendo, a fim de que o seu conteúdo seja utilizado pelos membros da Hierarquia de Adeptos e Seus discípulos, para ajudar na evolução da humanidade. O plano elaborado pelo Cristo a respeito de sua Igreja cuidou que nesse reservatório houvesse um compartimento destinado especialmente à religião, e que determinado grupo de oficiantes ficasse investido do poder de, mediante a prática de certas cerimônias e o emprego de certas palavras e sinais, aplicar a energia ali armazenada em benefício espiritual do povo.

O esquema adotado para a transmissão do poder é o que se chama ordenação; e assim vemos, desde logo, o que realmente significa a doutrina da sucessão apostólica, sobre a qual tanta discussão se tem suscitado. Eu mesmo resisti fortemente a essa doutrina quando oficiava como sacerdote da Igreja; e quando, pelo estudo da Teosofia, vim a compreender melhor a religião e a ter uma visão mais ampla da vida, comecei a duvidar se, efetivamente, a sucessão queria dizer tudo aquilo que da parte ritualística se supunha. Mas, com o prosseguimento do estudo, regozijei-me por verificar que existia um fundamento real para a doutrina, e que ela significava muito mais além do que os nossos melhores seminários ensinavam.

A Missa

Minha atenção foi despertada primeiramente pela observação do efeito produzido pela celebração da Missa em uma Igreja Católica Romana numa pequena aldeia da Sicília. Os que conhecem tão encantadora ilha sabem que essa Igreja não representa nela o elemento mais intelectualizado e que nem o sacerdote nem o povo podem ser descritos como altamente desenvolvidos; entretanto, a celebração habitual da Missa foi uma demonstração magnífica de aplicação da força oculta.

No momento da consagração[13], a Hóstia cintilou com a mais deslumbrante alvura; converteu-se em um verdadeiro sol aos olhos do clarividente e, quando o padre a ergueu por cima das cabeças dos fiéis, observei dois tipos distintos de força espiritual que dela emanavam, o que poderia ser comparado com a luz do sol e os raios de sua coroa. Irradiava-se a primeira em todas as direções sobre os assistentes na igreja; em verdade, atravessava as paredes da igreja, como se estas ali não estivessem e influenciava um considerável setor da região circunjacente.

---

[13] Na época desta obra (1913), Leadbeater ainda não havia fundado a Igreja Católica Liberal (1916) juntamente com o Revmo. Bispo Wedgwood, a partir da linhagem de sucessão apostólica da Igreja Vétero Católica de Utrecht, derivada anteriormente do Vaticano. Posteriormente, o tema da transubstanciação da hóstia consagrada é muito mais detalhado por Leadbeater em *A Gnose Cristã*, Ed. Teosófica, Brasília, 1994, p. 203 et seq.). (N. E.)

Essa força era da natureza de um poderoso estímulo e sua ação era a mais eficiente de todas no mundo intuitivo, sem embargo de ser também enorme o seu poder nas três subdivisões superiores do mundo mental. Sua atividade assinalava-se, igualmente, na primeira, na segunda e na terceira subdivisão do plano astral[14], mas isso era um reflexo do mental, ou talvez um efeito ocasionado por vibração simpática. Sua influência nas pessoas que se achavam dentro do seu raio de ação era proporcional ao desenvolvimento delas. Em alguns poucos casos (onde existia um vislumbre de desenvolvimento intuitivo), atuava como um forte estímulo, duplicando ou triplicando por certo tempo a soma de atividade nos corpos intuitivos e as radiações que eram capazes de emitir. Mas, porque na maioria das pessoas a matéria intuitiva estava ainda quase totalmente adormecida, o seu efeito principal recaía nos corpos causais dos habitantes.

Muitos deles estavam também despertos e parcialmente receptivos no que dizia respeito à terceira subdivisão do mundo mental e deixavam escapar, por isso, grande parte do proveito que poderiam obter se os elementos superiores dos seus corpos causais estivessem plenamente ativos. De qualquer modo, porém, todos os Egos dentro do raio de ação recebiam, sem exceção, um impulso efetivo e um indubitável benefício do ato da consagração, por mais que não tivessem consciência disso ou não dessem importância ao que se estava passando.

As vibrações astrais, posto que muito mais fracas, produziam um efeito à longa distância, uma vez que os corpos astrais dos sicilianos, pelo menos, geralmente são bem desenvolvidos, não havendo, por isso, dificuldade para despertar-lhes as emoções. Muita gente que se encontrava longe da igreja, caminhando pela rua da aldeia ou entregando-se aos seus diversos passatempos nas afastadas encostas dos morros, sentiu por um instante um estremecimento de amor ou devoção, quando essa grande onda de paz espiritual e energia passou pelo interior, apesar de certamente estar longe de imaginar a relação entre ela e a Missa que estava sendo rezada em sua pequena catedral.

Desde logo se vê que estamos aqui em presença de um esquema grandioso e de longo alcance. Claro que um dos grandes objetivos, talvez o principal, da celebração da Missa diária, é que toda pessoa, dentro do seu raio de influ-

---

[14] O tema destas subdivisões e respectivos estágios da assim chamada vida depois da morte é muito mais detalhado por Leadbeater em *O Plano Astral*, Ed. Teosófica, Brasília, 2014. (N. E.)

ência, receba, pelo menos uma vez por dia, um daqueles impactos elétricos, tão bem calculados para promover os efeitos de que são capazes. Semelhante difusão de energia proporciona a cada pessoa tudo quanto ela está apta a receber; mas até mesmo as pessoas atrasadas e ignorantes não podem deixar de sentir-se melhor e como que tocadas de nobre emoção, enquanto que para as mais adiantadas significa uma ascese espiritual de grande importância.

Mencionei que havia um segundo efeito, que comparei às irradiações da coroa solar. A luz que acabei de descrever difundia-se imparcialmente sobre todos, justos e injustos, crentes e ímpios. Mas esta segunda força só entrava em atividade quando em correspondência a um sentimento intenso de devoção por parte de um indivíduo. Na elevação da Hóstia, todos os membros da congregação se prosternavam – alguns aparentemente por mera questão de hábito; outros, porém, com um profundo sentimento devocional.

O efeito visto pelo clarividente era sobremodo notável e impressionante, porque da Hóstia em elevação partia um raio ígneo em direção a cada um destes últimos, deixando a parte superior do corpo astral do recipiente iluminada com o mais intenso êxtase. Através do corpo astral e em virtude de sua íntima relação com ele, o veículo intuitivo era também fortemente influenciado; e, embora não se pudesse dizer que em nenhum daqueles aldeões esse veículo estava de algum modo despertado, o seu desenvolvimento no interior da concha era, sem dúvida, visivelmente estimulado, aumentando-lhe a capacidade de influenciar, de modo instintivo, o corpo astral. Porque, quando a intuição desperta, ela pode conscientemente moldar o astral e há um grande depósito de força até mesmo no menos desenvolvido veículo intuitivo, o que dá lugar a uma refulgência no corpo astral, ainda que automática e inconscientemente.

Eu estava, naturalmente, muitíssimo interessado no fenômeno e tratei de assistir a várias funções em igrejas diferentes, a fim de saber se o que vira naquela ocasião acontecia invariavelmente ou, se variasse, quando e sob que condições. Verifiquei que em toda celebração se produzem os mesmos resultados, e as duas forças que procurei descrever estavam sempre evidentes – a primeira aparentemente sem nenhuma variação, mas a manifestação da segunda dependeria do número de pessoas realmente devocionais que fizessem parte da congregação.

A elevação da Hóstia, imediatamente após a consagração, não foi a única vez em que se deu a manifestação da força. Ao ser dada a bênção como o Santo Sacramento, aconteceu exatamente a mesma coisa. Em diversas ocasiões acompanhei a procissão da Hóstia pelas ruas, e sempre que ocorria uma parada em alguma igreja semiarruinada e era dada a bênção em seus degraus, o duplo fenômeno se repetia. Observei que a Hóstia custodiada no altar da igreja estava irradiando o dia todo a primeira das duas influências, embora não de modo tão intenso quanto no ato da elevação ou da bênção. Podia-se dizer que a luz brilhava sobre o altar, sem interrupção, mas resplandecia como um sol naqueles instantes de especial esforço. A ação da segunda força (o segundo raio de luz) podia também manifestar-se do Sacramento guardado sobre o altar, aparentemente a qualquer hora, embora me parecesse de certa forma menos vívida do que a irradiação imediatamente após a consagração.

Todas as coisas relacionadas com a Hóstia – o tabernáculo, a custódia, o próprio altar, as vestes sacerdotais, o véu isolante humeral, o cálice e a patena – todas se achavam inteiramente impregnadas desse poderoso magnetismo e o estavam irradiando, cada qual em seu grau.

Um terceiro efeito é o produzido sobre o que recebe a comunhão. Aquele que acolhe em seu corpo uma partícula desse radiante centro, de onde fluem a luz e o fogo, se converte então em um centro semelhante e, por sua vez, irradia força. As imensas ondas de energia que ele assim atraiu, associando-as consigo mesmo o mais intimamente possível, não deixam de influenciar seriamente os seus corpos superiores. Na ocasião, tais ondas impulsionam e põem as suas vibrações pessoais em harmonia com os veículos superiores, gerando-se deste modo um sentimento de intensa exaltação. Isso dá lugar, porém, a uma considerável pressão sobre os diversos veículos e estes tendem naturalmente a retornar, pouco a pouco, aos seus estados normais.

Durante muito tempo, a indescritível e vívida influência superior luta contra essa tendência no sentido de enfraquecê-la; mas o peso morto da massa relativamente enorme das ondulações ordinárias do homem atua como um freio sobre aquela tremenda energia e, gradualmente, reconduz tudo ao nível habitual. Não há dúvida, porém, que todas essas experiências tornam uma pessoa, ainda que numa fração infinitesimal, melhor do que era antes.

Esteve ela, por alguns instantes, ou mesmo por algumas horas, em contato direto com as forças de um mundo muito mais elevado do que qualquer um que de outro modo pudesse tocar.

É natural que, havendo observado tudo isso, eu procedesse então a outras investigações, para saber até que ponto essa exteriorização de força era influenciada pelo caráter, conhecimento ou intenção do sacerdote. Posso resumir o resultado do exame de grande número de casos, sob a forma de dois ou três axiomas, os quais, sem dúvida, poderão parecer surpreendentes a muitos de meus leitores.

Ordenação

Em primeiro lugar, somente os sacerdotes que foram regularmente ordenados e têm a sucessão apostólica são capazes de produzir aquele efeito. Outros, que não façam parte da corporação, não dispõem da mesma faculdade, pouco importando o grau de bondade, devotamento ou santidade que possam ter. Em segundo lugar, nem o caráter do sacerdote, nem o seu conhecimento ou ignorância do que esteja realmente fazendo, influenciam de qualquer modo no resultado, seja qual for.

Se refletirmos um pouco, nenhuma dessas afirmações deve causar estranheza, pois que é obviamente uma questão de capacidade para a prática de determinado ato e só àqueles que cumpriram o necessário ritual são outorgados os poderes nesse sentido.

Para que uma pessoa possa falar com outras, é indispensável que lhes conheça o idioma; aquele que o ignorar não poderá comunicar-se com elas, não importa se ele é bom, competente e leal. Sua capacidade para a comunicação independe do seu caráter privado, resultando apenas do conhecimento que adquiriu da língua falada por aquelas pessoas. É exatamente o que acontece no caso do sacerdote. Não quero dizer que as outras qualidades careçam absolutamente de importância: sobre isso tratarei mais adiante. Afirmo, porém, que ninguém pode recorrer àquele reservatório especial a que já me referi sem ter recebido credenciais para fazê-lo, conferidas de acordo com as instruções deixadas pelo Cristo.

Penso que tal provisão foi estabelecida com um bom fundamento. Era necessário um plano no sentido de pôr um esplêndido manancial de força ao alcance de todos, simultaneamente em milhares de igrejas no mundo inteiro. Não estou dizendo que a um ser humano com excepcionais dotes de santidade fosse impossível invocar, por meio da energia de sua devoção, uma soma de força mais elevada em comparação com a obtida através dos ritos que já descrevi. Mas os investidos de tal poder excepcional são muito raros, e seria impossível, em qualquer época da história do mundo, encontrá-los em número bastante para suprir simultaneamente até mesmo a milésima parte de todos os lugares onde houvesse necessidade. Eis aí, porém, um plano cujo funcionamento, até certo ponto, é automático – dispondo que determinado ato, se praticado de acordo com os preceitos, constituirá um método admitido para colher e fazer descer a energia, o que pode ser conseguido, mediante uma preparação relativamente fácil, por aquele a quem tenha sido conferida a necessária habilitação. Para bombear água é preciso um homem forte; mas uma criança pode girar uma torneira. Para fabricar uma porta e colocá-la no respectivo lugar é preciso um homem forte; mas quando colocada a dobradiça, uma criança pode abri-la.

Eu mesmo fui um sacerdote da Igreja Anglicana, e vi como são intensas as discussões sobre se realmente a Igreja possui ou não a sucessão apostólica; e é natural que me interessasse em verificar se os seus sacerdotes detinham esse poder. Fiquei muito satisfeito ao descobrir que o possuíam, e suponho que podemos admitir como definitivamente dirimida a muito debatida questão Parker, cessando assim toda controvérsia a respeito da autenticidade das Ordens da Igreja Anglicana. Verifiquei, logo em seguida, com o meu exame, que os ministros das seitas geralmente chamadas dissidentes não possuem o mesmo poder, por bons e competentes que sejam. Sua bondade e competência produzem muitos outros efeitos, que daqui a pouco descreverei; mas os seus esforços não chegam até o reservatório especial a que já me referi.

Interessei-me particularmente pelo caso de um desses ministros, que eu pessoalmente sabia ser um homem bom e devoto e, também, um teosófo erudito. Ele conhecia muito mais sobre o real sentido do ato da consagração do que novecentos e noventa e nove entre mil sacerdotes que o celebravam habitualmente; e, contudo, sou obrigado a reconhecer que o seu trabalho, por melhor que fosse, não surtia aquele efeito especial, quando outros sem dúvida o conseguiam. (Mais de uma vez, certamente, ele alcançava outros resultados não conseguidos pelos outros – muitos dos quais anonimamente.) Isso, a princípio, de algum modo me surpreendeu; mas depois vi que não podia ser de maneira diferente. Suponha-se, por exemplo, que um franco-maçom deixa certa soma de dinheiro para ser distribuída entre seus confrades mais pobres; a lei jamais sancionaria a divisão do dinheiro entre outras pessoas que não os maçons aos quais se destinava, e a circunstância de haver outras pessoas mais pobres fora da corporação maçônica, mais religiosas ou mais merecedoras, não teria a mínima influência.

Outro ponto que muito me interessou foi tentar descobrir até que ponto a intenção do sacerdote (se alguma intenção houvesse) influía no resultado. Encontrei na Igreja Romana muitos padres que se conduziam mecanicamente, por assim dizer, na cerimônia, e como uma obrigação diária, sem nenhuma ideia precisa sobre a natureza do ato; mas, fosse por uma questão de veneração tradicional ou de hábito inveterado, eles sempre pareciam recuperar-se pouco antes do momento da consagração e realizar esse ato com uma intenção consciente.

A Igreja Anglicana

Ocupei-me a seguir da chamada Low Church da comunidade anglicana, para ver o que ali acontecia, pois eu sabia que muitos de seus clérigos não aceitavam o título de sacerdotes e, apesar de poderem observar a rubrica na celebração do ato de consagração, sua intenção ao fazê-lo era exatamente igual à dos ministros de várias denominações fora da Igreja. No entanto, verifiquei que o eclesiástico da Low Church podia produzir um efeito idêntico, e que os outros fora da divisão não o podiam. Donde eu concluo que a "intenção", que sempre se diz exigida, não deve ser mais que a intenção de fazer tudo o que a Igreja entender, sem relação alguma com a opinião pessoal do sacerdote com o que isso significa.

Não tenho dúvida de que muita gente pensará que tudo devia ser organizado de outra maneira, inteiramente diversa; mas devo apenas relatar fielmente a realidade do fato, tal qual se apresentou às minhas investigações.

Que ninguém interprete o que digo como significando que a devoção e a competência, o conhecimento e o bom caráter do oficiante não façam diferença: minhas palavras não têm esse sentido. As qualidades apontadas fazem diferença; mas não influem no poder de extrair energia daquele reservatório especial. Quando o sacerdote é devoto e competente, todos os seus sentimentos são irradiados e despertam sentimentos idênticos em cada uma das pessoas capazes de manifestá-los. Sua devoção também faz descer a inevitável resposta, como se vê na ilustração constante do livro *Formas-Pensamento*[15], e a difusão da força assim invocada beneficia tanto a congregação como o próprio sacerdote. O sacerdote que põe o coração e a alma no seu trabalho pode-se dizer que traz uma dupla bênção à comunidade, conquanto esta segunda classe de influência dificilmente seja considerada da mesma ordem de magnitude que a primeira. A segunda emanação, que chega ao apelo da própria devoção, certamente ocorre no âmbito da Igreja e fora dela.

Outro fator a considerar é o que se refere aos sentimentos da congregação. Se forem de reverência e devoção, representam inestimável ajuda para o seu instrutor e aumentam consideravelmente a quantidade de energia espiritual emanada em resposta à devoção. O nível intelectual médio da congregação é igualmente um ponto que se tem de levar em conta, porque a pessoa piedosa e inteligente ao mesmo tempo tem no seu íntimo uma devoção de classe mais elevada que a de sua irmã ou irmão menos instruído e é, portanto, capaz de obter uma resposta mais eficiente. Por outro lado, em muitos lugares de culto, onde se exercitem bastante as faculdades intelectuais – onde, por exemplo, se considere o sermão, e não o serviço, como o aspecto mais relevante – raramente há uma verdadeira devoção, mas, em vez disso, um indesejável espírito de crítica e de vaidade espiritual, que de fato impede a audiência de auferir algum resultado benéfico do que considera como seus exercícios espirituais.

O sentimento devocional ou a indiferença, a fé ou o ceticismo, por parte da congregação, não fazem qualquer diferença quanto ao fluxo que desce do alto ao oficiar um sacerdote que possui as qualificações necessárias para ter acesso ao reservatório de força. Mas naturalmente esses fatores fazem diferença em relação ao número de raios emanados da Hóstia consagrada e, por conseguinte, à atmosfera geral da Igreja.

A Música

Outro agente muito importante para o efeito produzido é a música utilizada durante o serviço religioso. Os que leram *Formas-Pensamento* lem-

---
[15] Ed. Pensamento, São Paulo. (N. E.)

brarão dos admiráveis desenhos que figuram nesse livro, das maravilhosas construções mentais, astrais e etéricas obtidas sob a influência do som. A ação do som, de um ponto de vista geral, é assunto de que me ocuparei em outro capítulo; agora vou mencionar apenas aquele aspecto que pertence aos ofícios da Igreja.

Eis aqui outro rumo, não suspeitado pela maioria dos participantes, no qual aqueles serviços são capazes de um efeito poderoso e magnífico. A devoção da Igreja tem-se concentrado, sobretudo na celebração da Missa, como um ato de adoração puro e elevado. Os mais exaltados esforços de seus maiores compositores têm sido também associados à Missa. Podemos aqui ver mais um exemplo da sabedoria com que as coisas foram originariamente reguladas, e do erro crasso em que laboram aqueles que tão irrefletidamente tentaram reformá-las.

As Formas-Pensamento

Cada um dos grandes serviços religiosos da Igreja (especialmente a administração da Eucaristia) foi instituído, em sua origem, com a finalidade de construir uma poderosa forma-pensamento em torno de uma ideia central e que a expressasse – uma forma que facilitaria e dirigiria a irradiação da influência sobre toda a aldeia ao redor do templo. A ideia do serviço pode-se dizer que tinha um duplo sentido: receber e distribuir o grande eflúvio de força espiritual, e recolher a devoção do povo, ofertando-a ao trono de Deus.

No caso da Missa celebrada pelas Igrejas Grega e Romana, as diferentes partes do serviço são agrupadas em torno do ato central da consagração, com vistas claramente à simetria da grande forma construída, bem como ao seu efeito imediato sobre os fiéis. As alterações introduzidas no *Livro Inglês de Orações* foram evidentemente obra de gente que ignorava este aspecto da questão, pois vieram perturbar inteiramente aquela simetria – sendo, portanto, desejável que a Igreja da Inglaterra desse a permissão, o mais depressa possível, para ser usada, como alternativa, a Missa do Rei Eduardo VI, de acordo com o *Livro de Orações* de 1549.

Um dos mais importantes efeitos do Serviço da Igreja, tanto sobre a congregação imediata, como sobre o distrito circunvizinho, foi sempre a criação das belas formas-pensamento devocionais, através das quais a difusão de vida e energia procedentes dos mundos superiores pode mais facilmente dar resultado. Elas serão mais benéficas, e sua eficácia ficará acrescida quando uma porção considerável dos que participam do serviço o fizerem com inteligente compreensão; ainda que a devoção seja ignorante, o resultado ainda é belo e elevado.

Muitas seitas, que infelizmente romperam com a Igreja, perderam totalmente de vista esse aspecto interno e mais importante do culto público. A ideia do serviço oferecido a Deus quase desapareceu, e o seu lugar foi largamente ocupado pela pregação fanática de estreitos dogmas teológicos, que sempre careceram de importância, sendo amiúde ridículos. Os leitores, por vezes, manifestaram surpresa em virtude de os que escrevem do ponto de vista oculto favorecerem de modo tão positivo práticas da Igreja, mais que as dos partidários das várias seitas, cujo pensamento é, em muitos sentidos, mais liberal. A razão encontra-se precisamente nesta consideração do lado oculto das coisas em que ora nos empenhamos.

O estudante de ocultismo admite mais facilmente o valor do esforço que a liberdade de pensamento e de consciência torna possível; mas não pode deixar de reconhecer que aqueles que desprezam os admiráveis ritos e serviços antigos da Igreja perderam com essa atitude quase todo o aspecto oculto de sua religião, convertendo-a numa coisa estreita e egoísta – em uma questão, sobretudo de "salvação pessoal" do indivíduo, em vez de considerá-la uma grata oferenda de culto a Deus, um canal seguro em que o Amor Divino vai a todas as criaturas.

A liberdade mental representou um passo necessário no processo da evolução humana; a maneira rude e brutal por que foi alcançada, e a loucura dos excessos a que a ignorância crassa conduziu os seus paladinos são responsáveis por muitos dos resultados deploráveis que vemos atualmente. O mesmo vandalismo que levou os soldados de Cromwell a destruir estátuas valiosas e vitrais insubstituíveis também nos privou do maravilhoso efeito produzido nos mundos superiores pelas orações fúnebres e pela devoção praticamente universal do povo aos santos e aos anjos. Então era religiosa a grande massa popular – ainda que inconscientemente religiosa; agora é franca e ostensivamente irreligiosa. Talvez que esta fase transitória seja indispensável; mas dificilmente pode ser considerada edificante ou satisfatória.

O Efeito da Devoção

Nenhum outro ofício religioso tem um efeito comparável ao da celebração da Missa; mas as grandes formas harmoniosas podem certamente aparecer em qualquer ofício em que se use a música. Em todos os demais ofícios (exceto, é verdade, a Bênção Católica do Santíssimo Sacramento), as formas-pensamento e o benefício geral produzido dependem, em grande escala, da devoção dos fiéis. Ora, a devoção, seja individual ou coletiva, varia muito de qualidade. A devoção do selvagem primitivo é geralmente mesclada com o medo, e a ideia principal de sua mente, associada à mesma devoção, é apaziguar alguma divindade que de outro modo poderia mostrar-se vingativa. Mas pouco melhor que isso é muita devoção de homens que se dizem civilizados, porque significa uma espécie de barganha ímpia: oferecer à Divindade determinada soma de devoção se Ela, em troca, prodigalizar certa soma de proteção ou assistência.

Semelhante devoção, eivada de egoísmo e ambição, produz, nos tipos inferiores da matéria astral, resultados que em muitos casos assumem aparências repugnantes. As formas-pensamento geradas têm não raro o feitio de garras, e suas forças se movem em curvas fechadas, reagindo somente sobre a pessoa que as emite e a ela retrocedendo, ainda que insignificante o resultado que porventura alcancem. A genuína devoção, pura, isenta de egoísmo, é uma efusão de sentimento que nunca retrocede à pessoa que a emite, mas constitui, em verdade, uma força cósmica cujos efeitos se verificam e se difundem nos mundos superiores.

Embora essa força jamais retroaja, o seu criador converte-se em um centro de irradiação da energia divina que vem como resposta e, por isso, com o seu ato de devoção ele realmente purifica a si mesmo, sem embargo de, ao mesmo tempo, purificar também muitos outros, e de lhe ser, além do mais, proporcionada a inigualável honra de contribuir para o grande reservatório do Nirmanakaya. Todo aquele que já leu o livro *Formas-Pensamento* terá visto ali uma tentativa de representar a ascensão da magnífica espiral azul construída por esse tipo de devoção; e facilmente compreenderá como ela abre caminho para espargir-se a energia da Divindade Solar.

Faz-se essa difusão por todos os níveis em todos os planos; e, naturalmente, a força que vai até um plano elevado é mais poderosa e mais intensa e menos restrita que a força dirigida para um plano inferior. Normalmente, cada onda da grande força atua sozinha em seu próprio plano, e não pode passar transversalmente de um a outro plano; mas é precisamente por meio dos pensamentos e dos sentimentos não egoístas, sejam de devoção ou de amor, que se abre um canal provisório, por onde a energia própria de um plano mais elevado pode descer a um inferior e ali produzir resultados que, sem esse conduto, jamais teriam oportunidade de verificar-se.

Todo ser humano verdadeiramente desprovido de egoísmo constrói, ele mesmo, o canal, conquanto numa escala relativamente pequena; mas o ato de devoção, reforçado por toda uma grande congregação, que seja realmente unida e sem pensamentos egoístas, obtém o mesmo resultado em escala incomparavelmente maior. Algumas raras vezes, o lado oculto dos serviços religiosos pode ser visto em plena atividade e ninguém que já tenha desfrutado do privilégio de ver uma esplêndida manifestação como essa pode, em momento algum, duvidar de que o lado oculto de um serviço da Igreja é de importância infinitamente superior a qualquer efeito puramente físico.

Veria a espiral de um azul deslumbrante, ou a cúpula do mais alto tipo de matéria astral, dirigindo-se para o céu, a distância, por sobre a imagem de pedra que por vezes coroa o edifício físico onde os fiéis estão reunidos; veria a ofuscante glória que através dela se irradia e se expande, como uma grandiosa torrente de luz fulgurante, sobre toda a região circunvizinha. Naturalmente, o diâmetro e a altura da espiral de devoção determinam a abertura para a descida da vida superior, quando a força, manifestada à medida que a energia devocional flui para cima, está em proporção com a emanação que de lá vem. A visão é realmente admirável, e aquele que a vislumbra jamais pode duvidar também de que as influências invisíveis são bem maiores que as visíveis, nem poderá deixar de se convencer de que o mundo, desatento à pessoa devocional ou que talvez a desdenhe, a ele deve, durante o tempo todo, muitíssimo mais do que lhe é dado supor.

O poder do sacerdote ordenado é uma realidade em outras cerimônias além da celebração da Eucaristia. A consagração da água, no rito batista, ou da água benta distribuída aos fiéis, ou conservada na entrada da igreja, lhe comunica um poder de influência que a torna capaz de, em cada caso, cumprir a finalidade a que é destinada. O mesmo é também verdade quanto a outras consagrações e bênçãos que ocorrem durante as tarefas habituais dos sacerdotes, conquanto, em muitos casos, pareça que algo de maior alcance no efeito resulta do magnetismo pessoal do sacerdote, dependendo da proporção desse algo do fervor e da proficiência com que é oficiada a cerimônia.

Água Benta

Vejamos como é interessante o lado oculto de alguns dos ofícios da Igreja e do trabalho executado pelos sacerdotes. Na água benta, por exemplo, o elemento mesmérico entra muito fortemente. O padre primeiramente colhe água e sal puros e, na sequência, os desmagnetiza a fim de remover quaisquer influências externas de que porventura estejam impregnados. Tendo-o feito com o máximo cuidado, passa então a carregá-los de força espiritual, cada qual separadamente e com muitas repetições hábeis, e, por fim, mediante invocações fervorosas, atira o sal na água, em forma de cruz, terminando assim a operação.

Se esse ritual é adequada e cuidadosamente cumprido, a água se converte em um talismã altamente eficaz nos fins especiais para que fora carregada – que são os de retirar da pessoa que a usa todo pensamento mundano e belicoso, para dirigi-lo no caminho da pureza e da devoção. O estudante de ocultismo facilmente compreenderá que assim deve ser; e quando ele vê com visão astral a descarga da força superior que ocorre quando alguém usa ou borrifa esta água benta, não terá dificuldade em concluir que deve ser um fator importante para afugentar pensamentos e sentimentos indesejáveis, e aquietar todas as vibrações irregulares dos corpos astral e mental.

Batismo

O sacramento do batismo, tal como era administrado em sua origem, tem um lado oculto real e belo. Naqueles tempos, a água era magnetizada com vistas especialmente aos efeitos de suas vibrações sobre os veículos superiores, de modo que todas as sementes de boas qualidades nos corpos astral e mental das crianças pudessem receber um forte estímulo, por meio desse processo. Ao mesmo tempo, os germes do mal seriam isolados e eliminados. A ideia central, sem dúvida, foi aproveitar essa primeira oportunidade de incentivar o crescimento dos germes benéficos, a fim de que, quando em um período posterior os germes dessem seus frutos, o bem poderia já estar tão evoluído que o controle do mal seria uma questão relativamente fácil. Esse é um aspecto da cerimônia do batismo; também possui outro, típico da Iniciação, à qual se espera que o jovem membro da Igreja encaminhe seus passos à medida que for progredindo. É uma consagração e uma preparação especial dos novos veículos para a verdadeira expressão da alma interior, e para o serviço da Grande Fraternidade Branca. Tem ainda o seu lado oculto em relação a esses próprios veículos novos; e, quando a cerimônia é realizada de maneira inteligente e adequada, não pode haver dúvida de que é seguida por um efeito poderoso.

União é Força

A economia e a eficiência de todo o esquema do Senhor Maitreya dependem do fato de que muito maior poder facilmente é conseguido para uma pequena corporação de seres humanos, espiritualmente preparados para recebê-los, do que seria possível com a distribuição universal desse poder, sem dispêndio de energia.. No esquema hindu, por exemplo, cada homem é um sacerdote em seu próprio lar, e vemos assim milhões de sacerdotes com todas as possíveis variedades de temperamento e sem nenhum preparo especial. O sistema da ordenação sacerdotal confere certas prerrogativas a um pequeno número de homens, que são, por meio dessa prova, selecionados para o trabalho.

Levando o mesmo princípio mais além, poderes mais amplos são atribuídos a um número ainda mais restrito – os bispos. Eles se constituem de canais para a força que concede a ordenação, e para a manifestação, em escala bem menor, da força que acompanha o rito da confirmação. O lado oculto de tais cerimônias é sempre de grande interesse para o estudante das realidades da vida. Há muitos casos agora, infelizmente, em que todas essas coisas são meras questões de forma, e, conquanto não lhes impeçam os resultados, os minimizam; mas onde as velhas fórmulas são usadas – pois a isso foram destinadas – o efeito invisível ultrapassa em proporção tudo o que é visível no mundo físico.

Consagração

Ao bispo é ainda reservado o poder de consagrar uma igreja ou um cemitério, e o aspecto oculto dessa consagração oferece uma visão realmente maravilhosa. É interessante observar e acompanhar a construção, pelo bispo, de uma espécie de fortaleza enquanto ele está pronunciando as orações e os versículos rituais; ver como são afastadas as formas-pensamento ordinárias que ali estejam, e substituídas pelas formas de devoção regulares que a construção se destina a colher.

Os Sinos

Há muitas consagrações menores que são de grande interesse, dentre elas a bênção dos sinos.

O badalar dos sinos exerce um papel definido no esquema da Igreja, que nos dias atuais parece não ser bem compreendido. O pensamento moderno, ao que se depreende, é que eles visam a convocar os fiéis para se reunirem, ao aproximar-se a hora da celebração do serviço; e, sem dúvida, na Idade Média, quando não havia relógio, a finalidade dos sinos era precisamente essa.

De tão restrito conceito sobre os fins do sino adveio a ideia de que tudo o que faz barulho serve para o objetivo, e em muitas cidades da Inglaterra a manhã de domingo se converte como que em um purgatório, pelo simultâneo, mas dissonante, tinido de múltiplos conjuntos estridentes de metal.

De vez em quando reconhecemos a real utilidade dos sinos, como ao serem empregados nos grandes festivais ou nas ocasiões de regozijo público; pois um toque de sinos musicais, que emitam notas harmoniosas, é a única coisa que o plano original objetivou, com o propósito de exercerem uma dupla influência. Ainda existe algum remanescente desse desígnio, na ciência de campanologia, e os que conhecem os encantos de uma correta execução de um sistema triplo de sinos ou de um clássico sistema quádruplo estarão provavelmente aptos a perceber como são perfeitas e magníficas as formas com eles obtidas.

Aí está, portanto, um dos efeitos que o badalar calculado dos sinos visa a produzir. Para a emissão de um fluxo de formas musicais continuamente repetidas, sempre idênticas e com o mesmo objetivo, é que os monges cristãos repetem centenas de Ave-Marias e os budistas do Norte passam quase a vida toda recitando as sílabas místicas *Om Mani Padme Hum*, e a maioria dos hindus o nome *Sita Ram*. Desse modo, uma forma-pensamento e seu significado deixam repetidamente uma impressão nos corpos astrais.

A bênção dos sinos tem por fim acrescentar mais um efeito, aos produzidos pelas ondulações sonoras, sejam de que espécie for. O badalar dos sinos em ordem diferente dará, naturalmente, origem a formas diferentes; mas, quaisquer que sejam, são todas produzidas pelas vibrações dos mesmos sinos, e se, para começar, estiverem estes fortemente carregados com certo tipo de magnetismo, as formas possuirão algo dessa influência. É como se o vento que nos traz acordes musicais estivesse ao mesmo tempo impregnado de um perfume sutil. Assim, a bênção dos sinos pelo bispo se faz com objetivo idêntico ao da água benta – o objetivo de, onde quer que o som alcance, todos os maus pensamentos e sentimentos sejam afastados, e a harmonia e a devoção prevaleçam – uma verdadeira prática de magia, sempre eficaz quando o mago sabe executar o seu trabalho.

A sineta que é tocada dentro da igreja, no momento da leitura do Tersanctus ou da elevação da Hóstia, tem uma intenção diferente. Nas grandes catedrais que a piedade medieval construiu, era impossível a todos os fiéis ouvirem o que o sacerdote estava dizendo ao oficiar a Missa, mesmo que se adotasse o sistema atual chamado "recitação em segredo". E por isso o acólito, que fica perto do altar e acompanha os movimentos do sacerdote, tem, entre os seus deveres, o de anunciar daquela forma à congregação quando o ofício atinge os seus pontos culminantes.

O tanger habitual do sino nos templos hindus ou budistas encerra ainda outro objetivo. Aqui a ideia original era bela e altruística. Quando alguém terminava de realizar um ato de devoção ou de fazer uma oferenda, ocorria, em resposta, certa difusão de força espiritual. O objetivo, entre outros, era o de impregnar o sino, acreditando-se que, ao tocar o sino, estava o homem disseminando externamente, até onde o som pudesse chegar, a vibração dessa influência superior, quando ainda era recente e ativa. É de recear que atualmente já se tenha esquecido o verdadeiro significado, porquanto creem alguns que o som é necessário para atrair as atenções de sua divindade!

Incenso

A mesma ideia, posta em prática de maneira diferente, vamos encontrar na bênção do incenso antes de ser queimado. Porque o incenso tem sempre um duplo significado. Ele sobe para Deus como um símbolo das orações dos fiéis; mas também se espalha pela igreja como um símbolo do suave perfume da bênção divina, e assim o sacerdote o impregna de uma influência sagrada, com a ideia de que onde quer que o aroma possa penetrar, por onde quer que a menor de suas partículas possa passar, levará consigo um sentimento de paz e de pureza, expulsando todos os pensamentos não harmoniosos.

Até mesmo sem a bênção sua influência é benéfica, porque o incenso se compõe de resinas cujas emanações se harmonizam perfeitamente com as vibrações espirituais e devocionais, sendo, porém, hostis a quase todas as outras. A magnetização pode apenas lhe acentuar as características naturais, ou acrescentar-lhe outras qualidades especiais; mas em qualquer caso o seu uso nas cerimônias religiosas é sempre benéfico. O perfume do sândalo possui muitas das mesmas características; e o da essência pura das rosas, apesar do seu caráter inteiramente diverso, produz também um bom efeito.

Outro ponto que em grande parte é novidade no esquema preparado pelo Fundador para a Igreja Cristã consiste na utilização do potencial de força que resulta da ação síncrona conjugada. Nos templos hindus ou budistas, cada pessoa vem quando lhe apraz, deposita sua pequena oferenda ou pronuncia algumas palavras de oração e louvor, e retira-se depois. O resultado de tal esforço está na proporção da intensidade do real sentimento nele posto, originando-se desse modo uma corrente contínua e regular de pequenas consequências. Mas nunca observamos o efeito maciço ocasionado pelos esforços simultâneos de uma congregação de centenas ou milhares de pessoas, ou as vibrações despertadas nos corações dos que acompanham o entoar de algum hino processual já bem conhecido.

Oficiando desse modo, obtêm-se quatro objetivos distintos: 1.º Seja qual for o escopo da parte invocatória do serviço, numerosas pessoas se reúnem para orar, criando assim uma forma-pensamento de grandes proporções. 2.º Uma boa soma de força flui em consequência, e ativa as faculdades espirituais dos fiéis. 3º O esforço simultâneo sincroniza as vibrações de seus corpos, tornando-os com isso mais receptivos. 4.º Sendo sua atenção concentrada no mesmo objetivo, cooperam eles entre si, e há, portanto, estímulos recíprocos.

Serviços Fúnebres

O que ficou dito na primeira parte deste capítulo esclarece, em geral, um aspecto mal compreendido pelos que ridicularizam a Igreja: a celebração da Missa com determinada finalidade, ou em intenção de uma pessoa falecida. A ideia é que esta pessoa se beneficiará com a força que promana da cerimônia nessa ocasião especial, e sem dúvida assim acontece, porque a intensidade do pensamento dirigido ao morto não pode deixar de lhe atrair a atenção, e quando, por tal motivo, lhe é possível vir à igreja e tomar parte no serviço, os resultados lhe são diretamente benéficos. Mesmo que ainda se encontre em estado de inconsciência, como por vezes sucede aos recém-desencarnados, a ação da vontade do sacerdote (ou o poder de sua oração) impulsiona a corrente de força para ir até a pessoa em cuja intenção é rezada a missa. Semelhante esforço é um ato perfeito e legítimo de invocação mágica; infelizmente, muitas vezes um elemento de todo maléfico e ilegítimo interfere na prática – a cobrança de um preço pelo exercício desse poder oculto, coisa absolutamente inadmissível.

Outras Religiões

Tenho procurado expor algo relativamente ao significado interno das cerimônias da Igreja Cristã – e a escolhi primeiro porque estou mais familiarizado com ela e, segundo, porque oferece alguns aspectos interessantes, os quais são ideias trazidas ao esquema das coisas, como inovações, pelo atual Bodhisattva. Não quero que se suponha que dei preferência às cerimônias do Cristianismo por considerar essa religião a melhor expressão da verdade universal. Não; a circunstância de, sendo eu um de seus sacerdotes, me haver confessado budista publicamente é a prova inegável de que tal não é a minha opinião.

A despeito de seus ensinamentos, o Cristianismo é, provavelmente, entre as grandes religiões (excetuando-se talvez o Maometismo), aquela que mais aquela que mais foi deteriorada, o que não deve, porém, ser atribuído à falha ou negligência de seu Fundador original em fazer do Seu sistema uma perfeita e correta exposição da verdade, e sim porque, infelizmente, a maioria ignorante dos primeiros cristãos expulsou de seu seio os grandes Doutores Gnósticos, ficando, em consequência, bastante mutilada a doutrina. O Fundador talvez previsse o insucesso, pois que supriu a Sua Igreja com um sistema de magia que continuaria a operar mecanicamente, ainda que os Seus seguidores viessem a esquecer de muita coisa do sentido original daquilo que lhes ensinara; e é precisamente a força que Ele insuflou por detrás daquele trabalho mecânico que explica a notável influência exercida durante tanto tempo por uma Igreja que intelectualmente nada tem a dar aos seus prosélitos.

Os que professam outras religiões não devem, portanto, supor que pretendo desrespeitar-lhes as crenças por haver escolhido para a minha exposição aquela que me é mais familiar. Os princípios gerais da ação da magia cerimonial que expliquei são igualmente verdadeiros para todas as religiões, e cada qual deve aplicá-los a si mesmo.

As Ordens do Clero

Talvez seja conveniente explicar, para esclarecimento de nossos leitores indianos, que há três ordens no clero cristão: bispos, sacerdotes e diáconos. O religioso é primeiramente ordenado como diácono, que significa, praticamente, uma espécie de aprendiz ou assistente de sacerdote. Não tem ainda o poder de consagrar o sacramento, abençoar as pessoas ou perdoar-lhes os pecados; pode, contudo, batizar uma criança, o que também ao leigo é permitido em caso de emergência. Após um ano no diaconato, passa a ser admitido à ordenação como sacerdote, e é este segundo estágio que lhe confere o poder de utilizar a força do reservatório a que antes me referi. Então lhe é outorgado o poder de consagrar a Hóstia e também várias outras coisas, dar a bênção aos fiéis em nome de Cristo e pronunciar a absolvição de seus pecados[16]. Além de todos esses poderes, ao bispo é conferido o de ordenar outros sacerdotes, para continuar a sucessão apostólica. Só a ele compete o direito de administrar o rito da confirmação e de consagrar uma igreja, vale dizer, destiná-la ao serviço de Deus.

São essas três as únicas ordens que representam graus definidos, separadas entre si por ordenações que conferem atribuições diferentes. Ouvem-se muitos títulos aplicados ao clero cristão, tais como os de arcebispo, arquidiácono, deão ou cônego; mas são apenas denominações de cargos que envolvem diferenças de deveres, e não de grau no sentido de poder espiritual.

---

[16] O sacramento de absolvição é uma benção que facilita a desobstrução dos veículos da consciência, principalmente mental e emocional, para voltar a ter sintonia com a fonte de luz em sua alma, mas não necessariamente para interferir na lei *kármica* ou nos efeitos físicos de anteriores transgressões. (N. E.)

Capítulo 9

PELOS SONS

Som, Cor e Forma

Temo-nos ocupado das influências que se irradiam das paredes de nossas igrejas, e do efeito das cerimônias realizadas em seu interior; resta mencionarmos o lado oculto da música.

Muita gente sabe que o som sempre gera a cor – que toda nota tocada ou cantada possui sobretons que produzem o efeito da luz quando observada por quem tenha uma certa clarividência. Nem todos sabem, porém, que os sons também constroem formas, tal como o fazem os pensamentos.

De há muito foi demonstrado que o som dá nascimento à forma no mundo físico, em se fazendo soar determinada nota em um tubo provido, na parte inferior de uma película bem esticada, sobre a qual se espalhou uma camada fina de areia ou pó de licopódio. Cada som movimenta a areia para formar uma figura definida, e a mesma nota produz sempre a mesma figura[17].

Não é, porém, de formas criadas por esse processo que vou agora tratar, mas daquelas construídas na matéria etérica, astral e mental, as quais persistem e continuam ativas muito depois que o próprio som se extinguiu pelo menos ao ouvido físico.

Música Religiosa

Vejamos, por exemplo, o lado oculto da execução de uma peça musical – como um solo num órgão da igreja. Essa música tem seu efeito sobre aqueles fiéis que possuem ouvido educado capaz de entender e apreciar. Mas muita

---

[17] Ao estudo dos efeitos das vibrações sonoras deu-se o nome de cimática (do grego *kima*, onda). (N. E.)

gente que não entende e é desprovida de conhecimento técnico da matéria também sente conscientemente a influência.

O estudante clarividente de modo algum se surpreende com isso: ele vê que toda peça musical, quando executada no órgão, constrói gradualmente um enorme edifício de matéria etérica, astral e mental, que se estende por cima do órgão e além do teto da igreja, como uma espécie de cordilheira em forma de castelo, constituída por gloriosas cores chamejantes, que resplandecem maravilhosamente, qual a aurora boreal nas regiões árticas. Sua natureza varia muito no caso de compositores diferentes. Uma abertura de Wagner origina sempre um conjunto magnífico em que se destacam salpicos de reluzentes cores, como se ele construísse utilizando como pedras montanhas de chamas; uma fuga de Bach edifica uma grande forma de contornos regulares, audazes, mas precisos, ásperos, mas simétricos, com regatos paralelos de prata ou dourados que a atravessam, mostrando as sucessivas apresentações do motivo; uma das Lieder ohne Worte, de Mendelsohn, dá lugar a uma construção sutil e encantadora – uma espécie de castelo com filigranas trabalhadas em prata cor de gelo.

Encontram-se no livro *Formas-Pensamento* três ilustrações coloridas, nas quais procuramos representar as formas construídas por partituras de Mendelsohn, Gounod e Wagner, e para elas recomendo a atenção do leitor, por se tratar de um dos casos em que é de todo impossível imaginar a aparência da forma sem vê-la diretamente ou a sua representação. Pode ser que algum dia seja possível escrever-se um livro com estudos sobre várias formas semelhantes, para que sejam minuciosamente examinadas e comparadas. É evidente que a investigação acerca dessas formas sonoras constitui em si mesma uma ciência, do mais vivo interesse.

Tais formas, criadas pelos executantes da música, não devem ser confundidas com as majestosas formas-pensamento que o compositor constrói como a expressão de sua própria música nos mundos superiores. Esta é uma projeção digna da grande mente da qual emana e, muitas vezes, permanece durante muitos anos – e até durante séculos, se o compositor for tão bem compreendido e apreciado que a sua concepção original venha a ser revitalizada pelos pensamentos de seus admiradores. Da mesma maneira, embora com larga diferença de tipo, magníficas construções são levantadas nos mundos superiores pela ideia de um grande poeta em seus poemas, ou pela de um talentoso escritor sobre o assunto que ele resolva apresentar a seus leitores – como no caso da tetralogia imortal do Anel, de Wagner, no da notável representação do Purgatório e do Paraíso, de Dante, e no da concepção de Ruskin sobre o que é a arte e sobre o que ele desejava que fosse.

As formas geradas pela execução musical perduram por considerável espaço de tempo, variando de uma a três ou quatro horas, quando emitem radiações que sem dúvida influenciam todos aqueles que se encontram num raio de meia milha ou mais. Não que necessariamente a percebam, nem que a influência seja sempre a mesma em todos os casos. Quem é sensível recebe mais facilmente a influência; a pessoa triste e preocupada é, todavia, menos influenciada. E, embora inconscientemente, cada pessoa deve ser de algum modo predisposta a receber a influência. As vibrações, como é natural, se estendem a uma distância muito maior que a mencionada, mas daí em diante passam a ser mais fracas, e em uma grande cidade são logo abafadas pelo tumulto das correntes em rodopio que percorrem o mundo astral. Nas regiões tranquilas, entre os campos e as árvores, a construção se mantém por muito mais tempo relativamente, e sua influência cobre uma área bem maior. Algumas vezes, nesses casos, os que podem ver divisam multidões de belos espíritos da natureza que estão admirando as imponentes formas construídas pela música e banhando-se com grande prazer nas ondas de influência que delas emanam. É certamente uma ideia bem inspirada a de que todo organista que sabe fazer o seu trabalho, e põe toda a sua alma na execução, está fazendo muito mais benefício do que imagina, e ajudando a muitos que talvez nunca tenha visto e jamais venha a conhecer nesta vida.

Outro ponto interessante a esse respeito é a diferença entre o edifício construído pela mesma música quando tocada em instrumentos diferentes – como, por exemplo, a diferença entre a aparência da forma originada por uma peça quando executada em um órgão da igreja e a da mesma peça executada por uma orquestra ou por um quarteto de violinos, ou tocada em um piano. Em tais casos, a forma é idêntica se a música for igualmente bem interpretada; mas toda a textura é diferente, e, como é natural, no caso do quarteto de violinos o tamanho da forma é bem menor, porque muitíssimo menor o volume do som. A forma que surge do piano é quase sempre algo maior que a dos violinos; mas não é tão precisa no pormenor, e suas proporções se apresentam menos perfeitas. Diferença acentuada é igualmente visível entre o efeito de um solo de violino e o mesmo solo tocado na flauta.

Circundando as formas ou entremeando-as, embora delas claramente se distingam, estão as formas-pensamento e as formas-sentimento criadas por pessoas sob a influência da música. O seu tamanho e a nitidez dependem da capacidade de apreciação dos ouvintes e do grau de intensidade com que a música os impressiona. Às vezes a forma construída pela sublime concepção de um mestre de harmonia permanece isolada e despercebida em sua beleza, porque os pensamentos da congregação se acham inteiramente absorvidos por preocupações comerciais ou de dinheiro; enquanto que, de outro lado, a cadeia de formas simples, construídas pela força de um hino bastante conhecido, pode, em certos casos, estar quase oculta por grandes nuvens azuis de sentimento devocional despertado nos corações dos cantores.

Outro fator que determina a aparência do edifício erigido por uma peça musical é a qualidade da execução. A forma-pensamento que permanece em uma igreja após a execução do Coro da Aleluia mostra, clara e infalivelmente, por exemplo, se o solo baixo foi desafinado ou se alguma das partes foi sensivelmente mais fraca do que as outras, porquanto em ambos os casos se nota uma falha evidente na simetria e nitidez da forma. Naturalmente que há tipos de música cujas formas são menos agradáveis, posto que ofereçam interesse como objeto de estudo. As formas curiosas não inteiriças que se desprendem em uma academia para jovens senhoras, na hora em que as alunas estudam, são, pelo menos, notáveis e instrutivas, se não belas; e os sons sucessivos, emitidos à semelhança de curvas e laços, quando uma criança está exercitando escalas e arpejos, não são de todo desprovidos de beleza, se não há interrupções ou omissão de elos.

Música Vocal

Um coral dá origem a uma forma na qual numerosas contas são ensartadas a igual distância em um fio de prata melódico, dependendo do tamanho das contas, sem dúvida, da potência do coro; assim como a luminosidade e beleza do fio de ligação dependem da voz e da expressão do cantor do solo, enquanto a forma em que o fio é trançado depende do caráter da melodia. São também de grande interesse as variações em textura metálica, produzidas pelas diferentes qualidades da voz – o contraste entre o soprano e o tenor, o contralto e o baixo e, ainda, a diferença entre uma voz de homem e a de mulher. Muito belo é também o entrelaçamento desses quatro fios (totalmente dessemelhantes em cor e em textura) no canto de uma toada ou um cânon, ou de seu andamento ordenado, mas constantemente variado, lado a lado, no canto de um hino.

Um hino processional constrói uma série de formas retangulares dispostas com precisão matemática, seguindo-se uma a outra em ordem definida, como os elos de uma forte cadeia – ou ainda mais (apesar de não soar poeticamente) como os vagões de um enorme trem do mundo astral. Muito notável também é a diferença, na música eclesiástica, entre os fragmentos irregulares, mas deslumbrantes, do canto anglicano e a uniformidade esplêndida e brilhante do tom gregoriano. Não dessemelhante do último é o efeito produzido pelo canto monótono de versos sânscritos pelos *pandits* da Índia.

Pode-se perguntar, a esta altura, até que ponto o sentimento do músico contribui para a forma construída pela sua atividade. Seus sentimentos não influem, estritamente falando, na estrutura musical. Se a delicadeza e o brilhantismo de sua execução não se alteram, não faz diferença para a forma musical que ele se sinta feliz ou triste, se a sua inspiração é melancólica ou alegre. Suas emoções criam naturalmente formas vibrantes na matéria astral, assim como as produzem as emoções da audiência; mas estas últimas simplesmente pairam ao redor da majestosa figura construída pela música, e de modo algum interferem com ela. Sua compreensão da música e a perícia de sua interpretação manifestam-se no edifício que ele constrói. Uma execução pobre e apenas mecânica erige uma estrutura que, embora seja acurada na forma, é deficiente em cor e luminosidade – uma forma que, se comparada com o trabalho de um verdadeiro musicista, dá a curiosa impressão de ser construída com material ordinário. Para obter realmente grandes resultados, o executor deve esquecer-se inteiramente de si mesmo, deve entregar-se totalmente à música, como só um gênio ousaria fazê-lo.

Música Militar

O poderoso e inspirador efeito da música militar é facilmente compreensível ao clarividente capaz de ver a grande corrente de formas rítmicas vibratórias que a banda vai deixando em sua marcha à frente da coluna. Não só essas ondulações, por sua regularidade, tendem a fortalecer as dos corpos astrais dos soldados, assim contribuindo para que desfilem com mais segurança e em uníssono, mas as próprias formas criadas irradiam força, coragem e ardor marcial, de tal modo que uma tropa, que antes parecia totalmente desorganizada pela fadiga, pode recompor-se por esse meio e ganhar considerável acréscimo de energia.

É interessante observar o mecanismo da mudança. Uma pessoa dominada pelo cansaço carece de poder de coordenação; a vontade central já não pode ordenar e controlar as diferentes partes do corpo, como devia; cada uma das células físicas reclama, como que soltando um brado de dor e protesto; e o efeito sobre todos os veículos – etérico, astral e mental – é a formação de um grande número de pequenos vórtices separados, agitando-se cada qual em seu próprio nível; e assim todos os corpos vão perdendo sua coesão e sua capacidade para realizarem as tarefas que lhes competem como parte integrante da vida daquela pessoa. Tudo isso, quando levado a consequências extremas, significará a morte; e o menos que pode acontecer é a perda do poder de fazer com que os músculos obedeçam ao comando da vontade. E quando sobre o corpo astral, nessa situação, sobrevém o impacto de uma sucessão de oscilações fortes e progressivas, tal impacto, durante algum tempo, afeta a força de vontade que foi tão penosamente enfraquecida. Os corpos readquirem a vibração sincrônica e assim permanecem enquanto a música está sendo tocada, dando à força de vontade oportunidade de recuperar-se e novamente assumir o comando que esteve prestes a ser abandonado.

Tão acentuadas e potentes são as ondas criadas pela boa música militar, que se produz uma sensação de positivo bem-estar naqueles que desfilam em obediência a elas, da mesma forma que a música para dançar faz despertar o desejo de executar um movimento sincrônico em todos os que a ouvem. O tipo do instrumento empregado nas bandas militares também influi largamente para aumentar esse efeito, sendo a intensidade e a agudeza da vibração de maior importância para essa finalidade do que sua delicadeza ou seu poder para expressar as emoções sutis.

Os Sons da Natureza

Não é apenas o som musical que produz formas definidas. Todo som da natureza tem o seu efeito, e em alguns casos os efeitos apresentam as mais notáveis características. O retumbar de um trovão cria geralmente uma larga faixa movediça colorida, e o estrondo ensurdecedor provocado pela explosão de uma bomba dá lugar a uma combinação de radiações irregulares; ou, às vezes, a uma gigantesca esfera irregular eriçada de pontas que se projetam em todas as direções. O incessante fustigar das ondas sobre a terra guarnece as praias de uma franja permanente de linhas sinuosas e paralelas de belíssimas cores cambiantes, levantando-se como enormes fileiras de montanhas quando o mar é açoitado por uma tempestade. O roçar do vento entre as folhas da floresta cobre-a de um lindo rendado iridescente, que se alteia e se abaixa num gracioso movimento oscilatório, como o perpassar do vento em um campo de trigo.

Algumas vezes essa nuvem esvoaçante é entremeada de pontos luminosos, representando o canto dos pássaros, como fragmentos desprendidos de uma corrente de prata que retinam melodiosamente no ar. Há uma variedade quase infinita destas formas, desde os vistosos globos dourados produzidos pelas notas do sino, até a massa de cor indefinida que resulta do grito de um papagaio ou de uma arara. O rugido do leão pode ser visto e ouvido por aqueles cujos olhos estão abertos; na verdade, não é de modo algum impossível que algumas criaturas selvagens possuam esse toque de clarividência, e que o terrificante efeito que se diz produzido por aquele som seja principalmente devido às emanações procedentes da forma por ele criada.

Na Vida Doméstica

Na vida doméstica, efeitos análogos se observam. O rosnar do gato cerca-o de faixas de nuvens róseas, que vão se alargando continuamente até se dissiparem, e espalham uma influência de sonolento contentamento e bem-estar, que tende a reproduzir-se nas pessoas próximas. O latido do cão, por sua vez, espalha dardos pontiagudos que ocasionam forte impacto nos corpos astrais dos que se encontram perto; e esta é a razão da extrema irritação nervosa que a constante repetição do mesmo som costuma provocar nas pessoas sensíveis. O agudo e irritante ganido do Terrier

Rateiro descarrega uma série de formas parecidas com a bala do rifle, que trespassa o corpo astral em várias direções e lhe perturbam seriamente a estrutura; enquanto que o latido de um cão de raça produz bolhas semelhantes a ovos de avestruz ou bolas de futebol, com um movimento mais lento e muito menos capaz de ocasionar dano. Alguns desses mísseis caninos atravessam como golpes de espada, ao passo que outros são nocivos em sua ação sobre os corpos mental e astral.

A cor desses projéteis geralmente é um matiz de vermelho ou cinza, variando com a emoção do animal e com o tom de sua voz. É interessante contrastar as formas toscas e imprecisas causadas pelo mugido de uma vaca, formas que não raro têm a aparência de toros de madeira ou pedaços de um tronco de árvore. Um rebanho de carneiros está frequentemente rodeado por uma nuvem de som, que, embora sem forma definida, apresenta inúmeras pontas e se assemelha a uma nuvem de areia levantada pelo movimento do rebanho. O arrulho de um casal de pombos dá lugar a uma constante sucessão de graciosas formas curvilíneas, como um S invertido.

Os tons da voz humana também dão seus resultados, os quais muitas vezes persistem até muito depois de emitidas as vibrações sonoras. Uma explosão de cólera projeta-se como uma lança escarlate, e uma complexa rede de linhas metálicas de um cinzento-escuro aparece envolvendo as mulheres quando elas se põem a tagarelar. Semelhante rede permite exclusivamente a passagem de vibrações de nível inferior; representa quase uma barreira maciça à entrada de pensamentos e sentimentos mais elevados. A visão do corpo astral de uma pessoa tagarela proporciona uma lição objetiva ao estudante de ocultismo, ensinando-lhe a virtude de só falar quando necessário ou quando tenha que dizer alguma coisa de agradável e útil.

Outra comparação instrutiva pode se obter entre as formas provocadas pelas diferentes espécies de riso. O riso alegre de uma criança desenha uma figura de curvas róseas, semelhantes a um balão recortado em espiras – um epicicloide de júbilo. A gargalhada contínua de uma pessoa despreocupada causa um efeito explosivo em uma massa irregular, geralmente de um pardo ou verde encardido – conforme o matiz da aura de que procede. O riso zombeteiro lança um projétil sem contornos definidos, de um vermelho embaçado, quase sempre salpicado de um verde pardacento e eriçado de pontas como espinhos. As repetidas casquinadas do indivíduo cheio de si criam um efeito desagradável, que reveste aparência e cor semelhantes às de um tanque de lama em ebulição. A risada nervosa de uma estudante envolve-a como que num emaranhado de algas marinhas, com linhas de um amarelo intenso embaçado, enquanto que o riso franco e jovial do genuíno divertimento se traduz em formas circulares de ouro e verde. As consequências que defluem do mau hábito de assobiar são, em geral, positivamente desagradáveis. Se o assobio, porém, é suave e realmente musical, produz um efeito similar ao de uma pequena flauta, sendo, contudo, mais agudo e metálico; mas o dissonante grito do garoto das ruas de Londres desprende uma série de curtos e aguçados projéteis de um pardo desmaiado.

Ruídos

Grande número de ruídos artificiais (a maior parte deles verdadeiramente insuportáveis) é constantemente verificado ao nosso redor, pois a nossa chamada civilização é, por certo, a mais barulhenta de quantas já tiveram curso na Terra. Isso também tem seu lado oculto, embora raramente seja agradável de contemplar.

Quando um trem está passando sem fazer barulho estridente, a paisagem, vista do alto, não é de todo isenta de beleza, porque as linhas paralelas traçadas pelo som, à medida que o trem avança, aparecem como se fossem bordadas de esferas ou ovais intermitentes, causados pelo resfolegar da máquina. Por isso, um trem que cruza a paisagem, se observado a distância, deixa atrás de si algo parecido a uma faixa ou fita de Brobdingnag com um debrum espiralado.

A descarga de um grande canhão moderno é uma explosão de som igual à da pólvora, e os tremendos impactos ocasionados no raio de uma milha ou mais pode trazer sérias repercussões nas correntes astrais e nos corpos astrais. O estampido de um tiro de rifle ou de pistola dá ensejo à formação de pequenas agulhas, que são também de efeitos indesejáveis.

É mais que evidente que todos os sons altos, afiados e repentinos, devem, quanto possível, ser evitados por todo aquele que deseje conservar seus veículos astral e mental em boa ordem. Esta é uma das muitas razões que levam o estudante de ocultismo a evadir-se das grandes cidades, cujo perpétuo barulho significa o impacto contínuo de vibrações desintegrantes em cada um dos veículos, e isto sem falar na influência ainda mais grave de sórdidas paixões e emoções que fazem morada em uma rua principal e assemelham-se às emanações que escapam de um cano de esgoto.

Ninguém que observe o efeito dessas formas sonoras sobre o sensitivo corpo astral há de duvidar que elas devam acarretar, permanentemente, graves consequências, que não podem deixar de influir nos nervos físicos. Isso é tão sério e tão verdadeiro que, se fosse possível obter estatísticas exatas a esse respeito, verificaríamos que é muito mais curta a duração da vida e muito mais alta a percentagem de colapsos nervosos entre os moradores de uma rua calçada com granito do que entre os que têm a vantagem do asfalto. A importância e mesmo a necessidade de sossego não são suficientemente consideradas em nossa vida moderna. Sobretudo, ignoramos o desastroso efeito sobre os corpos astral e mental das crianças, ocasionado por todo esse barulho ininterrupto e desnecessário, que é ainda responsável por toda sorte de fraquezas que mais tarde se manifestam, com fatais consequências.

Há mais um aspecto importante a considerar. Todos os sons da natureza se combinam em uma tonalidade bem acentuada (à qual os autores chineses deram o nome de Kung), que igualmente possui uma forma – um composto ou síntese indescritível de todas as formas, vastas e inumeráveis como o mar, mantendo como ele também um nível médio, tudo penetrando e tudo abrangendo, a nota que representa nossa Terra na música das esferas – a forma que é a nossa pétala quando o Sistema Solar é observado daquele plano onde é visto expandir-se como um lótus.

Capítulo 10

PELA OPINIÃO PÚBLICA

Preconceito de Raça

Quando acontece alguma coisa que nos impede de fazer ou dizer exatamente o que gostaríamos de fazer ou dizer, isso serve, geralmente, de consolo à ideia de que, pelo menos, o pensamento é livre. Mas é apenas uma dentre as muitas ilusões em que o mundo quase todo acredita. Para o homem médio, o pensamento não é livre em absoluto, mas, pelo contrário, está condicionado por grande número de poderosas limitações, pelos preconceitos nacionais, pela religião, pela posição social à que ele porventura pertença, e somente por um esforço persistente e firme determinação é que consegue libertar-se de todas essas influências e pensar realmente por si mesmo.

Tais restrições atuam de duas formas, modificam-lhe a opinião quanto aos fatos e quanto às ações. No primeiro caso, ele não vê as coisas como na realidade são, mas unicamente segundo o que seus compatriotas, correligionários ou membros de sua casta pensam que são. Quando passamos a conhecer melhor as outras raças, libertamo-nos dos preconceitos que nutríamos sobre elas. Retrocedendo apenas um século, até o tempo de Napoleão, veremos de imediato que nenhum inglês daquela época formava, provavelmente, um juízo imparcial acerca do caráter daquele notável soldado. A opinião pública da Inglaterra o tinha como uma espécie de demônio; acreditava-se que ele era o que de mais terrível e perverso se pudesse imaginar, e é duvidoso que as pessoas comuns o considerassem realmente um ser humano.

A prevenção contra tudo o que fosse francês era tão dominante que bastava dizer que um homem tinha nacionalidade francesa para considerá-lo capaz de todas as vilanias; e aqueles que mantinham ainda bem viva a lembrança dos inenarráveis crimes da Revolução Francesa encontravam, devemos convir, uma justificativa para semelhante atitude. Estavam demasiado próximos dos acontecimentos para que pudessem divisá-los em sua exata proporção; e, porque as escórias das ruas de Paris lograram apoderar-se do governo, ao mesmo tempo que se entregavam a orgias de sangue e crime, pensava-se que essas representavam o povo da França. É fácil ver quão longe da verdade devia estar o conceito a respeito dos franceses na mente do inglês comum daquele período.

Entre as nossas classes mais favorecidas, o século transcorrido desde então operou uma radical mudança no modo de sentir, e agora nós admiramos cordialmente os vizinhos do outro lado do Canal, porque já os conhecemos melhor. Não obstante, mesmo agora não é impossível que haja lugares remotos do país onde ainda sobreviva algum resquício daquele velho preconceito. As nações líderes do mundo são ainda, em verdade, só parcialmente civilizadas.

Preconceito Popular

Não é preciso muito argumento para mostrar que em toda a parte, entre pessoas menos cultas, os preconceitos são ainda fortes e de todo irracionais; mas nós, que nos julgamos mais esclarecidos, temos que ser cautelosos, a fim de não nos deixarmos influenciar. Estar sempre alerta contra o preconceito popular não é coisa fácil, e o estudante de ocultismo imediatamente perceberá porque é assim. A atmosfera está saturada de formas-pensamento e correntes mentais que atuam e reagem a todo o momento sobre cada um de nós. A tendência de toda forma-pensamento é reproduzir-se. Ela está carregada com determinada frequência de vibrações, e sua natureza é influenciar cada um dos corpos astrais e mentais com os quais se põe em contato, no sentido dessas mesmas vibrações.

Há muitos assuntos sobre os quais a opinião é razoavelmente dividida, como, por exemplo, o ângulo em que alguém deve usar o chapéu, ou se deve ser um liberal ou um conservador. Como consequência, a média do pensamento sobre tais assuntos não é mais acentuada em um sentido do que em outros; e em todos eles se pode dizer que o pensamento é relativamente livre. Existem, porém, certas matérias em que prevalece o consenso da opinião pública em determinado sentido, dando como resultado tão forte pressão sobre o corpo mental por uma série de ondulações relacionadas com o assunto que, se uma pessoa não for excepcionalmente dotado de energia e determinação, se verá arrastado na corrente geral. Até mesmo se for bastante forte para resistir e se mantiver em guarda contra isso, a pressão se fará sentir e poderá continuar; e, se a qualquer momento ela relaxar a vigilância, ficará exposta a sofrer a influência.

Expliquei no segundo volume de *A Vida Interna* que as pessoas, ao se deixarem levar por um preconceito dessa espécie, em qualquer assunto, provocam um endurecimento na parte do corpo mental por onde devem passar as ondas referentes ao mesmo assunto. A influência se exerce por duas maneiras. Na primeira, a pessoa se torna incapaz de ver o assunto como realmente é, porque as vibrações que, de outro modo transmitiriam a impressão, vão de encontro a essa calosidade do corpo mental. Disso decorre de não poderem absolutamente penetrá-lo ou ficam tão distorcidas em sua passagem que não transmitem nenhuma informação verdadeira. Na segunda, a pessoa não pode pensar acertadamente com relação ao mesmo assunto, porque a mesma parte do corpo mental que ela usaria nesse sentido já se encontra tão endurecida ao ponto de ficar inteiramente ineficiente, e assim o único recurso para superar a injustiça é proceder a uma operação cirúrgica naquela calosidade do corpo mental, a fim de extirpá-la, passando a exercer, durante muito tempo, assídua e total vigilância para ver se ela não se refaz. Se a vigilância não for mantida, a forte pressão das ondas-pensamento de milhares de outras pessoas poderá reproduzi-la, e será necessário realizar-se a operação novamente.

Preconceito Político

Em muitas regiões do país há uma larga soma de amargos preconceitos políticos. A maioria dos habitantes de um distrito sustenta uma ou outra opinião (pouco importa qual seja) e considera difícil admitir que os membros do partido oposto sejam também pessoas humanas. Acham-se tão seguros do próprio ponto de vista que acreditam que todos os demais devem pensar da mesma forma, e que somente por malícia premeditada os adversários adotam opinião divergente. E, no entanto, suas ideias não foram, geralmente, o fruto de um processo de raciocínio ou de discernimento entre duas linhas políticas, sendo antes hereditárias, tal como o são as opiniões da maioria das pessoas em matéria de religião. A dose de paixão e de emoção incontrolada, na política de todos os países, é tal que a atitude mais avisada por parte do estudante de ocultismo é ocupar-se o menos possível de todas essas questões. Não quer isso dizer que, se estiver residindo em país onde seja necessário votar, deva abster-se de o fazer, como muitos têm feito, por motivo da soma de corrupção que algumas vezes acompanha a atividade política de categoria inferior. Se há tanta coisa ruim de permeio com os negócios políticos, constitui isso uma razão a mais para que todo cidadão use o poder que lhe confere o sistema (por mais irracional que seja este sistema) em favor do que se lhe afigura o caminho reto e nobre.

Preconceito Religioso

Tudo o que ficou exposto sobre o preconceito de raça aplica-se também ao preconceito religioso, que ainda é, em muitos aspectos, pior que o outro. Poucas pessoas escolheram a sua religião; a maioria nasceu em uma religião, da mesma forma que em uma raça, e não houve razão válida para a escolha de um tipo de crença de preferência a outro; como, porém, sucede que é o delas, arrogantemente assumem que é melhor do que qualquer outro, e menosprezam aqueles cujo *karma* os levou a um ambiente diferente. Por causa precisamente dessa diferença de meio, e porque o ser humano comum não pode ver a pressão da opinião pública, a desigualdade lhe passa despercebida e parece inteiramente natural, indistinguível de uma opinião que ele houvesse formado para si mesmo em termos racionais.

Necessário é que nos detenhamos constantemente para a análise das opiniões que sustentamos. É muito fácil seguir a corrente e aceitar os pensamentos já elaborados pelos outros, em vez de pensarmos por nós mesmos. "Quase todos procedem assim; por que não o farei eu?" Este é o modo de sentir do ser humano comum; mas, se quisermos ser justos, se procurarmos descobrir a verdade em todas as coisas, como deve fazê-lo um estudante de ocultismo – então nos cumpre a todo custo erradicar tais preconceitos e manter a mais rigorosa vigilância no sentido de evitar que retornem. Trilharemos então muitos caminhos que diferem dos da maioria, porque as opiniões da maioria são frequentemente injustas, mal fundamentadas e não merecedoras de confiança; mas, apesar de tudo, não devemos desanimar, pois temos diante de nós um elevado ideal, que não depende do ponto de vista daquela maioria. Se o nosso pensamento coincidisse em todos os pontos com o da maioria, e em tudo procedêssemos como ela procede, como poderíamos elevar-nos a um nível superior, e aproximar-nos de nossa meta?

Preconceito de Classe

Ainda mais insidioso, talvez, é o preconceito de classe. É tão confortável sentirmos que somos intrínseca e genericamente superiores a todos os demais, que não é de esperar da parte de outrem intenção boa ou atitude favorável, porque ele é diferente de nós próprios. Também aqui, como em todos os outros conceitos falsos, o estudo do lado oculto das coisas nos mostra que há necessidade de um conhecimento mais amplo e de um sentimento mais caritativo. Para o ocultista, o preconceito congestiona a mente; impõe-se, portanto, sacudir o pensamento, procurar conhecer e compreender os outros: não tardaremos a descobrir que, fundamentalmente, há pouca diferença entre nós e eles.

Que há classes de Egos, que alguns são mais velhos e outros mais jovens, e que uns são, consequentemente, mais ignorantes do que outros, é impossível negar – pois é um fato da natureza, como se mostrou em nosso estudo sobre a ordem em que chegaram à cadeia terrestre os diversos contingentes humanos procedentes da cadeia lunar. Mas há uma humanidade comum subjacente a todas as classes, e esta é uma verdade que podemos sempre invocar com a certeza de obter alguma resposta.

Os que se acham convencidos de que pertencem à classe superior de Egos devem comprovar sua nobreza mediante uma grande tolerância e caridade para com os membros mais jovens e menos afortunados da raça humana; *noblesse oblige,* e se eles são nobres devem proceder como tais. Em geral um preconceito é de tão transparente estultícia que, depois que dele nos libertamos, dificilmente acreditamos que alguma vez o houvéssemos manifestado, nem podemos compreender como algum de nossos semelhantes, que se julgue dotado de raciocínio, pudesse estar a ele submetido. Existe, portanto, certo perigo de que o próprio homem, por sua vez, se possa tornar intolerante da intolerância. O ocultista, porém, que vê a compacta forma-pensamento e percebe seu quase irresistível poder, como também o insidioso de sua ação, compreende perfeitamente a dificuldade de opor-lhe resistência – inclusive a de escapar inteiramente à sua influência e perceber a existência de algo a que é preciso resistir.

Padrões da Opinião Pública

Felizmente, a quase irresistível pressão da opinião pública nem sempre é um mal. Em certos sentidos está baseada não sobre a ignorância acumulada da raça, mas sobre o conhecimento acumulado por esta – a experiência de gerações passadas.

A opinião pública está certa, sem dúvida, quando condena o assassínio e o roubo; e os países em que ela ainda não progrediu o suficiente para se expressar de modo claro a respeito desses pontos admite-se geralmente que estão na retaguarda da civilização. Existem ainda no mundo comunidades em que a lei e a ordem apenas principiam a afirmar-se, e a violência constitui ainda o fator que decide todas as disputas; mas esses países são universalmente reconhecidos como regiões não atrativas para residência, em razão de seu atraso no progresso do mundo.

Outros crimes há, além do roubo e do assassínio, que são justamente condenados em todas as nações civilizadas; e em todas essas direções a pressão exercida pela opinião pública segue o caminho certo, tendente a conter a ação daqueles espíritos transviados que, a não ser assim, poderiam cuidar exclusivamente de seus próprios desejos, sem se preocupar em absoluto com o bem-estar da comunidade.

O ocultista, que percebe muitíssimo mais o que realmente está acontecendo, traça para si um código de moral mais rigoroso do que o faz o ser humano ordinário. Muitos atos que este último pratica – e isso constantemente ocorre – sem pensar no que está fazendo, o ocultista não se permite fazer sob nenhuma consideração, porque ele vê os efeitos produzidos nos outros planos, efeitos que se acham ocultos ao ser humano menos desenvolvido. Eis aqui uma regra geral, posto que uma e outra vez se nos deparem exceções, nas quais o ocultista, que compreende as coisas, assume atitude que o ser humano comum recearia assumir. Assim acontece porque a ação do ocultista é baseada no conhecimento: ele vê o que está fazendo, ao passo que o outro procede somente de acordo com o costume.

As grandes leis de ética são universais, mas transitórias, e os costumes locais muitas vezes ridículos. Há ainda muita gente para quem é crime hediondo dar um passeio em um domingo ou distrair-se com um jogo de cartas. A essas restrições o ocultista sorri, embora tenha o cuidado de não ferir os sentimentos daqueles a quem tais preceitos estranhos e não naturais pareçam de importância capital. Em muitos casos também, o conhecimento superior, adquirido por meio do estudo oculto, o habilita a compreender a real significação de preceitos cuja razão de ser outros não alcançam.

O Dever de Liberdade

É, portanto, dever de todo estudante de ocultismo examinar atentamente a crença religiosa de seu país e do seu tempo, a fim de que possa discutir o que tem fundamento racional e o que não passa de acréscimo supersticioso. A maioria das pessoas nunca se esforça por fazer essa distinção, pois não pode ver-se livre da influência da multidão de formas-pensamento que representa a opinião pública; e por causa delas nunca percebe a verdade, nem mesmo sabe de sua existência, contentando-se, ao invés disso, em aceitar aquela influência. Para o ocultista, a necessidade primordial é alcançar uma concepção clara e isenta de preconceito sobre todas as coisas – vê-las como realmente são, e não como as supõem outras pessoas, por numerosas que sejam.

Para ter a certeza dessa visão lúcida, faz-se necessária uma incessante vigilância. Pois a pressão da grande nuvem de pensamentos que flutua sobre nós não se enfraquece por lhe havermos percebido e desafiado a influência. A pressão está sempre presente, e a ela estaremos inconscientemente expostos em muitas coisas de somenos importância, até mesmo quando nos mantemos alerta quanto aos pontos capitais. Nascemos sob essa pressão, assim como nascemos sob a pressão da atmosfera, sem ter consciência de uma ou de outra. Como nunca vemos as coisas senão através de um meio onde elas estão refratadas, sentimos muita dificuldade em aprender a olhar diretamente e com nitidez, e até em reconhecer a verdade quando finalmente nos deparamos face a face com ela; mas, pelo menos, isso nos ajudará na procura da verdade e a conhecer o lado oculto da opinião pública, cuja insidiosa e permanente influência estaremos em condições de encarar.

Métodos de Comércio

Por exemplo, a opinião pública apresenta um nível muito baixo no que diz respeito aos chamados métodos de comércio.

Em nossos dias de aguda competição, as coisas e os métodos em matéria de comércio obedecem a processos que deixariam estarrecidos os nossos antepassados. Muitas dessas práticas e métodos são perfeitamente legítimos, e nada mais significam que a aplicação de argúcia e maior capacidade para fazer o que deve ser feito; mas é incontestável que não raro as fronteiras do legítimo e do honesto são ultrapassadas, utilizando-se processos a que nunca teria descido o negociante honrado dos tempos antigos.

Com efeito, estabeleceu-se uma espécie de tácito consenso no sentido de que tem o comércio sua moral própria, e de que os padrões ordinários de integridade a ele não se aplicam. Disse-me certa vez um homem que dirigia uma grande casa de comércio: "Se eu tentasse negociar de acordo com o Preceito Áureo 'Procedei em relação aos outros como desejaríeis que eles procedessem convosco', eu simplesmente morreria de fome; em um mês estaria falido". A forma como são conduzidos os negócios está muito mais próxima daquela sentença imortalizada por David Harum: "Fazei com o próximo o que ele gostaria de fazer convosco, mas fazei em primeiro lugar". E muitos a quem esta observação for citada hão de plenamente concordar com ela. Homens que em todos os demais assuntos são bons e honestos sentem-se obrigados a proceder de forma semelhante naquele particular. "Negócio é negócio", dizem, "e o moralista que não está de acordo é porque ignora as circunstâncias". E com essa desculpa eles se comportam uns com os outros como nunca imaginariam comportar-se com um amigo na vida privada, e fazem afirmações que sabem falsas, ainda quando fora da sua área de comércio sejam incapazes de mentir.

Todas as nossas virtudes precisam ser ampliadas, de maneira que alcancem um campo mais vasto. No princípio, o ser humano é francamente egoísta, e cuida apenas do que lhe interessa pessoalmente. Depois, alarga o seu círculo de amizade, e ama sua família como um complemento de si mesmo. Mais tarde, seu sentimento de amizade, sob uma forma modificada, estende-se aos vizinhos e à sua tribo, e deixa de roubá-los, desejando, porém, unir-se a eles para saquear outra tribo ou nação. Ainda milhares de anos atrás, se no seio de uma família surgisse um conflito, o seu chefe serviria de árbitro e o solucionaria. Hoje tal procedimento vai mais longe, abrangendo nossos vizinhos ou nossos concidadãos dentro do mesmo Estado. Se temos alguma questão com um deles, o árbitro é um magistrado em nome da lei do país. Mas ainda não atingimos grau suficiente de civilização para aplicar critério idêntico às divergências internacionais, apesar de já estarmos começando a falar sobre isso, e uma ou duas nações mais adiantadas já têm dirimido algumas dificuldades por essa forma.

Na família, os irmãos permanecem unidos; nas relações entre eles nenhum mostra superioridade ou afirma o que não é exato; mas ainda não chegamos num nível em que eles serão igualmente honestos e francos com as pessoas estranhas à família, naquilo que denominam negócios. Se um pessoa se encontrasse com outro na vida privada ou na casa de um amigo para conversar, talvez fosse escrupuloso em dizer-lhe uma mentira, no entanto, se a mesma pessoa entrasse numa loja ou casa comercial, suas ideias acerca do que é honesto ou legal sofreriam imediatamente lamentável mudança.

Sem dúvida, as pessoas que dirigem negócios com base na astúcia adquirem, algumas vezes, vastas fortunas por esse meio; e os que encaram a vida superficialmente têm inveja deles pelo que consideram o seu sucesso. Mas aqueles que se habituaram a ver com um pouco mais de profundeza as realidades subjacentes reconhecem que não se trata de sucesso – que na verdade não houve ganho em tais transações, senão uma perda séria e real.

Se o ser humano é uma alma em processo evolucionário no rumo da perfeição, estacionado temporariamente aqui na Terra a fim de aprender certas lições e cumprir determinado estágio do seu progresso, obviamente a única coisa que importa é aprender as lições e realizar esse progresso. Se ele for realmente, como muitos de nós sabemos que é, uma alma que vive para sempre, o seu verdadeiro interesse é o da alma e não o do corpo, sua vestimenta transitória; e tudo que venha retardar o progresso da alma é certamente nocivo para ele, não importando que possa parecer vantajoso para o corpo.

A alma atua e progride por intermédio de seus veículos, e o corpo físico é somente um deles, e o mais inferior. Claro, portanto, que, antes de sermos capazes de julgar se uma linha de atividade nos é realmente benéfica ou prejudicial, devemos saber em que medida ela interessa a todos aqueles veículos, não apenas a um deles.

Suponha-se que uma pessoa obtém vantagem sobre outra em alguma transação e se vangloria abertamente do seu êxito e do lucro que auferiu. O estudante do lado oculto da natureza lhe dirá que, em verdade, não houve lucro, mas, ao invés disso, enorme prejuízo. O esperto negociante faz tilintar as moedas em seu bolso, e em sua curteza de vistas exclama triunfantemente: "Vede, eis a melhor das provas: aqui estão os soberanos de ouro que eu ganhei: como se pode dizer que não lucrei?"

O ocultista responderá que o ouro pode causar-lhe um pouco de bem ou um pouco de mal, segundo o uso que dele fizer; mas que uma consideração de muito mais valia é o efeito da transação nos planos superiores. Vamos deixar inteiramente de lado, por enquanto, o dano infligido à vítima da fraude; mas, como a humanidade constitui uma grande irmandade, este é um fator que não deve absolutamente ser ignorado; vamos, contudo, restringir-nos exclusivamente ao aspecto egoísta da ação, e ver qual o mal que o desonesto comerciante causou a si próprio.

Os Resultados da Fraude

Dois fatos se apresentam com destaque à visão do clarividente.

Primeiro, aquele que enganou teve que pensar no plano da impostura; fez um esforço mental, e o resultado deste esforço é uma forma-pensamento. Como o pensamento que a gerou era astucioso e mal-intencionado, a forma-pensamento entorpece e insensibiliza o corpo mental, retardando-lhe o desenvolvimento e intensificando-lhe as vibrações de ordem inferior – o que já significa um desastre absolutamente não compensado com o que pudesse acontecer no plano físico. Mas não é tudo.

Segundo, semelhante duplicidade estabelece um hábito no corpo mental, onde é representado por certo tipo de vibração; e, uma vez posta em ação, essa vibração cria uma tendência a reproduzir-se. Na próxima vez em que os pensamentos do homem convergirem para uma transação comercial, achará mais fácil do que anteriormente adotar um plano malicioso, e mais difícil assumir atitudes nobres, francas e honestas. Assim, aquele comportamento hipócrita pode ter produzido no corpo mental consequências que exigirão anos de esforço paciente para serem eliminadas.

É óbvio, pois, que, mesmo olhada por um ângulo egoísta, a especulação foi prejudicial: a perda sobrepuja consideravelmente o ganho. Trata-se de uma certeza – questão não de sentimento, mas de fato; e só porque tantos se acham cegos para uma visão mais ampla da vida é que iss não é percebido. Até mesmo aqueles de nós cuja visão ainda não se abriu para os mundos superiores seriam capazes de portar-se com lógica e bom senso, entendendo o que dizem nossos videntes – o bastante, pelo menos, para perceberem que essas coisas devem ser assim, e precaverem-se a tempo, compreendendo que um negócio pode parecer vantajoso num sentido, mas ser ruinoso em outro, e que todos os fatores têm que se levar em conta, até que a questão de lucro ou perda se decida.

Evidentemente, o estudante de ocultismo que tem em mira a realização de uma transação precisa observar de perto os chamados métodos de negócio, para evitar que a pressão da opinião pública nesta matéria o induza a praticar ou a tolerar atos não perfeitamente honestos ou não condizentes com a verdadeira fraternidade.

Preconceitos Contra as Pessoas

Aplica-se isso igualmente no caso da opinião pública a respeito de uma pessoa em particular. Há um velho provérbio que diz: "Dê a um cão um nome feio e você poderá enforcá-lo imediatamente". A verdade, aí expressa de maneira tão brutal, é um fato, porque, se a comunidade faz mau juízo de determinada pessoa, por mais infundado que seja, a forma-pensamento existe na atmosfera local, e qualquer forasteiro que chegue será provavelmente influenciado por ela. O recém-chegado, nada sabendo sobre a vítima do boato, não é provável que inicie relações com a mesma acusando-a de crimes específicos; mas estará predisposto a pensar mal a seu respeito, sem o perceber, e inclinado a dar uma sinistra interpretação ao mais simples dos atos por ela praticados. Se desejamos a verdade, devemos pôr-nos em guarda também contra essas influências; devemos nós mesmos aprender a avaliar esses casos, sem aceitar uma condenação pública preestabelecida, que realmente não passa de uma superstição como a que se relaciona com assuntos religiosos.

A influência dos Amigos

Uma influência que costuma participar em grande escala da vida de uma pessoa é a dos amigos. Há um provérbio popular que o reconhece, quando diz que alguém pode ser conhecido segundo os amigos que tenha. Quero dizer que uma pessoa geralmente escolhe amigos de certo tipo ou entre certa classe, o que, por outra parte, significa que ela simpatiza com as ideias desse tipo ou dessa classe, e as adotará provavelmente; mas significa ainda muito mais do que isso. Quando ela está com um amigo de quem gosta, mantém-se em atitude inteiramente receptiva. Sua mente fica aberta à influência do amigo e, se as características deste forem muito acentuadas, haverá a tendência de se reproduzirem nela.

Até no plano físico a convicção do amigo nos contamina – simplesmente por se tratar de um amigo. Admitimo-la porque nos vem com uma recomendação que lhe assegura de nossa parte o mais favorável acatamento. O lado oculto desse fenômeno é, na realidade, apenas a extensão da ideia em um nível mais elevado. Nós nos predispomos em favor dos amigos, e ao fazê-lo nos colocamos em um estado de vibração simpática com eles. Recebemos e fazemos nossas as suas ondas de pensamento; e tudo o que elas nos transmitem não pode senão gravar-se em nossos corpos mais elevados, e essas ondulações chegam até nós entremeadas com as da amizade – o que representa um apelo aos nossos sentimentos, e por isso o nosso julgamento, até certo ponto, é menos cauteloso. Por um lado, haverá assim o perigo de ser aceita uma influência sem a atenção suficiente; por outro lado, há a vantagem de assegurar àquela opinião uma recepção e exame simpáticos.. O caminho da sabedoria consiste em receber toda opinião nova com uma atitude simpática, como se proviesse de nosso melhor amigo, mas analisá-la cuidadosamente como se procedesse de uma fonte hostil.

Superstições Populares

Convém lembrar que a superstição não está limitada aos assuntos de religião. Muitos ingleses viajados sabem que em certas áreas do continente existe uma superstição arraigada contra a introdução de ar puro em um quarto ou em um vagão, a despeito de ensinar a ciência que o ar puro é necessário à vida. A ciência também ensina que a luz do sol destrói inúmeros germes nocivos e vitaliza a atmosfera; é impossível, assim, pôr em dúvida a necessidade de lhe dar livre acesso em nossas casas, o mais possível, muito especialmente naquelas regiões menos afortunadas, onde pouco se vê o sol. No entanto, em vez de aceitar essa bênção e dar graças por ela, muitas donas de casa tratam de evitá-lo, devido a uma superstição a respeito das cores das cortinas e dos tapetes. Não se pode negar que a luz do sol faz desbotar algumas cores; mas a estranha falta de discernimento da mente ignorante se patenteia no fato de que cores desbotadas são mais importantes que a saúde física e a higiene obtidas com a penetração da luz solar. A civilização vai progredindo gradativamente, mas ainda há muitas cidades e aldeias em que as superstições oriundas dos costumes de nossos antepassados ignorantes impedem a adoção dos métodos sanitários modernos.

Até entre pessoas que se julgam adiantadas, alguns resquícios curiosos de superstição primitiva subsistem. Muitos de nós não iniciam nenhum empreendimento em uma sexta-feira, nem tomam parte em uma reunião com treze pessoas. Há muitos que consideram certos dias da semana ou do mês como propícios, e outros dias como nefastos, e orientam suas vidas nessa conformidade. Não me sinto autorizado a negar que numerosos casos levados à conta de coincidências podem ser citados para mostrar que certos números estão sempre relacionados, de alguma forma, com o destino de algumas pessoas ou famílias. Ainda não compreendo plenamente tudo o que existe por trás dessas coisas, mas seria tolice negar o fato por não dispormos de explicação adequada ao nosso alcance imediato. Os que estiverem interessados em prosseguir no estudo deste assunto encontrarão alguns dos exemplos no livro *Curious Myths of the Middle Ages,* de Baring-Gould.

Não duvido da existência do que comumente se chamam influências planetárias, pois já expus o seu lado oculto; digo, porém, que, se tais influências podem tornar mais fácil ou mais difícil fazer algo em determinado dia, nada há, em qualquer delas ou em todas conjugadas, que possa impedir uma pessoa de vontade firme de organizar sua vida do modo que entender mais conveniente. Aquele que sabe, governa suas estrelas; o ignorante, a elas obedece. Deixar-se escravizar a essas influências é convertê-las em superstição.

O Medo da Fofoca

Talvez que o maior e mais desastroso dos tabus que nós mesmos criamos seja o receio do que os nossos vizinhos possam dizer. Há muitos homens e mulheres que parecem viver somente para que se fale sobre eles ou elas; pelo menos é o que se infere de sua tendência a conduzirem todas as coisas como se esse fosse o objetivo. O único e exclusivo critério que adotam para o próprio comportamento é a impressão que este possa causar em seus vizinhos. Nunca se perguntam: "Estarei certo ou errado fazendo isto?", mas: "Que dirá fulano se eu fizer isto?"

Estará aí, quem sabe, a mais terrível forma de escravidão que um ser humano pode sofrer, da qual, entretanto, não será difícil para ele libertar-se, havendo necessidade apenas de que a reconheça. O que dizem os outros pode influenciar-nos tão somente quando assim permitimos. Basta raciocinarmos por nós mesmos que os comentários alheios não têm a mínima importância, e imediatamente nos veremos perfeitamente livres. É uma lição que o ocultista deve aprender desde o primeiro estágio do seu progresso. Ele vive em um nível mais elevado, e somente pode deixar-se influenciar por considerações de ordem superior. Leva em conta o lado oculto das coisas, do qual nada sabe a maioria das pessoas; e, com esse critério de julgamento, decide por si o que é certo e o que está errado e, assim decidindo, não se preocupa com o que dizem os outros a seu respeito, da mesma forma que nos não preocupamos com o voo das moscas ao redor de nossas cabeças. Não tem a mínima importância o que alguém diz, mas importa muito o que nós próprios dizemos.

Um Aspecto Melhor

Felizmente, o grande poder do pensamento pode ser usado para o bem tanto quanto para o mal, e em alguns casos sucede que a pressão da opinião pública está do lado da verdade e da justiça. A opinião pública, afinal de contas, sintetiza a opinião da maioria e, portanto, a pressão que exerce é benéfica quando se dirige àqueles que se acham abaixo do nível da maioria. Em verdade, somente a existência dessa massa de opinião é que torna possível a vida social e civilizada; de outro modo, estaríamos à mercê do mais forte e do mais inescrupuloso entre nós. Mas o estudante de ocultismo busca elevar-se muito acima da maioria, e para esse fim é imperioso que ele aprenda a pensar por si, não aceitando opiniões prefabricadas sem examiná-las. Uma coisa, pelo menos, se pode dizer: que, se a opinião pública não reclama ainda um nível muito alto de comportamento, o ideal é que haja um comportamento elevado que jamais deixe de responder às influências nobres quando elas se apresentem. O sentimento de classe e o *esprit de corps* são nocivos quando levam as pessoas a menosprezar outras; mas são benéficos quando criam um padrão abaixo do qual a pessoa sente que não pode descer.

Na Inglaterra, temos o hábito de atribuir nossa moral à nossa religião, quando a verdade parece ser que não existe relação necessária entre as duas. Deve-se admitir que em quase todos os países da Europa muitas pessoas das classes mais cultas não possuem uma crença real e sincera na religião. É possível, até certo ponto, que admitam alguns dogmas, porque nunca refletiram sobre eles ou os analisaram com profundidade; seria erro, porém, supor que as considerações religiosas lhes norteassem as ações ou participassem largamente do seu modo de viver.

São, no entanto, muito influenciados e sempre beneficamente, por outra ordem de ideias, igualmente intangíveis – o sentido de honra. Em todas as raças, o *gentleman* tem seu próprio código de honra: há certas coisas que ele não pode nem deve fazer porque é um *gentleman*. Tais coisas o rebaixariam perante ele próprio, destruiriam o seu sentimento de autorrespeito; mas efetivamente jamais se sente tentado a fazê-las, porque as julga indignas de si. Dizer uma inverdade, praticar uma ação vil, faltar com o respeito a uma dama, essas e outras coisas semelhantes, ele dirá, , são coisas que não se fazem em sua categoria social. A influência de sentimentos desse jaez deve ser estimulada. O mesmo se pode dizer, em escala menor, das tradições de nossas escolas e universidades, e mais de um estudante, que chegou a ser tentado a evitar dificuldades praticando um ato menos digno, a si próprio confessou: "Não posso fazer isso, em atenção à velha escola; jamais se dirá que um de seus membros se rebaixou assim". Há, portanto, um lado bom, como há um lado mau, nessa questão da opinião pública, e o nosso dever é usar sempre a grande virtude do discernimento, a fim de que possamos separar o que é desejável do que é indesejável.

Outro ponto, que merece termos presente, é que a imensa, rude e estúpida força da opinião pública pode, ela também, ser lenta, paciente e gradualmente dirigida e influenciada. Nós fazemos parte do público, e a lei universal atua no sentido de que as nossas opiniões igualmente influem os outros em certa medida. A notável transformação, que durante os últimos trinta anos se operou no pensamento moderno a respeito dos assuntos ora em exame, deve-se muito ao trabalho persistente de nossa Sociedade Teosófica. Ao longo de todo esse período temos continuado, sem desfalecimento, a falar e a escrever e, acima de tudo, a pensar em termos racionais e de bom senso sobre tais questões. Assim procedendo, estamos emitindo vibrações, cujo efeito é plenamente visível em uma importante modificação do pensamento contemporâneo.

Capítulo II

PELOS ACONTECIMENTOS OCASIONAIS

Um Funeral

Até aqui vínhamos considerando especialmente as influências que, provindas da natureza ou dos fatores humanos que nos rodeiam, exercem diretamente sobre nós acentuada e constante pressão, da qual não temos consciência exatamente por ser constante.

Será conveniente mencionarmos agora o lado oculto daqueles fatos que, de vez em quando, interferem em nossa vida – como, por exemplo, quando nos submetemos a uma operação cirúrgica, assistimos a uma conferência, a um comício político ou a uma sessão de espiritismo; quando ocorre na vizinhança uma demonstração do movimento de revivescência religiosa, ou é celebrada uma festa nacional; quando há uma guerra, um terremoto, uma erupção vulcânica ou alguma grande calamidade pública.

Em primeiro lugar, como é o ser humano influenciado pelo lado oculto de um funeral? Não me refiro a seu próprio funeral, embora seja também uma questão a considerar, porque toca profundamente a muita gente. Os que são dotados de temperamento filosófico não se impressionam com o que lhes sucede aos corpos físicos, que afinal não passam de vestimentas usadas; mas há muitas pessoas neste mundo que não pensam filosoficamente, e para esses a questão é, em geral, de suma importância.

A história clássica nos conta que o grego da antiguidade, quando morria, se preocupava extraordinariamente em que o seu corpo recebesse o que ele chamava sepultura condigna – sobretudo porque alimentava a ilusão de que, se tal não acontecesse, não estaria em condições de seguir o curso normal de sua vida após a morte. A maioria das histórias de fantasmas da Grécia antiga se referia a pessoas mortas que voltavam para ditar o destino a ser dado aos seus corpos.

Entre os irlandeses do nosso tempo, parece que as classes mais pobres compartilham essa grande ansiedade acerca de seus próprios funerais, pois em várias ocasiões deparei com mulheres irlandesas cuja preocupação única após a morte não consistia no bem-estar ou progresso de suas almas, mas em que a quantidade de carruagens para acompanhar seu cortejo fúnebre não fosse inferior a determinado número, ou em que o ataúde que devia guardar o corpo não fosse de tipo inferior ao que havia levado fulana ou sicrana algumas semanas atrás.

Isso, porém, é simples digressão, e o que temos de apreciar é o efeito que um funeral produz nos sobreviventes, e não sobre os que morreram (os quais, não obstante, se acham presentes e encaram de vários pontos de vista os preparativos, segundo o temperamento de cada um).

O funeral é, obviamente, uma solenidade que o ocultista deve evitar; mas pode ser que às vezes ele se encontre em circunstâncias nas quais se recusar a acompanhá-lo seria mal interpretado pelos parentes ignorantes e sem a devida compreensão do que se passa. Em casos tais, assumirá ele, usando o seu poder de vontade, uma atitude determinada e positiva no sentido de não se deixar absolutamente influenciar pelo ambiente e, ao mesmo tempo, ficar em condições de influir nos outros.

Primeiro, pensará no que morreu (o qual muito provavelmente está presente) com todo o carinho e interesse, desejando-lhe paz e progresso. Adotará também uma atitude mental positiva em relação aos que acompanham o enterro, esforçando-se por lhes incutir o pensamento de que não devem lamentar-se, porquanto o homem ou a mulher que eles choram não se extinguiu na realidade, mas vive ainda, e que a aflição deles o prejudicará em seu novo estado. Deverá mentalmente procurar contê-los e impedir que se desesperem.

O moderno funeral está muito longe de ser ideal. Parece tratar-se de uma convenção estabelecida para que haja uma espécie de cerimônia com relação à maneira de dispor da vestimenta de que se libertou o Ego; mas certamente que se podia inventar algo melhor do que a prática atual. O funeral na igreja de uma aldeia não deixa de revestir-se de um aspecto de certo modo apropriado – inclusive o de um consolo; os presentes à cerimônia fúnebre se acham em um local que lhes traz sublimes e sagradas associações, e o ofício prescrito na Igreja da Inglaterra tem sua beleza, conquanto aqui e ali pudesse ter uma nota de confiança mais espontânea.

Quanto, porém, ao serviço celebrado em uma capela de cemitério, não há nada que se possa dizer. O lugar não se destina a outro uso que não o de um funeral, e sua atmosfera está toda saturada de dor e tristeza. Tudo ali apresenta aspecto sombrio; as próprias paredes assemelham-se às de um jazigo. Devemos notar que, para cada pessoa conhecedora da verdade e com uma opinião esperançosa no tocante à morte, existem centenas de outras cujas ideias são as mais desarrazoadas e tétricas. Como a ideia, por exemplo, de um local preenchido com o desespero mais negro e o sofrimento mental mais pungente; sendo, consequentemente, o mais indesejável lugar para onde poderiam ser levados aqueles que já passaram pelo tremendo infortúnio da morte.

A Destinação do Corpo Morto

Ninguém que já tivesse o menor vislumbre do lado oculto das coisas pode aprovar o bárbaro processo atual referente à destinação dos cadáveres. Não há o mais insignificante ponto que o recomende, e muitas razões importantes existem que contraindicam essa destinação. Até do ponto de vista sentimental, é impossível compreender como uma pessoa pode conformar-se com a ideia de que a vestimenta abandonada de alguém que se ama poderá ser deixada a uma lenta e repugnante decomposição, sob condições ante as quais a imaginação recua horrorizada; e quando a isso acrescentamos o enorme perigo de doença para os vivos, que resulta da poluição do ar e da água, começamos a compreender que os nossos costumes funerários representam uma entre as muitas indicações de que a nossa tão apregoada civilização não passa, afinal de contas, de mero verniz.

Ainda mais se confirma essa impressão quando adquirimos uma visão daquele aspecto dessas coisas ainda ignorado pela maioria. Ficamos então sabendo qual a espécie de entidade que é atraída pelo processo de lenta putrefação, e vemos que também sob esse terrível aspecto quanto mal é desnecessariamente causado aos sobreviventes.

Pois ao que morreu, se é pessoa esclarecida, pouco interessa a vestimenta que deixou de usar. Deve-se, porém, advertir que nem todos os mortos são necessariamente esclarecidos, e que para alguns deles (carecedores de maiores conhecimentos) o abominável costume dá ensejo a um sério engano, que em condições adequadas não devia ter lugar.

Uma pessoa comum, em sua maneira normal de pensar, não faz separação entre corpo e alma, como acontece com o estudante de ocultismo. Na realidade, o que morreu desfez-se finalmente do seu veículo físico, sendo-lhe impossível usá-lo novamente; mas se acha com ele plenamente identificado e em sintonia de vibrações. Em condições normais e propícias, pode conformar-se facilmente com a separação; mas há os que, não possuindo ideias nem concepções que transcendam a vida física, ficam alucinados de pavor quando se veem inteiramente desligados desta. Tais pessoas se dão às vezes a frenéticos esforços para retornar de qualquer forma à existência física. Em geral não são bem-sucedidas; mas quando, excepcionalmente, alguma delas o consegue, só o pode ser por meio de seu próprio corpo físico. Essa regressão, retendo ainda o envoltório físico em dissolução, permite a ela uma e outra vez servir-se deste como base de uma semimaterialização imperfeita e antinatural – não de todo suficiente para a pôr em contato com o mundo físico, mas o bastante para afastá-la por algum tempo da vida astral normal. A pessoa desencarnada, por um momento – só por um momento, felizmente – constrói para si um mundo confuso e obscuro, no qual vê os acontecimentos físicos como através de um vidro embaçado – um mundo de nevoeiro, em que vagueia perdida e desamparada.

Não pode regressar plenamente ao corpo físico; aquela que o fizesse seria convertida em um vampiro. Mas pode reter a matéria etérica do corpo morto e arrastá-la consigo, o que lhe causará intenso sofrimento; e, até que se possa libertar dessa situação, até conseguir atravessar a escuridão e perceber a luz, não haverá repouso para ela. Existem formas indesejáveis de magia negra, também, conhecidas em países do Oriente e por aqueles que estudaram as práticas do Voodoo e do Obeah, cujo sucesso depende do corpo físico em decomposição; o que, no entanto, felizmente carece de maior importância para aqueles que vivem em comunidades não versadas nessas artes malignas.

Uma coisa, pelo menos, é evidente: que todas as possibilidades más, tanto para os mortos como para os vivos, se evitam com uma destinação racional do envoltório de carne já usado. Quando retornarmos ao costume da cremação, praticada pelos hindus, gregos e romanos, reduziremos o veículo físico aos seus elementos constituintes de maneira ao mesmo tempo higiênica, digna e plenamente satisfatória ao sentimento estético e à visão racional de uma pessoa de bom senso.

Algumas pessoas recearam a possibilidade de que, sobretudo nos casos de morte súbita, o morto viesse a sentir o fogo – podendo não se achar ainda completamente separado do corpo; e, portanto, a sofrer quando o corpo estivesse sendo queimado. Mesmo que a morte seja súbita, e se verifique realmente a morte, as matérias etérica e astral já se separaram inteiramente do envoltório físico denso, e seria de todo impossível que o morto, em qualquer circunstância, viesse a sentir o que foi feito a esse envoltório. Digo que não poderia realmente senti-lo, porque o laço de conexão, por meio do qual ele sente, foi definitivamente rompido; o que talvez aconteça é que, vendo a cremação, pudesse ficar com medo de vir a senti-la, e até certo ponto a imaginação pode entrar em cena.

Nunca observei que tal coisa ocorresse em caso de cremação; mas recordo-me de ter ouvido, de fonte autorizada, sobre um moço cujos dentes foram todos arrancados depois de sua morte por um desonesto agente funerário, a fim de vendê-los como dentes artificiais. O jovem apareceu a seu pai com o sangue a escorrer da boca, exclamando, com grande indignação, que o haviam torturado extirpando-lhe os dentes. Foi exumado o cadáver, verificando-se que a história estava correta. Nesse caso, o homem encontrava-se efetivamente morto, e é de todo impossível que houvesse sentido a extração dos dentes, mas soube o que havia acontecido e ficou indignado; julgou, sem dúvida, que fora realmente torturado, porque durante a vida a ideia de extração dentária estava associada a uma grande dor.

A diferença que faz o conhecimento do lado oculto das coisas, no que toca aos assuntos relacionados com a morte, foi mostrada em duas das gravuras reproduzidas no livro *Formas-Pensamento* – as quais ilustram as imagens mentais criadas por dois homens que se achavam um ao lado do outro acompanhando um enterro. Ali se vê que o homem que vivia na mais completa ignorância a respeito da morte não formara outro pensamento senão um que exprimia medo e depressão; ao passo que o homem com a compreensão dos fatos não demonstrava indício algum de tais sentimentos: os únicos nele despertados eram os de simpatia e afeição para com os que choravam, assim como de devoção e nobres aspirações.

Em verdade, o conhecimento do lado oculto da vida muda por inteiro a atitude do ser humano perante a morte, porque lhe mostra instantaneamente que, em vez de ser o fim de todas as coisas, como por ignorância é comum supor-se, significa tão somente a passagem desta vida para outra, a qual é mais livre e mais agradável do que a vida física, devendo, por conseguinte, antes ser desejada que temida. Ele vê desde logo como é totalmente enganosa a teoria segundo a qual aqueles que deixam seus corpos físicos estão perdidos para nós, porque sabe que permanecem perto de nós tal como antes, e que tudo quanto perdemos foi a possibilidade de os ver. Para a consciência daquele(a) que possui a visão astral, os chamados mortos se acham tão presentes como os que chamamos vivos e, vendo como chegam imediatamente aos mortos as vibrações que lhes dirigimos, compreende quanto os aflige a atitude de pranto e sofrimento tantas vezes, infelizmente, adotada pelos amigos que estão ainda em seus corpos físicos.

O conhecimento do lado oculto da vida não nos ensina, de modo algum, a esquecer os nossos mortos; habilita-nos, porém, a ser cuidadosos ao máximo no que devemos pensar deles; adverte-nos que devemos adotar uma atitude de todo isenta de egoísmo, que devemos esquecer tudo o que nos diz respeito em relação à dor da aparente separação, e lembrarmo-nos deles, não com sentimentos de pesar ou tristeza, mas para lhes desejar sinceramente felicidade e progresso.

O clarividente vê exatamente de que maneira esses votos lhes tocam, percebe imediatamente a verdade daquele ensinamento da Igreja Católica que recomenda orações em favor dos mortos. Por elas, tanto os vivos como os mortos são ajudados: porque quem fica, em vez de se deixar abater de dor e desespero com o sentimento de que já nada pode fazer, por existir um grande abismo que o separa do ente amado, é encorajado a converter o seu pensamento de afeto em ação tendente a promover a felicidade e o progresso do que se ausentou do seu convívio no mundo físico. Sobre tudo isso, e muito mais ainda, escrevi eu longamente no livro intitulado *O Que Há Além da Morte*, razão pela qual aqui apenas me refiro ligeiramente ao assunto, recomendando a leitura dessa obra a quem deseje obter informações mais detalhadas.

Uma Operação Cirúrgica

Nestes dias de triunfo da cirurgia, não é raro acontecer que uma pessoa precise de submeter-se a uma operação. Tem esta um lado oculto, de extensão menor que o de muitos outros acontecimentos, porque o uso da anestesia afasta inteiramente a pessoa de seu corpo físico. Mas até mesmo nessa ausência ocorre muita coisa de interesse para ela, e faz-se conveniente anotar e lembrar tanto quanto possível o que se passa. É tarefa difícil de fazer: mais difícil que trazer para a memória o que se vê no mundo astral. Pois o que a anestesia faz sair é a parte etérica do físico, e como o duplo etérico é apenas uma porção do corpo físico, não representando um veículo perfeito, em geral a pessoa não pode trazer por seu intermédio uma lembrança nítida.

Recordo-me de um caso dessa natureza, no qual o paciente me pediu que o auxiliasse. Ele estava muito interessado no lado oculto da operação e ansioso por lembrar-se de tudo que fosse possível. Colocaram-no na mesa de operação, e lhe foi administrada a anestesia. Quase em seguida ele ergueu-se em seu corpo astral, reconheceu-me e movimentou-se na sala em minha direção, com uma expressão de viva satisfação estampada na face, visivelmente radiante por encontrar-se consciente no mundo astral. Mas, subitamente, saiu do corpo físico uma grande nuvem de matéria etérica, por efeito da anestesia. Essa nuvem envolveu-o todo, imediatamente, e eu podia ver a expressão de sua fisionomia transformar-se pouco a pouco até se converter em simples máscara.

Quando, dois dias depois, me foi permitido vê-lo novamente, sua lembrança do que acontecera confirmou o que eu havia visto. Ele se recordava de haver-se levantado; recordava-se claramente de ter-me visto no outro lado da sala e de sentir-se muito contente com o que lhe parecia tão real. Dirigira-se então para onde eu me encontrava, mas não chegara ali, e nada mais soube até voltar para o corpo um hora depois, quando terminou a operação. Senti, naquela ocasião, como teria sido de utilidade para a operação que os dois médicos que a realizaram fossem dotados da faculdade de clarividência. Eles administraram ao paciente uma dose excessiva de anestesia, chegando quase a separar de todo o seu duplo etérico, em vez de apenas uma parte, como pretendido. Conforme observou de modo incisivo o meu companheiro clarividente, mal deixaram do duplo etérico [na ligação com o corpo físico] o suficiente para cobrir metade de uma pequena moeda, e a consequência foi que o paciente se acercou perigosamente da morte, tornando-se necessário bombear oxigênio para os pulmões a fim de fazê-lo retornar à vida.

Poucos anos atrás, uma visita ao dentista significava geralmente uma pequena operação, na qual o paciente passava por uma experiência algo semelhante, mas de duração muito mais curta, devido à administração de óxido nitroso, e então se produziam muitos fenômenos curiosos. Meu livro *Sonhos*[18] apresenta exemplo nesse sentido. Com a anestesia local hoje empregada, o dentista pode executar seu trabalho sem a administração de gás, e, consequentemente, as experiências relacionadas com a operação são de natureza menos oculta.

Uma Conferência

Em um dos capítulos anteriores, ocupamo-nos das consequências que decorrem do ato de ir-se à igreja; vamos agora tratar do lado interno de assistir-se a uma conferência, a um comício político, a uma sessão espírita ou a uma prédica de renovação religiosa.

De todas essas formas de emoção, é a conferência geralmente a mais suave, embora dependa até certo ponto do seu tema. Quase sempre há muito menos uniformidade na audiência de uma conferência do que em uma assembleia religiosa na igreja. Existem muitos e mais acentuados pontos de semelhança entre os que adotam a mesma crença religiosa do que entre os ouvintes interessados em uma conferência sobre algum assunto particular; ouvintes que podem provir de camadas diversas e pertencer a vários tipos diferentes. Ainda pode, no momento, haver um laço comum que os reúne, o laço do interesse por determinado assunto e, no entanto, por díspares que sejam suas mentes, uma parte delas está sendo posta em atividade em todos eles, no mesmo sentido, o que dá lugar a certa harmonia superficial.

Desde que o estudante de Teosofia frequentemente tem que ministrar conferências, assim como ouvi-las, será talvez conveniente não negligenciar de todo aquele lado do assunto, mas atentar em que, se o conferencista deseja efetivamente interessar os corpos mentais de sua audiência, deve ter primeiro uma ideia clara e definida do assunto a ser transmitido por seu próprio corpo mental. Quando ele pensa corretamente sobre as diferentes partes do

---
[18] Ed. Teosófica, Brasília, 2013. (N. E.)

seu tema, e se esforça por apresentá-las ao público, está criando uma série de formas-pensamento – formas de intensidade fora do comum, por causa do esforço empregado.

Ele tem uma excelente oportunidade, já que sua audiência deve achar-se em condições sumamente receptivas. Os ouvintes se deram ao trabalho de comparecer com o objetivo de ouvi-lo discorrer sobre esse particular assunto e é, portanto, de supor que estão predispostos a ouvir. Se em tais favoráveis circunstâncias ele falha em se fazer entender, é porque suas ideias não estão perfeitamente claras. Uma forma-pensamento imperfeita e indefinida não exerce senão uma impressão superficial, e assim mesmo com muita dificuldade. Uma forma-pensamento elaborada com nitidez e precisão obriga os corpos mentais da audiência a esforçarem-se para reproduzi-la. Os reflexos serão quase invariavelmente menos precisos e menos satisfatórios do que a forma-pensamento que os originou; mas, se os contornos desta forem suficientemente definidos, a ideia será comunicada em termos razoáveis; se forem apagados e indistintos, é muito provável que as reproduções fiquem inteiramente irreconhecíveis.

Por vezes o conferencista recebe uma assistência inesperada. A circunstância de que deve ele concentrar-se em determinado tema atrai a atenção de entidades desencarnadas que porventura tenham interesse na matéria, e a audiência não raro inclui um número maior de habitantes do mundo astral que do mundo físico. Muitos deles vêm simplesmente ouvir, como o fazem seus irmãos do plano físico; mas acontece às vezes que um dos atraídos conhece o assunto mais do que o autor da conferência. Neste caso, ele colabora por meio de sugestões e ilustrações. Podem chegar ao conferencista por vários modos. Se este é clarividente, verá as novas ideias e ilustrações que seu ajudante está materializando diante dele, em matéria mais sutil. Se não é clarividente, será preciso que o ajudante faça gravar as ideias em seu cérebro, e então é possível que ele, o expositor, imagine que sejam suas próprias ideias. Nem sempre o ajudante está desencarnado, ou o está apenas temporariamente – o que faz parte das tarefas que os auxiliares invisíveis costumam chamar a si.

Em certos casos, é o Ego do conferencista que se manifesta por uma curiosa forma exterior. Por exemplo, tenho ouvido do maior dos oradores vivos da atualidade que, enquanto a Dra. Annie Besant está pronunciando uma frase de sua conferência, habitualmente vê à sua frente a próxima sentença materializar-se no ar, em três formas diferentes, entre as quais escolhe a que considera melhor. Deve ser trabalho do Ego, embora pareça algo difícil saber por que é adotado esse método de comunicação, uma vez que, afinal de contas, é o Ego que está produzindo a conferência por intermédio dos órgãos físicos. À primeira vista, parece que seria fácil – ou talvez mais fácil ainda – o próprio Ego escolher a forma, imprimindo-a, somente ela, na matéria inferior; e então fazê-la chegar ao cérebro diretamente ou materializá-la no ar.

Passando do conferencista aos ouvintes, podemos notar que é possível a esses últimos darem àquele uma grande ajuda ao seu trabalho. De alguns membros antigos de uma loja ouvimos dizer às vezes que não julgaram necessário comparecer a determinada reunião porque a palestra versava sobre assunto com o qual já estavam bem familiarizados. Passando de largo a dose de presunção implícita na declaração de que alguém pode estar perfeitamente a par de um ensinamento teosófico, não é correto dizer que a presença de um membro seja inútil por já conhecer a matéria. Observação em sentido oposto estaria muito mais próxima da verdade; conhecendo tão bem o assunto, poderá igualmente contribuir com formas-pensamento claras e eficientes a respeito dos diversos aspectos da questão, e por esse meio coadjuvar consideravelmente o conferencista em transmitir à audiência o que ele deseja.

Quanto maior o número de pessoas presentes a uma conferência, que tenham completa compreensão do seu objeto, mais fácil para aqueles que ainda o não conhecem será obter uma noção clara a seu respeito. O conferencista, portanto, será certamente auxiliado com a presença dos que conhecem plenamente o mesmo assunto. Pode também ser muito ajudado, ou estorvado, pela atitude com que se comporta a audiência. Esta, em geral, é uma atitude amigável, pois a maioria dos presentes a uma conferência aí comparece porque está interessada no tema e deseja aprender alguma coisa sobre ele. Às vezes, porém, aparece um ou dois cujo objetivo principal é criticar, e sua presença em nada ajuda.

Um Comício Político

O último efeito é muito mais visível em um comício político, pois a regra aqui parece ser que, enquanto algumas pessoas vão com a intenção de ouvir o orador, outros o fazem tão somente com o propósito de o desafiar e interromper. Consequentemente, as emoções e as formas-pensamento que se podem ver, nos comícios políticos, não são fáceis de predizer. Mas algumas vezes se observam casos em que formas compostas em grande parte, se não inteiramente, dos pensamentos dos aderentes de um partido dão lugar a enormes ondas de entusiasmo, que fluem em direção à audiência, rodeiam o orador e sobre ele atuam, pondo-o em um estado correspondente de entusiasmo.

Lembra-se o autor de haver assistido, muitos anos atrás, a um comício com essas características, sendo-lhe despertada a atenção para o fato de todos reunidos estarem a entoar canções, que produziam grande efeito. Havia muita expectativa em torno do discurso, e por isso enorme multidão se apinhava no salão, criando uma atmosfera sufocante, duas horas antes da hora marcada; mas os organizadores da reunião utilizaram o tempo de modo inteligente no sentido de conduzir essa massa heterogênea a uma condição de sincero entusiasmo. Seguiram-se canções patrióticas de toda espécie, umas às outras, em rápida sucessão; e, conquanto poucos realmente conhecessem os tons, e um número ainda menor as letras, pelo menos não faltaram grandes manifestações de entusiasmo. As duas horas de espera transcorreram como um entretenimento, e minha impressão é que a maioria das pessoas ficou até surpreendida com o rápido escoar do tempo.

Contudo, o lado oculto das reuniões políticas comuns está longe de ser atraente, porque, vistas no plano astral, apresentam, não raro, definida e generalizada semelhança com uma tempestade de extraordinária violência. Quase sempre explodem sentimentos de luta, e até mesmo de hostilidades pessoais. No conjunto, vemos com frequência preponderar uma espécie de alegria ou contentamento selvagem, sob a instigação ansiosa dos promotores do comício. A não ser por imposição de um dever, é preferível evitar o comparecimento a tais reuniões, porque nelas há sempre um entrechoque de correntes astrais, que não podem senão causar grande mal-estar naquele que possui um mínimo de sensibilidade.

Aglomerações

É também aconselhável evitar, quanto possível, a miscelânea de magnetismos que provêm do íntimo contato com uma multidão promíscua.

Não que devemos por um instante presumir que as pessoas componentes da multidão sejam necessariamente de categoria inferior, ou piores que nós. Mais indesejável seria que o estudante se tornasse presunçoso, convencido ou quisesse arvorar-se em juiz. É provável que a maioria das pessoas de uma multidão, tomada ao acaso, seja de tipo mais mundano que o do estudante de Teosofia; seria, porém, erro e estultícia desprezá-la por esse motivo. O que convém ter em mente é que não somos melhores do que os outros, mas que há uma diferença de frequência de vibrações, e que estar constantemente em contato com a multidão causa perturbações nos diversos veículos, coisa que é preferível evitar.

Nada obstante, quando o dever obriga ou aconselha o estudante a participar de uma situação como essa, existem vários meios à sua disposição para se proteger. O mais usual consiste em construir uma concha etérica, astral ou mental; a melhor proteção, porém, é uma irradiante boa vontade e pureza de coração. Reservarei dentro em pouco um capítulo a essa questão da proteção.

Uma Sessão Espírita

De todas as formas de reunião, uma das mais interessantes, do ponto de vista oculto, é a sessão de Espiritismo, embora haja muitos tipos diferentes de sessão, e o que se pode dizer de um deles não seja aplicável igualmente a todos – à exceção talvez de que há uma característica quase invariável: a atmosfera de contentamento e confiança. Os círculos aos quais são por vezes admitidas pessoas estranhas, aqueles de que ouvimos falar e a que, vez por outra, se referem os jornais – esses são realmente em pequeno número, e por trás deles, constituindo o verdadeiro núcleo do Espiritismo, duas outras variedades existem, das quais muito pouco se fala.

Há a sessão comum, onde não se realiza nenhum fenômeno sensacional, e onde os espíritos em geral são pouco versados na gramática. Milhares de sessões desse gênero ocorrem no mundo inteiro, observando-se grande afinidade entre elas. Aos olhos dos visitantes, os seus processos parecem de todo desinteressantes. O médium costuma fazer uma espécie de introdução ética. Depois, algumas palavras são dirigidas especialmente a cada um dos presentes, descrevendo quase sempre o seu ambiente ou o dos espíritos que se supõe estarem ali por perto. As descrições são geralmente vagas e indefinidas até o último grau; mas se fazem repetidas e surpreendentes identificações (que estão longe de ser explicáveis por uma teoria de mera coincidência). E, por mais que isso pareça inexplicável a certos visitantes, a sessão traz para os membros do círculo a mais tranquila convicção, dando-lhes a certeza da existência do ser humano depois da morte, convicção que desafia a fé ortodoxa das igrejas.

    Por trás do médium há o que comumente se chama um espírito-guia – uma pessoa morta, que em vida pertenceu à mesma classe social do médium ou a uma classe superior, e que, à custa de paciente esforço, aprendeu a maneira de influenciar, com uma razoável dose de confiança, o organismo denso do médium; este, por mais inadaptado que seja a outros respeitos, tem pelo menos a inestimável faculdade de poder deixar-se influenciar, permitindo que de uma ou de outra forma tais comunicações sejam veiculadas. A paciência com que essa entidade lida com as pobres almas que a ela vêm, de ambos os lados do véu, é admirável; pois lhe cabe acalmar, não somente a inconsequência do pranto de dezenas de parentes contristados do lado de cá, mas também a febril e incontida emoção de uma chusma do além que busca manifestar-se. Com sua categoria e a seu modo, a entidade faz um grande bem, e sua vida de trabalho despercebido em algum setor obscuro contribui para aumentar a soma da felicidade humana, muito mais que os esforços ostensivos que recebem maior crédito aos olhos do público. Ainda: uma sessão como essa, quando vista à luz astral pelo clarividente, se mostra como o centro de uma espécie de vórtice, que atrai mortos de várias procedências, ansiosos por se manifestarem eles próprios ou para observarem a manifestação.

    Há outra variedade de sessão da qual pouca gente sabe alguma coisa: o círculo privado de família, em que não se admitem estranhos. Esse é infinitamente o mais satisfatório lado do Espiritismo, porque através dele milhares de famílias se comunicam diariamente com amigos ou parentes que deixaram o plano físico e, por esse meio, não só ficaram conhecendo inúmeros fatos interessantes, como se puseram em frequente contato com assuntos espirituais, em um nível elevado. Mais comumente, a figura central nessas reuniões privadas da família é um de seus membros desencarnados, e as comunicações consistem de ordinário em pequenos sermões afetivos de índole devocional, muitas vezes entremeados de toques poéticos.

Eventualmente, porém, quando acontece ser o parente desencarnado alguém de pensamento original ou de caráter científico, pode se ter informações definidas. Existem muito mais revelações desse tipo do que em geral se supõe, porque dificilmente um, entre cem dos que as recebem, está preparado para expor ao ridículo público um assunto que para ele, acima de tudo, é coisa sagrada, na esperança de um resultado tão improvável como seria a conversão de algum estranho cético.

Em tais sessões, não é raro ocorrerem fenômenos notáveis, e materializações admiráveis fazem parte algumas vezes do programa habitual. É frequente que os chamados mortos tenham grande participação na vida quotidiana da família, tanto quanto os vivos, como foi o caso, por exemplo, do fenômeno que aconteceu na casa do Sr. Morel Theobald, em Haslemere. As sessões descritas pelo Sr. Robert Dale Owen têm muito desse caráter, e representam o que há de melhor possível em Espiritismo, conquanto, pela própria natureza do caso, dificilmente esteja ao alcance do investigador comum .

O lado oculto de sessões dessa natureza é realmente digno de admiração, por estabelecerem pontos de frequente contato entre os mundos físico e astral – inclusive vórtices; mas desta vez das mais elevadas e nobres variedades da vida astral. As formas-pensamento que então predominam são de tipo religioso ou científico, segundo a natureza das manifestações, mas são sempre boas formas-pensamento, elaboradas com o fito de soerguer o nível mental ou espiritual do local onde se encontram.

Deixando à parte essas duas grandes classes, temos a seguir o grupo menor de sessões públicas que, para a maioria dos estranhos, representam todo o Espiritismo. A elas tem acesso toda sorte de gente, e as entidades que aparecem no lado astral formam um conglomerado tão curioso quanto o dos assistentes no lado físico. Aqui também há geralmente um espírito-guia que dirige a função. Os tipos do astral superior não se contam entre os frequentadores costumeiros dessas sessões; é comum, porém, haver alguns desencarnados que se consagraram à ideia de serem úteis ainda no plano terrestre, pela exibição de fenômenos e produção de vários pequenos testes.

A aura da mesma sessão em geral é desagradável, porque atrai muita atenção, tanto no mundo astral como no mundo físico; em consequência, no ambiente de cada uma das sessões se acha sempre uma confusa multidão das mais indesejáveis entidades, que somente pela força são impedidas de fazer pressão sobre o médium e apossar-se dele. Entre os perigos que as sessões trazem, está a possibilidade de algumas daquelas criaturas malévolas exercerem obsessão sobre um visitante sensitivo; pior ainda, de segui-lo até sua casa e obsediar-lhe a esposa ou filha. Já se verificaram muitos casos semelhantes, e geralmente é quase impossível expulsar a entidade que se apoderou assim do corpo de um ser humano vivo.

O lado oculto desta última sessão costuma ser composto de correntes cruzadas, algumas boas e outras más, nenhuma, porém, realmente boa ou realmente má em si mesma. O clarividente que assiste à sessão pode adquirir certa soma de conhecimentos observando os vários métodos pelos quais se produzem os fenômenos, métodos que muitas vezes são sobremaneira engenhosos. E ficará admirado com a habilidade das personificações e com a espantosa facilidade com que são iludidos aqueles que nada sabem a respeito desse lado da vida.

Um Comício de Revivescência Religiosa

Do ponto de vista do estudante dos mundos ocultos, um dos mais notáveis fenômenos do nosso tempo é o que se chama revivescência religiosa.

O comício em que se prega a revivescência religiosa em regra implica uma reunião de pessoas cujos sentimentos são inflamados por apelos altamente emocionais e muitas vezes ameaçadores da parte de um pregador fanático do evangelho de alguma seita. Dia após dia, as reuniões se sucedem, acompanhadas amiúde dos mais extraordinários fenômenos de excitação nervosa.

São levados os assistentes a uma condição de histerismo em que se acreditam salvos, segundo eles dizem, e libertados para sempre da servidão da vida mundana ordinária, fazendo-se partícipes de uma comunidade espiritual cujos objetivos estão acima de qualquer definição. Muitas vezes são induzidos a confessar de público o que consideram seus pecados, e se dispõem a fazê-lo com um excesso de emoção e arrependimento, inteiramente em desproporção com as coisas que têm de confessar. A onda de excitamento nervoso assemelha-se a uma doença infecciosa, e dura habitualmente algumas semanas, se bem que no fim desse tempo sobrevenham sintomas de exaustão geral e tudo arrefeça, voltando de novo à vida rotineira.

Em reduzida percentagem dos casos, a elevação espiritual parece manter-se, e os atingidos continuam a viver em nível superior ao que tinham antes; na maioria dos casos, porém, recaem súbita e dramaticamente, ou então de modo lento, por estágios graduais, no mesmo sistema de vida que precedeu a exaltação nervosa. Mostram as estatísticas que a culminação do excitamento emocional é acompanhada de grandes perturbações de ordem sexual, e que o número de uniões ilegítimas de toda espécie sobe consideravelmente durante algum tempo.

Há certas seitas que adotam, como parte do seu sistema normal, uma forma assaz modificada de tal excitamento, que consideram de necessidade para que os seus membros mais novos passem por uma crise, descrita algumas vezes como "o reconhecimento do pecado", e em outros casos simplesmente como "a conversão religiosa".

Para aquele que possui a visão astral, tal explosão é um espetáculo espantoso e desagradável. O missionário ou pregador que inicia um movimento desse tipo é, em geral, animado das melhores intenções. Tendo ele ficado impregnado de um transbordante amor a Deus, ou se deixado impressionar pela maldade de algum setor da comunidade, sente que o Espírito lhe manda proclamar uma coisa e condenar a outra. Deixa-se tomar de uma tremenda excitação emocional, permitindo que o seu corpo astral oscile além da margem de segurança.

Uma pessoa pode entregar-se à emoção até certo limite e ainda recuperar-se, assim como um navio pode inclinar-se até certo ponto e depois voltar à posição normal; mas, da mesma forma que o navio está sujeito a virar ao inclinar-se além dos limites de segurança, assim uma pessoa pode ficar com o seu corpo astral totalmente fora de controle, sucumbir ou se tornar demente ou obsediado. A obsessão não será necessariamente o que chamamos obsessão maligna, mas a verdade é que toda obsessão é prejudicial. Não quero fazer acreditar que toda entidade obsessora esteja animada de más intenções; geralmente, porém, ela se prevalece da oportunidade mais pelo desejo de excitar-se e emocionar-se do que por qualquer motivo altruístico.

Em muitos casos, porém, a entidade obsessora é um pregador desencarnado da mesma religião, estilo e tipo da pessoa obsediada, e temos assim, temporariamente, duas almas que operam por intermédio de um corpo. A dupla força obtida atua indiferentemente em seja qual for a audiência presente à reunião. A tremenda energia vibratória desses excessos emocionais é contagiosa e, uma vez que tais práticas religiosas se iniciam entre pessoas cujas emoções não se acham controladas por um intelecto bem desenvolvido, o pastor logo encontra outros que podem ser conduzidos, por vibração simpática, a um estado de desequilíbrio semelhante ao dele próprio.

Todo aquele cuja oscilação vai além do ponto de segurança reforça a energia dessas vibrações exageradas, e então se produz uma perturbação astral parecida com um gigantesco redemoinho. A este convergem de todos os lados entidades astrais que anseiam unicamente por sensações – já não se tratando simplesmente, ou mesmo principalmente, de seres humanos, mas de toda sorte de espíritos da natureza que se comprazem em imergir nas vibrações de um excitamento selvagem . São estes que abastecem e reforçam continuamente a energia despendida naquelas práticas temerárias. E procuram manter o nível de excitação enquanto puderem contar com seres humanos que se deixem arrastar ao vórtice e ser induzidos a lhes proporcionar as sensações de prazer que desejam.

A emoção, convém lembrar, com certeza, não é de tipo elevado, por ser inteiramente pessoal. É sempre motivada por um exaltado egoísmo, o desejo de alguém salvar a própria alma; por isso, a ideia dominante é egoísta. Define-se assim a espécie de matéria posta em movimento naqueles enormes redemoinhos, e os espíritos da natureza que se deleitam com isso ficam limitados àqueles espécimes que estão em sintonia com o mesmo tipo de matéria. Não se trata, como é natural, de tipos superiores: são geralmente criaturas sem muita inteligência ou compreensão, não tendo consciência alguma de suas vítimas humanas, e incapazes de poupá-las à sua nociva excitação, ainda quando se pudesse supor que cuidariam de o fazer.

Eis aí o lado oculto do movimento; é o que o clarividente percebe ao observar um desses estranhos comícios. Ele vê inúmeros seres humanos que se acham fora de si, e cujos veículos superiores deixam por alguns instantes de lhes servir, porque usados para alimentar essa corrente de energia.

Essas pessoas extravasam suas emoções a fim de formar um imenso redemoinho astral, em que se introduzem grandes espíritos da natureza com singular deleite , mergulhando e rodopiando neles repetidamente, entregues por inteiro a um frenético e selvagem prazer. Pois eles podem abandonar-se ao prazer com uma desenvoltura e amplitude que os seres humanos desconhecem. Todo o seu comportamento naquelas ocasiões é de um feroz paroxismo, e suas emoções fazem eco nos seres humanos, que inconscientemente lhes propiciam tais prazeres, experimentando por seu turno viva exultação.

Vemos assim a explicação do aspecto passional das extraordinárias manifestações. Tudo o que desejam os espíritos da natureza é uma forte emoção, de uma ou de outra espécie, por parte de seus escravos humanos. A eles não importa que a emoção seja de ordem religiosa ou sexual: e é provável que nem sequer percebam a diferença. Certamente não podem saber se é útil ou nociva à evolução dos seres humanos atingidos. Tudo consiste em uma louca e bárbara orgia de entidades não humanas, idêntica ao sabá medieval de feiticeiras, mas provocada neste caso por uma emoção que muitos consideram pertencer ao lado bom da vida, e não ao lado mau. Para os espíritos da natureza, porém, não existe diferença. Ignoram o que é o bem e o que é o mal; o que lhes dá prazer é a enorme excitação que só as massas trepidantes de seres humanos lhes podem oferecer, numa oportunidade que é, ao mesmo tempo, sumamente perigosa para a saúde de suas vítimas. Nenhum ser humano pode, por si só, alcançar esse nível de excitação. Necessário é que haja um grande número, para que atuem uns sobre os outros, estimulando-se e reforçando-se reciprocamente, por assim dizer. Realmente eu aconselho o estudante a não assistir a tais demonstrações coletivas, porquanto, a menos que tenha boa saúde e seja bem equilibrado, há um sério perigo de vir a deixar-se envolver.

No que escrevi, desejo que fique claramente entendido que não pretendo negar a possibilidade de a chamada conversão súbita mudar para melhor, algumas vezes, a pessoa convertida. A palavra conversão é um vocábulo nobre, se pudermos dissociá-la de sentidos menos dignos como aqueles que tenho descrito. Significa: voltar para; e sua implicação é que a pessoa, que até então operava em seu próprio caminho egoísta, pela primeira vez descobre a grande verdade de que Deus tem um plano para a humanidade, e que está dentro de suas forças adaptar-se inteligentemente a esse plano e nele desempenhar o papel que lhe foi designado. Quando o descobre, ela toma uma nova direção e "segue juntamente com" a Vontade Divina, em lugar de ignorantemente trabalhar contra ela; e depois de o ter feito, ainda que possa tornar-se aquilo que os cristãos chamam apóstata, ainda que os seus veículos possam desgovernar-se e arrastá-lo a toda espécie de excessos, nunca mais poderá pecar sem sentir remorsos – sem saber que caiu e sem lamentar a queda.

Esse conhecimento dos grandes fatos da vida chama-se, no Oriente, "aquisição de discernimento", ou, às vezes, "a abertura das portas da mente". Em regra, é um processo gradual, ou, pelo menos, um processo que advém como resultado de constante meditação ou raciocínio. Algumas vezes, porém, a convicção final surge instantaneamente, e nesse caso é chamada "conversão súbita". Se a pessoa na qual se produz o clarão instantâneo de convicção já tinha a mente predisposta (talvez desde vidas anteriores) e estava quase persuadida, não necessitando senão de um toque final de iluminação para lhe dar a certeza – então o efeito da conversão é permanente. Não que, mesmo assim, a pessoa não possa voltar a cair; mas dessas quedas ela sempre se há de recuperar, e, de modo geral, conseguir um progresso firme.

Conforme descrito, o efeito emocional de um comício de revivescência religiosa é muito forte. Não só proporcionará o pequeno toque adicional necessário à "conversão" daquele(a) que se acha quase pronto para esse processo, como também pode conduzir, às vezes, a pessoa ainda não preparada, transpor a linha divisória e levá-la, desde logo, a converter-se sinceramente (e honestamente) como a outra. Mas o efeito permanente não é o mesmo. Neste último caso, a pessoa não está realmente pronta; há uma enorme soma de força ainda sem controle na parte inferior de sua natureza; e, embora ela esteja já dominada pelas forças então presentes durante o comício, quando este acaba volta a predominar a natureza inferior, e ela inevitavelmente retrocede ao seu estado anterior. Não devemos censurá-la por isso; a força que é necessária para o permanente controle da natureza inferior aumenta com muita lentidão, e não seria razoável esperar que pudesse progredir sempre em virtude de um momento de entusiasmo. Os casos em que parece progredir são simplesmente aqueles nos quais a energia se foi secretamente acumulando durante muito tempo antes.

Repito, portanto, que muito longe estou de negar a realidade de eventuais conversões súbitas; não contesto que algum bem deve resultar de todo entusiasmo devocional despertado em um comício de revivescência religiosa.

Mas digo também que tudo quanto acima escrevi sobre o efeito geral de tais demonstrações, e da parte que nelas tomam entidades não humanas, é absolutamente exato; e por esse motivo não posso senão pensar que ao estudante de ocultismo convém evitar semelhante excitação.

Nos raros casos em que uma imensa multidão é movida por uma ideia dominante que nada tenha de egoísta, entra em cena uma ordem de entidades completamente diferentes – os anjos astrais, que se rejubilam ativamente em fazer o bem. Com semelhantes guias, a excessiva vibração temporária oferece segurança e é mesmo útil, porque tais seres compreendem a humanidade e sabem como fazê-la voltar em segurança à sua condição ordinária.

Alguns anos atrás aconteceu-me ver um admirável exemplo a esse respeito, que passo a descrever; mas devo primeiramente dizer algumas palavras sobre a virtude que o entusiasmo desperta. Porque toda a diferença está no motivo; no caso a que antes me referi, o motivo foi intrinsecamente egoísta, mas neste outro não o foi; ali a esperança de salvação pessoal, aqui a lealdade e o patriotismo.

Uma Onda de Patriotismo

O patriotismo é uma virtude em que nos dias atuais importa muito insistir. Mas devemos estar seguros do que queremos significar com a palavra. Não é o preconceito, não é o orgulho irracional. Há os que não veem nada de bom em outro país que não o próprio; os que estão sempre se vangloriando, com uma arrogância excessiva, do que consideram as superlativas excelências nacionais, e depreciam todas as outras. Esses não são patriotas, e não passam de gabolas: fazem demonstração, não da força de sua lealdade, mas de sua profunda ignorância.

O patriotismo genuíno é a antítese de tudo isso; reconhece que tem suas vantagens e suas desvantagens, que toda nação tem coisas excelentes, mas também os seus defeitos, pois não há sistema político ou social que seja perfeito – e por toda a parte existe muito da natureza humana. Não obstante, vê igualmente que, assim como uma pessoa deve consideração aos pais que a criaram, e à família da qual ela própria faz parte, assim também tem deveres para com o local em que nasceu, pois o lugar de nascimento não é uma questão de acaso, mas de *karma*. Foi ela posto ali porque esse devia ser o ambiente que mereceu, e ainda o mais adequado para ajudá-la em sua evolução. Foi posta ali não apenas para receber, mas para dar; porque é pelo serviço que o ser humano aprende melhor. Assim, deve estar preparada quando o país a chamar para prestar serviços; aquiescer de boa vontade sempre que se fizer necessário ao bem geral, ainda que lhe venha acarretar contratempo individualmente; esquecer os próprios interesses e aspirações privadas, por amor de sua pátria, e quando chegar a oportunidade pôr-se irrestritamente ao serviço desta.

Sei que, entre os adeptos do chamado pensamento avançado, há os que zombam do patriotismo, dizendo que é metade virtude, metade vício. Mas é uma opinião errada; com argumentos idênticos pode-se também zombar do amor à família. Em verdade, o amor à família e o amor à pátria são mais limitados que o amor universal; são, porém, estágios no caminho para este último. Se o ser humano primitivo pensa unicamente em si, representa para ele um progresso a ampliação desse amor àquilo que se chama a família; e aprender a sentir e a pensar em termos de seu país já significa um passo adiante naquele caminho. Mais tarde aprenderá a sentir e a pensar em termos da humanidade como um todo, e então começará a perceber que o animal e a planta são seus irmãos, embora irmãos mais novos, e que toda a vida é a Vida Divina; e, portanto, o amor, que antes se restringia a ele mesmo, à sua família, ao seu clã, à sua nação, adquiriu a extensão do mar sem praias do Amor Divino.

Mas um estágio necessário para chegar a essa meta é o patriotismo, que leva o ser humano a renunciar o seu sossego e comodidade, a deixar de lado oportunidades de lucro, sim, a sacrificar a própria vida a fim de servir à pátria. E é natural que personifique o país na pessoa de seu governante, e destarte outra virtude se desenvolve, a da lealdade, com o que o seu caráter se eleva e se purifica. No passado, os reis não raro foram indignos de tão nobre sentimento. É um triste fato, mas nem por isso interfere com o outro fato: o do benefício que resulta para aqueles em quem tal sentimento foi despertado. Quando felizmente sucede que o soberano é tudo o que um governante deve ser, nós temos uma composição de circunstâncias em que a lealdade pode operar com o seu máximo rendimento, e resultados esplêndidos podem obter-se, tanto da parte do rei como de seus súditos.

Exemplo notável viu-se no entusiasmo despertado pela celebração do Jubileu de Diamante da falecida Rainha Vitória. Para os que puderam presenciá-lo, o lado interno do cerimonial naquele dia foi um espetáculo inesquecível.

Sucedeu que naquela ocasião eu tive, graças à gentileza de um amigo, uma cadeira junto a uma das janelas de um edifício da City no caminho da grande comitiva. Mesmo do ponto de vista físico, as decorações haviam transformado as ruas da enevoada Londres. Todas as fachadas dos altos edifícios, de ambos os lados da sombria rua, estavam cobertas com uma espécie de andaimes que formavam sacadas provisórios em cada uma das janelas, que se encontravam literalmente apinhadas de homens, mulheres e crianças, de modo que as severas fachadas lembravam penhascos dispostos filas sobre filas, e o cortejo serpeava em baixo, como num desfiladeiro cujos lados se compunham de seres humanos.

A maioria do povo eram homens de negócio com suas esposas e famílias, e amigos vindos do interior; e estes últimos acrescentavam um elemento de alegria e curiosidade, a que as austeras e escuras ruas não estavam acostumadas, porque o povo em geral se entregava ao regozijo do momento e à crítica da maneira de trajar de seus vizinhos. Os próprios homens da cidade eram, na maioria dos casos, incapazes de conter a ansiedade, e podiam ser vistos ainda rodeados de formas-pensamento de preços e percentagens. Ocasionalmente, passava uma carruagem forçando o caminho, ou então era um regimento de soldados que ia tomar parte no cortejo; mas esses raramente prendiam mais que alguns instantes a atenção daqueles homens de negócio, que voltavam quase imediatamente aos seus cálculos. Até mesmo quando surgiu a grande comitiva, o interesse deles não foi senão parcialmente despertado, permanecendo suas mentes absorvidas por fundos públicos, ações e preocupações financeiras.

De quando em quando recebia um visitante pequena ovação popular; mas, em geral, a aparência astral dessa enorme multidão diferia, até certo ponto, na ocasião, de outras aglomerações semelhantes. A alegria das crianças por esse feriado incomum transparecia através da cintilação de cores, enquanto que os pensamentos dos pais ofereciam um flagrante contraste, como se fossem manchas plúmbeas na luminosidade da cena, porque eram pouco atingidos pelas ondas de excitamento que principiavam a percorrer as ruas de lado a lado. Mas a vibração emotiva se tornava cada vez mais forte e, quando o maravilhoso espetáculo chegou ao auge com a aproximação da Rainha, uma espantosa transformação se operou, pois todos os milhares de pequenos focos e vórtices coloridos desapareceram completamente, suplantados, que ficaram, pela enorme catadupa de cores azul, rosa e violeta combinadas, que foi inundando, qual Niágara, ambos os lados daquele caudal vivo de gente.

Literalmente, a única comparação possível era a da irresistível torrente que é tão impressionante para quem observa de baixo a maior queda de água do mundo; mas aqui havia a combinação de uma riqueza de cores esplendorosas, impossível de descrever e muito além de tudo quanto se possa conceber neste plano físico. Não há palavras capazes de dar uma ideia do efeito daquela estupenda explosão de entusiasmos simultâneos, daquela coruscante cascata de amor, lealdade e veneração, tudo convergindo para a carruagem em que ia sentada a Rainha, que não podia reprimir as lágrimas de emoção ante o transbordante sentimento de seus súditos. Sim, e os súditos também choravam – choravam de pura alegria e profundeza de sentimento – e aqueles homens de negócio endurecidos esqueceram nesses instantes seus cálculos e preocupações materiais e financeiras, sendo transportados a um mundo mais elevado, suspensos acima deles próprios, até um plano de pensamento e sentimento que muitos não haviam tocado desde os antigos tempos da inocente infância.

Uma experiência única, incomum nos dias prosaicos como os que atravessamos, mas uma experiência salutar, que não podia deixar senão uma impressão benéfica em todo aquele que por ela passasse. Esse forte abalo d'alma era passageiro, sem dúvida, mas todos os corações foram então sacudidos até o mais profundo do seu interior pela nobre e não egoísta emoção. E com isso todos os corações ficaram melhores.

Demonstração idêntica e ainda mais esplêndida de emoção não egoísta deu-se recentemente no ensejo da Coroação de sua Majestade o Rei Jorge V. Não me foi dado o privilégio de vê-la em meu corpo físico; mas um relato dos clarividentes que a presenciaram mostra que devia ter ainda ultrapassado a outra manifestação.

Guerra

Outro acontecimento ocasional – felizmente bastante ocasional e que só se repete de raro em raro – que abala profundamente os sentimentos do povo é a guerra. Acredito que em nosso tempo poucos se atrevem a negar que a guerra é um anacronismo atroz. Se refletirmos um momento, compreenderemos todos que o resultado de uma batalha em nada resolve a questão original que a provocou. Pode provar que um exército possui o mais hábil general ou a artilharia mais poderosa; mas com toda a certeza não prova de que lado está a razão, se alguma houver. Tanto quanto diz respeito aos indivíduos, todos, com exceção das classes de nível mais baixo, já transpuseram o estágio de procurar decidir as disputas pessoais através da prova cruenta do combate; quando nossas convicções acerca de uma linha divisória divergem muito das de nossos vizinhos, já não reunimos os nossos servos para argumentar com rifles ou clavas. Em vez disso, submetemos o caso a um tribunal, em cuja imparcialidade, de ambos os lados, temos razões para confiar.

Como nações, todavia, não chegamos ainda ao grau de evolução que alcançamos como indivíduos; estamos pretendendo (alguns de nós) submeter à arbitragem questões sobre matérias relativamente sem importância; mas está por existir uma corte na qual os povos da Terra confiem bastante para aceitar-lhe o veredicto em assunto vital para eles. Por isso, o apelo irracional à força bruta subsiste ainda como uma possibilidade que paira sempre sobre o campo da vida nacional, qual negra nuvem ameaçadora.

Poetas têm cantado as glórias da guerra – mas as legiões da Cruz Vermelha, que não vão para ferir, senão para socorrer, que aparecem no campo de batalha após o rifle e o canhão, têm cumprido a sua tarefa; e essas podem contar-nos algo quanto à verdadeira significação da guerra, e acerca de todos os imensos horrores da guerra, que remanescem depois da valente defesa ou do bem-sucedido ataque. Às vezes a guerra ainda pode ser uma necessidade – o menor de dois males; mas será assim tão só porque a nossa arrogante civilização ainda é lamentavelmente deficiente. Entretanto, por horrível e insensata que seja, sua utilização, em certas circunstâncias, pode vir a ser necessária; desempenha o seu papel em um estágio primitivo da evolução.

Indiscutivelmente, os Egos encarnados nas hordas zulus, que não hesitaram em marchar para uma morte certa sob o comando de Chaka ou Cetewayo, adquiriram por esse meio qualidades de obediência, autocontrole e autossacrifício, que lhes serão de valia em encarnações ulteriores em ambientes nos quais poderão delas fazer um uso mais racional; e é ao grau de desenvolvimento do zulu que a guerra pertence propriamente. As mesmas lições, contudo, são necessárias a muita gente que nasceu em raças mais adiantadas que a dos zulus; e, sem diminuir de um átimo o horror da inominável crueldade e insensatez da guerra, podemos ainda admitir que semelhante apego à ideia abstrata de patriotismo, que leva um homem a estar pronto para morrer por ela, significa um passo à frente na atitude normal do meio de onde principalmente saem os soldados comuns. Aqueles que se acham familiarizados de perto com a nossa população rural não podem deixar também de observar a diferença que o treinamento militar traz para os jovens – como passam, de lentos de fala e de compreensão, a tornar-se alertas, desembaraçados, férteis em recursos e repletos de respeito próprio. Infelizmente adquirem ao mesmo tempo outros hábitos menos desejáveis; mas, pelo menos, se mostram menos broncos e mais humanos.

Não há, no entanto, razão alguma para que um excelente sistema de adestramento físico não seja universalmente adotado, ainda quando reine suprema a paz, de modo que nos possamos beneficiar de tudo o que resulta atualmente do treinamento no exército e na marinha, sem o pecaminoso e ridículo desgaste de vida e dinheiro no presente estado de guerra. Um passo nesse sentido já está sendo dado pela admirável organização de Escoteiros, e é de desejar que essa iniciativa se estenda ao mundo inteiro, para que todos venham a compartilhar os benefícios.

Apesar de terrível e cruel, a guerra, quando acontece (isto é, quando já é impossível conjurá-la), costuma ser utilizada para dela extrair-se, pelo menos, uma espécie de bem compensatório por parte das autoridades que estão por trás. Também às vezes é empregada como alternativa de algo ainda pior, ou se admite uma pequena guerra para evitar outra mais desastrosa.

Eu já observei que, se não houvesse ocorrido a guerra em que ultimamente se empenhou a Inglaterra na África do Sul, teria sido inevitável uma colossal e horrorosa guerra na Europa, acarretando uma destruição de muito maior amplitude. Também é certo que essa guerra foi aproveitada para estabelecer um vínculo mais estreito entre as partes do Império Britânico, de modo que os homens, estando lado a lado no campo de luta, pudessem aprender a ser mais fraternos e a entender-se melhor uns com os outros. Efetivamente, é um resultado que muitas vezes se tem seguido à guerra: aquiescerem as facções dentro de um país em olvidar suas diferenças em face do inimigo comum. O ataque da Itália a Trípoli pode ou não ser, em tese, justificável; mas ninguém que tenha vivido naquele país duvidará que teve seu mérito, conduzindo a população italiana, até certo ponto heterogênea, a uma unidade mais consistente do que era antes – a positivar sua solidariedade como nação.

O lado oculto do atual conflito talvez seja menos notável do que se podia esperar. As formas sonoras produzidas pelas descargas de artilharia e pelos incessantes estampidos dos rifles são naturalmente chocantes; mas, no que toca ao mundo astral, a característica principal é uma encapelada massa de confusão, nas proximidades do campo de batalha.

Inevitável existir certa dose de medo entre aqueles cuja participação no terrível embate se inicia; mas, em geral, existe pouco ódio propriamente dito. A dor e o sofrimento dos feridos são enormes; ainda assim, quase não há, na maioria dos casos, sentimento de rancor pessoal. Predomina um sentido de ordem, obediência, determinação, proveniente talvez, e principalmente, dos oficiais e dos velhos soldados. Mas, a não ser que o espectador perceba as formas-pensamento dos generais, difícil é ter uma ideia coerente da cena no seu todo.

Muitos auxiliares invisíveis se acham presentes durante uma batalha, para receber os mortos e prestar-lhes a assistência de que necessitem. Considerando, porém, as coisas no seu aspecto global, há uma excitação muito maior, no tocante à guerra, nas mentes dos homens do campo e seus parentes do que nas dos próprios soldados que nela tomam parte diretamente.

Catástrofes

Por vezes outras calamidades, além da guerra, desabam sobre o mundo. Duzentas mil pessoas perderam a vida subitamente num terremoto ocorrido em Messina. Qual o lado oculto de um acontecimento como esse? A visão interna nos ajuda a encarar com mais compreensão muitos desses fatos, e, conquanto nos apiedemos das vítimas, evitamos, contudo, o sentimento de opressivo horror e consternação que faz paralisar muita gente ao pensar nelas. Vamos meditar calmamente e analisar o que realmente se passou. Duzentas mil pessoas foram inesperadamente aliviadas de sua carga de carne. Certo, não há necessidade de termos pena delas. Não podemos qualificá-las de sofredoras por terem sido guindadas de chofre e sem dor a uma vida mais elevada e mais feliz, e em tais catástrofes existe menos sofrimento realmente que em muitos casos isolados de morte.

O sofrimento causado pela morte súbita nunca é para o que morreu, senão para os parentes que, sem compreender os fatos da morte, supõem havê-los perdido para sempre. Acontece que em uma grande catástrofe dessa natureza são poucos os que ficam para prantear os outros, pois as famílias, dentro de certa área, desaparecem quase todas. Os parentes imediatos, na maioria dos casos, morrem juntos, e os que restam para chorar são parentes mais distantes, que residem em áreas afastadas.

Houve alguns que, sem dúvida, sofreram terrivelmente, porque foram feridos e deixados durante dias à espera de socorro; outros porque ficaram soterrados e acabaram morrendo sufocados ou de fome. Quanto a esses, a nossa profunda simpatia pode fazer-lhes bem. É de notar, porém, que devem ter sido em número reduzido, menos do que os que morrem de fome todas as semanas em Londres, pois a morte por este motivo não se deve somente à carência absoluta de alimento durante certo tempo. Uma pessoa alimentando-se de maneira insuficiente, ou com elementos nutritivos deficientes, durante anos, está condenada a morrer de fome, do mesmo modo que a pessoa que fica sem alimento algum durante dias, e no primeiro caso o sofrimento é muito mais prolongado que no último.

Mas também pode se dizer que no terremoto o sofrimento assumiu ingentes proporções, porque muitas pessoas ficaram sem teto e privadas do seu habitual suprimento de alimentos. Para esses deve ser também extensiva a nossa sincera simpatia. Sabemos que as coisas acontecem dessa forma no mundo efetivamente e, do ponto de vista oculto, sem dúvida, o mais importante efeito do terremoto foi a grande onda de simpatia e piedade, dirigida para o local de todos os pontos habitados do globo aonde havia chegado a notícia.

Não é a morte que devemos encarar como um evento mau; isso, pelo menos, é o que nos ensinou o conhecimento de Teosofia. Não são os mortos que nos devem inspirar comiseração, mas os vivos que ainda estão sofrendo sob as limitações e os obstáculos deste acanhado plano físico. Para aqueles que não têm consciência de outro mundo, parece assustadora a ideia de terem que deixar este. A pessoa cuja consciência alcança os níveis de planos superiores sabe, com a mais plena e inabalável certeza, que, para falar apenas de felicidade, o momento mais ditoso é aquele em que ela se liberta deste mundo para subir a um mundo melhor e mais real.

Admitido que a nossa vida aqui é uma necessidade, e que nos cumpre realizar um progresso só possível de alcançar sob estas duras condições, veremos que essa é a razão de ser de nossa existência física, e que é por isso que nós estamos aqui – como uma pessoa que sai de sua casa para um trabalho desagradável, consciente, porém, de que é seu dever executá-lo. Tenhamos sempre piedade para com o nosso pobre companheiro ora exilado da vida superior; mas não desperdicemos a nossa pena em relação aos que retornaram à sua casa em busca de glória, beleza e descanso.

Vistas do nosso mundo físico, todas as coisas aparecem desfiguradas, porque só vemos uma parte insignificante delas, e então insistimos, em nossa estranha ignorância, ao tomar a parte pelo todo. O ocultismo nos ensina uma proporção mais exata e coloca nossa vida em perspectiva para nós; assim – ao mesmo tempo que não faltamos com nossa simpatia para com todos os que dela necessitam –, aprendemos que os mais necessitados da simpatia não são aqueles a quem, por falta de discernimento, o mundo tributa com mais largueza. Todos os mundos igualmente fazem parte da grande Divindade Solar; n'Ela "vivemos e nos movemos e temos o nosso ser"; e, desde que não podemos nos afastar de Sua presença, nem escapar à Sua mão protetora, que importa tudo o mais?

Capítulo 12

POR SERES INVISÍVEIS

Pessoas Sensitivas

Os acontecimentos de que até agora nos ocupamos são os que podem interferir na vida de quase todos. Há outra classe de acontecimentos ocasionais que, em geral, ocorrem apenas com certo tipo de pessoas; exercem, porém, sobre aquelas pessoas, uma influência tão grande que é difícil avaliar – suficientemente grande para alterar todo o curso de uma vida. Contam-se entre nós alguns que são mais sensíveis que a maioria das pessoas; que têm sonhos e visões; e, para esses, as visões constituem os fatos mais importantes da vida. São pessoas que também sentem natural atração pelo estudo do ocultismo; assim, a proporção delas no meio de nossos leitores é provavelmente muito maior do que entre aqueles que não cuidam desses assuntos. As visões têm igualmente o seu lado oculto – um dos quais é do máximo interesse estudar.

As visões são de várias espécies; umas triviais e não merecedoras de atenção, outras profundamente importantes e com efeitos de suma repercussão nos que as experimentaram. Em alguns casos, sua gênese é óbvia; em outros, participam curiosas e inesperadas combinações, e numerosas causas separadas podem associar-se para dar lugar a uma só história.

Como eu escrevi diversos livros acerca das condições do mundo astral, não é raro que pessoas com visões ou experiências psíquicas, situadas além de sua perfeita compreensão, me enviem relatos sobre elas e perguntem se minha experiência relacionada com a matéria sugere alguma explicação. A essas cartas nem sempre é fácil responder – não porque seja difícil formular uma hipótese na qual se possam enquadrar os fatos, mas porque as hipóteses são inúmeras. Quase toda experiência descrita pode igualmente e sem maior dificuldade ter-se verificado por um entre meia dúzia de processos; e, sem se proceder a uma investigação especial e minuciosa, quase impossível é dizer qual desses métodos foi empregado em um caso particular. Natural, porém, que alguns entre as centenas de casos expostos sejam de interesse bastante para compensar o dispêndio de tempo e esforço; mas é possível encontrar um de características especiais – como um sugestivo exemplo do seu tipo, e cuja análise possa aplicar-se a muitas outras experiências similares.

Um Caso Notável

Este me foi trazido por uma senhora: o relato de uma demorada e complicada visão ou série de visões, associadas a experiências impressionantes, que foram seguidas de um resultado permanente. A fim de compreender o que realmente se passara, muita investigação se fez necessária, no curso da qual ficou evidenciado que vários fatores distintos entraram em jogo para produzir os curiosos efeitos descritos. Cada um desses fatores teve que ser acompanhado separadamente e rastreado até sua origem, e penso que dificilmente os estudantes deixarão de ter interesse em examinar o processo pelo qual essas causas independentes e descontínuas concorreram na formação de um conjunto algo espantoso.

Dou aqui um resumo da história, tal qual me foi contada, servindo-me em muitos passos das próprias palavras da narradora, mas condensando-as o mais possível sem prejuízo do espírito e do estilo do original. Devo preliminarmente esclarecer que a senhora ficara insatisfeita com as doutrinas religiosas de sua infância, e começara a estudar religião comparada, lendo diversos livros teosóficos – entre outros *A Doutrina Secreta*. Estava ela ansiosa por conhecer a verdade, e todo o progresso que fosse possível. No curso de suas leituras, veio a conhecer o livro *Raja Yoga*[19] de Swami Vivekananda, e praticou os exercícios de respiração nele recomendados. Como resultado, desenvolveu rapidamente uma espécie de clarividência, e principiou a escrever automaticamente. Durante cinco dias, entregou-se a seus controles astrais, escrevendo diariamente tudo quanto eles queriam.

---
[19] Vide também o livro *Raja Yoga*, de Wallace Slater, Ed. Teosófica, Brasília, 2008. (N. E.)

Parece que ela se opunha tenazmente à ideia de pena capital, e sentiu grande simpatia por um assassino que fora recentemente executado em sua vizinhança. Entre outras entidades, esse criminoso lhe apareceu após a morte e com ela se comunicou, trazendo em sua companhia outros homens do mesmo caráter. Envidou ela os maiores esforços para ajudar essa gente, procurando por todos os meios dar-lhes esperança e conforto, e ensinar-lhes o que conhecia sobre Teosofia. Dentro em pouco, porém, verificou que o assassino a dominava e obsediava, e sentiu-se impotente para afastá-lo. Seu caso não tardou a agravar-se, e sua vida e sua razão oscilavam na balança. Durante muito tempo, não houve sugestão nem esforço que lhe aliviassem os sofrimentos, embora orasse sem cessar com todas as forças de sua alma.

Afinal, teve consciência da presença de outra entidade, que viera socorrê-la. Disse-lhe essa entidade que sua oração merecera acolhimento, e que fora ele designado como seu "guia"; e mais que, graças ao seu desenvolvimento espiritual e ao poder de suas orações, o seu caso era considerado digno de ajuda, estando ela prestes a ser o recipiente dos mais excepcionais favores. Falou a entidade, com efeito, tanta coisa a respeito da admirável posição da senhora e do reconhecimento a que fizera jus, que ela lhe perguntou surpreendida:

"Quem sou eu então?"

"Tu és Buddha", foi a espantosa resposta.

"E tu, quem és? Perguntou ela.

"Eu sou Cristo", respondeu, "e quero agora encarregar-me de ti".

Nossa correspondente demonstrou o seu bom senso e sua grande superioridade em comparação com a maioria de comunicações semelhantes, recusando-se a crer naquela estranha declaração, embora aceitasse a orientação (e o ensinamento em outros pontos) do ente que lhe fizera tão espantosas afirmações.

Disse-lhe ele então que ela ia passar por uma iniciação e que, se bem-sucedida, seria admitida ao "Conselho do Céu", convocado para decidir se devia o mundo ser logo destruído, ou se mais um esforço por sua salvação valeria a pena ser tentado. Instou-lhe que apressasse sua qualificação a fim de assistir àquela reunião, na qual ia ser julgada a sorte do mundo, e habilitar-se a dar o seu voto em prol da salvação. A atitude mental dela era mais de curiosidade; decerto não aceitou as extravagantes declarações – mas estava meio crente de que um grande trabalho urgia ser levado a cabo, e quis prosseguir na experiência, submetendo-se à orientação do ente que a tinha salvo da obsessão.

Como passo preliminar para a iniciação, foi ela encaminhada a uma câmara, cuja porta podia fechar, ali ficando comodamente deitada em uma cama. Depois, o guia a instruiu para fazer o exercício de respiração de *Yoga* ensinado por Vivekananda. Disse-lhe que seus esforços anteriores haviam feito subir o fogo serpentino ao plexo solar, e que agora lhe cumpria erguê-lo até o cérebro – processo em que ele havia de ajudá-la e dirigi-la.

Descreve ela a sensação que se seguiu, semelhante exatamente ao trabalho de parto de uma mulher, exceto que a dor era ao longo da espinha, parecendo que o nascimento ia dar-se no cérebro. Muitas vezes eram tão cruciantes os seus sofrimentos que ela chegava quase ao desespero, e esteve prestes a abandonar a luta; mas o guia se mostrava muito ansioso, e insistia sempre em que ela não capitulasse, mas fosse com a prova até o fim. Como um médico assistente ou uma enfermeira, ele se debruçou sobre ela, encorajando, aconselhando, ajudando, fazendo todo o possível para facilitar o nascimento. Finalmente ela triunfou; e disse que o parto lhe pareceu tão real quanto o de seus próprios filhos. Ao verificar-se o parto, o guia, bastante aliviado, exclamou: "Graças a Deus, tudo acabou".

A extraordinária experiência foi, porém, o prelúdio apenas de uma longa série de maravilhosas visões que se estenderam por doze dias do nosso tempo físico. Tais visões eram, em parte, de caráter pessoal e, em parte, da natureza de ensinamentos gerais – amiúde incoerentes e inenarráveis, mas sempre interessantes e impressionantes. A parte pessoal consistia em suas relações com o chamado "Conselho do Céu" e no resultado de sua participação nele, e incluía também algumas curiosas visões simbólicas, em que pessoas de seu conhecimento na vida física pareciam representar o papel do mundo que ela tentava salvar, e o do arqui-inimigo Satã, um anjo caído, que fazia oposição aos seus esforços. Ela observa pertinentemente que tudo isso parecia sobremodo estranho, tanto mais que desde há muito tempo já não alimentava nenhuma crença em um diabo pessoal, ou na necessidade daquilo que comumente era chamado "salvação".

O ensinamento de caráter geral situava-se na linha teosófica, e dizia respeito principalmente às fases da criação e da evolução das diversas raças-raízes. E descreve o primeiro estágio nos seguintes termos:

"Então eu contemplei uma extraordinária visão. A princípio, em meio à escuridão eu vi um imenso caos, que parecia estar em incubação desde idades sem conta. Depois começou um ligeiro movimento, com a aparência de um sonho fantástico nessa grande escuridão. Pouco a pouco, o movimento cresceu, até que por fim pareceu surgir um pensamento definido. Pouco a pouco, apareceram formas em contínua mutação. Tudo era caótico. Até as formas estavam no meio do caos, e o trabalho do Universo era terrível. Tudo era uno. Parecia como se o esforço para estabelecer ordem e converter tantas formas numa unidade indicasse além de qualquer dúvida, que tudo era a obra de Um Grande Ser, e que a dor e a responsabilidade eram sentidas unicamente por Ele. Continuou assim por muito tempo, manifestando-se o parto sob outro aspecto, com resultados crescentes e imutável solenidade.

"Não sei quando pela primeira vez passei a ver almas. Deve ter sido no início da espantosa exibição; porque recordo distintamente como elas se apinhavam no meio do caos e por entre as formas. Através da incessante vibração dessa maravilhosa evolução, as almas eram absorvidas nas formas, e as formas também se convertiam em almas. Estas últimas tinham o formato de ovo, e eram de todos os tamanhos, desde os menores aos maiores, mas não tão grandes como eu vi posteriormente numa espantosa sequência.

"Depois de algum tempo, o panorama de maravilhas transformou-se, e o mundo voltou a assumir o aspecto familiar ao meu modo de pensamento. Desfilaram símbolos após símbolos, inclusive toda a história e toda a mitologia. Milhares de quadros perpassaram, como que revelando a totalidade do Cosmos e da História. Hoje não posso recordar-me senão de alguns; mas um destes servirá como ilustração.

"Vi uma vaca de imensas proporções – quase tão grande quanto uma de nossas montanhas. Uma escada foi colocada ao lado dela, e um homem subia laboriosa e lentamente pela escada, degrau a degrau. Representava ele a Humanidade. Quando afinal chegou a montar a vaca, inclinou-se para a frente e segurou ambos os chifres. A Humanidade reclamava para todas as pessoas os produtos e a munificência da terra, e não apenas em benefício de alguns. Meu guia chamou ao animal 'A Vaca de Demeter'. Minha leitura dos clássicos ensinara-me que Demeter simbolizava a terra".

Foi, aparentemente, nessa fase que a introduziram no "Conselho do Céu". Viu que consistia em um pequeno número de figuras colossais, sentadas em semicírculo. Os membros pareciam impacientes com o mundo, e resolutos em sua destruição. Mas ela argumentou com habilidade que devia ser dada outra oportunidade à Humanidade, e disse que vivera e morrera muitas vezes pelo mundo e estava inteiramente disposta a consagrar-se ao seu serviço mais uma vez. Seu guia lhe contou mais tarde que no mundo físico ela não tinha ideia do quanto fora eloquente em seus pleitos naquela ocasião. Parece que houve uma divergência de opiniões no Conselho, mas a maioria teria atendido aos seus rogos, prometendo mandar ajudá-la e ao seu guia, para que pudessem trabalhar pelo mundo. (Um exame da verdade subjacente nessa notável visão do "Conselho do Céu" foi um dos aspectos mais interessantes da investigação, e sobre ele escreverei mais adiante). Após isso, as visões semiteosóficas foram diminuindo. Transcrevo novamente as palavras da missivista:

"Esta noite outras visões sucederam, mas o teor da simbologia mudou. Vi um vale no qual se achava a raça humana, e em cima pairava uma multidão de seres vestidos de branco; mas o branco não irradiava luz. A humanidade era escura, e estava na sombra. Corri para alertá-la, mas à minha aproximação as figuras de branco se precipitaram em grupos compactos e poderosos para impedir que eu conseguisse o meu intento. Verifiquei que eram espíritos enganadores, que se inculcavam de professores e pregadores na Terra; e que tencionavam a todo custo manter aprisionada a humanidade na confusão e nas trevas. Mas, enquanto eu observava, avistei uma alma que estava alerta no meio da multidão humana. E essa alma desperta ganhou luminosidade, uma luz que vinha de dentro, e, erguendo-se de sua posição deitada, começou a movimentar-se no mundo entorpecido, procurando despertar outros. Parecia que eu me encontrava em uma montanha distante, mas pude ver claramente quando uma alma principiava a despertar e a cintilar; e, antes que a visão sumisse, muitas dessas radiantes luzes refulgiam aqui e ali, e até uma luz de raios dourados como os do sol começou a iluminar o topo das montanhas em redor, e as figuras vestidas de branco fugiam à medida que aumentava a radiação dourada. Continuaram elas, no entanto, a empenhar-se em insistentes tentativas para se oporem aos meus esforços para salvar o mundo ou viver a minha vida.

"Durante toda a noite as visões prosseguiram, mas ao aproximar-se a manhã tornaram-se imprecisas. Meu guia acordou-me e disse que me levantasse e tomasse uma xícara de café para recuperar-me, porque eu estava de tal modo enfraquecida que parecia prestes a deixar de uma vez o corpo. Quando lhe obedeci, estava em uma espécie de torpor. Durante todo o tempo em que tentei acender o fogo a fim de preparar o café, meu guia se achava presente e eu me senti maravilhosamente bem. Parecia que Anjos me rodeavam e entoavam hosanas. Era a manhã do Dia de Ação de Graças, e a inclemência anterior do tempo dera lugar a uma atmosfera de fragrância. Abri a porta e voltei o rosto para o sudoeste. Senti-me rodeada de excelsas Entidades, com as quais cantei um magnífico hino de louvor e ação de graças. Assemelhava-se tudo à Assunção da Virgem-Mãe, à Imaculada Conceição, ao nascimento e à presença da Divina Criança, a um só tempo. Um aroma peculiar e agradável, mas não familiar, perpassava o ambiente. Disse o meu guia que os anjos estavam queimando incenso. Mais tarde o meu guia mandou que eu fosse para a cama novamente.

"A visão foi maravilhosa ao máximo. Contemplei outra vez a criação, mas agora foi diferente. Vi as raças em seu conjunto. E como as raças parecessem desvanecer-se, meu guia falou solenemente: 'E a noite e a manhã foram o primeiro dia. E a noite e a manhã foram o segundo dia', etc. De qualquer forma – embora hoje não me seja possível explicar como – percebi, naquela, ocasião que a primeira raça nasceu no quarto dia, parecendo ser de especial importância. Minha atenção foi particularmente atraída para esse fato, pois o homem plenamente desenvolvido da quinta raça estava nas mãos de um Grande Ser que o oferecia à minha observação. Na visão eu reparei que até a quinta raça os homens eram de todos os tipos. Grandes alguns, muito pequenos outros. Predominava o caos, e havia pouca ordem por toda a parte no Universo humano. Mas depois que veio a quinta raça, notei que todos se tornavam iguais e todos trabalhavam em perfeita harmonia. E vi também que a raça adquiria a forma consistente de uma falange – sendo, porém, circular – e que uma faixa estava passada ao redor de toda a massa, ser humano a ser humano, não podendo ser humano algum desprender-se desse vínculo. A passagem da raça foi assinalada pela súbita transformação na forma da alma – a forma oval.

"Na sexta raça o desenvolvimento foi muito acentuado. Os indivíduos eram iguais, muito maiores, porém, que na quinta raça. A tendência de toda a raça era muito mais para cima, e o movimento consideravelmente acelerado. Pouco tempo antes do fim da quinta raça ou do começo da sexta – não consigo lembrar-me exatamente quando – vi outra vez a luz do sol iluminando os picos. A raça emergiu da sombra para a luz do sol, e a tendência para a frente e para cima se tornou cada vez mais pronunciada. Então, havendo mais uma vez soado a hora, os ovos ficaram juntos, tal como ficam os ovos em um ninho, mas sua quantidade era inumerável.

"Meu guia deixou-me aqui. Disse que não podia acompanhar-me, que eu devia ir sozinha e interpretar por mim mesma o significado de minhas visões. Recomendou-me que tivesse cuidado em não abandonar a tarefa, porque da minha persistência em levá-la adiante dependeria o meu êxito e a salvação do mundo, o que era a razão de ser de tudo o que eu acabara de presenciar. Em outras palavras, eu própria acreditava estar passando por uma terrível prova com o objetivo de salvar o mundo.

"Quando observei a evolução da sétima raça, pareceu-me que estava realmente subindo até inimagináveis altitudes. A faixa que primeiramente eu vira ligando a quinta raça circundava firmemente a sexta e a sétima. Tornara-se inquebrantável. E, quando eu olhava as faces dos seres humanos da sétima raça, vi que elas se iluminavam cada vez mais de uma luz interior. Sua refulgência já não provinha de fora, e cada uma possuía o brilho vivido de uma luz ofuscante.

"Meu corpo estava agora muito fatigado, e, quando a noite desceu, implorei por descanso. Mas tal não me foi permitido. Fui submetida a inúmeras provas. Muitas eram penosas, e exigiam que eu apelasse para todas as minhas reservas de energia a fim de que as pudesse suportar. Que significava isso, não sei. Sei apenas que prometi transmitir a mensagem de Deus, fossem quais fossem as condições, se Ele assim o ordenasse. Mas as provas foram terríveis. Imediatamente eu repeli as visões, se bem que estivessem ficando cada vez mais belas. Então cessaram, e tive a impressão de que caíra em poder de Satã. (Todos esses termos ortodoxos eu os havia repelido pessoalmente, mas eles retornaram à realidade nas visões.)

"Por algum tempo acreditei que, como castigo por minha maldade, ou antes, como resultado do meu erro, houvesse perdido tudo. A horrível crise tinha passado. O mundo achava-se perdido em consequência do meu malogro; e agora já não parecia ser apenas este mundo, mas o Universo todo. E então, como eu supliquei e sofri! Antes que tudo pudesse ser restabelecido, prometi não somente dar a minha vida como ainda sacrificar as vidas de meus filhos e até mesmo a própria vida da minha alma, se necessário fosse à salvação do mundo.

"Não posso deter-me aqui. Pela manhã, uma estranha aragem penetrou no meu corpo e percorreu-me toda a espinha, como se o corpo não representasse absolutamente um obstáculo físico; e, enquanto ela soprava ou fluía dentro de mim, entoou um hino de exaltação divina, que culminou em uma transcendente união, em que me senti plenamente una com Deus. Era um estado que seria insensato tentar descrever.

"Durante todo esse tempo desfilou diante de meus olhos uma nova série de visões – de visões gloriosas. Impossível recordar as formas, apenas a riqueza de cores, cada qual mais refulgente e magnífica que a precedente. Por último era um violeta maravilhoso, e, enquanto brilhava sobre mim com inefável esplendor, foi-me dito que eu podia continuar e ver a Deus, se o quisesse. Perguntei se me seria possível regressar, e responderam-me que, se fosse, não poderia retornar. Então eu declarei, já que havia passado por uma centena de outras provas: 'Devo viver para salvar o mundo!' E, tendo assim falado, e negando-me a prosseguir, o sol levantou-se no mundo, onde eu estava agora consciente, e ergui os olhos para minha esplêndida visão, observando como o sol estava empalidecendo; e em seguida a visão desapareceu.

"Impossível precisar o momento, mas depois fui deixada em uma cruz durante a noite e colocada em uma sepultura; acreditei que o meu corpo estivesse morto. Meu coração físico, segundo eu pensava, parou de bater, e a dor foi cruciante. Mas a bem-aventurança da alma, nas visões superiores, era tão grande quanto a dor corporal nas provas sacrificais.

"Depois de tudo isso, devo renunciar a toda tentativa de descrição. Em verdade, não posso relatar as coisas estranhas que me aconteceram, nem a minha memória as reteve com nitidez. Uma das ideias era que eu fora submetida a uma preparação para a tarefa que me cabia executar; outra, que me parecera ouvir – tomando parte nelas – tanto a história da involução como a da evolução. Talvez representem as experiências preparatórias para a encarnação da alma.

"Quando finalmente havia passado tudo isso, vi que minha família se encontrava ao redor do meu leito, presa de aflição. Supunham que eu estivesse morrendo. Do princípio até o fim do meu estado anormal, haviam-se escoado cerca de doze dias, e durante cinco dias e noites não dormi. No derradeiro dia, fiquei certa de que, após tudo aquilo, eu não ia viver por mais tempo neste mundo; e, quando voltei à consciência plena e normal, a voz que ouvira tão misteriosamente foi sumindo pouco a pouco, da mesma forma que as visões, e daí em diante nada mais apareceu.

"Mas desde então tenho estado consciente de uma nova vida espiritual, e pela meditação cheguei a um estado de completa tranquilidade, estando convencida de que algo maravilhoso me aconteceu".

Investigando a Visão

Convém deixar claro que o acima transcrito representa apenas uma pequena parte das visões descritas pela nossa correspondente; mas acredito haver apresentado uma boa amostra delas, sem omitir ponto algum de especial interesse.

Todo aquele que está afeito à análise de fenômenos psíquicos verá, desde logo, que o relato contém vários aspectos que o diferenciam dos comuns. Muitas visões, ainda que bem concatenadas e com pormenores, e intensamente realísticas para a vidente, mostram que são todas fruto da imaginação.

Quero dizer que, se uma pessoa se põe a pensar sobre algum assunto, dentro de determinadas linhas, cria desse modo uma série de formas-pensamento; e depois, quando deixa o corpo durante o sono ou em transe, vê essas formas sem as reconhecer como suas, e supõe que sejam realidades em vez de meros reflexos imperfeitos. Assim, a sua crença ou superstição, o que quer que seja, recebe grande reforço, porque ela mesma testemunhou a origem celestial de sua visão, sem dúvidas a esse respeito. A pessoa em questão, por certo, é inteiramente honesta em sua convicção, e até mesmo está correta quando afirma que viu tais coisas; o ponto fraco é que não possui o treinamento capaz de fazê-lo discernir a natureza daquilo que ela viu.

No caso presente, contudo, há várias indicações que tornam extremamente improvável serem pensamentos da vidente, e uma forte evidência de que outra mente tenha sido responsável por muita coisa do que ela viu.

Como a nossa missivista estava ansiosa por compreender a gênese de suas visões, e porque a sua história se revestia de algumas características fora do comum, o caso pareceu digno de uma investigação minuciosa.

Depois de obter que a senhora consentisse em submeter-se a uma análise [20] de sua personalidade, julgamos necessário recorrer aos registros astrais e mentais que a ela se referiam, a fim de nos certificarmos do que realmente lhe acontecera. Em pouco tempo ficamos sabendo que muitos e distintos fatores cooperaram no caso, e só depois de desemaranhar os fios, e seguir cada um deles até o seu ponto de partida, é que puderam ser vistas com clareza todas as causas. Resumindo:

A senhora, como centenas de outras pessoas têm feito, se havia deixado seriamente perturbar com o imprudente uso de exercícios de respiração. Seus desesperados esforços para livrar-se das consequências atraíram a atenção de um homem desencarnado, que era bastante forte para lhe ser de alguma utilidade. Esse homem, porém, tinha seus próprios objetivos a alcançar – objetivos não conscientemente egoístas, mas relacionados a uma curiosa decepção pessoal que tivera – e, ajudando-a, imaginava que ela poderia ser um instrumento eficaz na realização de seus planos. Modificou imediatamente o seu esquema, e a induziu a dele participar, levando-a a experiências que ela, sozinha, não poderia conhecer senão depois de muitas encarnações.

Grande parte dos resultados não corresponderam, é evidente, à sua expectativa, embora empregasse ele toda a diligência nesse propósito. Em dado momento viu que ela lhe escapava, em parte porque ficou alarmado com o curso que as coisas estavam tomando, e em parte porque começou a ver que não podia usá-la inteiramente como supunha. O desfecho de toda a aventura, no que diz respeito à nossa missivista, foi bom, mas em virtude de uma circunstância favorável, a que não pode ela agradecer muito, pois foram enormes os riscos, e, segundo as previsões normais, havia escassa possibilidade de que ela saísse com vida de semelhante experiência ou com a razão não comprometida.

Para entender tudo o que se passou, devemos primeiro procurar compreender que espécie de homem era esse "guia", e como chegou a ser o que foi.

Durante a vida física, fora ele um pequeno fazendeiro, bondoso, mas ignorante, e religioso até o fanatismo em uma intolerante seita protestante.

---

[20] No original: *rapport*. (N. E.)

Sua única literatura era a Bíblia Cristã, na qual se concentrava durante as longas noites de inverno, até que toda a sua vida ficou saturada pelos ensinamentos ali contidos. Desnecessário dizer que suas concepções eram geralmente concepções falsas, muitas vezes tão grosseiras e materiais quanto ridículas, embora fosse a convicção do homem de tal modo sincera que ninguém podia rir dele.

Viveu em um lugar de reduzida população no interior; e, como seus vizinhos não simpatizassem com suas opiniões religiosas, isolou-se cada vez mais à medida que transcorriam os anos, vivendo frugalmente do produto de uma pequena parte de sua fazenda e devotando-se com crescente ardor ao estudo de seu único livro. Essa ideia fixa o conduziu a um estado de monomania religiosa, que o levou a acreditar haver sido eleito salvador do mundo, o Cristo que estava destinado a oferecer uma vez mais ao mundo a oportunidade de salvação, que dois mil anos atrás só fora aceita por muito poucos. Um aspecto importante em seu esquema consistia em libertar de suas falsas crenças a imensa massa da humanidade não cristã, e sua ideia era que tal coisa seria possível, não por meio das linhas missionárias ordinárias, mas pelo influxo dos próprios grandes líderes do Cristianismo. Essa parte do seu programa foi a que o animou a dedicar tão profundo interesse à nossa missivista, como adiante veremos.

Quando ainda totalmente obcecado por essas ilusões religiosas, o digno fazendeiro faleceu. É natural que sua vida astral fosse a continuação simplesmente da vida física, elevada, por assim dizer, a uma potência maior. Logo ele se encontrou no meio das grosseiras formas-pensamento da Jerusalém de Ouro, onde parece que idealizou um recanto especial no qual pudesse dar vazão a suas idiossincrasias. O resultado de seus esforços para visibilizar as descrições do Apocalipse era por vezes realmente engenhoso e original. Observei principalmente a sua imagem dos quatro e dos vinte anciãos prosternados em perpétua adoração diante do trono e depositando aos pés da divindade suas coroas de ouro, que imediatamente se erguiam do chão e, num movimento automático, voltavam flutuando acima de suas cabeças, e iam parar novamente ali. Seu "mar de vidro misturado com fogo" não foi de todo bem-sucedido, e parecia antes um produto raro de uma erupção vulcânica. Sua imagem do "Pai-de-Tudo" era inteiramente convencional – um ancião de fisionomia severa com uma longa barba branca. Nos primeiros tempos de sua existência física, formara ele evidentemente uma imagem mental do Cristo – a impossível combinação de um crucifixo e um cordeiro, que empunhava uma bandeira; durante o último período, porém, quando se convencera de ele próprio ser o Cristo, essa imagem não foi reforçada, tornando-se então obscura e inexpressiva.

É entre essas formas-pensamento de sua criação que devemos procurar o "Conselho do Céu", que faz parte da visão de nossa correspondente; e a constituição do "Conselho" provou ser a um tempo interessante e instrutiva. A ideia original parece ter sido a de que o Conselho era uma espécie de seleção de dez dos mais importantes personagens bíblicos (Elias, Moisés, Pedro, etc.), representados por gigantescas figuras sentadas em semicírculo sobre cadeiras de ouro com enormes espaldares de aspecto desagradável, as quais, passando embora por tronos celestiais, provinham de uma reminiscência imperfeita das sedilia de algumas catedrais góticas. A própria divindade presidia às deliberações.

Originariamente não eram os membros do Conselho senão formas-pensamento; mas, na ocasião em que as investigações nos puseram em contato com eles, entidades viventes se haviam apoderado de várias dessas figuras, o que significou a introdução de novos e interessantes fatores. E das referidas entidades duas eram homens desencarnados, ambos pessoas religiosas, cada qual trabalhando com motivação própria. Um deles era de origem germânica, que em sua vida terrena fora sapateiro – homem simplório e sem instrução, e não totalmente diferente do outro. Havia estudado a Bíblia com afinco; era também um sonhador de coisas místicas e confusas; sentiu que tinha igualmente uma revelação especial a fazer ao mundo – algo muito mais racional que a do fazendeiro. Convencera-se de que a verdade essencial da Igreja estava na união mística de Cristo e sua celeste noiva, a Igreja. Para ele, Cristo era menos a personalidade histórica dos Evangelhos que o espírito vivo da Igreja, e o dever do verdadeiro cristão consistia em despertar dentro de si mesmo o Cristo-espírito. A mensagem de que necessitava a humanidade, pensava, era que todo homem podia e devia converter-se em um Cristo – mensagem que lhe parecia tão clara e singela que bastaria apenas, para ser transmitida, dedicar-lhe imediata atenção, e deste modo redimir o mundo do pecado e fazê-lo elevar-se até à luz da verdade. Iniciara a pregação nesse sentido quando ainda em sua vida terrestre, mas faleceu antes de poder realizar mais pela conversão da humanidade.

Ao chegar no mundo astral, ficou ainda mais ansioso para disseminar suas ideias; e, deparando-se com o fazendeiro, deu começo a relações de amizade com ele. Ambos tinham muita coisa em comum, e cada qual sentia que o outro podia ajudá-lo a prosseguir no seu esquema. O sapateiro não reconheceu o fazendeiro como o único Cristo, mas estendeu-lhe sua teoria, considerando-o uma pessoa em quem o Cristo-espírito estava excepcionalmente desenvolvido. O fazendeiro apenas vagamente entendeu a ideia central do sapateiro, mas imaginou que encontrara alguém que desejava cooperar na salvação do mundo. Cada um via no outro uma espécie de excêntrico, julgando, contudo, que com habilidade podia usá-lo em prol de seus próprios objetivos.

Ambos conceberam aquela curiosa ideia de um "Conselho do Céu", do qual fizessem parte; ou é possível que houvessem descoberto uma forma-pensamento desse tipo elaborada por outro, e simplesmente a adotassem, reunindo-se a ela. As formas-pensamento, tais como observadas pela visão treinada, eram obscuras e imperfeitas, embora satisfizessem plenamente aos seus autores.

Moisés, por exemplo, estava muito incompleto. Aparecia sentado e rígido, bastante empertigado, como se estivesse colado ao seu incômodo trono de ouro; mas na realidade a face e a frente se projetavam da cadeira, e a parte posterior não se mostrava propriamente acabada. Parecia-se nesse particular a muitas formas-pensamento encontradas na Terra de Verão[21], onde não raro se veem mães acariciando filhos com defeitos semelhantes. Os criadores dessas formas sempre estão satisfeitos com elas, e nunca lhes percebem as imperfeições, pois, conquanto não haja vida nesses bonecos (exceto o pensamento neles posto), as formas-pensamento sempre fazem exatamente o que delas esperam seus autores.

Pedro era outra personalidade com deficiências no Conselho – de aparência inexpressiva; mas, pelo menos, trazia um grande molho de chaves, cujo tinir era sua principal contribuição às deliberações.

---

[21] *Summerland*. Foi o nome dado por espíritas ingleses e norte-americanos a uma região de perpétuo verão, que se diz habitada pelos espíritos após a morte, como um estágio intermediário. (N. E.)

Enquanto a maioria do Conselho pertencia ao tipo que acabo de descrever, as formas-pensamento da divindade, de São Paulo (a imagem que o sapateiro escolhera para animar) e do profeta Elias eram muito mais definidas e originais. Este último, aliás, surpreendeu-nos por sua atividade, e descobrimos em nosso exame que estava sendo animado (pois usava uma espécie de bocal) por outro desencarnado, um galês, que no primeiro período de sua vida terrena passara pela experiência da "conversão" e depois emigrara para a América, onde viveu durante muitos anos e veio a falecer. Em sua existência física, ele buscara sempre experiências do tipo emocional; por exemplo, assistira a algumas práticas de revivescência religiosa, e testemunhara, neles tomando parte, os célebres "saltos de Jerusalém". Misturava sua crença religiosa com estranhas inclinações socialistas, e sonhava com um milênio de ouro, que era metade um Cristianismo irracional e emocional, e metade um Socialismo materialista.

Esse, mais que os outros, se deixara empolgar pelas relações entre os mundos físico e astral, e pelas possibilidades oferecidas por este último; e percebera que, antes de poder exercer influência sobre o mundo físico, era necessário pôr-se, de um modo ou de outro, em contato com ele. Não estava pensando em reencarnação – coisa de que nunca tinha ouvido falar; sabia, porém, que passara do mundo físico para o astral, e por isso julgava que devia existir algum meio de voltar. Sua atenção estava muito ocupada com esse problema e, quando veio a saber que o fazendeiro havia encontrado um médium através do qual lhe seria possível comunicar-se com o mundo físico, resolveu servir-se de ambos pelos meios de que pudesse dispor. Pareceu-lhe que seria o primeiro passo para alcançar o objetivo, e ocorreu-lhe penetrar na forma-pensamento de Elias, no "Conselho do Céu", como uma oportunidade de se apresentar em uma posição que lhe assegurasse a atenção dos outros. Não acredito que assim procedesse com a premeditada intenção de fazer mal: foi simplesmente um meio para chegar a um fim, posto providencialmente ao seu alcance.

Mas o resultado foi inesperado. Assumindo a personalidade de Elias, tentava ele conduzir-se da mesma forma como, segundo julgava, o teria feito Elias, e dar um toque à maneira do Antigo Testamento a essa personificação. E isso repercutiu em sua vida astral ordinária; daí em diante passou a viver como o personagem, e a perguntar a si mesmo se não era realmente Elias! Viu-se literalmente num processo de autotransformação, e com certeza não tardaria a tornar-se monomaníaco. Sabia ainda, na época de nossas investigações, que era um galês desempenhando temporariamente o papel de Elias; mas estou certo de que em futuro próximo passará além dessa fase, e acabará convencendo-se de ser efetivamente Elias, assim como o fazendeiro acreditava ser o Cristo.

Até então não se havia ele identificado como galês perante os outros membros humanos do Conselho; mas lisonjeara-se ao ver que, como Elias, estava inspirando grande respeito, e dirigindo mesmo as decisões.

Temos, portanto, o surpreendente espetáculo de um Conselho cujos membros efetivos se compunham de três homens desencarnados, cada um dos quais pensava estar manipulando os outros para a consecução de seus próprios fins; e, não obstante, nenhum desses fins era egoísta, e todos os homens envolvidos eram religiosos, bem-intencionados e honestos em seus propósitos. Tão estranha combinação somente seria possível no plano astral; entretanto, o fato mais característico e mais espantoso ainda não foi dito.

Já mencionei que se imaginava estarem as reuniões do Conselho sendo presididas pelo Pai-de-Tudo. Tratava-se certamente de uma forma-pensamento semelhante às demais; ele, porém, manifestava por vezes uma atividade espasmódica e inadequada, que denunciava a presença de alguma força exterior, diferente em qualidade da dos outros. Cuidadosa investigação evidenciou que, assim como a forma de Elias era animada pelo galês, também a forma da divindade estava animada por um espírito da natureza brincalhão!

Ficaram descritas algumas das características desse maravilhoso reino da natureza. Recorde-se de que algumas dessas criaturas sentem intenso prazer em assumir caracterizações teatrais, mascarando-se sob aspectos os mais diversos (muito especialmente se com isso conseguem iludir ou aterrorizar um membro da evolução superior humana), e como se divertem contando a seus companheiros as vantagens que obtiveram. Tendo isso em mente, poderemos desde logo ver que, do ponto de vista de um astucioso espírito da natureza, existia ali uma oportunidade única. Podia ele (e pôde) preparar uma pilhéria em grande escala com aqueles três seres humanos, e não é difícil imaginar com que prazer contou depois a história aos seus colegas tomados de admiração. É escusado dizer que não tinha ele a menor intenção de irreverência; a esse respeito não era capaz de discernir mais do que o faria uma mosca. Para ele, não se tratava senão de uma ocasião excelente e única de levar a cabo um logro espetacular.

Não lhe era possível, sem dúvida, compreender nem concatenar as deliberações, de modo que se limitava a guardar silêncio durante quase todas as reuniões. Aprendera umas poucas frases bíblicas apropriadas ao seu papel, e as soltava a intervalos perante o Conselho, como um papagaio, aparentemente sem noção alguma do seu significado. "Assim falou o Senhor"; "Amém, assim seja"; "Eu sou o Senhor teu Deus, e não terão outros Deuses senão Eu"; "Eu castigarei a Terra com uma praga" – estas foram algumas das gemas de sua coleção, os espécimes de sua inconsciente eloquência. Vez por outra lhe parecia excessiva a pilhéria, ou talvez o estribilho lhe fosse fatigante, e ele se ausentava da forma-pensamento por alguns instantes a fim de aliviar a tensão, dançando e desatando em risos, longe das vistas do Conselho. Quando tal acontecia, era interessante ver como a atitude da forma-pensamento passava subitamente de um aparente interesse para um estado de apatia, supondo os pobres membros do Conselho que alguma coisa provocara a ira divina, aquela ira que tem uma parte tão saliente no seu tipo de religião.

Eis, portanto, a realidade por trás do temor reverencial ao "Conselho do Céu", perante o qual pleiteava com tanta veemência a nossa correspondente. Compreender-se-á que só os homens desencarnados tomassem parte nas discussões; os outros membros do Conselho não tinham iniciativa alguma, embora possuíssem vitalidade bastante para dar base formal a uma proposição.

Para entender o papel desempenhado na visão pelas formas-pensamento teosóficas, devemos lançar uma olhada na história e no estado mental de nossa missivista. Egressa de uma forma pouco menos que materialista do Cristianismo, ela praticamente se fizera ateísta. Perdera então um filho querido; e em semelhante estado essas confusas experiências lhe causaram naturalmente profundas emoções, cada uma das quais contribuiu para moldar o seu temperamento. Foi nesse período que entrou em contato com a Teosofia, cujo estudo principiou a fazer em uma obra tão extraordinária como *A Doutrina Secreta*. Sem temer as dificuldades, aplicou-se à sua leitura com todo o interesse, esforçando-se por assimilar os ensinamentos ali contidos, e elaborando imagens mentais do que estava descrito nas *Estâncias de Dzyan*. Algumas de suas ideias lhe fascinaram o espírito. Uma delas foi a da iniciação com suas misteriosas e terríveis provas; outra, a da sucessão das raças, associada à importante questão sobre quem deverá e quem não deverá passar na prova decisiva a fim de chegar em segurança à meta final. Tudo isso – era inevitável – colorido até certo ponto pelas antigas ideias cristãs no tocante à "conversão" e à "salvação", como se ao mesmo tempo os miríficos horizontes das grandes religiões orientais se descortinassem diante dela.

Aconteceu, assim, que se fez rodear de inúmeras e vigorosas formas-pensamento teosóficas, e ainda pela própria circunstância de ter posto em ação algumas leis ocultas. Em mundos mais elevados, o semelhante atrai o semelhante, e suas formas-pensamento atraíram outras de natureza análoga. À distância de umas centenas de milhas do lugar onde ela morava, havia uma Loja Teosófica que, entre outras atividades, dava um curso sobre *A Doutrina Secreta*. O curso ensejara a afluência de grande número de formas-pensamento e de especulações, e nossa missivista não tardou a entrar em contato com esse reservatório astral. Como isso ocorreu, não me foi dado apurar. Talvez quando viajasse no corpo astral, ela se houvesse deixado atrair pela apresentação do assunto que tão de perto a interessava; ou, por outro lado, algum participante do curso tivesse observado astralmente os seus pensamentos e buscasse somá-los aos próprios; ou talvez simplesmente fosse que vibrações simpáticas aproximassem um do outro, como é habitual, sem interferência humana. Seja como for, permanece o fato de que foi ela rodeada de um grupo considerável de formas-pensamento de um tipo particular quando precisamente se encontrava numa condição na qual era fácil deixar-se influenciar por essas formas-pensamento.

Foi na fase em que ela começou a praticar exercícios respiratórios, os quais lhe franquearam a penetração de influências astrais. Sua profunda simpatia pelos sofredores levou-a a procurar o assassino desencarnado, ou fez talvez que este viesse a ela, seguindo-se a escrita automática e a obsessão, no curso natural dos acontecimentos. O homicida usou de todo o seu poder para conservar a vantagem obtida, e ela se empenhou desesperadamente para se proteger e libertar-se, logo se fazendo alvo de atenção no mundo astral pela veemência de seus esforços e a soma de energia empregada naquele sentido.

Como o fazendeiro andasse a esmo por perto, dela se aproximou, e na sua caracterização de Cristo julgou-se no dever de intervir e afastar o assassino. Nunca antes havia ele estado frente a frente com um corpo astral de tanto brilho, nem deparado com circunstâncias tão impressionantes como as que cercavam a pessoa que tinha socorrido – um conjunto de formas de tipo tão insólito (relacionados, que eram, com processos cósmicos, tomados do ponto de vista oriental) e, ao mesmo tempo, em número muito superior ao das que acompanham normalmente uma pessoa. Eram as formas de Deuses orientais, de fundadores de religiões, de Mestres, Adeptos, Anjos, e de toda uma coorte de concepções grandiosas, mas inusitadas. Se tivermos em mente que o fazendeiro não podia saber que se tratava apenas de formas-pensamento, e as considerava como seres reais, veremos que não era de admirar que, dada sua ignorância em tais assuntos, bem como sua constante expectativa de assistência do céu na sua missão, se sentisse especialmente guiado pela Providência a fim de ajudar alguém que, por seu turno, também o pudesse ajudar. Alguém de projeção no mundo oriental e à altura da que ele mesmo se arrogava para o Ocidente. Proclamava-se o guia eleito e predestinado para tomar a seu cargo a evolução ulterior daquela senhora.

Fato curioso foi que, posto se inculcasse como guia, recebeu grande influência dos pensamentos de nossa missivista e, em muitos casos, não fez senão devolver-lhe esses pensamentos sob uma forma diferente. Nada conhecia quanto ao fogo serpentino, mas imaginava que era algo de inspiração divina; viu que a sua ajuda estava surtindo efeito, e esforçou-se quanto pôde para encorajar a senhora. E dos esforços conjugados de ambos resultou o despertar do que se pode chamar as camadas superiores daquela misteriosa força; mas, felizmente para nossa missivista, ignorando o que era preciso para a cabal execução da obra, foram incapazes de atingir as correntes mais profundas. De outro modo, teria ela certamente o seu corpo destruído.

Além do mais, não sabiam eles quais os centros por intermédio dos quais deve a força ser transmitida, a fim de dar continuidade à consciência; e por isso falharam em seus propósitos.

Mas a descrição dos sofrimentos suportados está mais ou menos correta, e algumas das expressões usadas são bem sugestivas. O grau de periculosidade das experiências pode ser avaliado por aqueles sofrimentos da missivista, e pelo testemunho de sua família sobre o estado em que a puseram. Toda a história representa uma das mais sérias advertências contra os riscos de ser tentado o desenvolvimento prematuro por caminhos semelhantes.

Desnecessário analisar em detalhe o que se pode chamar o lado teosófico da visão; admirável, edificante, inspirador de um sentimento de temor reverencial, como sem dúvida o foi para a vidente, significa, afinal de contas, não ocorrências normais da evolução, mas a combinação e a síntese de numerosas imagens-pensamento. Partes da simbologia são interessantes e esclarecedoras, enquanto que outras necessitam obviamente de retificação. Alguns passos, como o coro dos anjos, certamente que se devem à influência da corrente do pensamento cristão na mente do guia. Ele observava o desenrolar da visão em companhia de nossa missivista; sendo, porém, ignorante do ensinamento oriental, não compreendia senão muito pouco. Por exemplo, parece que confundiu as sucessivas raças com as diversas tribos de Israel, e procurou ajustar o que vira à história do selo dos 144 000.

É na monomania do guia que devemos pesquisar a causa do forte sentimento de responsabilidade que envolvia toda a visão, pela convicção de que do bom êxito de nossa correspondente dependia a salvação do mundo. Essa ideia ingênua, espécie de megalomania que se observa mais amiúde nas comunicações do plano astral, é uma de suas características. Parece tratar-se de uma ilusão muito comum da pessoa desencarnada; se ela puder contar com alguém para servir de médium, pensará que está em condições de revolucionar todo o pensamento do planeta apenas com a apresentação de alguns fatos que lhe parecem evidentes. Mas neste caso houve mais que o pretexto habitual para a atitude assumida. O pobre fazendeiro estava deveras impressionado com o pensamento de que o mundo, a não ser que desta vez o aceitasse, perderia sua última oportunidade de salvação, e formulou essa teoria perante a divindade quando o espírito da natureza se encontrava presidindo ao Conselho. É pouco provável que o espírito da natureza tivesse alguma noção clara do alcance da proposição; mas compreendeu pelo menos que lhe estava sendo solicitado o deferimento a tal ou qual petição, pelo que aparentou dar-lhe a mais solene atenção; e essa atitude foi naturalmente o bastante para incutir ao fazendeiro uma confirmação para suas ilusórias ideias, convertendo-as no pensamento dominante de sua vida. Se não fosse a

Capítulo 24

OS RESULTADOS DO CONHECIMENTO

Resumo

Conhecer alguma coisa do lado oculto da natureza torna a vida mais interessante para nós; interessante sobretudo para o clarividente, que pode vê-lo, ou para o sensitivo, que pode senti-lo – mas também interessante, em menor grau, para aqueles que não o podem ver ou sentir diretamente, e importante igualmente para todos, porque estão influenciando e sendo influenciados, ainda que inconscientemente para eles no que diz respeito ao seu cérebro físico.

Em cada caso, tentei indicar, em minhas considerações, a lição a aprender, mas vou aqui resumir os resultados.

Primeiro e antes de tudo, aprendemos o dever da felicidade, a necessidade de afastar a depressão e o sofrimento, nas circunstâncias mesmas que mais facilmente os produzem naqueles que não sabem. Mas ao mesmo tempo, aprendemos que a vida deve ser encarada e vivida seriamente, não para o prazer egoísta, senão para ajudar nossos semelhantes.

Vemos que nos cumpre estar em guarda contra influências insuspeitadas, como, por exemplo, os preconceitos relacionados com religião, raça ou classe, e o peso da opinião pública, jamais permitindo que influam em nosso julgamento, mas procurando sempre alcançar a verdade e ponderar os fatos por nós mesmos; que não devemos abandonar-nos sem reflexão, mesmo a uma inspiração presumidamente espiritual, mas também, neste caso, devemos "pôr à prova os espíritos" e usar o nosso bom senso.

Aprendemos a necessidade do trabalho ou do exercício sistemático; a futilidade de nos ofendermos, ou de nos deixarmos levar pela raiva, ou de permitirmos que nossa serenidade venha a ser perturbada, seja pelo que for; e a necessidade de mantermos incessante vigilância sobre nossos pensamentos, assim como sobre nossas palavras e ações, para que não nos atraiam influências indesejáveis e não atuem como tentações sobre o nosso próximo. E vemos que, de todas as influências acima mencionadas e de todas as demais igualmente nocivas, podemos sem dificuldade proteger-nos com a formação de conchas, se bem que a melhor proteção ainda seja a de nos deixar penetrar pelo Amor Divino, que está sempre emanando de nós sob a forma de amor para com os nossos semelhantes.

Aprendemos o perigo de nos escravizarmos aos hábitos do álcool, da alimentação com carne ou do fumo; aprendemos a conservar-nos livres de participar nas crueldades de um pseudoesporte; que devemos ser cuidadosos quanto à situação e à decoração de nossas casas e quartos, evitando influências más e esforçando-nos sempre para que ali penetrem a luz do sol e o ar puro; que o nosso vestuário deve ser ditado por considerações de saúde e bom senso, e não simplesmente pela moda; que as pessoas que têm a boa sorte de estar em contato especial com as crianças devem tratá-las com todo o amor, ternura e paciência; que devemos reconhecer a fraternidade de todas as formas da Vida Divina ao lidarmos com os animais e as plantas; que nunca devemos contribuir desnecessariamente para a destruição de coisa alguma, chame-se animada ou inanimada, pois o ocultista sabe que a Vida Divina está em todas as coisas, e a respeita; que o que somos, o que pensamos e o que fazemos são ainda mais importantes relativamente à sua ação sobre os outros que sobre nós mesmos; que devemos ser absolutamente verdadeiros em pensamento e em palavras, nada dizendo que não seja conforme à verdade, gentil, agradável e útil; que todo ser humano possui certa quantidade de força, e é responsável por fazer dela o melhor uso. Aprendemos que a ignorância da lei não é aceita como desculpa pela natureza, porque não altera o efeito daquilo que fazemos; que o mal não passa de uma sombra negra do bem, e é sempre temporário, enquanto o bem é eterno; e que, se em todas as coisas humanas o bem e o mal estão misturados, os poderes invisíveis empregam sempre o bem ao máximo, em todas as coisas e em todas as pessoas.

Esses pontos acerca dos quais escrevi não representam senão espécimes de uma legião imensa, havendo para tudo um lado invisível, e viver a vida do ocultista é estudar esse lado superior e oculto da natureza, e, portanto, adaptar-se inteligentemente a ele. O ocultista observa a totalidade de cada assunto que se lhe apresenta, em vez de somente a parte inferior e menos importante, e, consequentemente, regula a sua atividade de acordo com o que vê, em obediência às regras do bom senso e à Lei do Amor que guia o Universo. Os que, assim, estudarem e praticarem o ocultismo devem desenvolver em si mesmos estas três faculdades incomparáveis – conhecimento, bom senso e amor.

Tal é a maneira de proceder que nos sugere o estudo do lado oculto das coisas. Mas lembremo-nos de que esse lado oculto não permanece sempre oculto, porque a cada dia que passa mais numerosos são aqueles que estão aprendendo a percebê-lo, e um por um, dispersos aqui e ali, cada vez em maior número, estão principiando a vê-lo. Sendo óbvio que é essa a linha da evolução, e como os poucos que atualmente veem são apenas os precursores dos muitos que verão amanhã, que se pode predizer, à luz, dessas considerações, sobre o que será o futuro provável da humanidade?

O Futuro

A engenhosa especulação sobre este tema é um traço dominante em nossa moderna literatura de ficção. Foi tentada por Edward Bellamy, em *Looking Backward,* e mais recentemente, por H. G. Wells em diversas obras interessantes.

A linha mais usualmente adotada é a de seguir até uma conclusão lógica algumas das muitas teorias socialistas que estão hoje no ar, e tentar calcular como elas atuarão na prática entre os seres humanos tais como os conhecemos. Em um dos mais agradáveis livros do gênero, *In the Days of the Comet,* Wells audazmente introduz um fato inteiramente novo: uma alteração na composição de nossa atmosfera, que de repente inocula na raça humana o bom senso e o sentimento de fraternidade. Quando tal coisa acontece, imediatamente se seguem muitas outras mudanças óbvias; a guerra fica sendo uma impossibilidade ridícula, o nosso presente sistema social é visto com horror e estupefação, os nossos métodos de negócio são abandonados como indignos dos seres humanos, e assim por diante. Podemos naturalmente esperar o advento da era do bom senso na vida real, mas provavelmente virá muito mais lentamente que na história de Wells.

Será interessante ver quanta luz se projeta sobre o problema do futuro pela extensão mais elevada da consciência humana, a que já me referi em outra parte. Vemos que desse ponto de vista o futuro se divide em três partes: a imediata, a remota e a última; e, coisa singular, é da que se acha mais distante de nós que podemos falar com maior certeza, porque o plano da evolução se descortina à visão superior, e sua meta é clara. Nada pode interferir para impedir que essa meta seja atingida, mas os estágios que a ela conduzem podem ser largamente modificados pela vontade livre dos indivíduos, e não podem, por isso, ser previstos senão em suas linhas gerais.

O fim, no que tange a esse ciclo, é realizar a perfeição do ser humano. Cada indivíduo é destinado a ser algo muito mais do que atualmente entendemos como um grande ser humano, e um ser humano de bem, pois terá que ser perfeito em inteligência e em capacidade tanto quanto em espiritualidade. Toda a inteligência do maior dos filósofos ou do sábio, e muito mais que isso; toda a devoção e espiritualidade do maior dos santos, e mais ainda; – tudo isso será propriedade de cada indivíduo, de cada unidade do gênero humano, antes que chegue ao fim o nosso ciclo.

Para saber como tão admirável resultado será possível, devemos entender o plano segundo o qual opera a evolução. Evidentemente, na teoria corrente de uma pobre vida de setenta anos, seguida por uma eternidade de gozo ou de sofrimento sem objetivo, nada semelhante poderia jamais ser alcançado: mas quando estivermos convencidos de que o que comumente chamamos nossa vida é apenas um dia da vida real, e de que teremos tantos desses dias quantos forem necessários ao nosso desenvolvimento, perceberemos que o mandamento de Cristo "Sede perfeitos como o vosso Pai Celeste é perfeito" não é uma hipérbole vã, mas uma recomendação clara, à qual esperamos ser capazes de obedecer no devido tempo.

O futuro último, portanto, é a perfeição para todos os seres humanos, pouco importa que seja pouco ou quase nenhum o seu desenvolvimento atual. O ser humano virá a ser mais do que um ser humano. Eis o que significa, na Igreja primitiva, a doutrina da "deificação", a que numerosos Padres se referem. É uma questão não de um piedoso ponto de vista, mas de absoluta certeza para aqueles que veem o trabalho do esquema.

Claro, entretanto, que nos encontramos ainda muito longe de atingir essa meta; um longo caminho ascendente se abre diante de nós, antes que possamos chegar àquele cume longínquo, e, conquanto no conjunto o caminho se vá elevando regularmente, haverá necessariamente muitos altos e baixos no futuro, como houve no passado. A história nos mostra que até aqui o progresso da humanidade teve caráter cíclico.

Cada unidade vive sua longa série de vidas progressivas, não em uma só raça, mas em várias raças sucessivas, a fim de poder aprender as lições especiais que cada qual tem a ensinar. Podemos imaginar uma alma que se encarna na Índia para desenvolver o fervor religioso, na Grécia clássica para adquirir capacidade artística, na Roma dos Césares para aprender o poder imenso da disciplina e da ordem, e, entre nós, nos dias atuais, para adquirir os hábitos do espírito científico, e assim por diante.

A mesma multidão de almas passa através de todas as idades, animando todas as raças alternadamente, e aprendendo de todas elas; mas as próprias raças surgem, crescem, declinam e caem, segundo as necessidades. Assim, quando uma nação perde sua glória antiga e cede terreno na raça (como, por exemplo, parece ser o caso da Grécia moderna em relação à Grécia antiga), não quer isso dizer que certo grupo de seres humanos esteja decadente, mas que não há então almas que necessitam precisamente do mesmo tipo de educação que essa raça proporcionava em seu apogeu; ou ainda que essa educação é agora dada em outra parte.

Consequentemente, os corpos físicos dos descendentes daqueles grandes seres humanos da antiguidade são agora animados por almas de tipo inferior, ao passo que os grande seres humanos estão atualmente (como estavam) na vanguarda da evolução, encarnados, porém, em outra raça, a fim de se tornarem ainda maiores pelo desenvolvimento em novas direções. Uma raça desaparece precisamente como uma classe na universidade pode desaparecer, se a lição particular que lhe compete ensinar já não tiver estudantes que devam aprender.

A clarividência nos habilita a examinar uma seção da história passada da Terra de modo muito mais amplo que a acessível pelas vias ordinárias; e esse estudo mais completo do passado, até certo ponto, possibilita, por meio da analogia, prever alguns dos passos no futuro mais imediato.

Desse estudo dos arquivos parece certo que nós estamos no momento passando por um período de transição, e que, em vez de representar, como muitas vezes gostamos de imaginar, o mais alto desenvolvimento já ocorrido na Terra, estamos na realidade entre duas vagas do progresso. A tendência democrática – que alguns de nós tanto enaltecem – não representa, como geralmente se supõe, a realização última da sabedoria humana, mas é uma experiência que já foi tentada e levada até sua conclusão lógica há milhares de anos, e depois abandonada com universal aversão, por irracional e inexequível e por ter chegado a uma confusão sem fim. Se devemos renovar o curso dessa experiência, parece desagradavelmente certo que deveremos atravessar uma grande parte da confusão e dos sofrimentos consequentes, uma vez mais, antes de chegar ao estágio do bom senso que Wells, com tanta satisfação, descreve na história que atrás mencionamos.

Imagine-se um estado de coisas no qual toda decepção ou fraude seja impossível, em que as incompreensões não mais poderão ocorrer porque todo ser humano poderá ler o pensamento do outro – em que ninguém será constrangido a fazer um trabalho para o qual não esteja qualificado, porque, desde o começo, os pais e os tutores poderão ver exatamente as capacidades daqueles que estão confiados aos seus cuidados – em que um médico não pode cometer erros, porque verá por si mesmo precisamente o que sucede com o seu paciente, e pode acompanhar em minúcia a ação de seus remédios. Pensemos na diferença que isso trará às nossas vidas quando a morte já não nos separar daqueles a quem amamos, porque o mundo astral estará aberto para nós do mesmo modo que o mundo físico; quando for impossível duvidar por mais tempo da realidade do esquema Divino, visto que seus estágios inferiores estarão visíveis aos nossos olhos. A arte e a música estarão mais engrandecidas então, pois as cores e harmonias astrais se mostrarão à nossa disposição, tal como as que agora conhecemos.

Os problemas da ciência serão solucionados, porque as imensas contribuições ao saber humano se combinarão em todos os seus ramos num esquema perfeito. A geometria e a matemática serão muito mais satisfatórias, porque então veremos o que realmente significam e que papel desempenham no esplêndido sistema dos mundos.

A geometria que conhecemos não é senão um fragmento: é uma preparação exotérica para a realidade esotérica. Em virtude de havermos perdido o verdadeiro sentido do espaço, o primeiro passo para esta ciência é a percepção da quarta dimensão. Por exemplo, existem cinco, e somente cinco, sólidos regulares possíveis – os que algumas vezes são chamados os sólidos de Platão. Para nós, isso é um fato interessante, e nada mais; o estudante, porém, que foi iniciado nos Mistérios sabe que, com um ponto em um dos extremos da série e uma esfera no outro extremo, os sólidos formam um conjunto de sete, que têm um significado místico e explicam as relações entre um e outro dos diferentes tipos de matéria dos sete planos do nosso Sistema Solar, e o poder das forças que neles atuam.

Cada aspecto da vida será mais amplo e mais perfeito, porque veremos, muito mais do que agora, as maravilhas e a beleza do mundo a que está associado o nosso destino; compreendendo mais, não poderemos senão admirar e amar mais, e seremos por isso infinitamente mais felizes, uma vez que nos aproximaremos cada vez mais daquela perfeição última que é a felicidade absoluta, porque é a união com o Eterno Amor.

Capítulo 25

O CAMINHO DA CLARIVIDÊNCIA

Não duvido que inúmeras pessoas acharão difícil acreditar em muitas coisas que escrevi. Compreendo-as, porque isso também me pareceu fantástico, antes que eu houvesse estudado essas coisas ou pudesse vê-las por mim mesmo. Sei também que, sem levantar a mais leve suspeita sobre minha boa fé, muita gente duvidará que eu tenha visto claramente essas coisas e as relatasse com exatidão. Um amigo me fez uma crítica bastante original, dizendo:

"Parece que escrevestes tudo isso para justificar vossas próprias peculiaridades, pois as coisas que recomendais aqui são precisamente aquelas em que sois bem diferente de muitas outras pessoas".

O amigo confundia causa e efeito: se eu faço, ou procuro fazer, essas várias coisas que aconselhei, é justamente porque em relação a elas vi o que está descrito no livro. Se, porém, há (como pode muito bem haver) quem julgue ser difícil crer nessas coisas, posso apenas dizer-lhe que o melhor meio de obter confirmação de qualquer das ideias teosóficas é admiti-las e trabalhar com elas, porque então perceberá em breve que se comprovarão por si mesmas.

Está dentro das possibilidades de cada ser humano desenvolver as faculdades por meio das quais tudo isso foi visto, não havendo aqui nenhum mistério quanto ao método para conseguir semelhante desenvolvimento. Tais faculdades virão inelutavelmente a cada um, no curso do sua evolução; mas a maioria dos seres humanos está ainda a uma grande distância do ponto em que elas provavelmente se abrirão, apesar de não serem raros alguns vislumbres de clarividência, havendo muitas pessoas que possuem pelo menos certo grau de sensitividade.

Não me compreendam mal quando eu digo que o ser humano comum ainda está longe de possuir tais sentidos. Não pretendendo dizer que não seja ele suficientemente bom, pois que não se trata em absoluto de uma questão de bondade – conquanto, em verdade, se um ser humano de tendência cruel e impura adquirisse essas faculdades, ele faria mais mal do que bem, a si próprio e a todos os outros. O que quero dizer é que toda a tendência da vida e do pensamento modernos é desfavorável àquele desenvolvimento, e que o ser humano que desejar levá-lo a cabo deve abstrair-se quase inteiramente da vida do mundo e recolher-se a uma atmosfera totalmente diferente.

Uma vida como a que prescrevi neste livro é precisamente a que o ser humano deve ter para se pôr em condições favoráveis ao surgimento daquelas faculdades; e não é difícil ver quão longe disso está a vida ordinária nos dias presentes. Eis por que parece sem esperança sugerir ao ser humano médio que ele poderia empreender a tarefa de abrir esses poderes. Sem dúvida que estão ao seu alcance; mas colocá-lo em condições de iniciar um esforço real naquele sentido significaria já uma alteração radical no padrão de vida a que está acostumado. E então, ainda quando ele gradualmente erradicasse do seu corpo todos os produtos venenosos da carne, do álcool e do fumo, quando se desembaraçasse de todos os traços do egoísmo e da impureza – ainda assim, o esforço exigido ultrapassaria o que muitos seres humanos podem fazer.

O resultado eventual é tão certo como a resolução de um problema de Euclides, mas o tempo ocupado pode ser longo, e o trabalho requer uma determinação férrea e uma vontade inquebrantável; e são faculdades que atualmente estão apenas em posse de poucos. Nada obstante, "o que o homem fez, o homem pode fazer", se ele quiser; o que escreve estas linhas o conseguiu – e conheço outros que também foram bem-sucedidos; e os que ganharam esse prêmio sentem que ele é mais do que digno de todos os esforços despendidos para obtê-lo.

Permitam-me concluir o meu livro com uma declaração plena, feita com a maior singeleza, do que são aqueles poderes, mediante os quais foi ele escrito; por que são desejáveis e como podem adquirir-se.

O peixe é, como o ser humano, um habitante do nosso mundo: mas é óbvio que a sua concepção deste mundo deve ser extremamente imperfeita. Confinado, que é, a um só elemento, que pode ele conhecer da beleza das paisagens, da glória do pôr do sol, dos múltiplos e distantes interesses de nossa variada e complexa vida humana? Vive ele em um globo sobre o qual não sabe quase nada: não há dúvida, porém, de que vive plenamente satisfeito, e pensa que conhece tudo o que há para conhecer.

Não é lisonjeiro para a nossa vaidade, apesar de ser um fato absolutamente verdadeiro, que a maioria da humanidade se encontra precisamente na posição do peixe. Os seres humanos vivem em um mundo do qual somente um pequeno setor está ao alcance de suas vistas; acham-se, no entanto, satisfeitos com isso, e são geralmente de uma ignorância total ou de uma incredulidade irredutível quanto à vida mais ampla e maior que os rodeia por todos os lados.

Como temos conhecimento dessa vida mais ampla? Não só pela revelação religiosa, mas porque existem seres humanos que aprenderam a vê-la, não verdadeiramente em sua totalidade, mas pelo menos muito mais do que é visto pela maioria das pessoas. São esses a quem chamamos videntes ou clarividentes.

Como podem eles ver mais do que os outros? Pela abertura das faculdades latentes – faculdades que todo ser humano possui, mas que poucos sabem como usar.

Todo ser humano possui outros veículos de matéria mais sutil que a física – aquilo que São Paulo chamou um "corpo espiritual", assim como um "corpo natural". Do mesmo modo que por intermédio dos sentidos do corpo físico nós tomamos conhecimento das coisas materiais, assim também por meio dos sentidos daqueles corpos mais sutis nós temos conhecimento das coisas superiores.

São múltiplas as vantagens dessa visão. Para quem a possui, a maior parte dos problemas se resolve; não é uma questão de fé, senão de conhecimento, que o ser humano sobrevive ao que se chama morte, que a justiça eterna governa o mundo, que não há possibilidade de perdição para ninguém, e que, por mais enganosas que sejam as aparências, na realidade todas as coisas cooperam para o bem. O vidente pode não só aprender muito mais do que os outros, como também auxiliar muito mais os seus semelhantes.

Por ser a clarividência assim tão desejável, por existir latente em cada um de nós, podemos desenvolvê-la? Certamente que sim, se nos dispusermos a trabalhar nesse sentido; mas para a maioria das pessoas não é fácil tarefa, porque significa autodomínio e abnegação, perseverança e unidade de visão. Outras pessoas a fizeram, podemos também fazê-la; mas nada poderemos conseguir se não estivermos preparados para empenhar todo nosso poder no esforço, com uma determinação férrea em busca do êxito.

O motivo, também, há que ser puro e bom. Aquele que visa à clarividência apenas por curiosidade, ou por um desejo ignóbil de obter privilégios ou riquezas para si, melhor será que se detenha a tempo, e abandone toda espécie de exercício oculto, até que seu desenvolvimento moral e mental esteja mais adiantado. Porque o acréscimo de conhecimento e de poder significa o acréscimo de responsabilidade, e a visão superior pode ser maldição, em vez de bênção, para quem não está preparado.

Há numerosos meios de abrir a visão interior, e em sua maioria estão inçados de perigos, cumprindo evitá-los. Pode ser obtida pelo uso de certas drogas, pela auto-hipnose ou pelo mesmerismo; mas todos esses métodos podem trazer consigo maus resultados, que ultrapassam de muito as vantagens. Existe, contudo, um processo que não tem possibilidade de causar dano, e é o do domínio do pensamento com a meditação. Não digo que seja um trabalho fácil; ao contrário, é sumamente difícil. Mas digo que pode levar-se a cabo por um esforço firme, pois que isso já tem sido feito.

Aquele que o deseje tentar deve principiar por adquirir o comando do seu pensamento – tarefa hercúlea em si mesma. Deve aprender a concentrar-se sobre tudo o que faz, para que seja feito da melhor maneira possível. Aprender a manejar sua mente como um esgrimista hábil maneja sua arma, apontando-a nesta ou naquela direção, à vontade, e segurando-a com tanta firmeza quanto deseja. Experimentemos fixar nossa mente durante cinco minutos em um objetivo definido; antes que se tenha escoado a metade desse tempo, veremos que a mente se elevou além dos limites que lhe havíamos traçado. Isso quer dizer que ela não está perfeitamente sob o nosso domínio, e para sanar esse estado de coisas há de ser o nosso primeiro passo – um passo que não é fácil.

Só a prática constante nos dará semelhante poder; mas felizmente essa prática pode ser obtida ao longo do dia, tanto nos negócios como durante as horas de lazer. Se estivermos escrevendo uma carta, concentremos nela a nossa atenção, a fim de que seja bem escrita, com clareza e rapidez. Se estivermos lendo um livro, fixemos a atenção na leitura, a fim de podermos penetrar exatamente a intenção do autor e tirar proveito de tudo o que nos quis ele transmitir.

Além dessa concentração prática no curso ordinário da vida, será de grande ajuda reservar, a cada dia, um tempo determinado para um esforço especial em relação a essa mesma ordem de ideias. A hora mais conveniente é na primeira parte da manhã; mas, de qualquer modo, poderemos fazê-lo num momento em que estejamos seguros de não ser perturbados, e sempre à mesma hora, porque a regularidade é da essência da prescrição. Sentemo-nos tranquilamente e tenhamos a mente perfeitamente calma; a agitação ou a contrariedade, quaisquer que sejam, são de todo fatais ao sucesso. Depois, fixemos a mente em algum objeto escolhido de antemão, e considerêmo-lo atenta e exaustivamente, nunca deixando o pensamento extraviar-se um instante sequer. A princípio, sem dúvida, ele se extraviará; mas devemos sempre fazê-lo retroceder a fim de dar início a novo rumo. Havemos de preferir começar com pensamentos concretos; só depois de alguma prática é que os abstratos poderão ser considerados com mais resultado.

Quando, após um longo hábito, tudo isso se tornar perfeitamente familiar, quando tivermos alcançado o poder de concentração, e quando estiver a mente de todo sob o nosso comando, poderemos dar outro passo. Começaremos então por escolher como tema de nossa meditação matutina o mais elevado ideal que conhecermos. Seja qual for esse ideal, pouco importa: agora nos estaremos ocupando de princípios, e não de formas exteriores. O hindu ocupar-se-á de Shri Krishna, o maometano de Alá, o parse de Zoroastro, o budista do Senhor Buddha, e o cristão do Senhor Cristo, ou talvez, se for católico, da Virgem Maria ou de um dos Santos. Isso não tem importância, se a contemplação desse ideal despertar todo o ardor, devoção e reverência de que a pessoa seja capaz. Que o contemple com êxtase, até que sua alma esteja plena de sua glória e de sua beleza; e então, empregando toda a potência que sua longa prática da concentração lhe conferiu, que faça um esforço definido para elevar sua consciência até aquele ideal, para identificar-se com ele e tornar-se uno com ele.

Podemos fazer várias tentativas nesse sentido e nada conseguir; mas, se perseverarmos, se o nosso esforço se revestir de toda a sinceridade e desinteresse, chegará um dia em que subitamente nos veremos face a face com o sucesso, quando a ofuscante luz da vida superior brilhará diante de nós, e realizaremos aquele ideal mil vezes melhor do que nunca. Depois, retornaremos à luz dos dias habituais; mas aquele clarão momentâneo jamais será esquecido, e, mesmo que não possamos ir mais adiante, a vida nunca nos parecerá a mesma que era antes de o vermos.

Se persistirmos, porém, em nosso esforço, o esplêndido clarão de glória voltará a ser visto repetidamente, cada vez com maior duração que antes, até que, afinal, nos sentiremos capazes de elevar nossa consciência àquele nível superior que sempre desejamos – de observar, de examinar e de explorar essa fase da vida, tal como o fazemos agora com a presente; e assim nos uniremos às fileiras daqueles que sabem, em vez de estarmos adivinhando ou esperando vagamente, e nos converteremos em uma força para o bem no mundo.

Informações sobre Teosofia e o Caminho Espiritual podem ser obtidas na Sociedade Teosófica no Brasil, no seguinte endereço: SGAS - Quadra 603, Conj. E, S/N - (61) 3226-0662, CEP 70200-630. Também podem ser feitos contatos ou pelo e-mail secretaria@sociedadeteosofica.org.br - www.sociedadeteosofica.org.br

Gráfika
papel&cores

(61) 3344-3101
papelecores@gmail.com

sua influência, nada teria acontecido à mente da senhora, cujo conceito de si mesma e de seus próprios poderes era muito mais sensato e mais comedido.

A personificação do mundo e do diabo em formas humanas deve-se também ao pensamento do guia, pois a senhora era muito mais esclarecida para admitir a superstição, já desacreditada, de um Satã pessoal. Sucedeu isso numa fase da experiência em que ela se achava bastante exausta e, portanto, quase sob o completo domínio da mente do guia, e incapaz de fazer valer sua própria faculdade de discernimento. A tensão nervosa consequente às condições por que ela passava eram certamente indescritíveis; e a fez, em verdade, aproximar-se perigosamente de um estado de alucinação física. Aludiu, em sua carta, a certos atos de reverência para com ela por parte de animais aqui na Terra; mas a investigação não o confirma, mostrando que os animais se portaram de modo inteiramente normal, em conformidade com os seus instintos naturais, posto que a nossa missivista, em seu estado de superexcitação, lhe desse interpretação diferente.

O interesse especial do caso para os que o examinaram foi a maneira por que certo número de fatores independentes, mas comuns, se combinaram para produzir um todo dramático e impressionante. A força diretora foi a vontade do guia, aliada à grande intensidade de sua ilusão. Tudo isso, porém, não teria surtido efeito, ou pelo menos teria operado de modo completamente diverso, não fosse a atitude da mulher deixando-se temerariamente ficar à mercê da influência astral. O curso sobre *A Doutrina Secreta* e suas formas-pensamento, os outros homens desencarnados reunidos no Conselho, o brincalhão espírito da natureza – todos tiveram sua participação; e, se algum desses fatores estivesse ausente, não estaria completo o quadro, ou o enredo se desenrolaria dentro de outras linhas.

Parece-me que a história tem seu mérito por mostrar a assombrosa abundância e fertilidade dos recursos do mundo astral, e a imperativa necessidade daquele conhecimento pleno que só se pode adquirir por meio do treinamento oculto.

Vemos ali pessoas realmente boas e bem-intencionadas, iludindo-se a si mesmas de modo lamentável, por falta daquele conhecimento – e que se colocavam muitas vezes em situações tais que não é de admirar fossem enganadas.

Devemos presumir que lhes era necessário aprender na árdua escola da experiência, e convém ainda recordar que não sucede nenhuma prova dessa natureza a quem não teve oportunidade adequada de preparação. Ninguém que se tenha dedicado tanto ao estudo da Bíblia, como o guia, deixaria de notar as advertências ali contidas a respeito das possíveis falácias dos pseudocristos e dos falsos profetas, e o próprio livro de Swami Vivekananda previne claramente contra o uso prematuro ou indiscriminado de suas instruções. Infelizmente, há os que nunca tomam essas precauções como endereçadas a eles próprios, aplicando-as invariavelmente a seus vizinhos ou a seus adversários.

Devemos, contudo, observar que para a nossa missivista o resultado foi benéfico. As formas vistas eram de todo ilusórias, é certo. Mas as grandes emoções despertadas, o temor e o arrebatamento místico – tudo isso produziu efeitos permanentes, que não podem senão lhe terem sido úteis. O incontido entusiasmo pelas coisas espirituais, o desejo não egoísta de ajudar, ainda que à custa de algum sacrifício – são forças poderosas que, uma vez geradas, encontram resposta em níveis superiores aos que a consciência pode alcançar com a sua visão normal. O sentimento é genuíno, por incorreta que seja a sua motivação; e por isso nos congratulamos com a nossa missivista por ter logrado escapar de perigos que excedem aos que ela poderia imaginar, e só nos cabe esperar que a paz e o benefício assim adquirido a acompanhem permanentemente.

O profundo sentido de união com o divino, que lhe adveio com essa bênção, foi sem dúvida um verdadeiro roçar na margem inferior do mundo intuicional, tendo compensado todo o sofrimento por que passou a paciente.

Mas o estudante sabe que tudo isso (e muito mais) podia ser obtido sem o sofrimento, e sem o risco imprudente – com a mesma soma de energia segundo os métodos normais consagrados pela sabedoria das idades. Forçar o caminho até regiões ignotas, sem a orientação de quem realmente sabe, é arriscar-se a um desastre; e significa um perigo para quem não precisa expor-se a tanto, porque as velhas sendas estão sempre abertas, e ainda subsiste a verdade daquele antigo truísmo:

"Quando o discípulo está pronto, o Mestre aparece".

Escrevendo um Livro

Muitos de nós somos constantemente influenciados por entes invisíveis, de inúmeras formas, sobre as quais não temos a mais ligeira ideia. Já falamos do orgulho de raça e de casta. Existe igualmente, de modo ainda mais acentuado, o orgulho de família, que se deve principalmente à influência de nossos antepassados. Sei de muitos casos em que um homem desejou permanecer durante muito tempo no plano astral a fim de poder proteger seus descendentes e procurar induzi-los a manter vivo o orgulho de sua estirpe. A falecida Rainha Elizabeth, por exemplo, devotava tão intenso amor ao seu país que só bem recentemente se transferiu para o mundo celeste, tendo empregado todo o seu tempo intermédio em esforçar-se (e até há pouco quase sem nenhum êxito) por incutir nos sucessores as suas ideias a respeito do que devia ser feito pela Inglaterra. Seu caso é raro; mas, em vários outros, as famílias reais, cuja continuidade de tradição tem sido preservada, são mantidas graças à constante pressão intencionalmente exercida, do mundo astral, pelos antigos membros da família.

Não menos incomum é o caso de pais e mães comprometerem-se entre si, em uma aliança especial, a velar para que, mesmo depois de sua morte, os filhos e as filhas se esforcem por cumprir os desejos paternos. Em casos mais raros, chegam a manifestar-se, por meio de aparições, para reforçar suas recomendações. Mais frequentemente, exercem uma influência tendenciosa, porque não suspeitada, concentrando sempre os seus pensamentos em torno do assunto sobre a mente da pessoa visada – uma pressão firme e permanente, que o homem comum toma provavelmente como o seu próprio desejo subconsciente.

Casos em que pessoas mortas se constituíram anjos da guarda de vivos são bastante numerosos, e por essa forma as mães com frequência protegem os filhos, e maridos falecidos, as suas viúvas, durante muitos anos. Às vezes semelhante influência não tem caráter de proteção, mas se exerce a fim de que o morto possa encontrar meio de transmitir algumas ideias que está desejoso de expor ao mundo.

Algumas vezes, a pessoa viva tem consciência de estar sendo influenciada; em outras, não tem consciência alguma.

Contou-me famoso novelista que os admiráveis enredos de suas histórias lhe surgem invariavelmente como uma espécie de inspiração, e que as escreve sem saber de antemão qual o seu encadeamento – que, na realidade, estão elas sendo escritas por intermédio dele. Mais vezes do que supomos, os autores e compositores de música são influenciados dessa maneira, e assim muitas obras atribuídas aos vivos são realmente o trabalho de pessoas mortas.

Em certos casos, querem os mortos que seja divulgada sua autoria, de sorte que obras declaradamente escritas por eles já se vão tornando um gênero de literatura moderna. Ou seria talvez melhor dizer que muitos de nós vão, pouco a pouco, reconhecendo que não existe morte, no antigo e errôneo sentido da palavra; e que, embora uma pessoa que tenha deixado o corpo físico encontre dificuldade para escrever um livro ela própria, é capaz de ditá-lo como qualquer pessoa viva.

Esses livros ora versam temas de moral ou de metafísica, ora são novelas; e sob este último aspecto contam com a boa receptividade de muitos, que não é provável dispensem atenção a uma obra de caráter mais sério, a respeito de assuntos ocultos, com pouco chance de ser lida se a encontrassem..

Um bom espécime de tais livros (e é um gênero que ano a ano vai se tornando mais frequente) é *The Strange Story of Ahrinziman*[22], de Anita Silvani. Um livro que chegou às minhas mãos alguns anos atrás. Tomêmo-lo como exemplo, e expliquemos o que é e como veio a ser escrito. Sei que o primeiro impulso daqueles que jazem adormecidos no cômodo nevoeiro que envolve a inteligência comum, acolchoando-a contra os fatos reais da vida, será, naturalmente, proclamar que tudo não passa de um absurdo, conforme a grosseira teoria de que uma pessa morta está morta, sendo de todo impossível que possa ditar qualquer coisa; e, até mesmo as que sabem algo mais, serão tentadas a suspeitar que atribuir autoria a uma pessoa fora do corpo não é senão uma forma romanceada de fazer propaganda: um ardil comercial, por assim dizer. Portanto, talvez seja melhor principiar contando que eu me certifiquei de que o livro é, pelo menos, um ditado genuíno do mundo astral, sem embargo de não poder garantir que, em todos os outros aspectos, corresponda efetivamente ao que se alega ser.

As pessoas que nada conhecem das condições de vida, entre aqueles aos quais se convencionou dar o nome errôneo de "mortos", parecem julgar impossível conceber aquela vida como um fato natural, ou compreender que

---

[22] The Progressive Thinker Publishing, Co., Chicago. (N. E.)

a natureza humana possa e venha apresentar todas as suas curiosas e variadas facetas, tanto além-túmulo quanto aqui. A pessoa que morre não se converte necessariamente em santa, nem se transmuda de repente em uma pessoa austera e venerável; continua a ser exatamente o que foi antes, tão suscetível à influência da vaidade e da inveja, quanto capaz de cometer erros.

Um autor astral pode empregar um mecanismo literário igual ao do autor físico, e elaborar a sua história de qualquer forma que lhe aprouver. Quando vemos Rider Haggard escrever na primeira pessoa sob o nome de Allan Quatermain ou Ludwig Horace Holly, não concluímos necessariamente que está relatando as próprias experiências pessoais, nem que Quatermain ou Holly são personagens históricos. Identicamente, devemos pensar que, se um homem desencarnado dita na primeira pessoa *A História de Ahrinziman,* pode estar-nos oferecendo uma autobiografia modificada, ou simplesmente apresentando uma alegoria ou uma novela de mistério em forma atrativa e impressionante; e o que acabamos de sugerir não deve ser considerado uma crítica à *bona fides* do escritor morto, senão termos iguais ao antes expresso no caso de Rider Haggard.

Seja como for, Ahrinziman nos conta uma boa história – uma história que é inteiramente oriental em sua tessitura. Apresenta-se ele como o filho ilegítimo de um rei persa. Sua mãe, uma vestal grega capturada durante um ataque dos persas, é assassinada pela rainha legítima em um assomo de ciúmes; e, para que fossem evitadas outras explosões de ciúme, o pequeno é conduzido para as montanhas, a uma longínqua região do império, e ali criado por um camponês. O menino é, até certo ponto, um clarividente nato, capaz de ver os espíritos da natureza à sua volta, e também a sua falecida mãe. Imediatamente entra ele em contato com alguns sacerdotes que lhe ensinam muitas coisas, e depois é admitido no templo, tornando-se um médium para seus membros. Mas indivíduos descontentes o sequestram; ele foge e reúne-se a um bando de salteadores das montanhas. Passados alguns anos, abandona-os. Encontra-se então com um praticante de magia negra, e vai para sua companhia, como discípulo; mas o mestre morre ao praticar um de seus sortilégios, e o estudante escapa de partilhar a mesma sorte, devido tão-somente à interferência de sua mãe.

Em seguida, no curso do seu errante caminhar, tem oportunidade de conhecer o príncipe, que na realidade é seu meio-irmão (filho da rainha que assassinou a sua mãe), e de curá-lo de uma obsessão, graças ao seu poder de clarividente. Com o tempo, o príncipe assume o trono e distingue o nosso herói com uma posição de honra, sem nada saber do parentesco real entre os dois. A esse tempo, Ahrinziman contrai matrimônio, infelizmente com uma mulher de todo indigna, que em verdade não o ama, atraiçoando-o sem hesitação quando atraída pelos olhares cobiçosos do rei. Através de sua clarividência parcial, Ahrinziman tem conhecimento do fato e, furioso de ciúme, provoca a morte do rei por meios astrais. Ele próprio o sucede no trono (declarando o parentesco); mas, após um curto reinado, outro pretendente o elimina.

A parte restante do livro ocupa-se de suas experiências no mundo astral. De início ele se acha possuído de ciúme e ódio, sendo por isso induzido a associar-se a toda espécie de horríveis entidades, com o propósito de, servindo-se delas, executar sua vingança; mas, pouco a pouco, o que há de bom no seu interior prevalece, e ele começa a esforçar-se por ajudar, em vez de prejudicar. E, assim, depois de um árduo e longo progresso, alcança finalmente a bem-aventurança.

Até que ponto é possível que tudo isso seja verdade? Podemos aceitar a narrativa, parcial ou totalmente, como a autobiografia que se pretende seja? Ou devemos considerá-la como uma ficção? Certo, em relação a muitas coisas, podemos dizer: *Se non è vero, è ben trovato...*

Quanto à parte física da história, não temos senão escassas indicações de que se passou na Pérsia, no século V da era cristã; mas, tanto quanto se pode admitir, nossa história fragmentária daquele período ajusta-se perfeitamente ao que Ahrinziman escreve.

O interesse do estudante do lado oculto da natureza concentrar-se-á, sobretudo, nas experiências astrais, que representam quase toda a razão de ser do livro; desejará ele saber até onde poderão ser confirmadas do ponto de vista do conhecimento oculto já alcançado em nosso mundo ocidental.

Aqueles que se dedicaram a estudo mais profundo serão os primeiros a admitir que, nesta maravilhosa ciência da alma, não estamos ainda senão catando pedras na praia do vasto oceano do conhecimento; que nossas mais extensas informações estão ainda longe de esgotar o filão; e que a admirável variedade e adaptabilidade de condições astrais são tão amplas que seria temeridade dizer que alguma coisa é impossível. Entretanto, certas leis gerais estão bem fundamentadas, e algumas delas parecem ter sido violadas pela história de Ahrinziman, se é que as devamos tomar literalmente, não obstante tudo se encaixar facilmente em seus lugares, a admitirmos certas reservas sobre o que lhe diz respeito. Se tudo é simplesmente uma parábola, muito bem; mas é interessante ver como Ahrinziman pode ser perfeitamente honesto em sua narrativa, ainda que em alguns pontos esta contrarie fatos aceitos.

A primeira questão importante é se uma permanência da ordem de uns dois mil e trezentos anos no mundo astral é de todo possível, pois sabemos que vinte ou trinta anos já representam uma boa média para as pessoas comuns. Verdade é que um homem de excepcional força de vontade pode prolongar consideravelmente sua vida astral mediante a intensificação de seus desejos e paixões, e utilizando toda sua energia mais no lado inferior que no lado superior de si mesmo; e foi isso precisamente o que parece ter acontecido com Ahrinziman. Li sobre um caso na Alemanha em que um sacerdote transviado ficou preso à Terra durante quatrocentos anos; e eu próprio conheci um no qual a ambição e a vontade determinada retiveram uma pessoa na vida astral por trezentos anos. Mas tais exemplos não são frequentes, e nenhuma delas chegou a demorar tantos séculos conforme o caso de Ahrinziman. Claro, também, que ele de modo algum se considera um caso especial, porque fala de muitos amigos e contemporâneos ainda em sua companhia, alguns mais adiantados em progresso, outros em atraso. Se, portanto, é de aceitar como genuína a sua história, talvez devamos conceituá-la mais como tentativa de uma descrição das condições por que passou durante o primeiro século após sua morte, do que como indicação de algo que existe atualmente.

Embora ávido de conhecimento oculto, não demonstrou ele muita atração pelo aspecto espiritual, exceto na infância; suas ações eram, sobretudo, o resultado de ambição, paixão e vingança, vindo a sofrer morte violenta ainda na flor da vida. Levando em conta todos esses fatores, era de esperar uma demorada e atormentada vida astral, que seria extremamente desagradável nos primeiros tempos. Era também de esperar que as paixões se fossem consumindo gradualmente, que o lado melhor de sua natureza acabasse por prevalecer, sendo-lhe proporcionada oportunidade de progredir.

Tudo isso é o que Ahrinziman descreve, mas ele cerca a história de uma riqueza de alegoria que pode ser facilmente mal interpretada, e estende há dois mil e trezentos anos o que bem podia ter ocupado quarenta ou cinquenta. Não devemos esquecer que no mundo astral nenhum de nossos métodos ordinários para a medição do tempo é válido, e que, se até na vida física poucas horas de sofrimento ou de ansiedade nos dão a impressão de serem quase intermináveis, tal característica é exagerada ao cêntuplo em uma existência baseada nas emoções e paixões. Ao passo que é difícil conceber que Ahrinziman houvesse realmente despendido dois mil anos no plano astral, fácil é acreditar que sua estada ali lhe parecesse uma eternidade.

Entretanto, subsiste o fato – a crer na veracidade da parte física de sua vida – de haver transcorrido aquele lapso de tempo desde o seu assassínio. Que fez ele durante todos esses anos? Sem conhecimento pessoal com ele, não tenho o direito de proceder a investigações impertinentes; mas um caso semelhante ao seu, que ultimamente pesquisei, nos pode sugerir uma possível explicação.

Fui consultado por uma senhora que declarou que o seu "espírito-guia" era um sacerdote do Egito antigo; e, como o conselho por ele dado era bom, e correto o seu ensinamento, pareceu-me que valia a pena investigar as suas razões para tão inusitada atitude, por julgar pouco provável que um homem tão digno e justo descesse a representar um papel mesquinho de personificação. Encontrando-me com ele, vi desde logo que era sem dúvida um iniciado de certo nível nos Mistérios do Rito Egípcio, e naturalmente me surpreendi de que ainda pudesse achar-se em atividade no mundo astral. Após meu exame, verifiquei que, após sua vida como sacerdote egípcio, teve outra encarnação; que passara penosamente o tempo cuidando de resgatar *karmas* acumulados; mas que, depois da morte, determinadas circunstâncias (pareciam simples acidente) o puseram em contato com a corrente de pensamento de seu antigo ambiente egípcio.

A recordação dessa vida anterior imediatamente lhe iluminou a consciência (e quero crer que ela sempre estivesse beirando o limiar, e que a ansiedade sempre o acompanhara, embora ele não soubesse por quê), e se tornou mais vívida e real do que a rotina monótona da existência monástica, a ponto de representar esta um mero sonho desagradável. Esqueceu-a completamente, ou encarou-a como nada mais que uma parte penosa de sua punição astral; e, assim, estava sendo honesto quando afirmava que era aquele sacerdote egípcio – a grande personalidade com a qual se identificara no final de sua última vida no mundo celeste, precisamente antes de descer à sua recente encarnação, em que se fez monge. Não asseguro que o caso de Ahrinziman seja semelhante, mas pelo menos é possível que assim fosse.

É natural que Ahrinziman escreva como um homem de sua época, e use a terminologia a que está habituado, com expressões que soam estranhas aos nossos ouvidos de hoje, especialmente quando confunde seus símbolos com fatos concretos. Certo, não é exatamente verdade, como supõe, que os seres humanos estejam divididos em três grandes grupos, dirigidos por anjos com insígnias em forma de estrelas brancas, vermelhas e douradas, assim como não é verdade que Phoebus conduza sua carruagem pelo céu todos os dias, do oriente para o ocidente, ou que o Deus-Sol nasce de novo pelo Natal, quando os dias principiam a ser mais longos. Mas é verdade que algumas religiões antigas adotaram um sistema de simbolismo estreitamente associado ao que o livro expõe, e que um ser humano, ao transferir-se à vida astral com a mente repleta de tais ideias preconcebidas, pode, durante muito tempo, continuar interpretando todas as coisas de acordo com elas, e ignorar fatos que elas não abranjam.

Também é verdade que existem espíritos poderosos cujo processo de evolução difere inteiramente do nosso, e que para nós seria maléfico; mas com esses não temos contato normal, nem é deles que Ahrinziman fala, pois admite que os seus anjos de luz e de trevas são, afinal de contas, seres humanos que tiveram sua vida na Terra. Descreve em termos vívidos os edifícios-pensamento construídos pelas paixões humanas, se bem que muitas vezes não faça distinção entre as imagens-pensamento transitórias e as realidades mais permanentes do mundo. Dá-nos uma descrição pavorosa de uma espécie de batalha astral, em que o campo se acha juncado de combatentes dispersos – um pormenor horrível que não podia realmente ocorrer, como seria logo evidente para quem quer que tivesse noção da natureza fluídica do corpo astral.

Com efeito, se as suas observações devem realmente corresponder ao antigo conhecimento persa em relação às coisas do astral, somos levados a reconhecer que a exposição não tem muito caráter científico, assim como está aquém do que atualmente se ensina aos estudantes do oculto. Por exemplo,

Ahrinziman não parece ter compreensão clara do grande fato central da reencarnação, ou talvez a considere como uma possibilidade eventual, em lugar de um meio empregado para a evolução da humanidade.

Os termos que usa nos deixam algo perplexos, até que a eles nos habituamos, vendo-se que dá o nome de "corpo espiritual" ao que ora chamamos veículo astral, e que o seu "corpo astral" não é senão o duplo etérico – conforme se depreende quando ele o descreve como ligeiramente maior que o corpo físico e suscetível de ser influenciado por ácidos poderosos; observações estas que são verdadeiras quanto ao duplo etérico, mas incorretas se aplicadas ao que denominamos corpo astral. É também confusa a sua maneira habitual de referir-se às desagradáveis condições do astral quando abaixo do plano terrestre, e agradáveis quando acima, sem embargo de descrever umas e outras como menos materiais que as de nossa Terra. Provavelmente foi induzido em erro devido à circunstância de que a matéria astral mais densa interpenetra o nosso globo físico, e aquelas confinadas na subdivisão menos desejável podem muitas vezes encontrar-se efetivamente no interior da crosta terrestre. Há, não resta dúvida, um mundo inferior ao físico – um com o qual a humanidade normal, felizmente, não tem relação alguma; esse, porém, é mais, e não menos, material que o mundo que pensamos conhecer.

Com frequência relata coisas em uma linguagem tal que logo convence o estudante de que as viu certamente; e depois passa a desapontar-nos explicando-as de maneira confusa e anticientífica, ou tratando símbolos poéticos como se fossem fatos materiais. Uma ou duas vezes mostra estarem suas concepções impregnadas da teoria da alma-gêmea – uma linha de pensamento que deve ser cuidadosamente evitada por todos quantos desejam em verdade progredir no estudo oculto.

Incorre em erro quando se refere à mediunidade como necessária à evolução espiritual – embora talvez se trate de uma questão de terminologia, porque é possível que a palavra fosse usada no sentido de sensibilidade psíquica. Está positivamente errado quando diz que é impossível ao ser humano ainda na posse do corpo físico compreender ou controlar as forças e os seres astrais, ou ter uma visão espiritual perfeita. O que sem dúvida quis dizer, ou pelo menos devia dizer, é que um ser humano ainda confinado em seu corpo físico não é capaz de alcançar aqueles poderes mais elevados, porque não se persuadiu de que o ser humano, durante a vida, pode aprender como deixar o corpo físico de modo tão completo quanto na morte, e a ele regressar quando quiser.

Também demonstra ignorância do pensamento oriental ao condená-lo como egoísta, e ao dizer que os seus ensinamentos "deixam insatisfeitas as multidões que têm sede de luz".

Considerada, porém, em seu conjunto, a exposição é digna de louvor, porque isenta de sectarismo.

Apesar de, como estudante de ocultismo, assim me ver obrigado a divergir de Ahrinziman em certos pontos, apresso-me em acrescentar que há muita coisa em que devemos concordar inteiramente com ele. Tomando ao acaso algumas das muitas gemas que podem ser respigadas, seus comentários sobre a guerra e as conquistas, bem como sobre a história das religiões, são admiráveis. Estamos com ele quando escreve:

> "Eu sustento que a verdade e o erro, o bem e o mal devem ser encontrados em toda a parte e em todas as religiões e em todos os povos; e, seja qual for a pureza e a originalidade de uma ou outra forma de crença, impossível é impedir as ambições e os desejos sensuais, a avareza e a crueldade, na alma humana pouco desenvolvida, de perverterem a pureza dos ensinamentos e de convertê-los nos mais vis propósitos e de sobrepor-lhes os erros mais grosseiros... Os ritos absurdos, os horríveis sacrifícios, as práticas revoltantes, as crenças grotescas, as teorias fantásticas, que se introduzem no ensinamento da religião, tudo isso representa excrescências que se fez aderir, uma por uma, à singeleza e à pureza da doutrina do seu fundador".

Sua terminologia talvez não seja das melhores, mas há grande dose de verdade em seu pensamento de que todo mal é a deturpação de alguma qualidade boa, e um dia virá a ser transmutado. Muitas de suas ideias acerca do desenvolvimento espiritual são também merecedoras de aplauso. Os perigos da mediunidade e do hipnotismo dificilmente poderiam ser expressos em melhores termos do que nesta solene advertência:

> "Que ninguém abdique de sua soberania sobre si mesmo, sobre o seu corpo ou a sua mente, nas mãos de outrem. Que cada

um seja o seu próprio sacerdote ou advogado. Porque a liberdade de um ser humano é sua prerrogativa divina, e aquele que a aliena a outrem é mais abjeto que o mais vil dos escravos".

Explica também em uma das notas:

"Um transe perfeito devia ser o voo consciente da alma para um estado superior, do qual teria que regressar fortalecido e renovado e capaz de pensamentos mais amplos e mais nobres, e de ações mais livres, e com o domínio mais firme e mais perfeito da própria individualidade. Aplicar a palavra 'transe' àquelas exibições de aberração mental de pessoas cuja sensitividade as deixa expostas ao controle mesmérico de qualquer mente, encarnada ou desencarnada, é propagar um erro que há muito devia estar condenado. Com a proliferação da mediunidade, todas e cada uma das variedades dos estados subconscientes e respectivos graus passaram a ser classificados como 'transes', embora não apresentem maior semelhança com o verdadeiro místico das antigas crenças ocultas que a do sono causado pelo uso de fortes drogas estupefacientes com o sono saudável da natureza fatigada. O sono induzido hipnoticamente é tão nocivo à alma como o uso habitual de narcóticos ao corpo. Quer o magnetizador esteja encarnado ou desencarnado, os resultados são os mesmos; o uso habitual do magnetismo para provocar o sono ou o 'transe' é um mal".

Expõe corretamente como os mortos de categoria inferior afluem às sessões espíritas, e como os chamados guias nem sempre são bastante fortes para afastar as influências más. Também nos adverte, de modo bem claro, como as ideias dos perguntadores terrenos facilmente se insinuam nas respostas ou revelações do médium magnetizado, de modo que por esse método de investigação uma pessoa quase sempre tem a informação ou conselho tal como deseja ou espera. Entende que o ascetismo como tal é inútil e muitas vezes perigoso, e que o corpo físico deve estar em perfeita saúde e vigor para que as visões sejam fidedignas. Percebe, também, as dificuldades que essa via oferece:

> "Poucos, muito poucos, os que possuem o discernimento indispensável para aprender a usá-la com êxito; ainda menor é o número dos que têm a inabalável força de vontade e a insaciável sede de conhecimento que os devem conduzir através de todos os perigos, sofrimentos e decepções, trabalhos e canseiras infinitas, que acompanham tais estudos".

Toda a história está de seu lado quando nos diz que aqueles que desenvolvem os graus mais altos de poder fariam bem retirando-se completamente da vida ativa no mundo físico; e o seu estranho aglomerado de caracteres vai compreendendo gradualmente que só pelo altruísmo é possível o verdadeiro progresso.

Aqui e ali uns poucos vislumbres de conhecimento saltam aos olhos do estudante, mostrando que as coisas foram corretamente apresentadas, posto que confuso o modo de expressar por falta de uma ordenação mais precisa dos fatos. Ahrinziman conhece a fabricação de talismãs e poções; e vê como uma simples ação ou pensamento de vindita abre as portas a influências más para seu autor durante os anos subsequentes; descreve como a presença dos mortos induz os vivos a pensarem neles, sem embargo de não se acharem estes bastante desenvolvidos para perceber aqueles.

Escrevendo sobre a vida astral, ele nos dá uma descrição da rainha perversa que, depois de morta, estava rodeada de lembranças e pensamentos maus, os quais para ela eram como se fossem acontecimentos do presente; e confere um espantoso toque de realismo à história do escravo que passa o tempo todo a arrastar-se para a frente e para trás na passagem secreta em cuja construção fora assassinado. Fala-nos dos mortos que têm uma impressão confusa de que ainda se encontram em seus corpos físicos, e daqueles outros que, tendo percebido a separação, procuram utilizar os corpos físicos de seres humanos vivos como médiuns para lhes satisfazerem as paixões. Compreende, também, como seres humanos que, permanecendo lado a lado (no que ao espaço concerne), podem estar ainda absolutamente inconscientes um do outro; conhece a maravilhosa verdade de que não há mal que seja eterno, e que, por mais distante do Caminho que a alma possa estar, um dia acabará, finalmente, por chegar ali.

E conclui com a esperança, a que todos nós fazemos eco, de que, quando a barreira da ignorância – que tanto tem dividido as nações entre si – for pouco a pouco desmoronando diante da força irradiante do conhecimento, e a luz da fraternidade principiar a esparzir o seu fulgor, essa amplitude do conhecimento e a compreensão mais clara das coisas possam, gradualmente, destruir o muro imaginário erroneamente chamado morte, mostrando-nos que, afinal, não há realmente separação. Pois, quer ainda estejamos vivos em nossos corpos físicos, ou não, somos todos membros da grande Fraternidade, e todos caminhamos para a mesma meta, todos banhados na luz do mesmo Eterno Amor.

Capítulo 13

NOSSA ATITUDE PARA COM ESSAS INFLUÊNCIAS

Conchas Protetoras

Tratamos especificamente de vários tipos de influências que se exercem sobre nós de todos os lados, e vimos que entre elas há muitas que são perturbadoras e indesejáveis. Daí surge a questão: qual a melhor maneira de as evitar ou neutralizar?

Fácil é formar ao nosso redor uma espécie de armadura de matéria sutil – aquilo que os estudantes geralmente denominam concha protetora. Mas será esse o melhor meio de enfrentar a dificuldade? Uma autoridade no assunto observou, em certa ocasião, no que concerne à autoproteção, que a melhor coisa a fazer com uma concha, primeiro que tudo, é não construí-la; e, se foi construída, desfazê-la tão depressa quanto possível! Sim, há uma boa dose de verdade em tais palavras porque, na maioria dos casos, se não em todos (exceto os de estudantes inexperientes), o que se obtém com a proteção de uma concha pode ser alcançado mais eficazmente e com menos perigo por outros meios, como adiante veremos. Saber exatamente como se constroem conchas de vários tipos é muitas vezes útil; mas, a exemplo de outros conhecimentos, pode gerar o abuso, razão por que, antes de dirigir as energias nesse sentido, desejável é saber à risca o que se pretende fazer e como fazer.

O primeiro princípio que importa considerar é que a concha deve ser usada muito mais para proteger outros que para nossa própria proteção. Os auxiliares invisíveis, por exemplo, não raro julgam indicado construir essa defesa para quem estão eles procurando livrar de influências más. O ser humano comum, porém, se preocupa mais com a ideia de proteger-se a si mesmo contra as diversas influências externas, e costuma perguntar como é possível formar uma carapaça com esse objetivo. Ocasiões há em que tal atitude é admissível, e podemos agrupar as conchas em três categorias principais, que correspondem aos veículos etérico, astral e mental.

Em todos os casos semelhantes, são as conchas construídas pelo poder da vontade; mas, antes de exercitar este poder, convém saber qual o tipo de matéria que deve formar a concha, e contra o que se pretende a proteção. As recomendações geralmente feitas são no sentido de o estudante pensar que sua aura o envolve sob a forma de um ovoide, concentrar-se fortemente sobre a superfície exterior dessa aura e, em seguida, empregar sua vontade para fazê-la endurecer, a fim de ficar impermeável a qualquer influência de fora. São úteis essas instruções, e uma concha bem resistente pode ser obtida por esse processo. Mas o esforço será muito menos custoso e mais eficaz se a pessoa tiver a noção exata do que está fazendo e o motivo de sua ação; dessa maneira, poderá aplicar a energia de sua vontade somente na direção certa, em vez de lançar uma corrente de forças mal dirigida para todos os lados.

Vamos, pois, examinar em particular cada uma das três variedades, e ver os fins a que se destinam respectivamente.

A Concha Etérica

Cuidemos primeiramente da proteção que se deseja dar ao corpo físico (inclusive o duplo etérico) contra vários perigos a que pode estar sujeito.

São três os usos mais comuns desta concha: proteger uma pessoa sensível em uma aglomeração; proteger à noite o corpo físico quando uma pessoa o deixa durante o sono; e evitar o perigo de uma infecção física a que se expõe o estudante no cumprimento de um dever.

Em todos os três casos, é óbvio que a concha deve ser unicamente de matéria etérica, para que preencha com eficiência sua finalidade, sem embargo de ser algumas vezes aconselhável criar simultaneamente mais conchas em outros planos, para a proteção contra outros tipos de perigo.

A finalidade da concha em uma aglomeração é quase sempre dupla. Em uma multidão promíscua tudo indica que existe grande soma de magnetismo físico de qualidade indesejável para o estudante; e parte do objetivo deste com a precaução da concha é defender-se daquela influência. É provável também que em uma grande aglomeração haja certo número de pessoas infelizes que, fisiologicamente fracas, estão constantemente absorvendo doses elevadas da vitalidade dos outros. Semelhante absorção se verifica muitas vezes sem o conhecimento da pessoa que dela se está beneficiando, a qual, em consequência, pode ser havida como uma espécie de cleptomaníaca etérica inconsciente.

Aquele que assim tem a desventura de ser um vampiro inconsciente é comparável a uma gigantesca esponja, sempre pronta a absorver o elemento vital especializado que esteja ao seu alcance.

Se ele se limitar a apropriar-se das radiações branco-azuladas que emanam de toda pessoa normal, ele não fará mal, isso porque a matéria de que se compõem as radiações já foi recebida e aproveitada pela pessoa de cuja aura foi tomada. Mas tudo o que o vampiro retira, em geral, não se resume nisso: ao aproximar-se, seu poder de sucção estimula sobremaneira aquela emanação; deste modo, não somente se perde o fluido branco-azulado já utilizado, mas, pela intensa sucção, toda a circulação vital no corpo da vítima é tão acelerada que a matéria rósea é expelida juntamente com as sobras, através dos poros, sem tempo de ser assimilada pelo infeliz proprietário legítimo. E, assim, um vampiro eficiente pode subtrair de uma pessoa todo o seu vigor em questão de alguns minutos.

Semelhante vampiro inconsciente por certo que é sempre digno de pena; não obstante, seria grande erro se, em razão dessa piedade, a vítima consentisse voluntariamente em se deixar exaurir, pensando beneficiar e ajudar alguém em uma necessidade extrema. O vampiro invariavelmente desperdiça a substância que lhe chega por esse meio ilícito. Esta substância, depois de circular em seu organismo, é consumida sem que seja assimilada, deixando persistir a sede, jamais saciada; e tentar satisfazê-la à custa de um autossacrifício, que é preciso sempre repetir, é como derramar água dentro de um saco furado, para usar um expressivo provérbio hindu.

A única coisa que se pode realmente fazer para auxiliar um vampiro inconsciente é dar-lhe o suprimento vital que ele busca, em quantidades rigorosamente dosadas, tentando-se, ao mesmo tempo, por meio de uma ação mesmérica, restaurar-lhe a elasticidade do duplo etérico, de modo que a sucção e o correspondente escapamento não continuem por mais tempo.

Este escapamento se processa através de todos os poros do corpo em virtude daquela falta de elasticidade etérica – não através de alguma ruptura ou ferimento no corpo etérico, como supuseram alguns estudantes; realmente, a ideia de algo parecido a uma ruptura ou ferimento duradouro é incompatível com a natureza da matéria etérica e a constituição do duplo etérico.

A concha resistente é um meio de nos protegermos contra o vampirismo, e há muitas pessoas para quem talvez seja atualmente o único recurso disponível.

No caso de pessoa normal e de perfeita saúde, em regra não existe preocupação com o corpo físico quando, durante o sono ou em transe, a pessoa dele se ausenta; porque, na hipótese improvável de algum ataque, o corpo reage instantaneamente, chamando a alma onde quer que ela se encontre, e assim a pessoa estará sempre alerta para se defender em caso de necessidade. O corpo físico tem uma consciência que lhe é própria, distinta da do ser humano que nele habita – uma consciência vaga, é verdade, mas ainda assim capaz de saber quando o veículo se acha em perigo, e instintivamente as providências necessárias e ao seu alcance são adotadas a fim de o proteger. Eu, por minha vez, tenho visto que a consciência se manifesta quando o dono do corpo físico deste se afastou em virtude da administração, pelo dentista, de gás hilariante: manifesta-se por meio de uma vaga agitação e uma tentativa ineficaz de protesto quando o dente é extraído, embora o paciente relate depois que não teve a menor consciência da operação.

Como o corpo físico sempre continua intimamente ligado, por vibração simpática, ao corpo astral, inclusive quando este se acha longe dele, qualquer perturbação que ameace o físico é quase certo ser instantaneamente transmitida ao Ego, o qual retorna incontinenti para investigar.

Há, contudo, pessoas anormais e infelizes que estão sujeitas a ser atacadas por certas entidades desejosas de se apossarem de seus corpos e de as obsediarem. Tais pessoas julgam às vezes necessário tomar medidas enérgicas para se manterem na posse do que lhes pertence. Ou, ainda, é possível que as circunstâncias obriguem o estudante a dormir em ambientes sumamente desagradáveis – como, por exemplo, em um vagão de estrada de ferro em promiscuidade com pessoas do tipo de vampiros ou com emanações más e repulsivas. Em qualquer desses casos, uma concha etérica bem resistente será o melhor meio de fazer frente à dificuldade, conquanto ao estudante reste a alternativa de formar uma resistente forma-pensamento animada com o objetivo de proteger o corpo. Esta forma-pensamento poderá ser ainda mais eficiente se um espírito da natureza, de tipo apropriado, for induzido a animá-la e encarregar-se de boa vontade da tarefa.

A ideia de proteção contra a contaminação é bastante óbvia e dispensa comentário especial. A contaminação se pode dar por meio de quaisquer germes físicos, e contra estes um denso muro de matéria etérica é uma defesa segura. Jamais se deve esquecer, contudo, que a concha que impede a entrada de certo tipo de matéria também não lhe permite a saída; portanto, ao defender-nos de germes que podem trazer contágio, estamos igualmente conservando em direto contato com o corpo físico grande número das próprias emanações deste último, das quais por certo muitas são venenosas.

Nos casos acima, a concha deve ser formada só de matéria etérica, e a pessoa que a deseja construir precisa lembrar-se de que o seu corpo etérico não confina com o astral ou o mental. Estes últimos são ambos do formato e do tamanho daquela seção ovoide do corpo causal, que só com os seus característicos pode manifestar-se nos mundos inferiores. O corpo etérico, no entanto, tem o formato do corpo físico, e se projeta um pouco além da superfície deste – talvez um quarto de polegada, mais ou menos. Se, portanto, a ideia de adensar a periferia for adotada, a pessoa que tentar a experiência deverá lembrar-se onde fica a periferia e nela concentrar sua força de vontade.

Cabe-lhe, porém, a alternativa de construir uma concha ovoide de matéria retirada da atmosfera circundante. Esse recurso é preferível por vários motivos, mas requer uma aplicação muito mais intensiva da vontade e um conhecimento mais completo do processo por que atua na matéria física. A concha, conforme se tem descrito, opera exclusivamente no mundo físico, e, por conseguinte, só protege o seu criador contra emanações puramente físicas. Não impede de modo algum a entrada de pensamentos errantes ou de vibrações astrais tendentes a provocar paixões e emoções de vários naipes.

A certas pessoas sensitivas parece impossível chegarem perto de alguém que sofre de alguma fraqueza ou enfermidade sem logo reproduzirem em seus corpos físicos idênticos sintomas. Nestes casos, a concha etérica será de utilidade, pois sem ela a pessoa sensitiva ficará com a saúde abalada por essa intensidade anormal de empatia na ajuda àqueles doentes.

Da mesma forma, para aqueles cuja profissão exige que vivam e se movimentem em meio ao tumulto de nossa civilização moderna, a concha à que me refiro muita vezes poderá tornar-se útil, a fim de proporcionar aos nervos cansados e fustigados uma oportunidade, pelo menos, de recuperação, protegendo-os por algum tempo das incessantes marteladas de todas as múltiplas vibrações que caracterizam a vida moderna.

Escudos

Em alguns casos necessita-se não de uma concha envolvendo todo o corpo, mas de um pequeno escudo local para proteger alguém de um contato especial temporário. Todas as pessoas sensitivas sabem que o costume ocidental de apertar a mão dá lugar, muitas vezes, a uma sensação de mal-estar, que não desaparece senão algumas horas após o contato. Se a pessoa evita encontrar a outra, para não ter que lhe apertar a mão, isso pode representar uma ofensa ou dar uma impressão de orgulho ou de presunção de superioridade. O embaraço geralmente pode ser evitado mediante um esforço de vontade no sentido de cobrir a mão direita com um forte escudo temporário de matéria etérica, de modo que a pessoa sensível possa suportar o contato desagradável sem permitir que uma só partícula de magnetismo indesejável penetre em seu corpo.

De natureza idêntica, mas reclamando para o bom resultado da operação um conhecimento mais adiantado de magia prática, são as conchas usadas algumas vezes como proteção contra o fogo. Eu mesmo já utilizei uma dessas conchas de matéria etérica sobre a palma de minha mão numa sessão de espiritismo – e tão eficiente foi que, apesar de muito delgada para ser percebida pelos sentidos, me permitiu segurar na mão, durante vários minutos, um carvão em brasa e com ele inflamar um pedaço de papel. Aplicação ainda mais extensa da mesma ideia é colocar um escudo muito maior sobre as cinzas quentes, ou sob os pés dos participantes, na experiência de caminhar sobre as brasas, tantas vezes já descrita.

Uma Advertência

Os estudantes que desejem, por alguma razão, proteger seus corpos físicos durante o sono devem ser prevenidos para não repetir o erro cometido tempo atrás por um digno amigo, que se deu ao grande trabalho de, em certa ocasião, envolver-se em uma concha de todo impenetrável, construindo-a, porém, de matéria astral, em vez de matéria etérica, e levando-a consigo quando deixou o corpo físico! O resultado foi, naturalmente, que seu corpo físico ficou inteiramente desprotegido enquanto ele flutuava a noite toda, envolvido em uma tríplice armadura, incapaz absolutamente de mandar a mais simples vibração para auxiliar qualquer pessoa, e de ser auxiliado ou influenciado beneficamente por algum dos bons pensamentos que lhe houvessem dirigido mestres ou amigos.

A Concha Astral

Os objetivos colimados na construção de uma concha astral são, é claro, de natureza completamente diferente, já que devem estar relacionados apenas com paixões e emoções. Esses objetivos, em sua maioria, podem igualmente agrupar-se em três categorias. Primeiro, a concha é formada ao redor do corpo astral do estudante a fim de resguardá-lo contra vibrações emocionais dirigidas intencionalmente por outrem, como as de ira, inveja, ódio; segundo, para bloquear vibrações de tipo inferior – como as que implicam sensualidade – não dirigidas de propósito ao estudante, mas que se acham pairando na atmosfera e interferem acidentalmente, por assim dizer, em sua vida ordinária; terceiro, quando o estudante julga útil envolver o seu corpo astral com uma concha especial durante o tempo em que se entrega à meditação, para o caso de o perturbar a intrusão de pensamentos inferiores que, acompanhados de matéria astral, poderiam provocar emoções indesejáveis.

Em qualquer dessas hipóteses, ou em todas elas, o esforço da vontade terá como alvo a superfície do corpo astral – não a da parte correspondente de matéria astral mais densa, que é do formato exatamente e do mesmo tamanho do veículo físico, mas o contorno da aura adjacente, tal como se vê na ilustração do livro *O Homem Visível e Invisível* [23]. Neste, como em todos os outros casos de formação de uma concha, deve-se fazer uma ima-

---
[23] Ed. Pensamento, São Paulo. (N. E.)

gem mental nítida e concentrar inteiramente a vontade, pelo menos durante alguns minutos, no esforço de criar a forma necessária. É também conveniente lembrar que tais densificações [relacionadas à criação da concha] são, até certo ponto, não naturais; quer dizer, são uma combinação de matéria que não é aquela normalmente prevista no esquema das coisas e, por conseguinte, há uma tendência constante, no veículo de que se trata, para voltar à sua condição normal, o que sem dúvida significa tendência para a desintegração da concha. O esforço de vontade, portanto, deve exercer-se com firmeza, o suficiente para resistir, durante algumas horas pelo menos, a esse lento mas persistente trabalho de desintegração, pois de outro modo a concha pouco a pouco se tornaria permeável e precária, falhando à sua finalidade. Uma concha da qual se precisa por um espaço de tempo maior deve ser renovada sempre, porque sem isso não tardaria a entrar em colapso.

Com relação ao corpo astral, devemos ter em mente o que já consideramos no caso do corpo etérico: se uma concha detém externamente as vibrações, também as deterá no interior. O estudante que faz uma concha astral para uso próprio terá, portanto, o cuidado de a construir só com material das subdivisões inferiores do astral, porque é unicamente esta matéria que responde às vibrações inferiores e indesejáveis conectadas com a sensualidade, a malícia, o ódio, a inveja e todas as demais paixões indesejáveis. As emoções mais delicadas, ao contrário, sempre se expressam por meio de matéria da subdivisão superior. Não é necessário que matéria desta espécie seja usada em uma concha. Se o for, seus efeitos serão de todo insatisfatórios, primeiro porque a pessoa afastará de si quaisquer correntes de sentimentos favoráveis que se lhe possam enviar; segundo, porque ficará por algum tempo incapaz de enviar a outrem correntes análogas de sentimento afetivo.

Pode-se perguntar como é possível ao ser humano comum (ou mesmo ao estudante novato) saber que tipo de matéria astral está empregando na formação de sua concha. A resposta é que, afinal de contas, não é mais difícil do que projetar a construção de uma concha. Se ele deve construí-la com matéria astral, terá primeiramente que atentar para os limites de sua aura, e depois cuidar do adensamento da matéria em todos esses pontos. Assim, o processo é descrito como um uso inteligente da imaginação; e esta imaginação pode, com um pouco mais de esforço, ser perfeitamente conduzida à ideia de que o corpo astral consiste em sete graus de matéria, diferentes em densidade. Há que dirigir a vontade no sentido de distingui-los, selecionando apenas o material (vamos dizer assim) dos três subplanos inferiores, construindo a concha exclusivamente com ele; e, posto que não possua o estudante a clarividência necessária para ver o resultado do seu esforço, não deve duvidar de que o produzirá, e de que somente os tipos de matéria cogitados, e não outros, serão efetivamente influenciados pelas correntes que seja capaz de pôr em atividade.

A Concha Mental

A concha em torno do corpo mental difere da formada no plano astral quanto ao objetivo, que já não consiste em evitar emoções indesejáveis, mas pensamentos nocivos. Aqui também há três ocasiões principais em que a concha pode ser de utilidade: em primeiro lugar, na meditação; em segundo, quando o sono se aproxima; e em terceiro, em circunstâncias especiais em que, não havendo proteção, provavelmente se dará a intromissão de pensamentos inferiores.

O papel da concha mental na meditação é excluir a massa de pensamentos subalternos que está sempre planando na atmosfera. Nenhuma concha pode evitar que pensamentos errantes surjam dentro da mente do ser humano; mas a maior parte de nossos pensamentos é causada por impactos de fora, originando-se de ocasionais pensamentos flutuantes deixados por outras pessoas; a intrusão destes será pelo menos evitável com uma concha. Mas, ainda aqui, é de se recomendar que seja empregado somente material inferior na construção da concha porque, de outra forma, os pensamentos de ajuda procedentes de fora também podem ser impedidos, e os próprios pensamentos de uma pessoa, dirigidos ao Mestre, não se poderão exteriorizar.

Muitas pessoas se sentem perturbadas por correntes de pensamentos errantes quando desejam dormir; uma concha mental os libertará de tais pensamentos quando vêm de fora. A concha tem apenas que ser temporária, pois tudo o de que se precisa é paz durante um intervalo suficiente para conciliar o sono. O ser humano leva consigo a concha de matéria mental ao deixar o corpo físico, mas o trabalho da concha já está realizado, pois que toda a finalidade era permitir a saída daquele corpo. A corrente de pensamentos preguiçosos ou de preocupações mentais provavelmente retornará quando a concha se desfizer; como ele, porém, estará ausente do seu cérebro físico nessa ocasião, tal coisa não prejudicará o repouso do corpo. Enquanto ele se encontra no corpo físico, a ação mental sofre a influência das partículas do cérebro, desenvolvendo ali tal atividade que é impossível a ele deixar o veículo físico; mas, quando ausente deste último, aqueles pensamentos errantes ou de preocupação não mais retornam.

O terceiro caso a que fiz referência é menos simples. Não raro sucede que certo grupo de pensamentos – alguns inteiramente desejáveis, e outros não – se acham estreitamente relacionados entre si. Para tomar o primeiro exemplo que me ocorre: é fato bem conhecido que a devoção profunda e determinada forma de sensualidade estão, muitas vezes, quase inextricavelmente misturadas. Uma pessoa perturbada por essa desagradável conjunção pode obter o benefício da devoção sem sofrer os efeitos malignos da sensualidade, envolvendo seu corpo mental em uma concha rígida no que diz respeito às subdivisões inferiores, pois desse modo conseguirá expulsar as influências de ordem inferior, permitindo, ao mesmo tempo, que as de ordem superior tenham acesso livre. Este é apenas um exemplo dentre as muitas variedades de fenômenos que existem no mundo mental.

O Melhor Uso de Uma Concha

Quando uma concha se faz necessária, o método que acima indiquei é, provavelmente, o mais fácil para fazê-la; mas resta ainda um ponto a considerar: saber se, afinal, a concha é desejável. Tem ela os seus usos; sobretudo, é útil para aplicação em benefício de outras pessoas. O Auxiliar Invisível a tem frequentemente como de valor inestimável quando está procurando aliviar uma pobre alma atribulada que não dispõe ainda de energia para se proteger, seja contra certos e intencionais ataques externos, seja contra o turbilhão, a todo o instante presente, de incômodos pensamentos errantes. Mas pensar em usar uma concha para si próprio é, em última análise, uma confissão de fraqueza ou de deficiência, parecendo pouco duvidoso que, se nós somos o que devíamos ser, não haveríamos de precisar de proteção dessa natureza.

Uma História Sugestiva

Uma curta e encantadora história, tirada das tradições da Igreja Cristã, é uma feliz ilustração do que acabamos de dizer.

Consta que em alguma parte do deserto, perto de Alexandria, havia um mosteiro cujo abade possuía faculdades de clarividência. Entre os monges, dois jovens gozavam da reputação de pureza e santidade (o que devia ser comum a todos os monges, mas algumas vezes não o era). Certo dia, quando estavam cantando no coro, aconteceu que o abade lançou suas vistas clarividentes para os dois jovens monges, tentando conseguir como conseguiam preservar aquela pureza em meio às tentações da vida cotidiana. Observou o primeiro monge, e viu que ele se fizera rodear de uma cintilante concha de cristal e que, quando os demônios da tentação (formas-pensamento impuras, podemos assim chamar) começavam a atormentá-lo, se chocavam contra essa concha e retrocediam sem lhe causar dano, permanecendo ele incólume no interior, sereno, tranquilo e puro. Depois o abade olhou para o segundo monge e viu que ele não formara nenhuma concha, mas estava o seu coração repleto de amor a Deus, irradiando-se incessantemente em todas as direções sob a forma de torrentes de amor ao próximo e, por isso, quando os demônios tentadores sobre ele investiam com intenções pérfidas, eram todos aniquilados por aquela efusão de força, permanecendo o monge puro e imaculado. De acordo com o que foi contado, o abade declarou que o segundo monge estava mais próximo do reino dos céus que o primeiro.

O Melhor Caminho

É possível que muitos de nós não tenhamos alcançado ainda o nível do segundo monge; mas, pelo menos, a história exprime um ideal mais elevado que o simples desejo de autoproteção, e nos ensina uma lição. Devemos, contudo, estar sempre de sobreaviso contra todo sentimento de superioridade ou separatividade. Evitar o perigo de pensar demasiadamente em nós mesmos. Permanecer sempre em estado de vigilância; ser ativos, em vez de passivos. Quando nos encontramos com alguém, nossa atitude não deverá certamente ser: "Como posso eu defender-me de você?", mas, antes: "O que posso fazer por você?" A última atitude é a que atrai as forças superiores, porque reflete a atitude da Divindade Solar. É quando damos que nos tornamos aptos a receber, que nos convertemos em canais da força e do poder da própria Divindade.

É desnecessário que nos preocupemos com o progresso pessoal. Pode ser que nos deixemos absorver pela ideia: "Como posso progredir?" e cheguemos a esquecer coisa mais importante: "Que posso eu fazer para ajudar?" E há alguns bons irmãos, mesmo entre os melhores deles, que vivem constantemente examinando o próprio progresso e lembram uma daquelas crianças que, quando lhes dão um pedaço de terra para cuidarem no jardim, se põem a arrancar constantemente as plantas para ver como estão crescendo as raízes. A ansiedade exagerada é um verdadeiro perigo; sei de muitos que, ao praticarem as mais belas ações altruísticas, nunca estão de todo certos de que suas intenções não eram realmente egoístas, pois sempre duvidam se o móvel daquelas ações não seria o desejo egoísta de evitarem o mal-estar que lhes causa verem o sofrimento alheio!

Esses irmãos devem ter presente que a autoanálise pode degenerar em introspecção mórbida, e que o objetivo essencial consiste em tomarem o caminho certo e prosseguirem da melhor maneira que lhes for possível. Que, para citar a nossa história cristã, lhes cumpre em primeiro lugar encher seus corações com o amor a Deus e depois – sem perder tempo em medir esse amor para ver se está crescendo ou diminuindo – procurar dar-lhe um sentido prático com o amor aos seus semelhantes. Essa efluência de amor não só representa defesa melhor que uma ou mais conchas, senão que é também um investimento que dá excelentes resultados. Porque a pessoa que não se preocupa com o resultado é precisamente a que obtém o maior de todos os resultados.

Lemos alhures a respeito do autossacrifício dos Nirmanakayas que, tendo adquirido o direito a incontáveis períodos de repouso no estado inefável de bem-aventurança, preferiram, contudo, permanecer em contato com a Terra, a fim de que pudessem empregar o seu tempo em gerar correntes inestimáveis de força espiritual, armazenando-as em um imenso reservatório com a finalidade de serem utilizadas no auxílio à evolução de seus irmãos menos desenvolvidos. A grande Hierarquia de Adeptos tem a seu cargo a aplicação dessa força para o bem do "grande órfão", a humanidade, e é àquele reservatório que Eles recorrem (inclusive Seus discípulos, sob a Sua direção), quando se faz sentir a necessidade.

Escusado é dizer, nada que possamos fazer pode chegar dentro do raio de ação do maravilhoso poder dos Nirmanakayas. Todavia, está ao alcance das possibilidades de cada um de nós adicionar algumas pequeninas gotas, pelo menos, ao conteúdo daquele grande reservatório, porque toda vez que irradiamos amor ou devoção inteiramente livre de egoísmo estaremos produzindo resultados muito além de nossa expectativa.

Todo amor ou devoção que encerra o menor pensamento egoísta – como no caso de alguém que espere a retribuição de seu amor, ou a recompensa de proteção ou salvação por sua devoção, alguém que não pense: "Quanto eu amo fulano!" e sim: "Quanto fulano me ama!" – todo esse amor ou devoção envia sua energia em curvas fechadas que retornam a quem a gerou, e o *karma* produzido por esta energia aprisiona o ser humano e o faz renascer, a fim de recolher seu fruto, exatamente como se o *karma* fosse mau.

Mas quando o eu foi esquecido inteiramente, quando o pensamento não tem a mínima participação ou quota na energia posta em circulação, quando a curva já não é fechada, e sim aberta, então o *karma* não aprisiona o ser humano nem o obriga ao renascimento. O efeito, porém, se produz – um efeito que transcende toda e qualquer imaginação nossa, pois a curva aberta vai até a própria Divindade Solar, e é Dela que vem a resposta; e, embora essa resposta inevitavelmente traga como resultado algo de progresso para o ser humano cujo amor e devoção lhe deram origem, Ela ao mesmo tempo derrama força espiritual no grande reservatório dos Adeptos. Acontece, pois, que todo pensamento que não traz consigo o mais leve traço de egoísmo é um pensamento que ajuda realmente o mundo; e assim o amor irradiante é defesa melhor que a mais resistente das conchas.

E o ser humano impregnado com os poderes do Amor Divino não necessita de proteção, porque vive dentro do coração do próprio Deus.

TERCEIRA SEÇÃO

COMO NOS INFLUENCIAMOS A NÓS MESMOS

Capítulo 14

POR NOSSOS HÁBITOS

Alimentação

"Que o homem não é realmente o que lhe entra pela boca, senão o que dela sai" – eis uma sentença atribuída a Cristo. Tenha Ele pronunciado ou não essas palavras, certo é que o ser humano pode ser gravemente maculado pelo que introduz em seu corpo por intermédio da boca.

Pela boca ingerimos o alimento, que logo passa a fazer parte integrante de nós. Claro é, portanto, que o magnetismo de que está carregado nos é de suma importância. A pureza do alimento, tanto em seu aspecto físico quanto no magnético, assume a máxima significação, apesar de muita gente descuidar-se de um e de outro.

Na Índia, por exemplo, tem-se muito em conta a pureza magnética, e o hindu não se servirá de alimento que haja permanecido exposto ao magnetismo de pessoa de casta inferior. Por outro lado, é ele muito menos cuidadoso do que nós, os ocidentais, no que se refere à limpeza física da preparação, esquecendo-se que nada que não seja fisicamente asseado pode ser puro magneticamente. Nós costumamos ser meticulosos quanto ao asseio, mas não cogitamos nunca da questão da pureza magnética.

O que mais seriamente afeta o magnetismo do alimento é a circunstância de que este, no curso de sua preparação, passa inúmeras vezes pelas mãos do cozinheiro. O magnetismo especial de uma pessoa flui com mais intensidade pelas mãos; consequentemente, a comida que foi manuseada está saturada desse magnetismo. O fato acontece principalmente com pastéis e pães amassados a mão, nos países ainda atrasados, que não usam máquina para esse fim. Todo alimento preparado daquela forma seria impróprio para comer se, felizmente, a ação do fogo durante a cocção não removesse os traços de várias espécies de magnetismo físico. No entanto, é sobretudo desejável que o cozinheiro toque o menos possível nos alimentos; por isso, as conchas e as colheres (que são suscetíveis de fácil desmagnetização) devem sempre ser usadas na cozinha e no serviço geral, sendo conveniente conservá-las rigorosamente limpas.

A fim de prevenir mistura de magnetismo, muitos estudantes de ocultismo insistem na recomendação de que sempre deve usar cada qual sua xícara e colher privativas. A Sra. Blavatsky o aconselhava, acrescentando que, quando isso não fosse possível, a xícara e a colher já servidas deveriam ser desmagnetizadas antes de cada refeição.

O homem comum não dá atenção a essas coisas; mas o estudante que busca entrar na senda tem que ser mais cauteloso. Pode-se desmagnetizar a comida por um esforço firme de vontade, e com um pouco de prática basta um simples passe de mão, acompanhado de um forte pensamento, para obter instantaneamente o resultado. Deve-se lembrar, porém, que a desmagnetização não afasta a sujeira nem sua contraparte astral, não obstante poder arredar outras influências astrais; é recomendável, portanto, toda a precaução no sentido de que seja perfeita a limpeza nos preparos culinários.

O alimento também absorve o magnetismo daqueles que se encontram perto de nós quando estamos comendo. Essa a razão por que na Índia um homem prefere comer sozinho. A combinação que resulta da refeição em público no meio de muitos estranhos, como em um restaurante, é sempre indesejável, e deveria ser evitada quanto possível. Estamos geralmente mais em simpatia com o magnetismo de nossa própria família; em todo o caso, já com ele nos habituamos, e por isso é muito menos provável que seja nocivo que a súbita introdução de vibrações novas, inteiramente estranhas, das quais muitas não se combinarão harmonicamente com as nossas.

Sempre há em todo tipo de alimento duas espécies de magnetismo: o interno e o externo; aquele pertencente ao seu próprio caráter, e este nele impregnado de fora. O magnetismo do vendedor e o do cozinheiro são ambos da última espécie, e podem ser removidos pela ação do fogo; mas o magnetismo que é inerente ao alimento não sofre a influência do fogo.

Não pode o cozimento, seja qual for o tempo que demore, retirar da carne morta, por exemplo, o seu caráter eminentemente repulsivo, nem todos os sentimentos de sofrimento, horror e ódio de que está saturada. Ninguém que pudesse ver esse magnetismo, com as vibrações que desenvolve, poderia jamais comer carne.

Licores Intoxicantes

Em verdade, muitos dos hábitos nocivos da vida das pessoas ignorantes se tornariam instantaneamente impossíveis se eles pudessem ver o lado oculto de suas concessões egoístas. Até mesmo os espécimes subdesenvolvidos que se reúnem nas tavernas recuariam horrorizados vendo a classe de entidades que os cerca – os tipos mais baixos e brutais de uma evolução rudimentar, fungosidades infladas e lívidas de indescritível horror; e, bem pior que tudo isso – porque são a degradação de algo que devia ser muito melhor –, as legiões horripilantes de ébrios mortos, dejetos humanos remolhados de vinho, que afogaram a imagem divina em torvas orgias e agora se agrupam ao redor de seus sucessores, excitando-os com olhares hediondos e risadas de escárnio, onde se notaria, com horror, a mais repugnante concupiscência.

Tudo isso sem prejuízo da deterioração que se produz nos corpos astral e mental com o hábito das bebidas embriagantes. Aquele que procura justificar seus ignóbeis apetites costuma dizer que o alimento e a bebida, pertencentes que são apenas ao mundo físico, não têm senão pouca influência no desenvolvimento do ser interno. Essa opinião evidentemente não está de acordo com o bom senso, pois a matéria física no ser humano se acha em estreito contato com o astral e o mental – tanto mais que cada um é, em larga escala, a contraparte do outro, e a rudeza e a grosseria do corpo físico implicam uma condição similar dos outros veículos.

Há muitos tipos e graus de densidade de matéria astral, de modo que é possível a uma pessoa o corpo astral construído de partículas bastante rudes e grosseiras, enquanto outra pessoa pode tê-lo muito mais delicado e sutil. Como o corpo astral é o veículo das emoções e das paixões, segue-se que, uma pessoa cujo corpo astral seja do tipo mais grosseiro, estará naturalmente mais sujeita às variedades inferiores da paixão e da emoção. E à que possua corpo astral mais apurado sucederá que suas partículas vibrarão mais prontamente em resposta às emoções e aspirações de ordem mais elevada. Assim, aquele que está construindo para si um corpo físico grosseiro e impuro também constrói ao mesmo tempo corpos astral e mental de qualidade igual. Esse efeito salta aos olhos do clarividente exercitado, que facilmente distingue entre alguém que nutre o seu veículo físico com alimento puro e outro que o contamina com bebida intoxicante ou carne em decomposição.

Sem dúvida, é dever do ser humano desenvolver ao máximo todos os seus veículos, a fim de que sejam instrumentos perfeitos para o uso da alma que, por sua vez, está sendo exercitada para ser um instrumento nas mãos da Divindade Solar e um canal perfeito para o Divino. O primeiro passo nesse sentido é o ser humano aprender a dominar inteiramente os corpos inferiores, para que não haja neles outro pensamento ou sentimento senão os que lhe merecerem a aprovação.

Todos os veículos, portanto, devem estar na mais elevada condição de eficiência possível; ser puros e limpos de mancha; e é óbvio que isso nunca pode acontecer enquanto o ser humano introduzir no corpo físico constituintes indesejáveis. O próprio veículo físico e suas percepções sensoriais jamais alcançarão sua melhor forma sem uma alimentação pura, o que também é verdade, em escala bem maior, com relação aos corpos mais elevados. Os seus sentidos não podem igualmente estar em condições se matéria impura ou grosseira lhe for introduzida; qualquer coisa assim os embota e entorpece, tornando-se mais difícil à alma usá-los. A condescendência com o álcool ou o regime carnívoro é absolutamente fatal a todo verdadeiro desenvolvimento, e os que adotam esse hábito estão pondo sérias e desnecessárias dificuldades em seu próprio caminho.

O efeito durante a vida física não é o único ponto a ter em mente acerca deste assunto.

Se, introduzindo partículas impuras em seu corpo físico, o ser humano constrói para si um corpo astral inconveniente e impuro, não devemos esquecer que é nesse veículo degradado que ele terá de passar a primeira parte de sua vida depois da morte. Assim como aqui no mundo físico sua situação grosseira atrai toda sorte de entidades indesejáveis que, quais parasitas, elegem seus veículos como residência, e nele encontram pronta resposta a suas próprias paixões inferiores, da mesma forma sofrerá ele intensamente por parte de tais acompanhantes depois da morte e pelo resultado da vida astral em condições que ele mesmo preparou aqui na Terra.

Alimentação de Carne

Vale o que acabamos de dizer não só em relação à bebida intoxicante, mas também à prática tão generalizada da alimentação com cadáveres.

Este hábito, como o outro, tem os seus efeitos consequentes; também, como o outro, atrai ao redor de seus seguidores toda sorte de entidades indesejáveis, as bocas vermelhas, abertas, como as que se agrupam junto aos matadouros para absorver o aroma do sangue. Ao clarividente é deveras estranho e penoso o espetáculo de uma dama, convencida de sua elegância e finura (o que realmente não pode ela ser, porque se o fosse não estaria ali), rodeada de formas anormais em um açougue, onde entrou para examinar cadáveres deixados pela horrível e incessante carnificina, na batalha entre a feroz e bestial sede de sangue e a Vida divina encarnada no reino animal. A ela não lhe passa pela mente que um dia virá quando aqueles que, com seu apoio, tornam possível essa horripilante mancha na história da humanidade – essa hecatombe diária de assassínios bárbaros e inúteis das formas através das quais a Divindade procura pacientemente manifestar-se –, poderão ver-se face a face com a Sua inefável Majestade, e ouvirão da Voz que chamou à existência os mundos esta espantosa verdade: "O que tendes feito ao mais humilde dos meus pequenos, em verdade foi a Mim que o fizestes".

Certamente é tempo, com toda a nossa decantada civilização, de fazermos desaparecer essa nódoa diabólica. Ainda que o seja somente por motivos egoístas, por amor de nossos próprios interesses, isso deve ser feito. Lembremo-nos de que cada uma dessas criaturas exterminadas é uma entidade definida – embora não uma individualidade permanente, ainda assim um ser que tem sua vida no mundo astral. Lembremo-nos de que cada uma delas permanece ali por um tempo considerável, a extravasar um sentimento de indignação e horror por todas as injustiças e tormentos que lhe foram infligidos; e desse modo talvez seja possível imaginar palidamente algo da terrível atmosfera que paira sobre um matadouro e um açougue, e como tudo isso reage sobre a raça humana.

Essa repercussão se faz sentir principalmente nos que são menos capazes de opor-lhe resistência – por exemplo, as crianças, mais delicadas e sensíveis que os adultos: há para elas constantemente no ar sentimentos de terror sem causa, terror da escuridão ou de ficarem sós por alguns momentos.

Durante o tempo todo estão atuando sobre nós forças temíveis, que só o estudante do oculto pode perceber. A criação inteira está de tal modo inter-relacionada que não podemos cometer tão horroroso morticínio de nossos irmãos mais jovens sem que seus efeitos alcancem as nossas inocentes crianças.

O que é lamentável em tudo isso é que uma senhora seja capaz de entrar em um açougue que, devido ao hábito de seus antepassados nessa repugnante forma de alimentação, os seus veículos se tornaram tão grosseiros que ela pode ficar entre essas sangrentas carcaças sem sentir asco e repulsa, que pode estar no meio das mais hediondas abominações astrais sem delas ter a mínima consciência. Se puséssemos no mesmo lugar uma pessoa que nunca se houvesse deixado macular com essa alimentação corrompida, não há dúvida que ela retrocederia com repugnância diante das massas sangrentas dos cadáveres, e oprimida pelas entidades malignas e opressivas que ali enxameiam. E aqui temos, no entanto, o triste espetáculo de uma dama que devia ser, em razão de sua condição, delicada e sensível, mas cuja fibra astral e física se acha tão embotada que não vê nem sente os horrores invisíveis que a cercam.

Lamentável também é que toda a imensa soma de males que as pessoas a si mesmo trazem com aqueles hábitos perniciosos podia ser facilmente evitada. Nenhuma pessoa necessita de carne ou de álcool. Está sobejamente demonstrado que ela passa melhor sem ambos. É o caso em que todos os melhores argumentos estão de um só lado, e não há o que dizer do outro, a não ser que uma pessoa simplesmente declare: "Eu farei essas coisas abomináveis porque gosto delas".

No que se refere à alimentação cárnea. por exemplo, é indiscutível que: (1) o tipo certo de vegetais contém mais nutrição do que igual quantidade de carne morta; (2) muitas enfermidades graves provêm desse hábito repugnante de devorar corpos mortos; (3) o ser humano por sua natureza não foi feito para ser carnívoro; esse abominável alimento não lhe é, portanto, apropriado; (4) os seres humanos tornam-se mais fortes com a dieta vegetal; (5) comer corpos mortos estimula o uso da bebida e faz aumentar as paixões do ser humano; (6) o regime vegetal é de todo modo mais barato e melhor que o de carne; (7)

maior número de pessoas pode ser empregada em uma área de terra destinada à cultura que na mesma área destinada à pastagem; (8) no primeiro caso pode-se encontrar um trabalho saudável sobre a terra para muitas pessoas mais do que no último caso; (9) as pessoas que comem carne são responsáveis pelo pecado e degradação que ocorrem nos carniceiros; (10) a dieta carnívora é fatal para o verdadeiro progresso, e dá lugar aos mais danosos resultados nos corpos físicos e astral; (11) o dever do ser humano para com o reino animal não é exterminá-lo imprudentemente, mas assisti-lo em sua evolução.

São pontos a respeito dos quais não pode haver contestação, e que ficaram evidenciados em meu livro *Some Glimples of Occultism*[24]. O ser humano não precisa dessas coisas; o seu uso significa um procedimento ominoso e egoísta. A maioria pratica esse mal por ignorância do mal em que incide; lembremo-nos, porém, de que perseverar nele sabendo da verdade é um crime. Por mais generalizados que estejam, não passam de hábitos perniciosos; com um pouco de esforço podem ser abandonados, como outro hábito qualquer.

O Fumo

Costume igualmente pernicioso e difundido é o de fumar. Neste, como em muitos outros casos, o fumante rejeita toda sugestão que se lhe faça, dizendo: "Por que deixá-lo, se me sinto bem fumando?" Com relação à dieta de carne a resposta é perfeitamente clara, porque é uma prática que não só prejudica seriamente a pessoa que a adota como também implica terrível crime e crueldade na provisão do alimento. No caso do álcool também se pode dar uma resposta clara, independente do efeito sobre o próprio bebedor, pois na compra desse nocivo fluido está ele encorajando um comércio pernicioso, ajudando a criar procura para uma bebida que estimula milhares de pessoas a excessos, levando-as à sua própria destruição. Aquele que negocia com álcool destinado à bebida não pode escapar à parcela de responsabilidade que por isso lhe toca.

Com respeito ao fumo, o fumante deve afastar-se inteiramente do contato com os outros, e tampouco almejar ter algum progresso oculto. Mas se, não sendo eremita, tem ele de entrar em contato com os outros, não lhe assiste absolutamente o direito de causar-lhes incômodo. Há muita gente que, mergulhada

---

[24] London Theosophical Publishing Society. (N. E.)

profundamente no mesmo vício, não faz objeção ao odor do tabaco; mas todos os que se mantiveram incólumes no fumo sabem do desagrado que suas acres emanações despertam.

Conforme alhures tive oportunidade de dizer, fumar é coisa que um cavalheiro não se permitiria deliberadamente, sabendo que seria prejudicial aos outros; mas o domínio que o vício exerce sobre os seus escravos parece tão forte que ficam completamente incapazes de resistir-lhe, e todos os seus instintos cavalheirescos são esquecidos nesse egoísmo odioso e detestável.

Tudo aquilo suscetível de produzir efeito semelhante sobre o caráter do ser humano é coisa que uma pessoa sábia evitará. A impureza do fumo é tão grande e penetrante que dela fica todo impregnado o fumante habitual, e ofende o olfato de quem não fuma. Por essa razão, de ordem puramente física, quem quer que entre em contato com outrem deve abster-se dessa prática reprovável; se o faz, é porque pensa unicamente em seu próprio prazer egoísta e se decidiu a gozá-lo a despeito do mal que inflige aos outros. E tudo isso sem falar nos efeitos mórbidos do vício e nas várias enfermidades: da garganta, do coração, da boca; indigestão, etc., que formam o cortejo do fumante. Porque a nicotina, como se sabe, é um veneno letal, e o efeito, mesmo que absorvido em pequena quantidade, jamais pode ser bom.

Por que as pessoas seguem com um hábito que traz tão desagradáveis resultados? Absolutamente não há resposta para isso, a não ser a de que lhes ensinaram a gostar de fumar; porque não se pode pretender que lhes seja de algum modo necessário ou útil. Acredito que em certas circunstâncias possa acalmar os nervos, o que é uma parte atenuada de seus efeitos mortais como veneno. Mas igual resultado pode ser obtido por outros meios muito menos repreensíveis. Sempre é funesto para uma pessoa deixar-se levar por um hábito de que ela se torne escrava – funesto para ela própria, digo eu, e nocivo ainda, sem dúvida, quando esse hábito traz consigo um mau *karma* em virtude de ocasionar constante incômodo aos outros.

Nenhuma criança naturalmente se sente bem com o detestável gosto do tabaco; mas, por ver fumar os adultos, a criança luta com esforço para vencer a náusea natural do começo – que é o protesto do seu corpo jovem e sadio contra a introdução dessa matéria venenosa – e assim gradualmente ela se habitua a suportá-la, e logo se torna sua escrava, como os mais velhos. O fumo lhe perturba o desenvolvimento; conduz o jovem a más companhias; mas que importa? Ele afirmou a sua virilidade nascente, provando que é capaz de um vício de "homem". Sei que os pais sempre aconselham os filhos a não fumarem; se lhes dessem talvez o próprio exemplo, seus sábios conselhos obteriam melhor resultado. Uma vez adquirido o hábito, já não será fácil evitar-lhe as consequências – o que é preciso simplesmente é não contraí-lo.

A impureza não é apenas de ordem física. Pode-se considerar como axioma que ela, seja de que espécie for, implica também impureza astral, pois a contraparte do que é impuro não pode ser pura. Assim como as vibrações nervosas físicas são amortecidas pelo veneno, também as ondulações astrais e mentais o são. Para o seu progresso oculto, o ser humano tem que estar com seus veículos afinados o mais possível, a fim de poderem a qualquer momento corresponder em simpatia a toda espécie de vibração. Não deve ele, portanto, ter suas ondas-pensamento enfraquecidas e seu corpo astral sobrecarregado de partículas nocivas. Muitos que se dizem estudantes ainda estão presos a esse hábito, e recorrem a toda sorte de escusas para encobrir a verdade de que não têm força suficiente para romper com aquela tirania. Mas fatos são fatos – pois todos os que podem ver os efeitos de tão desastroso hábito nos veículos mais elevados não podem deixar de reconhecer que ele causa um mal muito sério.

Sua repercussão no mundo astral após a morte é considerável. O ser humano de tal modo encheu seu corpo astral com veneno que ficou entorpecido sob a influência deste, tornando-se incapaz de trabalhar como devia ou de se mover livremente. Durante longo período, ele fica como que paralisado – capaz de falar, mas privado de movimento, e quase inteiramente separado das influências superiores. No correr do tempo, ele emerge dessa desagradável situação, quando a parte de seu corpo astral submetida ao veneno for gradualmente se desgastando.

Drogas

O consumo de ópio ou de cocaína é igualmente desastroso, porque do ponto de vista oculto é fatal ao progresso. Tais drogas representam às vezes uma necessidade para aliviar uma grande dor; mas devem ser usadas com a maior parcimônia possível, não se permitindo de modo algum que degenere em hábito. Os que sabem como proceder nesse sentido podem, entretanto, afastar o efeito danoso do ópio nos corpos astral e mental depois de obtido o resultado no corpo físico.

Quase todas as drogas produzem efeito deteriorante sobre os veículos mais elevados, e convém, portanto, que sejam evitadas o máximo possível. Há certos casos em que se fazem indicadas, quando realmente específicas para algumas enfermidades; mas são poucos, e em geral, na maioria deles, a própria natureza se encarrega de uma cura rápida, se o ambiente é puro e sadio.

Quanto ao tratamento do corpo, antes prevenir que remediar, e os que levam uma vida racional necessitarão raramente dos cuidados de um médico. Em todas as circunstâncias, os soros e produtos de origem animal, obtidos por meio da vivissecção, ou com esta relacionados, devem ser em absoluto evitados. Lembremos ainda que o chá e o café contêm em sua essência as drogas teína e cafeína, que são tóxicas, de modo que o excesso dessas bebidas é prejudicial, principalmente para o crescimento das crianças; em verdade eu me inclino à opinião de que, conquanto o seu uso moderado não cause dano, os que puderem evitá-los irão sentir-se bem melhor.

Higiene

Os médicos em geral estão de acordo quanto à necessidade da higiene física, mas as exigências do ocultismo são muito mais rigorosas do que as deles. Os detritos de que o corpo constantemente se desembaraça, sob a forma de transpiração imperceptível, são eliminados porque constituem refugos imprestáveis, e as contrapartes astral e mental dessas partículas são do mesmo caráter indesejável. A sujidade é frequentemente mais inadmissível no plano astral que no plano físico e, tal como neste último, não só é detestável e perniciosa em si mesma como ainda gera micróbios perigosos, atraindo espíritos da natureza de classe inferior e de tipo nocivo ao ser humano. E, no entanto, muita gente carrega sobre si um revestimento de matéria suja, cercando-se assim de um séquito indesejável de criaturas astrais e etéricas.

O banho diário completo, por isso mesmo, é uma necessidade oculta mais ainda do que higiênica; e a pureza de mente e de sentimento não pode existir sem a pureza do corpo. As emanações físicas da sujidade são desagradáveis, mas, nos mundos astral e mental, são ainda mais do que isso, são deletérias ao último ponto, e perigosas, assim para a própria pessoa como para os outros. É através dos poros que o magnetismo escapa, conduzindo o que resta da força vital. Se os poros estão obstruídos por sujeira, é claro que o magnetismo é envenenado na sua saída, produzindo um efeito pernicioso a todos os que estão por perto.

Devemos lembrar-nos de que estamos constantemente intercambiando as partículas de nossos corpos com aqueles que nos rodeiam, e que os nossos corpos não nos pertencem exclusivamente, e não podemos fazer com eles o que nos aprouver visto que estão, desse modo, influenciando continuamente os nossos irmãos, os filhos de nosso Pai comum. A compreensão da mais elementar fraternidade nos mostra que é nosso dever para com os outros manter nossos corpos em perfeita higiene, puros e sadios. Se a pessoa é inteiramente sã, as suas emanações transmitem a saúde e o vigor, e cuidando de ficar mais puros estamos também ajudando os outros.

Higiene Oculta

Essa radiação magnética é mais forte nas pontas dos dedos e dos artelhos; deve-se, pois, dispensar a esses canais de influência cuidados especiais e meticulosos de limpeza. Uma pessoa negligente que permite acumular sujeira sob as unhas está exalando pelas pontas dos dedos aquilo que no mundo astral corresponde a uma torrente de águas fétidas de esgoto no mundo físico; isso faz com que a sua proximidade se mostre excessivamente desagradável a toda pessoa sensitiva, causando-lhe mal-estar, quando, em muitos casos, não fosse por esse motivo, sua presença seria bem-vinda.

Por uma razão análoga, merecem os pés idêntica atenção. Nunca se devem calçar sapatos demasiado justos, e as grossas e pesadas botas de marchar não devem ser usadas por mais tempo que o estritamente necessário, sendo substituídas por algo mais suave, folgado e cômodo. Seria melhor, quando possível, ter os pés descobertos, ou, não o sendo, usar sandálias leves, sem meias. Tal coisa não é fácil adotar-se fora de casa, por causa da horrível sujeira de nossas grandes cidades; mas devia sê-lo à beira-mar ou nas casas de campo, assim como dentro de casa em qualquer lugar. Seria mais sadio e mais agradável fisicamente, e correto do ponto de vista oculto.

Enquanto, porém, permanecemos todos escravizados à moda, sendo olhado como insana a pessoa que vivesse e se vestisse de modo racional, suponho que não seja de esperar tenham as pessoas força de vontade suficiente para fazer o que lhes seria obviamente melhor.

Sob o aspecto da higiene oculta, também se devia tomar grande cuidado em relação à cabeça, que seria deixada descoberta sempre que possível, mas sem receber jamais calor excessivo. O chapéu é uma peça de todo desnecessária do vestuário, e todo o mundo passaria melhor sem ele, em todos os sentidos; mas ainda aqui, provavelmente, a fatuidade da moda prefere, como de costume, contrariar o bom senso. A tolice do uso do chapéu faz-se evidente quando nos lembramos de que mesmo com o tempo mais frio deixamos a face inteiramente descoberta, embora geralmente não haja senão pouco cabelo ali, ao passo que temos o cuidado de colocar um considerável e anti-higiênico peso sobre a parte superior da cabeça, que já é por natureza resguardada por abundantes cabelos! Pensemos, também, quanto dinheiro poderia ser economizado abrindo-se mão de todas as peças do vestuário inúteis e positivamente nocivas: chapéus, sapatos, meias, colarinhos, punhos, espartilhos!

Mas as pessoas não consultam seus próprios cérebros nesses assuntos; pensam apenas no que alguém possa dizer, e nunca se dão conta de que sua apregoada liberdade não passa de mera ilusão, porque não se sentem livres para seguir os verdadeiros ditames de sua razão, inclusive em assunto que é claramente de seu próprio interesse pessoal, como a escolha do vestuário que devem usar. As gerações futuras, mais esclarecidas, olharão para trás, com espanto e pena, a triste e monótona feiura a que semelhante servidão sem sentido nos condenou.

Outro costume censurável de nossa civilização moderna é o de cortar o cabelo. Não parece ultrajante que tenhamos de submeter a cabeça às manipulações de alguém que geralmente não conhecemos e que, muitas vezes, cheira a tabaco, cebola ou pomada; cujo hálito vai ao nosso rosto; que nos incomoda com uma enxurrada de tagarelice fútil; que, sobretudo, manipulou antes da nossa, sem nenhum processo de purificação intermediária, as cabeças de muitos outros vassalos de Sua Majestade? Considerando que a cabeça é precisamente a parte do corpo humano mais vulnerável ao magnetismo desagradável de outrem, e que é através das mãos que o magnetismo escapa com mais facilidade, vemos logo que se trata de um costume abominável particularmente contrário à ciência. Não estou sugerindo que todas as pessoas deixem crescer o cabelo a seu pleno comprimento: é uma questão de gosto de cada um exclusivamente. Mas digo que a pessoa indicada para cortá-lo deveria ser sua esposa, seu irmão ou irmã, ou pelo menos alguém da família ou de sua amizade, cujo magnetismo se supõe esteja em boa harmonia e em condições de razoável pureza. Provavelmente, até que se adquira a habilidade conferida pela prática, o cabelo não ficará tão bem cortado como por um profissional; estaremos, contudo, mais do que compensados por nos libertarmos da dor de cabeça, dos odores incômodos e das influências estranhas.

Exercício Físico

Para que sua reação sobre os veículos superiores seja satisfatória, necessário é que o corpo físico seja submetido a um exercício regular. Dizem os médicos que o exercício é uma das condições da saúde; e o que é verdade neste plano físico o é ainda mais do ponto de vista dos planos superiores.

Não só os músculos se deterioram e enfraquecem com a falta de trabalho, mas seu estado provoca uma congestão de magnetismo no próprio fluxo de saúde, através da qual uma influência hostil pode penetrar. A pessoa que mantém o corpo físico em boas condições conserva igualmente seu duplo etérico em boa ordem, o que significa, em primeiro lugar, que está muito menos exposta à penetração de germes físicos, tais como os de infecção. E, em segundo lugar, por causa da reação sobre os corpos astral e mental, é quase impossível que os pensamentos de depressão e paixão animal tomem conta dela. Vemos, por isso, que o exercício físico regular e adequado tem grande importância do ponto de vista oculto; em verdade, podemos dizer que tudo quanto a experiência recomenda para a saúde do corpo físico reage também favoravelmente sobre os veículos superiores.

A Leitura e o Estudo

Há um lado oculto em todo ato da vida quotidiana; muitas vezes, conhecendo-o, nós podemos cumprir mais perfeitamente ou mais utilmente esses atos diários.

Vejamos, por exemplo, o caso da leitura.

Falando em termos gerais, é com duas finalidades que nós lemos: o estudo e o passatempo. Olhando-se com a visão clarividente para uma pessoa que esteja lendo e estudando, poderemos ficar surpresos em ver como penetra pouca coisa da real significação do que está escrito, na mente do leitor. Em um livro que seja cuidadosamente escrito com objetivo de estudo, cada proposição ou cada parágrafo contém geralmente uma exposição clara de uma ideia definida. Esta ideia se expressa como uma forma-pensamento, cujos contornos ou dimensões variam com o assunto. Mas, seja ela pequena ou grande, simples ou complexa, é pelo menos nítida e precisa quanto à sua espécie. Em geral é rodeada de várias formas subsidiárias, que são as expressões de corolários ou deduções necessárias daquilo que se expõe. Pois bem: uma imagem exata de tudo isso, que é a forma-pensamento do autor, deve construir-se na mente do leitor, seja imediatamente, seja por graus. Que as formas indicativas de corolários possam igualmente aparecer depende da natureza da mente do estudante – conforme seja ele ou não apto a perceber rapidamente tudo o que deflui de determinada ideia.

Como regra geral, em um bom estudante a imagem da ideia central reproduzir-se-á com muita exatidão no mesmo instante, e as imagens ao redor lhe surgirão, uma por uma, quando o estudante revolve a ideia na mente. Mas, infelizmente, com muitas pessoas até mesmo a ideia central não se apresenta bem. Menos desenvolvidas mentalmente, não podem fazer uma reflexão nítida, e criam uma espécie de massa amorfa e incorreta, em vez de uma figura geométrica. Outras criam algo que se reconhece ser a mesma forma, mas com arestas e ângulos embotados ou com uma parte inteiramente fora de proporção com o resto – uma imagem mal desenhada, em suma.

A outros sucede construírem uma espécie de esqueleto, significando que aprenderam os traços gerais da ideia, mas se revelam ainda incapazes de lhe dar vida ou de preencher algumas de suas minúcias. Outros – e talvez a classe mais numerosa – tocam um lado da ideia e não o outro, e assim constroem a forma somente pela metade. Há ainda os que percebem um ponto e esquecem todo o resto, gerando desse modo uma figura que pode ser exata nesse ponto, mas não é reconhecível como uma reprodução da do livro. Todos eles, no entanto, afirmarão haver estudado o livro; mas, se lhes pedirmos que nos reproduzam de memória o seu conteúdo, as tentativas nesse sentido pouco terão de comum com o assunto.

Em primeiro lugar, isso quer dizer falta de atenção. Essas pessoas, é de presumir, leem as palavras, mas as ideias que estas exprimem não se fixam em suas mentes. Muitas vezes, ao clarividente é fácil perceber a razão, pois verá o corpo mental do estudante ocupado com meia dúzia de assuntos ao mesmo tempo. Os trabalhos de casa, os aborrecimentos de negócio, a lembrança de um prazer recente ou a expectativa de um próximo, um sentimento de fadiga e de enfado por ter de estudar e o desejo de chegar ao momento final da meia hora de estudo, tudo absorve nove décimos da matéria do corpo mental do leitor, fervilhando no seu cérebro, enquanto o pobre décimo restante faz um desesperado esforço para aprender a forma-pensamento que ele pretendia assimilar do livro. Em tais circunstâncias, é natural que não se possa esperar nenhum benefício real; e, para resumir, seria provavelmente melhor que ele não tentasse estudar.

Assim, do exame deste lado oculto do estudo ressaem certas regras definidas que seria conveniente o estudante observar. Primeiro. Começar esvaziando a mente de todos os demais pensamentos, não permitindo que a eles retornem enquanto não terminado o estudo. Libertar a mente de todas as preocupações e perplexidades, concentrando-se totalmente na matéria em estudo. Ler o parágrafo lenta e atentamente, fazendo uma pausa para ver se a imagem está clara em sua mente. Depois, prosseguir na leitura com o mesmo cuidado, vendo se as linhas adicionais se ajustaram à sua imagem mental. Repetir a leitura até sentir que se assenhoreou completamente do assunto, e que nenhuma ideia nova a esse respeito foi imediatamente sugerida. Isso feito, pode utilmente ver se lhe é possível encontrar algum dos corolários, se pode rodear sua forma-pensamento central de planetas subordinados.

Durante todo esse tempo, insistirá uma multidão de outros pensamentos em serem admitidos; mas, se o nosso estudante é digno deste nome, os afastará energicamente, conservando a mente fixada exclusivamente no assunto. A forma-pensamento original que descrevi representa a concepção do autor, tal como ele escrevia, e sempre é possível, mediante um estudo acurado, manter assim contato com a mente do autor. Não raro pode este ser alcançado através de sua forma-pensamento, obtendo-se informação suplementar ou fazendo-se luz em pontos difíceis. Comumente não pode o estudante, a menos que seja altamente desenvolvido, entrar em consciente comunicação com o autor, ao ponto de realmente trocar ideias com ele; qualquer ideia nova provavelmente aparecerá como sua própria, porque vem sempre de cima para o seu cérebro, tanto quando é sugerida de fora como quando se origina em seu próprio corpo mental. Isso, porém, não importa, desde o instante em que o estudante adquira uma compreensão clara do objeto.

Método e Perfeição

O estudante oculto assim procede como coisa natural; e o faz diariamente com a mais exemplar regularidade, pois reconhece a importância disso. Primeiro, porque tem consciência da necessidade do trabalho ou exercício metódico; segundo, porque um dos deveres mais fortemente arraigados em seu espírito é o de esmerar-se em tudo.

O lema do estudante de ocultismo é: "O que quer que faças, faze-o com todo o teu poder". Ele sabe que todas as coisas que lhe incumbe executar é preciso que as faça melhor que uma pessoa comum; que nada o satisfará senão o melhor possível; e que deve sempre esforçar-se por atingir a perfeição em seu trabalho, desenvolvendo todos os seus veículos ao máximo a fim de que possa chegar à perfeição.

Leitura de Jornais e Novelas

Até quando lemos para nos distrair é desejável que formemos o hábito de nos concentrar na leitura. Após longo estudo ou intenso trabalho mental, é repousante a leitura de uma boa novela, e não há mal nisso, uma vez que se faça com moderação. Aquele que consagra todo seu tempo em ler novelas abandona-se à dissipação mental, e, se continuar tratando a mente dessa forma, é provável que não tardará a descobrir que lhe será de pouca utilidade como instrumento de estudo sério. Mas, como disse, a leitura ocasional de novelas como repouso é inofensiva e até benéfica.

Mesmo assim convém não ler sem atenção, mas procurar ter a compreensão clara de cada personagem, dar-lhe vida e movimento diante de nós. Quando o autor escreveu a história, escreveu uma série de formas-pensamento. Muitos outros leitores entraram depois em contato com elas e as fortaleceram (apesar de alguns preferirem construir uma série própria) e, muitas vezes, é possível ver com a ajuda da mente a série original do autor e acompanhar-lhe a história exatamente de acordo com sua intenção.

De algumas histórias bem-conhecidas há muitas versões nos mundos astral e mental. Por exemplo, cada povo tem geralmente sua apresentação peculiar, e quase sempre com as personagens vestidas com o traje nacional. As crianças têm imaginação viva e fértil; os livros que leem devem ser, por isso, bem representados no mundo das formas-pensamento; encontramos vivas e excelentes imagens de gente como Sherlock Holmes, Capitão Kettle, John Silver ou Dr. Nikolas.

Em regra, porém, as formas-pensamento evocadas pela leitura das novelas de hoje não são tão claras como as que nossos avós formaram de Robinson Crusoe ou dos personagens das peças de Shakespeare. Isso em grande parte é porque raramente damos mais que meia hora de nossa atenção ao que quer que seja, inclusive a uma boa história, o que, por seu turno, é consequência das curiosas condições literárias de nossa vida moderna. Nos velhos tempos, se uma pessoa se dedicava a ler, ela o fazia com atenção e concentrando a mente no que lia. Se tivesse preferência por determinado assunto, leria livros sérios a seu respeito. Nos dias de hoje, grande número de pessoas dispõe de quase todas as informações de jornais e revistas. O artigo de um periódico proporciona uma forma cômoda, que facilita a assimilação de certa soma de informação ligeira sobre diversos assuntos; e é suficiente para um pessoa tornar-se capaz de tratar superficialmente de um tema durante um jantar, mas não para pôr à prova seu intelecto ou dar-lhe o senso de um esforço mental. É a era da informação a varejo, e a última expressão dessa tendência está demonstrada pela enorme circulação de jornais como Tit-Bits e Answers. A mente que assim adquire suas informações não está na posse de conhecimentos reais de um assunto – que se baseiam em fundamento sólido; e, por causa disso, habituou-se a uma alimentação muito condimentada, mostrando-se inapta a digerir refeição mais satisfatória.

Um aspecto desagradável da imprensa jornalística de hoje é o grande destaque dado aos casos de assassínio e divórcio, e a riqueza de minúcias com que são diariamente apresentados diante do público. É coisa nefasta, de qualquer ponto de vista que se encare; mas, quando acrescentamos às considerações habituais as que nos são mostradas pelo lado oculto de tudo isso por meio do seu estudo, ficamos francamente apavorados.

Essa publicação malsã provoca constantemente a criação em todo o país de grande multidão de formas-pensamento ativas e altamente nocivas; o povo imagina os horrorosos pormenores do assassínio ou se regozija de mórbido e cruel deleite com os fatos sugestivos ou histórias de divórcio; e as formas-pensamento resultantes no primeiro caso são de caráter terrificante para toda pessoa que por ele possa influenciar-se e, no segundo, constituem verdadeira tentação para atos e pensamentos maus por parte daqueles que possuam dentro de si germes de sensualidade.

Não é mera suposição do que pode ocorrer – é um relato exato do que está constantemente ocorrendo. A nenhum clarividente pode passar despercebido o grande aumento de formas-pensamento desagradáveis no curso do desenvolvimento desses casos sensacionais.

Por outro lado, é justo não esquecer que essa literatura fragmentária de hoje alcança uma multidão de pessoas que nos velhos tempos não sabia ler. Uma pessoa de boa vontade e com disposição para ser realmente estudante séria ainda estudará como os de antigamente. Muita gente, porém, que talvez naqueles dias estudasse seriamente, deixa agora de fazê-lo devido à facilidade com que lhe chegam às mãos informações superficiais em pequenas doses. Há, contudo, um número maior de pessoas que jamais teria procurado estudar com aquele ânimo, mas é agora levado a adquirir pelo menos alguns conhecimentos, por lhe serem mais acessíveis. Muitos viajantes compram revistas para se distraírem na estrada de ferro, lendo as histórias que elas contêm; se terminam estas antes do fim da viagem, aproveitam o tempo para ler outras matérias do periódico, com o que aprendem muitas coisas que não conheciam, e sua atenção pode até ser atraída para algum assunto a que mais adiante virão dedicar real e sincero interesse.

Assim, pode-se dizer que essa curiosa profusão de informações tanto ocasionará dano como bem. Porque, conquanto o gosto por leituras erráticas e por anedotas de segunda ordem não seja em si mesmo de grande valia para o moço de recados ou para o caixeiro, é para eles o início da literatura, ocupando certa soma do seu tempo, que podia sem dúvida ser empregado de pior maneira, em tavernas ou em companhias duvidosas.

Antigamente nas escolas, o lugar das revistas baratas era largamente ocupado pelas histórias faladas, e é de recear que grande parte das histórias contadas pelos jovens em suas reuniões era, frequentemente, de natureza que seria inadmissível em nossos jornais semanais.

Não devemos, pois, desprezar essas coisas, se bem que os estudantes sérios fariam bem evitando-as, porque povoam o corpo mental de numerosas formas-pensamento sem nexo, semelhantes a pedregulhos, em vez de nele construírem um edifício regular.

A Conversação

É de todo conveniente lembrar que a conversação deve primar pela veracidade. A exatidão na conversa é qualidade que raramente se mostra nos dias atuais, e lamentavelmente é comum o exagero descuidado. A tal ponto muita gente incorre nessa falta que as palavras chegam a perder toda a significação; é comum dizer-se "terrivelmente" quando se quer dizer "muito", ou descrever-se alguma coisa como "gozado" quando se está tentando exprimir a ideia de que agrada e diverte.

O ocultista não deve deixar-se levar pelo costume nesta matéria, sendo antes meticulosamente exato em tudo o que diz. Há pessoas que consideram a coisa mais natural contar uma falsidade por meio do que chamam uma "piada", a fim de enganar alguém e depois rir de sua credulidade – uma credulidade da qual a vítima seguramente não é culpada se acreditou simplesmente que o narrador fosse suficientemente sincero e cavalheiro para falar a verdade! Necessito duramente dizer que tal coisa é absolutamente inadmissível. Em circunstância alguma pode existir algo divertido em se contar uma mentira ou iludir o próximo. Tão perversa será a palavra quanto a ação, e não há fins que justifiquem uma ou outra.

O sábio não discute. Todo ser humano é dotado de certa quantidade de força, cabendo-lhe a responsabilidade por usá-la com o máximo de proveito possível. Uma das maneiras fúteis de a desperdiçar é gastá-la em discutir. Por vezes, algumas pessoas vêm a mim pretendendo questionar Teosofia: eu invariavelmente me eximo. Conto-lhes que estou de posse de certas informações que lhes poderei oferecer a respeito do que eu próprio tenho visto e experimentado. Se esse testemunho lhes for de valia, serão mais que bem-vindos, e terei satisfação em pô-lo ao seu dispor, tal como o tenho feito repetidas vezes neste e em outros livros. Mas não me sobeja tempo para discutir o assunto com pessoas que não acreditam em mim. Cabe-lhes todo o direito à sua própria opinião, e têm plena liberdade de crer ou não crer naquilo que elegerem. Não discuto com os que não podem aceitar o meu testemunho; mas também não tenho tempo a perder com eles, porque o meu tempo pode ser muito mais útil aos que se acham preparados para aceitar a mensagem que tenho a dar.

A Whistler atribui-se o haver certa vez observado durante uma conversação sobre arte: "Não estou discutindo convosco; estou expondo-vos fatos". Parece-me que é a posição mais avisada para oteósofo. Vimos estudando certas coisas; até onde temos ido, sabemos que são verdadeiras, e desejamos explicá-las; se os outros estão ou não preparados para aceitá-las, é assunto que lhes diz exclusivamente respeito, e fazemos votos para que tenham bom resultado na linha de investigação que desejam seguir. A discussão conduz frequentemente a sentimentos inflamados e até mesmo de hostilidade – o que deve a todo custo evitar-se. Quando se fizer necessário discutir algum assunto, com vistas a decidir sobre um modo de proceder, que se faça sempre com serenidade e lhaneza; deixemos a cada um expor seu próprio caso deliberada e cortesmente, e ouçamos com polidez e deferência as opiniões alheias.

A meditação

Assim como a pessoa que deseja ser forte considera conveniente praticar determinados exercícios prescritos para o desenvolvimento do seu corpo físico, da mesma maneira o estudante de ocultismo tem que fazer os exercícios prescritos para o desenvolvimento dos seus veículos astral e mental. O melhor meio de o fazer é a meditação, e cada professor recomenda a que julga mais adequada. Todas as religiões a preceituam, e sua utilidade tem sido reconhecida por todas as escolas de filosofia. Não cabe aqui sugerir nenhum sistema particular; aqueles que pertencem à Sociedade Teosófica sabem que nela há uma escola que ensina tais práticas, podendo a ela dirigir-se quem desejar outras informações. Todos os sistemas igualmente se propõem atingir certos fins, que não são difíceis de entender. Ensinam que a pessoa deve reservar uma parte de cada dia ao pensamento firme e exclusivo sobre as coisas santas; e os seus objetivos, assim procedendo, são: primeiro, assegurar que pelo menos uma vez por dia ela pensará em tais coisas, e que seus pensamentos estarão, pelo menos uma vez em cada vinte e quatro horas, libertos do círculo da vida quotidiana mesquinha, de suas frivolidades e de suas preocupações; segundo, habituar-se a pensar naquelas coisas, de modo que no fim de algum tempo estejam sempre presentes no fundo de sua mente, como segundo plano de sua vida diária – algo a que o seu espírito retorne com prazer quando esteja livre das questões imediatas dos negócios; terceiro, conforme principiei dizendo, como uma espécie de ginástica astral e mental, para conservar a saúde destes corpos mais elevados e manter circulando a corrente de vida divina (e, para tanto, cumprirá ter presente que a regularidade dos exercícios é de capital importância); quarto, porque esse é o meio – mesmo que apenas o primeiro passo hesitante no caminho – que conduz ao desenvolvimento superior e a um conhecimento mais amplo, a porta da estrada que, através de muita luta, muito esforço, propicia chegar à clarividência e, em última análise, à vida superior além deste mundo.

Embora uma pessoa, em sua meditação diária, não perceba senão pequeno progresso, e lhe possa parecer que seus esforços são de todo insatisfatórios e improfícuos, o observador clarividente verá exatamente como os corpos astral e mental vão saindo do caos para a ordem, lentamente, expandindo-se pouco a pouco e aprendendo gradualmente a responder a vibrações cada vez mais elevadas. Pode ele ver (posto que não o possa a pessoa que o experimenta) que cada esforço vai progressivamente afinando o véu de separação com o outro mundo do conhecimento direto. Pode ver como crescem, dia a dia, em precisão, as formas-pensamento daquela pessoa, de sorte que a vida nelas vertida do alto se faz cada vez mais plena, e reage mais e mais intensamente sobre ela, sem embargo de não ter consciência disso. E o clarividente, portanto, visto o seu conhecimento do lado oculto das coisas, aconselha todos os aspirantes a meditarem – a meditarem regularmente, e a continuarem a fazê-lo com a convicção de que, apesar de não terem a impressão disso, estão alcançando resultado e chegando, com firmeza, cada vez mais perto da meta.

Atribui-se ao velho Dr. Watts a composição de um hino que diz: "Satã encontra sempre um mal com que ocupar mãos preguiçosas". É provável que ele se referisse somente ao mundo físico; mas aquele(a) que é sábio(a) percebe que essa verdade, no final, se entende com a mente. A hora em que um pensamento mau perpassa a mente é a hora em que esta se acha vazia, desocupada. O caminho mais seguro para fugir à tentação é, por conseguinte, conservar-se em plena atividade; e, como nem o mais infatigável dos mortais pode trabalhar sempre, faz-se conveniente que, para esses momentos perigosos de lazer, tenha-se uma proteção sob a forma de um assunto definido, ao qual voltar instintivamente a mente quando nele não esteja pensando ou ocupado. A maioria das pessoas tem aquele segundo plano, mas sua natureza é muitas vezes trivial ou mesmo indesejável. Há pessoas com pensamentos impuros no fundo da mente durante o tempo todo, e outros que alimentam inveja ou ódio. Muitas mães estão sempre com o pensamento em seus filhos, e o homem apaixonado geralmente tem em vista a imagem da amada, ocupando quase sempre não só o primeiro como o segundo plano da mente.

Quando um ser humano atingiu a dignidade de possuir em sua vida a espécie de segundo plano correta, está em posição de muito maior segurança. Para alguns temperamentos, a religião oferece esse segundo plano; eles, porém, são raros. Para a maioria, somente o estudo das grandes verdades da natureza pode oferecê-lo: só aquele conhecimento do esquema das coisas, a que nos dias atuais damos o nome de Teosofia. Quando o grande plano é compreendido, a mente e as emoções mais elevadas nele se engrenam, e toda a natureza ali fica integrada de modo tal que não lhe é possível outro pensamento ou estado de espírito, a não ser o desejo intenso de jogar a si mesmo, com tudo que possui, nesse glorioso plano, e tornar-se um colaborador da Divindade em sua execução.

Forma-se, destarte, o segundo plano de sua mente – de cujo pensamento dominante ele tem que se desembaraçar para ocupar-se dos pormenores da vida exterior – para o qual ele retorna imediatamente e com alegria quando está cumprido o seu dever para com esses pormenores. Quando ele pode atender a essa condição, está incomparavelmente em posição de mais segurança contra os pensamentos maus e não necessita temer que a constante preocupação com as coisas mais elevadas possa de algum modo prejudicar-lhe a eficiência neste mundo inferior. Executará melhor seu trabalho diário, e não pior, porque é um labor que o põe constantemente em contato com um objetivo mais elevado; e são precisamente esses com aquele segundo plano como estímulo que têm sido os trabalhadores mais eficientes do mundo.

Conforme diz Keble,

*Nesta ruidosa, atordoante corrente
De tantas aflições e erros humanos,
São eles que compõem as melodias
Do perpétuo carrilhão da vida.*

Acrescentando: depois que eles,

*Cumprindo a tarefa de cada dia
Com sua mais ativa diligência,
Vão no segredo de seus corações
Entoando uma sagrada canção.*[25]

---

[25] Tradução livre dos seguintes versos de John Keble, célebre poeta inglês e sacerdote da Igreja Anglicana do século XIX. (N. E.)

Capítulo 15

PELO AMBIENTE FÍSICO

As Casas

Está na moda, e não sem certa razão, atribuir-se grande importância à influência do ambiente. Quando se usa esta expressão, geralmente se quer significar o ambiente no qual se nasceu, ou o que nos foi imposto pelas circunstâncias, sem depender de nossa vontade. Há, porém, outro ambiente, quase sempre esquecido: o que nós criamos para nós mesmos – a grande influência que sobre nós exerce na vida o lugar que escolhemos para morar, assim como os objetos de que voluntariamente nos cercamos. Pode-se muitas vezes julgar pelo aspecto exterior de uma casa alguma coisa do caráter dos que nela residem; e o quarto de uma pessoa é, até certo ponto, uma expressão dela mesma, porque revela o seu gosto sobre livros, quadros, pinturas, estátuas, mobílias, papel de parede e flores; e cada uma destas coisas repercute constantemente sobre ela, embora ela nunca o tenha suspeitado.

Um estudante de ocultismo será orientado na escolha da casa por considerações diversas, que provavelmente não ocorreriam a uma pessoa comum. Este basearia sua decisão principalmente em coisas como o tamanho e o aluguel da casa, o bom e regular funcionamento dos condutos e a distância à estação da estrada de ferro ou ao ponto do bonde. São particularidades que naturalmente decidem o local da escolha: o estudo do lado oculto das coisas, apesar de nelas não interferir, sugere algumas ponderações adicionais. Do nosso ponto de vista oculto, é importante haver espaço bastante ao redor da casa – separando-a o mais possível dos vizinhos. Não quer isso dizer, bem-entendido, que sejam indesejáveis os vizinhos, os quais podem ser interessantes; mas sempre é preferível evitar mistura de vibrações díspares. É possível que se deseje algumas vezes manter comunicação com um vizinho, e, quando isso ocorre, fazer-lhe uma visita ou convidá-lo para vir à nossa casa. Contudo, estar sempre em contato íntimo com ele – sentindo a repercussão de todas as mudanças de sua aura – é coisa que nunca deveria existir, mas que, infelizmente, demasiadas vezes se verifica.

Em todas essas longas filas de casas, tão comuns nas grandes cidades, é impossível, do ponto de vista oculto, escapar à aura do vizinho. Essa aura, ao aproximar-se da parede divisória, deve projetar-se através dela, e então, com vizinhos em próximo contato de cada um dos lados, se vê que estamos praticamente ocupando o mesmo espaço com duas famílias, cujos gostos e interesses podem divergir totalmente dos nossos, e cujos pensamentos e aspirações estarão em completo desacordo com o que pensamos e desejamos. Melhor é uma casa semi-isolada; nela, pelo menos, partilhamos o local somente com uma família. O ideal, porém, é que não houvesse senão casas isoladas, por maior que fosse o valor do terreno. Quem quer que conhecesse o poder das influências invisíveis certamente não escolheria casa que faz parte de uma fila, tendo possibilidade de o evitar. Igual dificuldade ocorre no tocante aos nossos modernos edifícios de apartamentos. Suas vantagens podem ser muitas; suas instalações, tudo o que se possa desejar, mas estão sempre expostos a sérias contraindicações. Se, apesar de tudo, as circunstâncias são de tal ordem que obrigam as pessoas a viver em comum com outros, devem elas, pelo menos, fazer o quanto estiver ao seu alcance no sentido de certificarem-se de que os vizinhos reúnem condições suficientes de harmonia.

Outra coisa ponderável, considerada do ângulo oculto, é o aspecto da casa. Prescrevem as condições sanitárias que deve ser escolhida, de preferência, casa que receba a luz do sol, e com tanto mais razão quando pensamos nos mundos superiores. Já externei sobre a necessidade imperiosa de contarmos com o sol e tudo o que ele traz. Não só a doença física como a irascibilidade e a depressão se dissipam ante os raios diretos do sol; assim, muito sol e ar puro são os primeiros e mais importantes requisitos.

As influências da vizinhança imediata hão que ser também levadas em conta. Em circunstância alguma deve uma pessoa ter a sua casa nas proximidades de uma taverna, um matadouro, açougue ou uma prisão. É altamente indesejável estar perto de uma casa de penhores ou de agiotagem, bem como de qualquer lugar onde se travem discussões e debates violentos e acrimoniosos; neste último caso, em virtude do efeito fatigante que acompanha as vibrações díssonas e coléricas, e, no caso do usurário, pelas radiações de sofrimento e desespero, amargura e ódio, que costumam ser inseparáveis desse negócio. Convém ainda evitar o clube onde se permite o jogo.

O tipo dos anteriores inquilinos pode fazer grande diferença no bem-estar de uma casa. Se foram perdulários, se foram briguentos ou se padeceram longa e profunda depressão, é possível que o lugar esteja de tal modo impregnado de formas-pensamento dessas várias espécies que o tornam desaconselhável para ser habitado por uma família de sensibilidade. Tal óbice, contudo, pode ser contornado mediante uma desmagnetização cuidadosa, se o estudante souber como fazê-la.

Não somente o aspecto da casa quanto aos pontos em que se situa, mas o seu aspecto no outro sentido da palavra deve igualmente merecer atenção. Não se deve tomar uma casa feia, de aparência lúgubre ou depressiva – não só pelo efeito que nos causa à vista, senão porque está constantemente rodeada por uma nuvem de formas-pensamento geradas pelos vizinhos ou por transeuntes a quem sua aparência fere. Ainda que seja bonita a fachada, será inconveniente se o aspecto da vizinhança for de sordidez. Acima de tudo, evitem-se longas e monótonas filas de casas sujas como as que se veem em alguns subúrbios de Londres. A existência de jardim é uma vantagem a ponderar. Um pequeno chalé no meio de amplo jardim é preferível à mais suntuosa casa situada com frente para a rua em meio a uma fila de outras casas.

As Ruas

Se a casa dá para uma rua, a natureza desta rua se reveste de magna importância. Se a rua está calçada com grandes blocos de granito ou de outro material que cause barulho, convém que se evite a todo o custo; ao passo que um tipo de calçamento que faça menos ruído, como asfalto ou madeira, muito depõe em seu favor. Uma rua infestada pela gritaria infernal de vendedores ambulantes é também imprópria para residência de quem possua a dose normal de sensibilidade nervosa. Desnecessário dizer que não se deve buscar uma rua na qual haja constantemente tráfego pesado, ou aquela nas proximidades imediatas da linha da estrada de ferro ou do bonde – de modo que nos prejudique com o seu barulho. Porque o barulho, conforme já expliquei, é um dos maiores males de nossa defeituosa civilização.

Se bem que depois de algum tempo as pessoas se habituem ao barulho e quase o não sintam, cada nova explosão de ruídos significa um abalo em seus corpos astral e mental, e o resultado é precisamente o de golpes constantemente repetidos sobre o corpo físico – cada um, isolado, pode não ter grande importância, mas no fim de certo tempo o efeito acumulado causa extraordinário mal. Significa sofrimento, e nós o devemos imediatamente avaliar e lhe perceber a origem; no caso do corpo astral, traduz-se em irritabilidade, e no do corpo mental em sensação de fadiga e incapacidade para raciocinar claramente. Mas, quando tal coisa acontece, em geral não percebemos nem compreendemos a verdadeira causa. Daí por que a vizinhança de um edifício barulhento, ou nocivo devido ao fumo e aos resíduos químicos (como uma fábrica), é algo a se evitar cuidadosamente.

Muitos de meus leitores estarão de tal modo localizados que lhes é impossível levar em consideração essas recomendações, e eu as proponho a título de orientação sobre o que será desejável fazer quando possível. Se a pessoa que se encontra completamente livre vai escolher uma casa ou um local para residência, eu o aconselharia a guiar-se pelo que acima está exposto; sei, porém, que a maior parte das pessoas se encontra praticamente limitada em sua escolha pela questão do aluguel, da facilidade das comunicações com o local do trabalho e por muitas outras razões de ordem pessoal. Em tais casos ela deve simplesmente pesar as vantagens e as desvantagens, e proceder como melhor for possível, atribuindo ao resultado de suas próprias ações no passado a impossibilidade de fazer escolha diferente.

Os Quadros

Todas as pessoas têm geralmente ampla liberdade para decorar a sua sala, o que para elas é de muita importância. Por exemplo, os quadros que penduramos às paredes de nossas casas exercem grande influência sobre nós, não só porque representam habitualmente a expressão de certas ideias aos nossos olhos, mas também porque o artista pôs em sua obra muito de si mesmo e de seu mais íntimo pensamento e sentimento, e o efeito de tudo o que o pensamento e o sentimento impregnam no quadro e dele se irradia é semelhante ao perfume que está na rosa e dela recende. Há um lado oculto em todos os quadros – cuja concepção estava na mente e no coração do artista. Essa concepção, quando ele a formou, jazia claramente expressa na matéria astral e mental, ainda que não consiga senão em parte trazer a ideia até o plano físico.

Todo verdadeiro artista não deixará de reconhecer que, por excelente que seja a sua obra, sempre ela fica aquém do que ele esperava realizar. Contudo, sua concepção, tal qual a idealizou, existe com uma realidade intensa no plano mental, e os sentimentos e as emoções que procurou expressar também existem no plano astral; e estas representações, que nós podemos chamar as contrapartes invisíveis do quadro, estão sempre irradiando vibrações de sua própria natureza, seja esta qual for, e produzem, portanto, um efeito continuado sobre os que vivem no seu raio de influência.

Assim, é evidente que nos compete ser cuidadosos quanto à natureza dos objetos que reunimos ao nosso redor. Devemos evitar todos os quadros de assuntos vulgares, sórdidos ou terríveis, por mais perfeita ou expressiva que seja a pintura. É de evitar também aquele que, inofensivo em si mesmo, desperte, porém, pensamentos impuros nas mentes não desenvolvidas, porque tais formas-pensamento pairam em torno dos quadros e atuam como uma influência constante e nociva. A mania moderna pela representação fútil do rosto e das formas da mulher deve, assim, ser definitivamente repudiada. Identicamente também quanto àquele realismo artístico que só enxerga o lado negro da vida, e não reconhece como natural senão o que é decadente e depravado.

Quadros de cenas sórdidas da vida inferior, de pessoas que bebem numa cervejaria, de cenas de batalhas ou de caçadores que se reúnem para matar uma infeliz raposa, tudo isso deve ser banido pela pessoa sensata. Ela terá a cautela de cercar-se tão somente daqueles quadros que representem nobreza, paz, ajuda; daqueles que irradiem sobre ela e os seus uma influência de paz e felicidade. As belas paisagens e as marinhas em geral são preferíveis; também as pinturas de catedrais antigas – construções magníficas com associações pacíficas; às vezes um retrato ou figura imaginária, se o rosto for realmente belo, mas nunca, sob qualquer circunstância, uma representação que evoque tristeza, ódio ou sofrimento.

Nas pinturas religiosas, por exemplo, a crucificação e o jardim de Getsêmani não devem figurar; mas o Cristo ressuscitado e glorioso ou uma imagem tocante da Virgem com a Criança são admissíveis.

A mesma coisa com relação às estátuas; escolham-se apenas as que sejam de beleza fora do comum e que jamais possam inspirar o menor pensamento impuro. Não deve uma pessoa pensar exclusivamente em si, mas também nos que a servem e nos possíveis visitantes. Nenhuma pessoa decente pode ter outros pensamentos que não os mais puros a respeito de um quadro ou de uma estátua, qualquer que seja; se, porém, estiverem à vista de todos, é inútil ignorar o fato de que espíritos atrasados formarão imagens de classe inferior, e, portanto, um objeto que nos parece belo e nobre pode vir a causar influências abomináveis.

Tenha-se cuidado com as fotografias. As de pessoas amigas certamente são acolhíveis, assim como a de um homem público que mereça a nossa admiração. Mas, sob pretexto algum admitiremos fotografias de atrizes que atraiam formas-pensamento indesejáveis, procedentes de mentes impuras. Costume louvável é ter em posição proeminente o melhor retrato disponível do governante do país, e dirigir-lhe constantemente ondas de pensamento afetuoso e leal, pois desse modo emanará dele uma influência de sinceridade e devotamento sobre todos os que entram na sala.

Curiosidades

Muita gente gosta de cercar-se de toda a espécie de pequenos e curiosos objetos: estatuetas, peças de cerâmica, peças de marfim e de ébano, e outras. A maioria deles é inofensiva, embora dê muito trabalho para ser mantida escrupulosamente limpa; não se procedendo assim, torna-se bastante nociva. Em relação a algumas dessas pequenas lembranças convém, todavia, guardar certa prudência. Muitas delas são antigas, e algumas têm uma história – por vezes uma história terrível. Citarei, por amplamente conhecida, a de uma dama londrina que possuía em sua casa, durante algum tempo, o caixão de uma múmia egípcia, no qual estavam impregnadas influências de caráter tão grave que a dama se viu obrigada a desembaraçar-se do objeto apressadamente, por causa de uma sucessão de desastres que aconteceram a todos os que se puseram em contato com ele. Trata-se de um caso extremo, mas outros tipos de curiosidades também possuem auras indesejáveis ou malfazejas.

Muitos desses objetos contam sua própria história, se bem que o proprietário geralmente não o saiba. Uma pessoa sensitiva às vezes tem a visão de paisagens que lhe são inteiramente desconhecidas, ou de cenas de uma terra estranha, que surgem inopinadamente em sua mente. São várias as fontes de que procedem. Podem ser meras imagens criadas pela imaginação, da própria pessoa ou de um vizinho, vivo ou já falecido; podem ser exemplos de clarividência casual a distância; podem ser, e muitas vezes o são, exemplos de psicometria não intencional, ou ser devidos a algum objeto existente na sala.

Porque todos os corpos, seja qual for a sua natureza, carregam consigo o poder de mostrar, a quem possa ver, imagens de sua história passada, e algumas vezes elas aparecem à superfície quando menos se espera. Umas são boas, outras más; umas são inofensivas, outras ativamente desagradáveis. Quando alguém adquire um objeto antigo de história ignorada, geralmente não dispõe de meios para saber logo se ele será útil, inofensivo ou negativo; mas, se observar atentamente, não tardará a descobri-lo. Certos tipos de curiosidades indesejáveis desde o início – coisas como, por exemplo, lanças, espadas, punhais, ou algo que se possa relacionar com derramamento de sangue – falam por si.

Livros

Pessoas revelam sua natureza na escolha de livros, escolha que para elas tem grande significação.

Uma pessoa lê um livro; deixa-o de lado e talvez o esqueça; entretanto, o livro permanece ali em sua mesa ou em sua estante, e continua a irradiar no local uma forte influência, seja para o bem, seja para o mal. É verdade que muitos livros não exercem influência acentuada, podendo ser, por isso, considerados neutros. Mas, se um livro nos faz bem, sua influência continuará geralmente sendo boa, podendo acontecer que a tenhamos já superado, e então sua influência valeria talvez como uma espécie de prolongamento.

O que, sobretudo, importa é evitar livros nocivos – estudos horríveis, neuróticos, que seria preferível não estudar, narrativas relacionadas com mulheres de procedimento duvidoso ou anormais, histórias cuja moral deixa a desejar, de negócios sombrios ou de confusas futilidades. Tudo isso são coisas para as quais uma pessoa sensível não dará acolhida em suas estantes, em primeiro lugar porque não são dignas de ler, e em segundo porque irradiam certamente uma influência impura e malsã. O melhor critério para a formação de uma biblioteca é o de se admitirem somente livros úteis e sadios, pois os livros são, especialmente, centros poderosos de formas-pensamento, e sua influência oculta na vida de uma pessoa é da máxima relevância. Não devem ser demasiadamente numerosos, mas todos selecionados entre os melhores do seu gênero.

O Mobiliário

Existe um lado oculto a levar em conta nessa questão tão simples, qual a do mobiliário e da decoração, porque toda cor tem seu ritmo especial de vibrações; algumas são benéficas ao ser humano, enquanto outras lhe são um obstáculo real. Falando em termos gerais, tons leves e delicados são bons, e as cores fortes carregadas e escuras devem ser em geral evitadas. Deve-se também prestar atenção à finalidade da sala: por exemplo, há combinações do vermelho que podiam servir para uma sala de jantar, mas seriam pouco apropriadas para um quarto de dormir ou destinado à meditação.

As Joias

Outro acessório da vida ordinária, no qual o lado oculto é muito importante, são as joias.

Em geral, não é de ser estimulado o uso de joias, porque, embora toda pedra tenha uma propriedade especial e sua influência peculiar, o efeito que mais se destaca em quase todas é o de excitar a inveja e a cobiça nos corações dos outros. Parece que muitas mulheres são incapazes de contemplar uma joia sem que fiquem tomadas pelo incontido desejo de possuí-la, de modo que rara é a pedra de alguma beleza que não seja o centro de convergência de muitas correntes de inveja e ambição.

No caso das grandes joias históricas, acrescente-se a complicação de estarem associadas a toda espécie de crimes horripilantes; as pessoas sensitivas veem nelas, por isso, mais o horror que inspiram do que a sua beleza.

A joia representa o mais alto desenvolvimento do reino mineral, e consequentemente o seu poder de receber e reter impressões é muito maior que o de qualquer outro objeto. As gemas gnósticas usadas nas cerimônias da iniciação há dois mil anos continuam ainda como centros poderosos de influência magnética, o que podem ver e sentir as pessoas sensitivas que se derem ao trabalho de examinar algumas delas no Museu Britânico.

No local onde um grande crime foi cometido, ou onde ocorreram grandes emoções de medo, cólera, ódio, ou vingança, grava-se imediatamente uma impressão astral, com todo seu horror, perante os olhos do clarividente, impressão que é tantas vezes sentida até mesmo por pessoas em quem faculdades superiores não se encontram desenvolvidas. Isso é verdade ainda em maior escala no que se refere a uma joia por cuja causa e em sua presença se cometeram muitos crimes, absorvendo ela o efeito de todas as paixões que os inspiraram. Semelhante joia retém essas impressões com incomparável nitidez durante milhares de anos, e continua a emitir as impressões que lhes correspondem; e o psicômetra vê em torno dela todas as indescritíveis cenas de horror. Quem usa a joia raramente as vê; contudo, sobre ela continuamente se está fazendo sentir o efeito pernicioso das cenas.

Não é apenas em relação às grandes pedras históricas que existe o mal-estar: eu já me deparei com vários casos em que pedras comuns deram oportunidade a um crime terrível entre os mineradores que as descobriram. Sei de um caso em que o descobridor foi assassinado por outro homem, mas viveu ainda o bastante para jogar uma horrível maldição sobre a gema que lhe ocasionou a perda da vida. A maldição ficou exercendo sobre vários portadores da joia sua funesta influência durante cinquenta anos, até que se julgou ser melhor e mais seguro atirar a pedra ao mar – e assim se fez.

Talismãs

De modo geral, portanto, evita o ocultista toda espécie de joia, e sem dúvida jamais usará uma por ostentação. Ao mesmo tempo, a circunstância de uma pedra preciosa reter o magnetismo tão bem por um longo tempo, e armazenar tanta soma de poder em um pequeno volume faz dela um objeto conveniente quando se precisa de um talismã para alguma finalidade. De fato, o talismã não é, como muitas vezes se supõe, um simples remanescente de superstição medieval; pode ser um verdadeiro e eficaz agente na vida diária. É um objeto pequeno, fortemente carregado de magnetismo, para determinado objetivo, por alguém que sabe como proceder, e quando é convenientemente feito continua a irradiar o magnetismo com inalterada força durante muitos anos.

Os fins em que podem ser aplicados os talismãs são em número infinito. Exemplo: muitos estudantes, ao iniciarem seu curso, são perturbados por pensamentos impuros. É natural que se disponham a lutar contra esses pensamentos e a manter permanente vigilância contra seu avanço; entretanto, as formas-pensamento de natureza indesejável são em grande número e insidiosas, e por vezes conseguem um lugar na mente do estudante, causando-lhe muito transtorno antes que ele possa afinal rechaçá-las. Pode ser que ele, no passado, se houvesse acostumado a admitir tais pensamentos, sem imaginar que eram maléficos; e, se assim foi, seu pensamento adquiriu um impulso nesse sentido que não é fácil suplantar. Um talismã, fortemente carregado do poderoso magnetismo dos pensamentos puros, pode ser de inestimável ajuda aos seus esforços.

Não é difícil compreender a análise do seu processo. Um pensamento impuro se expressa como certa e definida sucessão de vibrações nos corpos astral e mental, e encontrará acesso nos veículos do ser humano somente quando estão em relativo repouso ou vibrando tão debilmente que seu impacto pode, com facilidade, sobrepujar o grau de movimento existente, tomando-lhe o lugar. O talismã está intensamente carregado com um grau de oscilação exatamente oposto, e os dois não podem coexistir. Um tem que superar o outro e pô-lo em harmonia consigo. O pensamento impuro provavelmente foi formado por qualquer pessoa, em geral sem uma intenção determinada, representando simplesmente uma sugestão ou reminiscência de paixões inferiores. Não é, portanto, de grande poder em si mesmo; mas tudo leva a crer que foi destinado para produzir um efeito não proporcional à sua força intrínseca, devido à facilidade com que a pessoa comum o aceita, com ele se harmonizando.

O talismã, por outro lado, foi antecipadamente magnetizado para uma finalidade definida, por alguém que sabe pensar; e isto é uma coisa em que o exercício faz tanta diferença que o mais leve pensamento da pessoa que aprendeu a pensar se reveste de muito maior força do que as meditações inconstantes de todo dia por parte de uma pessoa comum. Assim, quando as correntes de pensamento entram em contato, não há a mais ligeira dúvida quanto à vontade que há de dominar a outra. Se pudermos supor que a portadora do amuleto esqueceu suas boas resoluções e se deixou momentaneamente induzir por um pensamento impuro, certamente que ela poderá atraí-lo, sem embargo do talismã; mas estaria, o tempo todo, consciente do grande mal-estar causado pela desarmonia entre as duas séries de vibrações.

Na maioria dos casos, a pessoa que vem realmente se esforçando por fazer o melhor cai somente porque se descuidou de sua guarda. O pensamento impuro introduz-se insidiosamente, e dele toma conta antes que o perceba, levando-o bem depressa a um estado no qual já renunciou a resistir. O mérito do talismã consiste em que lhe dá oportunidade de se recuperar. A desarmonia entre as oscilações do amuleto e as do pensamento errante despertará a atenção da pessoa, e, portanto, quando o está usando, não pode ser apanhado desprevenido; desse modo, se vier a cair, o fará deliberadamente.

Por outra parte, algumas pessoas sofrem muito de um temor aparentemente sem motivo. Não raro são de todo incapazes de dar qualquer razão para tal sentimento; mas algumas vezes, e especialmente quando sozinhos à noite, ficam sujeitos a crises de extremo nervosismo, as quais podem crescer e alcançar proporções de verdadeiro terror. Haverá diversas explicações para isso. A mais comum talvez seja a presença de uma entidade astral hostil, que está perseguindo sua vítima – seja com a esperança de obter por seu intermédio as sensações que procura, seja na tentativa de conseguir dominá-la e obsediá-la, seja ainda por mera maldade e pelo prazer ímpio de demonstrar poder sobre uma criatura humana. Eis aqui um caso em que o remédio aplicado na Idade Média tem, sem dúvida, seu valor prático. O talismã contra a impureza naturalmente não havia de servir para esse caso, que exigiria uma espécie de ação toda diferente. O que então se faria necessário seria um centro carregado de intensas vibrações que exprimissem coragem e autoconfiança – ou, se o portador fosse de tipo devocional, de pensamentos evocativos do poder protetor de sua divindade especial.

Porque um amuleto possui dupla ação. Não só opera diretamente com as ondas que emite (como já descrevi no caso da impureza) senão, também, o conhecimento de sua presença costuma despertar fé e coragem no portador. Tratando-se de talismã contra o medo, tal como ora estamos considerando, as duas linhas de ação claramente são indicadas. A coragem se expressa nos corpos astral e mental pela força e firmeza de suas estrias e pelo suave e permanente brilho das cores indicando as várias qualidades superiores. Quando o medo domina uma pessoa, todas essas cores se obscurecem e se cobrem de um verde lívido e enevoado, e as estrias se perdem numa massa trêmula de gelatina; ao homem falhou, por um momento, o poder de guiar e dirigir seus veículos.

As vibrações de energia e coragem que irradiam firmemente do talismã não se alteram com as emoções do seu portador; e, ao surgirem as primeiras manifestações de medo, são elas dificultadas em seu caminho. Se não encontrarem oposição, será certo crescerem, aumentando e fortalecendo-se umas às outras, até se tornar irresistível sua força. O que o talismã faz é impedir que cheguem a esse estado de incoercível velocidade. A resistência que lhes opõe é precisamente da mesma espécie da do giroscópio contra todo esforço para desviá-lo de sua linha. Tão determinado é o movimento nessa direção que antes se desfará em pedaços que consentirá em mudar para outra. Colocar repentinamente semelhante força em conflito com o pânico irracional provavelmente despedaçaria o corpo astral; mas, se a força giroscópica do talismã já estiver funcionando antes de ser sentido o aviso de perigo, sua firme persistência ao longo de suas próprias linhas refreará os primeiros sinais de medo, impossibilitando que a pessoa chegue aos posteriores estágios de terror ou pânico.

Esse é o *modus-operandi* do talismã diretamente, mas ele também atua indiretamente sobre o espírito do portador. Quando este sente os primeiros indícios de medo próximo, é provável que se lembre do amuleto, segurando-o, e então raciocinará: "Por que hei de ter medo, se tenho comigo este poderoso centro de magnetismo?" E, portanto, em vez de submeter-se às vibrações, deixando-as aumentar até o ponto de ficarem incontroláveis, apela para as reservas de sua própria força de vontade, assegurando-se o domínio de seus veículos, o que realmente é tudo o que se faz necessário.

Existe uma terceira possibilidade com relação ao talismã, que em alguns casos se torna ainda mais poderoso que nos outros dois. O objeto, qualquer que seja, foi magnetizado fortemente por um indivíduo que pode ser alguém possuidor de força e desenvolvido, e, assim, provavelmente muito sensitivo. O talismã significa, portanto, um liame com o seu criador, cuja atenção, por meio dele, pode ser atraída. Em circunstâncias ordinárias, a relação com o autor do talismã é mínima; quando, porém, o portador se encontra em situação desesperada, apela para o autor, tal como muitas vezes o devoto da Idade Média em dificuldades invocava a assistência do seu santo; e o apelo sem dúvida alcança o fabricante do amuleto, provocando-lhe uma resposta. Se ele ainda está vivendo no plano físico, poderá ou não ser consciente do apelo em seu cérebro; mas, em qualquer caso, seu Ego terá consciência e atenderá, reforçando a vibração do talismã com uma forte onda de seu próprio e mais poderoso pensamento, trazendo com ela energia e coragem.

Há muitas pessoas que, ignorantes, se riem dessas coisas, conceituando-as como remanescentes de superstição medieval; no entanto, é um fato científico que tem sido demonstrado centenas de vezes. Quando sua ação direta entra em funcionamento, um talismã trabalha somente na direção desejada; mas sua ação indireta sobre a confiança do possuidor pode às vezes tomar formas inesperadas. Lembro-me de haver certa ocasião preparado um talismã para uma nobre dama, a fim de protegê-la contra crises de extremo nervosismo e até contra o medo, que às vezes lhe sobrevinha quando estava sozinha à noite Disse-me ela depois que o amuleto lhe prestara a maior ajuda em uma emergência, que eu positivamente não tivera em mira quando o preparei.

Parece que certa vez ela dirigia um cabriolé, ao qual se achava atrelado um vigoroso cavalo (creio que seu marido sentia orgulho de nunca se servir de cavalos que alguém mais pudesse dirigir, através de uma floresta). O cavalo assustou-se com alguma coisa, tomou o freio nos dentes e disparou loucamente em selvagem galope entre os troncos das árvores. O criado no assento de trás, vendo que a carruagem corria fora da estrada, estava de tal modo certo que ocorreria a morte imediata de todos. Ele se projetou no chão, sendo gravemente ferido na queda; mas a senhora declarou que seu pensamento se voltara instantaneamente para o amuleto que estava usando, e afirmou saber que absolutamente não podia ser morta enquanto estivesse sob a proteção dele. Esta certeza a manteve perfeitamente calma e dona de si, e assim ela conduziu o cabriolé pela floresta com perícia consumada. Acrescentou que estivera certamente no ar mais tempo do que sobre o solo à medida que as rodas saltavam sobre raízes e faziam grande destruição nas matas. Apesar disso, portou-se corajosamente, até que o cavalo se cansou e ela pôde readquirir o domínio sobre ele. Agradeceu-me muito por lhe haver salvo a vida com o talismã; mas foi o poder de sua confiança nele que lhe possibilitou alcançar tão esplêndida vitória. Esse, sem dúvida, o fator principal; pode ter havido certa dose de ação direta também, por causa do efeito tranquilizante da forte vibração do talismã, que poderia captar qualquer sentimento nascente de medo e dominá-lo, embora eu o houvesse preparado para atuar mais em face dos primeiros sintomas e seu gradual agravamento do que numa súbita emergência como aquela.

Há vários objetos que são, em larga medida, amuletos naturais. Todas as pedras preciosas pode-se dizer que pertencem a essa categoria, pois cada uma possui uma influência distinta, que pode ser usada de duas maneiras. Primeiro, a influência necessariamente atrai para a pedra uma essência elemental de determinado tipo, e também todos os pensamentos e desejos naturalmente expressos através dessa essência; segundo, o fato de existirem na pedra essas peculiaridades naturais a torna um veículo apropriado ao magnetismo que se quer ver atuar na mesma linha daqueles pensamentos ou emoções. Suponha-se, por exemplo, que se deseje afastar um pensamento impuro. Em regra, o pensamento impuro significa uma série complexa de vibrações, série, porém, que se caracteriza por uma nota definida. A fim de lhes oferecer resistência, deve ser escolhida uma pedra cujas ondulações naturais não guardem harmonia com as da nota, de modo que possam trazer o maior obstáculo possível aos impulsos impuros. Se se pretende fazer um talismã contra os pensamentos impuros, a pedra que lhes oponha resistência natural é o veículo que mais facilmente pode ser carregado com a influência contrária.

As vibrações das partículas da pedra estão no plano físico, enquanto as das emoções estão no nível astral, várias oitavas mais elevadas; mas uma pedra, cujas partículas se movem naturalmente no plano físico em uma nota correspondente à nota de pureza sobre os planos mais elevados, funcionará, mesmo sem magnetização, como um obstáculo ao pensamento ou sentimento impuro, em virtude dos seus sobretons; e, além disso, pode ser facilmente carregada nos planos astral ou mental com as ondulações do pensamento ou sentimento puro emitidas na mesma nota.

Há exemplos positivos de magnetismo dessa espécie também no reino vegetal. Como no caso dos grãos de Rudraksha, de que comumente se fazem colares na Índia. As vibrações que lhes correspondem, especialmente quando são pequenos e pouco desenvolvidos, os tornam particularmente apropriados à magnetização sempre que se faz necessário um pensamento ou meditação de ordem elevada, em que estejam ausentes todas as influências perturbadoras. As contas feitas com a planta de tulsi são outro exemplo, posto que seja de caráter diferente a influência que proporciona.

Tipo interessante de talismãs naturais são os objetos que exalam odores fortes. Já mencionei que o incenso produz um grande efeito ao longo dessas linhas, sendo as gomas de que se compõe especialmente escolhidas porque suas radiações são favoráveis ao pensamento espiritual e devocional, e não se harmonizam com nenhuma forma de perturbação ou ansiedade. É possível, assim, combinar ingredientes para preparar um incenso com efeito oposto, o que algumas vezes foi feito por feiticeiros medievais e ainda hoje o é em ritos luciferianos. Em suma, de modo geral é de desejar que se evitem os odores grosseiros e pesados, tais como os de almíscar ou de pós-aromáticos, porque muitos estão intimamente afinados com sentimentos sensuais de várias espécies.

Um objeto não intencionalmente carregado pode às vezes ter a força de um talismã. Um presente recebido da pessoa amada, se é de natureza que possa ser usado ou conduzido por quem o recebe, lhe serve frequentemente de lembrança do doador, fazendo-o sentir a presença deste e, não raro, impedindo que o portador faça coisas que não faria se o outro estivesse observando. Ouvi falar de mais de um caso em que um homem, usando uma corrente ou anel dado por sua mãe, foi por esse meio salvo de cometer uma ação duvidosa ou de se deixar levar a um prazer reprovável – pois, justamente no momento em que ia ceder à tentação, sua vista caiu sobre o objeto e tão vivamente lhe trouxe o pensamento de sua mãe e sobre o que ela sentiria se o estivesse vendo, que imediatamente abandonou o projeto. Carta guardada no bolso de um homem reconheceu-se que serve para o mesmo fim, porquanto assim pensou ele: "Como posso conduzir-me deste modo, uma vez que ficaria envergonhado se ela me visse?" Lembro-me de um caso em que uma luta semelhante terminou por levar o homem a rasgar a carta e jogar fora os pedaços a fim de consumar seu intento; em regra, porém, é o contrário que se verifica.

Os Objetos que Trazemos Conosco

Vê-se, portanto, que os objetos que temos em nossos bolsos podem exercer influência sobre nós.

O relógio que um homem traz sempre consigo fica intensamente impregnado do seu magnetismo, e, se depois de usá-lo por alguns anos, ele o dá ou empresta a outra pessoa, esta constantemente se lembrará do amigo, sentindo-se como que consciente de sua presença, sobretudo se for sensitiva. Recordo-me de um eminente membro da Sociedade Teosófica, há muito falecido, que costumava fazer presentes de relógios aos seus discípulos por quem particularmente se interessava, não sem antes impregnar fortemente cada relógio daquela qualidade que acreditava ser mais necessária ao discípulo. Como seus jovens amigos usavam por certo os relógios, aconteceu várias vezes que neles se operaram mudanças de caráter.

O Dinheiro

Uma coisa desagradável que temos necessidade de trazer conosco é, de certo ponto de vista, o dinheiro.

Ao humorista naturalmente ocorrerá, a esse respeito, mencionar tudo o que ele poderia fazer com uma boa soma dessa coisa desagradável. Compreendo perfeitamente o seu modo de encarar o assunto, e reconheço que em nossa atual civilização é desejável a posse de alguma quantidade de lucro impuro, sendo mesmo necessário andarmos com um pouco dessa impureza, de modo que estejamos preparados para qualquer emergência. Contudo, subsiste o fato de que o dinheiro, se considerado em abstrato é, sem dúvida, uma boa coisa de ter quando se sabe usá-lo sabiamente; sob a forma concreta de moedas e notas está geralmente impregnado do pior magnetismo. As notas novas e as moedas novas são inofensivas, mas depois de postas em circulação durante algum tempo adquirem, não só toda sorte de impureza física, mas também muitas variedades de influências, quase todas extraordinariamente nocivas.

A razão não é difícil compreender, pois o magnetismo é produzido pelos pensamentos e sentimentos dos que as usaram e conduziram. Primeiramente, e como um princípio geral, sem levar em consideração qualquer sentimento especial, a moeda que foi usada e manuseada por muita gente deve estar inevitavelmente sobrecarregada com uma grande mistura de diferentes tipos de magnetismo. É, portanto, do ponto de vista das vibrações, um centro de discórdia, ao redor do qual toda espécie de influência má está em ebulição, na mais completa confusão. A influência de uma coisa assim é irritante e perturbadora, e tem sobre os corpos astral e mental, mas em escala muito maior, exatamente o mesmo efeito que o bombardeio contínuo do rádium sobre o corpo físico.

Vários cientistas descobriram, por meio de uma experiência penosa, que carregar um fragmento de rádium no bolso do colete ocasiona uma inflamação cutânea persistente. Análogo, mas em proporção maior, é o efeito produzido nos veículos mais elevados pela presença de uma moeda bastante usada. As moedas de cobre e de bronze são, nesse particular, as mais inconvenientes de todas, com exceção talvez das notas velhas e sujas. As moedas de ouro e de prata absorvem as influências que as rodeiam; suas qualidades, porém, as tornam menos receptivas para as características mais nocivas. De tudo isso se infere que é sempre melhor não ter no bolso mais dinheiro que o estritamente indispensável. Sei de estudantes que contornavam parcialmente a dificuldade carregando as moedas de cobre e de bronze em uma bolsa tão fortemente magnetizada que ficava praticamente impermeável às vibrações indesejáveis. Muitos países consideram impróprios esses metais para o uso diário, e estão adotando o níquel em substituição; e o níquel, embora um metal "nobre" como o ouro e a prata, é muito menos receptivo à influência nociva do que o cobre. Metal nobre, falando em termos de alquimia, é o que responde facilmente aos comprimentos de onda do pensamento superior, mas é resistente aos de índole inferior.

O Vestuário

Chegamos agora a um assunto em que todas as considerações ditadas pela visão dos mundos superiores e o conhecimento adicional que o ocultismo proporciona estão em direta contradição com quase todos os costumes que atualmente prevalecem no Ocidente.

No curso de investigações, que abrangeram muitos anos, tive ocasião de ver, através da clarividência, um grande número de civilizações no mundo, por toda a parte e em largos e diferentes períodos, assim como me julguei no dever de examinar os habitantes de pelo menos outros dois planetas. As diversas raças se diferenciavam muito em costumes, mas nunca em qualquer delas, em tempo algum, observei nada que se assemelhasse em fealdade às roupas que agora estão na moda para homens na Europa.

O modo de trajar atual é sumamente feio, desajeitado e anti-higiênico, e o único ponto (tanto quanto eu possa ver) que depõe a seu favor é satisfazer, em certa medida, conveniências de ordem prática.

A roupa é apertada, quando devia ser ampla. É feita principalmente de materiais que, do ponto de vista oculto, são os menos indicados, e as únicas cores (ou ausência de cores) que a moda admite são as piores que podiam ser escolhidas. Nossas vestes exteriores são pretas ou cinzentas (e basta ler *O Homem Visível e Invisível* para ver o que estas cores significam), ou, se às vezes se permite um tom azul, é tão escuro que mal se pode distinguir se é mesmo azul.

Há certas razões práticas para essas modas desagradáveis. São feitas com materiais pesados a fim de proteger do frio; e apresentam essas feias cores escuras para disfarçar o sujo que se acumula sobre elas até mesmo após um único dia de uso, por não sermos ainda bastante civilizados para fabricar aparelhos de aquecimento que absorvam sua própria fumaça e não termos ainda aprendido a construir uma estrada livre de pó e de lama. Se alguém deseja saber quanta carga de impureza está conduzindo consigo, examine um casaco velho ou outra veste externa que tirou, lave-a em um balde cheio de água, como se lavam as peças interiores; a cor da água trará uma revelação.

Sob o aspecto oculto, nada há que justifique existir alguém em semelhante estado anti-higiênico. No meu ponto de vista, as vestes, não somente laváveis, mas limpas, são as únicas de todo permitidas. Sei bem que no estado de coisas vigente na Europa e na América é praticamente impossível ao estudante mais esforçado proceder a esse respeito como ele sabe que deve fazer; porque a escravização ao costume é tão absoluta que o estudante não pode viver entre seus companheiros sem imitá-los. E isso depõe muito contra esses povos; o que contradiz inteiramente a pretensão de serem considerados como gente liberal e de espírito livre – mas assim é. Inútil, portanto, esclarecer nossos irmãos ocidentais sobre o que se deve praticar em tais assuntos, porque não no podem simplesmente fazer. Mas felizmente há outros países no mundo que, posto talvez se achem escravizados aos costumes em outros aspectos, sucede adotarem um costume melhor nesse particular, e daí serem úteis algumas informações aos seus habitantes.

Uma pessoa se veste, em primeiro lugar, por decência e para seu próprio bem-estar; mas deve também considerar por certo o aspecto que apresenta aos seus semelhantes, e até mesmo só por esse motivo a extrema feiura da nossa roupa atual é positivamente um pecado.

Compreendo que, para o Ocidente pelo menos, estou dando conselhos ou sugestões de perfeição que não podem ser seguidos, quando exponho o que o ocultismo prescreve em matéria de vestuário. Não falo dos costumes de uma raça ou religião, ou do que um homem ou grupo de homens pode aprovar. Estou apenas recomendando o que deflui de uma consideração científica do lado superior da vida e dos elementos invisíveis que dela participam o tempo todo. A prescrição é a seguinte:

Toda roupa deve ser ampla e folgada, jamais a pretexto algum exercendo pressão sobre qualquer parte do corpo; e nada que venha a ter contato com a pele deve compor-se de lã ou couro. Como então devemos manter em nós o calor? Bem, os chineses que, pelo menos na região norte de seu país, suportam clima muito rigoroso, conseguem resolver a dificuldade usando vestes de seda ou de algodão acolchoadas, à maneira de cobertores de edredom; e é fora de dúvida que está ao alcance dos recursos da ciência oferecer-nos inúmeros substitutos para a lã, bastando apenas que haja procura deles. Houve, na Inglaterra, médicos à antiga que tinham a mania de recomendar o uso de lã em contato com a pele – a derradeira coisa que se devia permitir tocá-la; porque, como já disse um médico: "É um produto animal que nunca pode ser convenientemente limpo; cria um calor que não é natural; o seu feltro obstrui os poros, absorve a umidade e seca muito lentamente, e por isso retém a umidade do corpo; enerva e debilita o sistema, estimula o frio, causa resfriados e provoca reumatismo; frequentemente produz (irritando sempre) erupções e outras doenças da pele; não se pode fazê-lo ferver sem destruir-lhe a textura, e sempre encolhe". Do ponto de vista oculto sua condenação é ainda mais completa, inclusive por várias outras razões.

As roupas devem ter cores brilhantes, não só para agradar a vista do próximo, mas também pelo efeito que deixam em nós mesmos. O atual modo de vestir em trajes de tons sombrios é, sem dúvida, responsável por grande soma de depressão e estagnação de pensamento, e por isso perdemos completamente os diferentes efeitos que em nosso estado de espírito pode causar o uso de cores diversificadas. Quando tivermos progredido o suficiente para que um costume racional venha a ser possível, interessante será analisar as qualidades das cores e quais as mais apropriadas aos tipos particulares de pessoas – o que seria atualmente de pouca utilidade.

Em muitos países orientais os costumes nessa matéria são bem mais racionais. Na Birmânia, por exemplo, quando fiz uma conferência num dia de festa no Grande Pagode Dourado de Rangum, vi diante de mim um auditório que rebrilhava qual um esplêndido leito de flores de variadas cores. Os cetins delicadamente coloridos usados pelos chineses em ocasiões festivas causam, sob o resplandecente sol tropical, um efeito que dificilmente seria ultrapassado, e não podemos senão admirar-nos como é que nos permitimos ficar tão completa e lamentavelmente atrás deles em matéria de vestuário, nós que decerto pertencemos a uma raça mais nova que a daqueles povos e pretendemos, não sem razão, havê-los superado em vários setores da civilização.

As piores modas são realmente bem recentes. Posso eu próprio lembrar-me de ter visto em minha infância alguns remanescentes do traje habitual de há um século, quando ainda se usavam cores brilhantes que não se restringiam à equitação. Bastou apenas o decurso de um século para descermos ao mais baixo nível possível no vestuário; quanto tempo se fará necessário para subirmos de novo aos padrões de beleza, graça e dignidade?

A questão do vestuário conduz-nos à da roupa de cama; mas aqui não há muito que dizer, exceto que do ponto de vista oculto os leitos de penas ou os colchões espessos e pesados são sempre inconvenientes, e que se forem necessários cobertores de lã todas as precauções cumpre adotar para que não tenham contato com a epiderme; porque, se em outras ocasiões é contraindicado esse íntimo contato com uma coisa saturada de influências animais (e em verdade se trata mesmo de essência de animal), mil vezes pior é fazê-lo quando o corpo está adormecido e especialmente exposto a tais influências. Uma colcha feita com tiras de linho entrelaçadas, tal como é de uso em Adyar, é, do ponto de vista oculto, uma das mais recomendáveis.

Capítulo 16

PELAS CONDIÇÕES MENTAIS

Formas-Pensamento

As pessoas também se vestem nos outros mundos, embora de maneira algo diferente. Porque no mundo astral elas constroem ao redor de si um verdadeiro traje com os sentimentos que lhe são comuns, e no mundo mental um traje análogo com os pensamentos que alimentam. Ao dizê-lo, eu desejaria que ficasse perfeitamente claro que não estou falando simbolicamente, senão descrevendo um fato objetivo – objetivo no que tange àqueles planos mais sutis. Já foi mais de uma vez explicado que nossos sentimentos e pensamentos geram formas-pensamento definidas na sua respectiva matéria, e que tais formas seguem os pensamentos e os sentimentos que as criaram. Quando são eles dirigidos para outra pessoa, as formas em verdade se movem pelo espaço em direção a essa pessoa, introduzem-se na sua aura, e com esta se fundem em muitos casos. Quando, porém, os pensamentos e sentimentos são autocentrados (o que receio deve suceder com a maioria das pessoas), as formas não passam, mas continuam se agrupando em torno daquele que lhes criou. Todo ser humano constrói para si mesmo uma concha de formas-pensamento – uma verdadeira vestimenta em seu plano; assim, todos os pensamentos e sentimentos reagem constantemente sobre ele próprio. . Ele os gerou; ele os tirou de si; e situam-se agora exteriormente e são capazes de reagir sobre ele, que não tem, contudo, consciência de sua proximidade e de seu poder. Pairando à sua volta, as forças que irradiam lhe parecem vir todas de fora, e muitas vezes ele as considera como tentações procedentes de alguma fonte externa, quando o pensamento é, com efeito, somente um reflexo do seu próprio pensamento da véspera ou da semana anterior. "Como pensa uma pessoa, assim ela é". E deve-se isso principalmente a que seus próprios pensamentos estão mais próximos, atuando seguidamente nela, e têm assim mais oportunidade que outros de influenciá-la.

As constantes radiações emitidas por suas formas-pensamento impregnam os objetos inanimados que acercam, de modo que até as paredes e os móveis do seu quarto refletem sobre ela os pensamentos e os sentimentos que lhe são habituais. Se uma pessoa sentada numa cadeira em certa sala se entrega durante muitos dias a alguma série ou tipo de pensamentos, ela enche os objetos ao seu redor, a cadeira, a mesa, as próprias paredes da sala, com vibrações que correspondem a esse tipo de pensamentos. Inconscientemente, ela magnetiza os objetos físicos, que adquirem o poder de sugerir pensamentos do mesmo tipo a qualquer pessoa que ficar dentro do raio de sua influência. Muitos exemplos flagrantes disso podem encontrar-se nas inúmeras histórias que se referem a tais assuntos. Já citei o caso de várias pessoas que cometeram suicídio, uma depois da outra, na mesma cela de prisão, por se achar o lugar impregnado dessa ideia e lhe sentirem a influência, como uma força externa, que, acreditavam, os compelia a obedecer.

Dessas considerações emergem duas ideias principais sobre a questão dos nossos sentimentos, e que à primeira vista parecem de todo contraditórias: em primeiro lugar, que devemos ser mais cuidadosos em nossos sentimentos; em segundo, que eles carecem de importância. Mas, quando procuramos a explicação dessa aparente contradição, verificamos que ela consiste em não estarmos empregando a palavra "sentimentos" com a mesma acepção nos dois enunciados. Devemos ser cuidadosos com os sentimentos que deixamos surgir em nós; não dar atenção aos sentimentos que, procedentes de fora, buscam fazer pressão sobre nós. Sim; mas no primeiro caso queremos dizer sentimentos originais, sentimentos-pensamentos, que promanam de nossa própria mente; no segundo, estados de espírito que acontecem, não relacionados com a nossa vontade. Estes últimos nós temos condição para afastá-los inteiramente. O estado de espírito provém de nosso pensamento de ontem, que já não podemos modificar; nossa questão se entende com o pensamento original de hoje, visto que este está ao alcance de nosso comando, e quando se insinua, nós podemos recebê-lo e adotá-lo ou podemos rejeitá-lo.

E isso também é verdade quanto aos nossos sentimentos. Pretende-se que não somos donos de nossos sentimentos: é o que pensam as pessoas comuns e não compreensivas; mas tal coisa não encerra um átimo de verdade. Nós os podemos evitar e governar, se o quisermos.

Estados de Espírito

Todos nós já temos passado pela experiência de estados de espírito diversos que nos acometem. Em certa ocasião, senti alegria sem saber por quê. De outra vez, me senti deprimido e pessimista. Para este último sentimento muitas razões podem ter contribuído; a má digestão, em alguma de suas formas, é a mais comum. Concorrem ainda, muitas vezes, a falta de exercício, a ausência da luz solar e do ar livre, e o excesso de trabalho noturno; mas, algumas vezes, é simplesmente a reação em nós de nossos próprios pensamentos anteriores – e outras vezes de pensamentos anteriores de outras pessoas. Pode ser devido à presença de alguma entidade astral que se ache em estado de depressão e tente comunicar suas vibrações ao nosso corpo astral. Mas, seja qual for a causa, urge afastá-la e esforçar-nos por continuar o nosso trabalho como se ela não existisse.

É, sobretudo, uma questão de sentimento o que torna difícil encará-la fria e cientificamente; mas é precisamente o que devemos procurar fazer. Esses nossos estados de espírito em nada alteram os fatos da vida. Por que então deixar-nos influenciar por eles? Nosso destino futuro está diante de nós, e não se modifica com assumirmos atitude ora otimista ora pessimista sobre o que nos espera. Por que então nos incomodarmos simplesmente por estarmos ontem aborrecidos ou porque alguma entidade astral assim também se sentiu? O lado oculto de todos esses estados de espírito mostra que eles derivam de causas diversas; mas também nos indica claramente que, sejam quais forem as causas, nosso dever é prosseguir a nossa tarefa, sem lhes dar a mínima atenção.

Pensamentos que se Repetem

Em outra ordem de ideias, cumpre-nos também vigiar atentamente a ação de pensamentos que se repetem. O que era apenas uma suspeita no início – talvez uma suspeita infundada – pode vir a concretizar-se num preconceito; não porque haja alguma evidência adicional para isso, mas tão só em virtude de sua própria repetição. Adotamos, quantas vezes sem motivo, uma atitude para com alguém ou alguma coisa, e depois persistimos nela; e mesmo que venhamos a saber que a princípio nada havia senão mera suspeita, acreditamos, devido à insistência do nosso pensamento, e raciocinamos como se fosse um fato. Assim nascem muitas vezes os preconceitos, e já tivemos ocasião de explicar como os preconceitos são fatais ao progresso. Além do mais, essa reação das formas-pensamento tende a fixar em nós certas características. Muitas pessoas começaram sendo, com justa razão, cuidadosos com seu dinheiro; mas o pensamento ansioso que devotaram à preocupação de saber como economizar reagiu sobre elas com a repetição, de maneira que se lhes tornou ideia fixa no espírito – até gerar o defeito da avareza. E não é apenas no íntimo de seu autor que a forma-pensamento exerce sua influência: esta também se irradia exteriormente. E o efeito da vibração externa é atrair outras formas-pensamento semelhantes, que fortalecem a ação da originária. Impõe-se, portanto, que fiquemos em guarda a esse respeito, fiscalizando miudamente os pensamentos e os sentimentos que despertamos dentro de nós, a fim de distinguir os que vêm do alto, do Ego, e os que simplesmente pairam nos planos inferiores.

A Paixão Amorosa

Outro exemplo da ação repetida de uma forma-pensamento é a que se costuma chamar paixão amorosa. Desta há, pelo menos, duas variedades que se distinguem claramente, e que os romancistas definem quase sempre como "amor progressivo" e "amor à primeira vista". O último fenômeno (se é que realmente ocorre, como eu me inclino a acreditar) deve significar que o Ego reconheceu outro já bem conhecido de encarnações anteriores; mas a primeira variedade, mais comum, geralmente se deve à ação intensificada do pensamento repetido.

Discorrer sobre este assunto com bom senso não atrairá provavelmente simpatia popular, porque cada homem vê a mulher que ama como a única mulher que no mundo é realmente a síntese de todas as virtudes, dispondo-se ele a defender essa ideia até com a ponta da espada, se necessário. Mas, se lhe fosse possível encarar o caso racionalmente e sem paixão (o que em geral não acontece), haveria de reconhecer que ela é tudo isso para ele, mas que outras mulheres parecem ocupar no mundo idêntico lugar no espírito de outros homens – os quais são, em tese, tão inteligentes e capazes de formar uma opinião sobre esta matéria quanto ele.

Por que então, onde não existe fator decorrente de um liame contraído em encarnação precedente, devia ele escolher certa jovem, entre todas, como a expressão de tudo o que há no mundo de nobre e belo? Nisso, a verdade não conhece romance; é principalmente uma questão de aproximação. O jovem, posto pelas circunstâncias em estreitas relações com uma jovem normal, provavelmente dela se enamorou; e, se fosse colocado em relações idênticas com outra, entre centenas de jovens igualmente normais, também se enamoraria dessa (embora ele não acredite) com a mesma facilidade!

Em primeiro lugar, uma jovem lhe causa acidentalmente uma agradável impressão. Se não a encontrar novamente, é provável que no fim de alguns dias deixe de pensar nela; mas, se tornar a vê-la seguidamente, sua forma-pensamento será revigorada, e ele, sem o perceber, passará a reparar nela mais profundamente que no primeiro encontro. E tal processo terá continuidade, até ver nela, por fim, a realidade divina subjacente a todos nós.

Realidade semelhante existe por trás de todas igualmente. Acostumou-se, contudo, a vê-la exclusivamente naquela jovem, que por isso a encarna a seus olhos. E, porque viu a realidade sob a forma da mulher amada, não admitirá que possa tomar outra forma; e daí o dotá-la, em sua imaginação, com todas as virtudes e qualidades superlativamente – qualidades que estão nela como em todos nós, conquanto para outros possam não estar manifestadas nela. Estão nela, porque o seu Ego, como os de todos os demais seres, é uma centelha do Fogo Divino, em que tais qualidades são inerentes e existem em sua perfeição. A manifestação neste mundo físico pode não ser nela superior à que se observa em centenas de outras pessoas; mas ele as vê nela porque foi por seu intermédio que as identificou pela primeira vez.

Temos assim que, do ponto de vista oculto, as rapsódias dos milhares de apaixonados, dirigidas aos objetos do seu amor, são todas verdadeiras, quando mesmo lhes pareçam todas exclusivas: pois a verdade é que aquilo que eles amam é Uno, embora para cada qual o Uno se manifeste através de um veículo diferente. E, porque não podem, com sua visão parcial, separar o Uno de suas manifestações, revestem-nas de qualidades, que pertencem, não à mulher amada, mas Àquilo que brilha através dela. E todos têm razão quando veem as qualidades; erram, porém, quando pretendem exclusividade na manifestação através da forma na qual lhes foi dado reconhecê-las.

Muitas vezes o observador imparcial sente-se em dificuldade para compreender, olhando pelo ângulo no mundo físico, o que um homem enxergou em determinada mulher que o induzisse a desejá-la para esposa. A resposta é que descobriu nela algo que não é visível no plano físico, algo que só se poderia distinguir olhando mais profundamente; sua atração por ela veio por aquele aspecto do Divino que se lhe revelou.

Costuma-se dizer que a imaginação do apaixonado empresta à esposa em perspectiva qualidades que realmente ela não possui. O ocultista diria que o enamorado está certo; ela as possui, porque Deus, de quem ela é parte, as possui. E para o apaixonado ela é um canal pelo qual ele O pode ver. Outros, porém, a quem ela não serve de canal, não lhe percebem essas qualidades. Podem, contudo, divisá-las por sua vez através de outra.

Uma grande vantagem disso é que, sendo ela uma boa mulher, procura viver no mesmo nível da forma-pensamento de seu enamorado. Está consciente de que ele assim a idealiza, que lhe empresta essas virtudes que ela supõe talvez não possuir; mas, por não desapontá-lo e a fim de se tornar digna do seu amor e de sua confiança, se esforça por desenvolvê-las – visto ser o que ele pensa que ela é. E porque em essência o é, porque existem essas qualidades na Mônada subjacente a ela, não raro é bem-sucedida, pelo menos até certo ponto, trazendo-as à manifestação, e assim justificando a confiança do noivo cuja fé concorre para elevar o seu Ego e ajudá-la no caminho da evolução.

Tudo isso, convém observar, funciona de ambos os lados, e a mulher tenta encontrar seu ideal através do homem da mesma maneira que o homem através dela. O ser humano, com a sua constituição atual, realiza o seu ideal mais facilmente por intermédio do sexo oposto, embora isso não aconteça sempre. Às vezes um homem mais velho torna-se ídolo de outro mais jovem, e este, através de sua admiração e amizade pura, para com aquele, chega a ter um vislumbre desse mundo real que nós chamamos ideal; e outras vezes idêntico sentimento há entre uma jovem e uma senhora idosa.

Uma vez que o verdadeiro ideal é igualmente subjacente a todas as criaturas, o místico que vive absorto em contemplação solitária pode também alcançá-lo em si mesmo. Há em todo ser humano a tendência de procurá-lo, seja em seu próprio eu ou no de outrem, e o sentimento que o impele a essa busca é a força da evolução divina, que lhe foi insuflada, o desejo de encontrar o Divino, do qual procede, e a Ele retornar. Porque a força, que nesse primeiro estágio somente pode se manifestar por essa forma, em verdade é a mesma que mais tarde conduzirá o homem à união final. Como eloquentemente disse Santo Agostinho: "Deus, Tu nos fizeste à Tua própria imagem, e os nossos corações só estarão tranquilos quando encontrarem em Ti o seu repouso".

Flores Não Fecundadas

Uma variedade interessante, nem sempre bem compreendida, é a "paixão amorosa" em crianças. Adultos pouco simpáticos a ridicularizam por saberem que nove entre dez casos são completamente inoportunos, não têm consequências e dão em nada. É verdade, embora em essência seja o mesmo sentimento que reponta mais tarde na vida, e geralmente sob um aspecto mais puro e menos egoísta. Se se pudesse penetrar no segredo do coração de um jovem apaixonado de dez ou doze anos, ver-se-ia que nem sempre ele pensa em casar com sua eleita e em montar casa com vistas a uma felicidade futura; apenas sonha com sacrificar-se por ela, dar inexcedíveis provas de heroísmo em sua defesa e morrer a seus pés. Sem dúvida, absurdamente romântico, mas não sem efeito benéfico sobre esse jovem coração – em verdade, sobre os dois jovens corações.

As formas-pensamento geradas são realmente boas, assim para o seu criador como para quem as recebe, e preparam ambos para um sentimento mais amadurecido, mas não menos belo, que há de vir mais tarde. Já não vimos a grande quantidade de flores não fecundadas de nossas cerejeiras ou ameixeiras? Pode-se pensar que há nelas um inútil desperdício de energia da natureza, porquanto nunca se convertem em frutos. No entanto, o botânico nos diz que de modo algum o trabalho é inútil, que tem uma finalidade importante a cumprir, pois as flores atraem a seiva, e por esse meio fortalecem a árvore, preparando o caminho para frutos mais belos no outono. Os inocentes amores da infância dão precisamente o mesmo resultado: revigoram a natureza e preparam-na para um desenvolvimento futuro mais completo.

Ocultismo e Casamento

A despeito de tudo o que acima ficou dito – a despeito da beleza e da exaltação dos casos de amor – podemos, do ponto de vista do ocultismo, aconselhar o casamento aos nossos estudantes?

Penso que a melhor resposta é a da Sra. Blavatsky, nossa fundadora, com as seguintes palavras:

> "Isso depende do tipo de homem a que se refere a pergunta. Se se trata daquele que tenciona viver no mundo – daquele que, posto seja um bom e sincero teósofo e um trabalhador incansável da nossa causa, ainda se acha ligado ao mundo por suas aspirações e desejos – que, em suma, não sente haver definitivamente concluído o que os homens chamam vida, e que deseja uma coisa, somente uma coisa – conhecer a verdade e ser capaz de ajudar os outros, então, para esse homem, digo eu que não há razão por que não se deva casar, se quer correr os riscos dessa loteria, na qual os que perdem são muito mais numerosos que os premiados".[26]

Mas, se o homem pretende ser mais do que isso, e se quer consagrar sua vida toda ao trabalho teosófico, e aspira a ser discípulo de um dos grandes Mestres de Sabedoria, então não podemos aconselhá-lo a dividir sua atenção entre o mundo e esse ideal". A Sra. Blavatsky nos diz ainda:

> "O ocultismo prático é um estudo por demais sério e perigoso para que um homem o empreenda, se não está decidido a levá-lo a cabo com absoluta sinceridade, e disposto a sacrificar tudo, inclusive a si próprio em primeiro lugar, para alcançar seu objetivo. Estou referindo-me somente àqueles que se acham determinados a trilhar o caminho do discipulado que conduz à meta suprema".[27]

Nada impede um homem de amar seu ideal tanto quanto desejar; o erro está no desejo unicamente da posse, na paixão animal que não lhe permite contentar-se em adorar a distância, no ciúme que o atormenta quando outros também amam e adoram. O estudante que deseja devotar-

---
[26] *A Chave para a Teosofia* Seção XIII. Ed. Teosófica, 1991. (N. E.)
[27] *Ibidem.*

-se até ao máximo deve conservar-se liberto de todo entrave – livre para o trabalho; e não se deixar, como tem sucedido a muitos, iludir pelo argumento de sua paixão, nem incidir no erro de acreditar que acorrentado pode trabalhar melhor. Mas, lembremo-nos uma vez mais, aplica-se isso apenas ao homem que está absolutamente determinado a avançar até o fim. Na falta de tão elevada resolução, há uma grande soma de trabalho útil que ele pode realizar – e mesmo de progresso que lhe é possível alcançar – tirando proveito dos incômodos e das provações da vida mundana ordinária, esforçando-se por viver o mais nobremente possível, embora ainda preso aos liames. Outra escusa muitas vezes invocada é que se faz necessário prover corpos para as futuras categorias elevadas de Egos que devem realizar o trabalho; argui-se que os estudantes podem certamente fornecer melhor esses corpos do que as pessoas comuns do mundo exterior. Assim é provavelmente; e, portanto, em raros casos, estudantes recebem ordem de contrair matrimônio com essa expressa finalidade. Mas é sem dúvida mais sábio aguardar instruções de procedência que se não possa pôr em dúvida. Enquanto isso, existe regular quantidade de bons membros casados que são perfeitamente capazes de prover de corpos os trabalhadores ocultos do futuro. Não pode, em verdade, existir maior honra que a de ser escolhido pelas Divindades *kármicas* para dar esses corpos, exceto aquela honra ainda maior de exercitá-los quando estiverem prontos. Que seja tal a obra do estudante que mantém ainda seus laços com o mundo – a de prover esses corpos. E que àqueles que se sentem aptos à vida superior seja dado ajudar a sua preparação. Pois, em verdade, nenhum homem pode servir a dois senhores, e o caminho do ocultismo requer todas as energias do corpo, da alma e do espírito.

As Mudanças em Nossa Consciência

A consciência humana tem possibilidades maravilhosas, e aquilo a que damos esse nome é apenas um fragmento que podemos usar no momento. Podemos talvez traçar uma analogia com a ação de nossos sentidos físicos. Há uma enorme gama de vibrações possíveis. Um pequeno grupo destas vibrações em determinada escala chega até nós sob a forma de luz; outro pequeno grupo, em escala mais baixa, nos vem como som. De outros grupos intermediários nós temos consciência por várias maneiras. Mas bem sabemos, pelo nosso conhecimento da ciência, que a gama se estende nos dois extremos além de nossa possibilidade de captar as vibrações.

Podemos supor que a consciência humana é parecida com essa gama, e que a parte dela ora em ação no cérebro físico corresponde, digamos assim, ao bloco de oscilações que denominamos som. Seguindo a mesma analogia, podemos supor o nosso bloco de consciência astral como equivalente aos comprimentos de onda que chamamos luz; aqui, porém, existem ainda muitas ondulações capazes de produzir luz que não podemos ver – ondulações tanto abaixo como acima de nosso limite visual. Do mesmo modo, abaixo de nossa consciência física e acima dela, assim como abaixo e acima de nossa consciência astral, existem outras séries de vibrações, às quais a nossa consciência não está adaptada, mas poderá sê-lo.

Há dois processos para semelhante adaptação: um permanente e intencional, pelo desenvolvimento da consciência de maneira que possa captar mais daquelas ondas que estão acima e abaixo de suas possibilidades normais; outro, temporário, em consequência de alguma doença ou anormalidade, que faz variar nossa oitava de consciência para cima ou para baixo. Exemplo do primeiro caso é o desenvolvimento de poderes psíquicos de toda sorte. Julgo, porém, desnecessário considerá-los aqui, pois que já o fiz em outros livros – Clarividência[28], *O Que Há Além da Morte* e *Some Glimples of Occultism*. Várias drogas têm o poder de alterar ou alargar o campo da consciência, e nos levam assim a ver coisas que nos são normalmente invisíveis, às vezes com o sacrifício de nossa capacidade ordinária de visão e outras vezes sem dela nos privar.

O que chamamos nossa consciência física não é uma grandeza fixa e determinada que sempre houvesse sido a mesma. Foi crescendo pouco a pouco até ser o que é, e muitas coisas que estavam outrora dentro do seu alcance passaram agora a estar aquém – ou mais exatamente, tanto ela se desenvolveu como se ergueu acima daquelas coisas. Seu nível se eleva gradualmente; nossos descendentes serão capazes de ver cores que atualmente nos são invisíveis – cores mais vivas, mais puras e mais delicadas. Se ao mesmo tempo perderão eles a possibilidade de apreciar algumas das cores grosseiras que hoje conhecemos, é incerto.

---

[28] Editora Teosófica, Brasília, 2013. (N. E.)

O delírio modifica o lugar da consciência, e pode ser que também nos vede inteiramente o mundo de cada dia que nós conhecemos, dando-nos algumas vezes, em substituição, reminiscências do nosso passado – não só do passado de nossa vida, mas ainda do passado há muito esquecido da raça humana. Semelhante visão que o delírio apresenta inclui muitas vezes a possibilidade de ver as formas-pensamento dos doentes, ou as dos outros, e ocasionalmente também a de ver as criaturas astrais e etéricas que nos rodeiam. No caso do *delirium-tremens,* as serpentes e outros horrores são quase invariavelmente criaturas de tipo inferior, que se deliciam com os vapores do álcool exsudados do corpo do ébrio.

Capítulo 17

POR NOSSOS DIVERTIMENTOS

Jogos Infantis

Até mesmo em uma coisa geralmente considerada de pouca importância, como os jogos de crianças, existe um lado oculto. Se os pais pensam daquela forma, é provável que seja principalmente devido ao aspecto físico. Ou eles desaprovam de modo geral os jogos como causadores da destruição das roupas ou por distraírem a criança de seus deveres escolares; ou os admitem como um meio qualificado de afastar deles a criança por algumas horas, ou de proporcionar a esta um exercício físico que reconhecem necessário ao desenvolvimento do corpo. Também às vezes se mostram exigentes, do ponto de vista social, no tocante a suas companhias, ou ainda sob o aspecto religioso ou moral. Mas é provável que em sua maioria os pais olhem os jogos como uma espécie de mal necessário.

Estão longe de imaginar que um jogo, se praticado como o devem ser todos os jogos, significa uma lição cujo valor dificilmente se pode superestimar; porque não há nada capaz de incutir melhor as virtudes de honra, generosidade e espírito cavalheiresco.

A honra, primeiramente, devido à necessidade de proceder com absoluta lealdade, conforme as regras do jogo, sendo que uma vitória aparente, obtida com infração delas, por menor que seja, teria sido obtida desonestamente, não representando senão uma grande desgraça que o delito venha a ser conhecido pelos outros, ou mesmo que fique apenas queimando a consciência do culpado.

A generosidade, porque para o sucesso em muitos jogos é absolutamente necessário que a unidade se subordine ao todo, e que cada jogador tenha em mira não sua própria glorificação, mas o benefício do lado pelo qual ele joga. Nenhuma das pessoas que testemunham a pronta e imediata obediência –, tão voluntariamente consentida em toda boa escola, ao capitão dos onze no *cricket,* ou ao condutor da equipe de um barco –, pode deixar de perceber que existe ali a mais expressiva disciplina, dispondo-se cada qual a aceitar e cumprir integralmente o dever que lhe é atribuído, colocando o bem do clube acima dos seus desejos pessoais.

O espírito cavalheiresco, em virtude da regra – invariável entre todos os homens bem-educados – de dar ao oponente o benefício de qualquer ponto em dúvida, e de não tirar proveito de uma vantagem acidental.

Em verdade o mau procedimento reflete sobre o país onde tais sentimentos de honra e generosidade e tal espírito cavalheiresco não se deparam entre sua mocidade, porque o jovem é o homem/mulher de amanhã – e a árvore se inclina do lado para onde pende o ramo.

O importante a gravar no jovem é que, conquanto lhe caiba o dever de sempre fazer o melhor em prol do seu grupo, realmente não importa muito quem ganha, uma vez que o exercício obtido e o prazer são os mesmos em qualquer hipótese. Deve-lhe ser explicado que lhe cumpre, não somente ser leal, senão também proceder de modo afável e benevolente em seu jogo; que deve estar sempre pronto a aplaudir um belo jogo do adversário e nunca tripudiar sobre os vencidos, mas sempre esforçar-se por encontrar escusas para eles, reduzindo ao mínimo o desapontamento que naturalmente sintam.

Os outros – é verdade – nem sempre procederão assim para com ele; mas de nenhum modo deve ele incomodar-se ou aborrecer-se com isso – que apenas indica não terem aqueles alcançado ainda nível mental à altura de seus adversários. É natural que um jovem sinta prazer com a vitória de sua escola ou de sua turma; mas deve aprender a não exteriorizar esse prazer de modo que venha a ferir os sentimentos de outrem.

Jamais, em ocasião alguma, deve sentir alegria ou divertir-se com qualquer coisa que moleste ou atormente outro ser vivente, seja um companheiro de escola ou um animal. A tendência que mostram certas crianças mal-educadas de apoquentar um animal ou outra criança é manifestação de crueldade; convém explicar que a crueldade, seja de que natureza for, é um dos piores crimes. Que o jovem tenha sempre a lembrança de pôr-se ele/ela mesmo(a), em pensamento, no lugar do outro, e de lhe demonstrar a máxima camaradagem, bondade e afeição; de estar sempre disposto a deixar de lado suas preferências, com o fito de dar prazer às demais crianças, fazendo o que lhes agrada.

Observei um sugestivo exemplo de espírito cavalheiresco tempos atrás, quando assistia a uma regata numa de nossas grandes universidades. Certo colégio já detinha desde anos o primeiro lugar em atividades náuticas; mas aconteceu nessa ocasião que outro colégio conseguiu ganhar vários lugares e alcançou finalmente a vitória desejada, a posição de Chefe do Rio, derrotando os que até então a mantinham. É natural que os vencedores dessem largas ao regozijo; organizaram uma passeata, conduzindo em triunfo a bandeira do barco vitorioso, os remos e o leme. Em sua marcha comemorativa, o grupo de estudantes do colégio que vencera teve que passar ao longo do rio e diante da extensa fila de barcos; e de repente eu vi que todos ficaram em silêncio e dobraram a bandeira e baixaram os remos, procurando conter o júbilo e assumindo atitude a mais discreta possível. Como indagasse a razão, disseram-me que se estavam aproximando do barco do colégio que por tanto tempo exercera a supremacia, e que certamente seria de mau gosto gloriar-se perante eles com aquela parada da vitória. Tentaram os nossos vencedores portar-se nessa ocasião com a maior naturalidade, como estudantes comuns que voltavam em sossego para sua casa; mas sua magnanimidade foi, pelo menos em parte, frustrada, porque, antes de passarem adiante, foram vistos pela turma derrotada e seus companheiros, os quais imediatamente saíram de suas embarcações para os aplaudir efusivamente, enquanto o capitão do barco vencido corria até o grande mastro de sua garagem e arriava o pavilhão do colégio em sinal de alegre submissão à sorte. Como expressão espontânea de bons sentimentos da parte desses jovens estudantes, o espetáculo me causou grande alegria, e não pude deixar de reconhecer que a opinião pública entre eles era sã e digna de admiração.

Esporte

Infelizmente, os divertimentos dos adultos nem sempre são inofensivos e salutares como os das crianças. Nada que dizer contra o *cricket* ou o *golf*; e a natação e o remo são sempre admiráveis, porque põem os corpos mental, astral e etérico em contato mais íntimo com os espíritos da natureza aquáticos e suas influências, que representam agradável contraste com os que se podem encontrar na terra firme. Isso é ainda mais exato se a natação se faz no mar, porque a variedade deles é maior. Semelhante mudança de impressões é também benéfica, já que faz entrar em vibração partes novas dos vários corpos, o que muito revigora a sua saúde geral.

Nunca será demasiado reprovar a revoltante crueldade do que por vezes se chama impropriamente esporte. Desnecessário dizer, o crime cometido com o assassínio de animais indefesos pesa mais do que qualquer benefício que poderia acaso resultar do ar puro e do exercício. A coisa em si mesma é horrível e excede a toda descrição, e difícil é compreender como podem pessoas civilizadas, e em outros aspectos gente de coração, tomar parte em abominações dessa natureza – e não só participar, mas aparentemente encontrar prazer no derramamento de sangue e na crueldade, e rivalizar entre si na obra diabólica de destruição.

Nenhuma nação onde acontecem coisas assim tem o direito de se dizer realmente civilizada. E dúvida não temos de que nossos descendentes, ao olharem retrospectivamente para esta época, julgarão incrível que houvéssemos consentido na prática de tantas barbaridades gratuitas.

Todas as formas de caça merecem reprovação idêntica. À parte o sofrimento, a dor e a morte infligidos à raposa, ao gamo, à lebre ou à lontra, toda essa questão envolve um aspecto de perversidade no exercício e preparo de cães para tais fins. O cão figura entre os animais domésticos confiados aos cuidados do ser humano com o objetivo de progredirem em sua evolução. Longe, porém, de ajudar nessa evolução, o ser humano a atrasa, quando ensina o animal a ser mais feroz que o lobo ou o tigre – quando lhe ensina a matar, não por alimento, como fazem as feras, mas pelo simples prazer de matar. Essa destruição, por prazer, do admirável dom da vida, "que todos podem tirar, mas ninguém pode dar", certamente ocasionará uma pesada dívida aos indivíduos que a compartilham e ao país em que a consente a opinião pública.

Terrível consequência de tudo isso é que nossos filhos imitam nossa irrefletida crueldade; e, assim, almas jovens que seriam boas por natureza e dispostas a ajudar são induzidas a cometer esses crimes. Não nos podemos admirar de que um moço pesque, cace ou açule seu cão a matar uma criatura viva, quando vê constantemente seu pai fazer a mesma coisa. De tal modo incutimos no jovem a crueldade que até depois de sua morte este mau sentimento persiste no mundo astral, e ali encontramos nele a mesma tendência que tinha quando vivo: caçar seja o que for, causando dor e sofrimento.

Em verdade, a menos que o vergonhoso exemplo dado ao jovem o tenha tornado visceralmente mau, no mundo astral é mais fácil apelar para seus bons sentimentos que no mundo físico, porque lá é possível mostrar-lhe no exato momento qual é realmente a sensação da criatura caçada, sensação que transparece nas mudanças súbitas de cor. Podemos, portanto, fazer imediato apelo ao lado bom da natureza do jovem, evidenciando-lhe o significado de sua ação. No astral temos ainda a vantagem de poder desviar o cruel instinto de caça e a paixão pela destruição, orientando-o no sentido útil de desfazer as horríveis formas-pensamento, tais como as de demônios. Essas formas-pensamento, posto que não ofereçam perigo para quem as compreende, são muitas vezes a fonte de grande pavor para o ignorante, e, por não conterem em si nenhuma vida real, pecado não existe no destruí-las. É tarefa que desenvolve o espírito cavalheiresco e a coragem no jovem, estimulando-o a ir aqui e ali, qual cavaleiro andante, para socorrer e proteger os fracos e enfrentar em sua defesa o que se lhe afigura monstruosas iniquidades.

A Pesca

A pesca é outra manifestação da luxúria pelo abate, e muitas pessoas se dedicam a isso recuando de outras formas de fazer em que o derramamento de sangue é mais óbvio, pois aqui, em vez de matar ou mutilar um pássaro com um tiro, simplesmente se retira a criatura de seu elemento e se deixa que morra lentamente por sufocação. Conquanto difícil de entender como assim pode ser, acredito realmente que esta crueldade seja, na maioria dos casos, imputável tão somente à falta de reflexão e à influência funesta das formas-pensamento coletivas acumuladas em torno de um costume herdado dos bárbaros tempos das Idades Sombrias.

Corridas de Cavalos

Igualmente, a corrida de cavalos representa outro pseudoesporte que não merece senão condenação. O fato, em si mesmo, de correrem cavalos um contra outro, quando não são chicoteados ou maltratados de outra forma, não é mais repreensível que uma corrida de adultos ou de jovens; mas, do modo como atualmente se pratica, toda a massa de ideias que se aglomeram em torno do *turf* é condenável no mais alto grau, e do ponto de vista oculto.

O Jogo

Todo aquele que participa de uma corrida de cavalos tem sua parcela de responsabilidade nos males do jogo que ali se praticam, e na ruína que traz a milhares de pessoas. Mesmo no plano físico, os malefícios do jogo e da aposta são mais que evidentes; vistos, porém, dos mundos superiores são cem vezes piores. Os homens se entregam a essa loucura pela excitação presumivelmente; mas esta é uma forma de excitação que gera as piores paixões do homem, e só lhe pode ser nociva, pois o efeito moral produzido naquele que ganha é, em geral, pelo menos tão mau como sobre o que perde.

Os leitores do livro *Formas-Pensamento* provavelmente lembrarão dos terríveis quadros do ganhador e do perdedor ali apresentados; os que podem ver tais coisas por si mesmos não precisarão de ninguém para informá-los dos malefícios do jogo. Em qualquer de suas formas, o jogo não produz senão o mal; se, porém, se há de decidir entre elas, a que se pratica no famoso Cassino de Monte-Carlo é, sem dúvida, pelo menos honesto e menos repreensível, porque lá a vítima sabe de antemão as suas probabilidades; por outro lado, ganha ou perde para uma entidade impessoal – o banco, e assim não arruína os seus frequentadores ostensiva e intencionalmente.

Do ponto de vista oculto, a aposta, a bebida alcoólica, a alimentação de carne e a matança de criaturas vivas por esporte são as grandes nódoas que tisnam o bom nome da nação inglesa. Se puderem ser removidos, teremos dado vários e importantes passos na estrada da civilização.

Embora o ocultismo condene em termos inequívocos todas as formas do pseudoesporte, não há nisso nenhum vestígio da ideia puritana que considera necessariamente um mal tudo o que causa prazer. Pelo contrário, a promoção do prazer, na mente do ocultista, está bem próxima da promoção do progresso. Se é bom proporcionar prazer a outrem, muito melhor é ajudá-lo no caminho do progresso; mas ainda melhor que tudo é combinar as duas coisas quando possível. Por isso, o ocultista dá boa acolhida à diversão inofensiva; sua única condição é que seja realmente inofensiva – que não implique dor ou sofrimento, nem mesmo incômodo ou ridículo, a qualquer ser vivo.

O Teatro

O lado oculto de uma representação teatral depende inteiramente da natureza do espetáculo. As paixões retratadas pelos atores, não sendo reais, praticamente não acarreiam efeito algum à matéria superior; mas, infelizmente, parece haver não raro muito de vaidade no ato de representar e muito de inveja por parte dos outros atores. Sempre que ocorrem, tais sentimentos significam influências indesejáveis. O principal efeito a considerar no teatro é o resultado dos sentimentos excitados na plateia, e estes dependem, por sua vez, do caráter da peça.

Parece quase sempre haver corrente inferior de sensualidade dirigida para as atrizes principais; mas as pessoas que compõem a maioria da assistência geralmente se empolgam com o enredo e sentem como que um ódio vago para com o vilão e uma agradável satisfação quando o herói consegue desfazer as maquinações daquele. Há muitas pessoas ingênuas que põem todo o seu coração e sua alma na peça; para elas tudo é, nesse momento, tão real como a vida diária. Esses transpiram emoções fortes de vários tipos à medida que prossegue o espetáculo, mas em geral não é suficiente o seu número para influir na aura global do teatro. Há deploravelmente muitas peças modernas que são, por natureza, altamente censuráveis, e as formas-pensamento de seus patrocinadores, como é natural, são de caráter pouco lisonjeiro.

Podemos resumir dizendo que para muita gente ir ao teatro é como ler uma novela; mas aquele apresenta os personagens de maneira tal que os faz parecerem mais reais. Há outros, ao contrário (pessoas mais imaginativas talvez), que, ao lerem uma história, constroem para si mesmos formas-pensamento de toda espécie, e estas formas se lhes entrefiguram muito mais vívidas e apropriadas do que o pode ser a sua representação no teatro. Tais pessoas ficam sempre desapontadas quando vão assistir a uma encenação dramatizada de uma de suas histórias favoritas.

Outros, que não têm o poder de imaginação para vestir os personagens com formas definidas, ficam muito satisfeitos em que a arte dramática faça isso para eles. Para esses – e são a maioria dos frequentadores de teatro – ir ao teatro não é mais perigoso que a leitura de uma novela, a não ser pelo ambiente dominante na plateia, impregnado de sensualidade, e pelos sentimentos de vaidade e inveja dos atores, a que antes me referi, e por terem que passar um par de horas em atmosfera viciada e no meio de uma multidão mais ou menos excitada.

Do ponto de vista oculto, as últimas considerações não raro sobrelevam a vantagem de uma distração que possa resultar do espetáculo.

Quarta Seção

COMO NÓS INFLUENCIAMOS OS OUTROS

Capítulo 18

PELO QUE SOMOS

O Inter-relacionamento dos Seres Humanos

Já examinamos as influências a que estamos sujeitos, e também como, por meio de reações que nos passam despercebidas, estamos constantemente influenciando a nós mesmos.

Vamos agora tratar da terceira grande divisão do nosso assunto, a questão de como influenciamos os outros. O que ficou dito é suficiente para mostrar que devemos invariavelmente influenciá-los, quer o desejemos ou não; pois se, como vimos, todas essas várias influências estão sempre atuando sobre nós, é claro que o que fazemos, por nossa vez, deve ser parte da influência que está atuando sobre aqueles que se acham perto de nós. Estamos todos tão estreitamente inter-relacionados que nenhum ser humano pode levar uma vida isolada, e todos os pensamentos ou ações estão operando seus resultados nos outros – não só porque eles veem nossas ações no plano físico e as imitam, como porque são impressionados pelas radiações invisíveis das vibrações de nossos pensamentos ou sentimentos.

Nós influenciamos os outros de três maneiras: pelo que somos; pelo que pensamos e desejamos; pelo que dizemos e fazemos.

Primeiro, pelo que somos; pois o que somos se expressa em nossos diversos veículos e emitem continuamente ondas de influência que tendem a reproduzir-se – isto é, a contagiar outras pessoas. Portanto, o que queremos que os outros sejam, nós próprios devemos ser primeiro que tudo. Qual então o ideal que nos devemos propor a esse respeito? Muitos dirão: "Ser bons", e sem dúvida é esse o primeiro ponto a considerar; mas certamente já o devemos ter como subentendido. Todo aquele que se adiantou o bastante para pensar que é seu dever influenciar o mundo, deve, por hipótese, esforçar-se ao máximo para levar uma vida reta. Suponhamos, portanto, existirem boa intenção e esforços sinceros, e vejamos como podemos contribuir para melhorar o mundo que nos cerca, servindo-nos de exemplo. O primeiro dever é o de procurarmos a felicidade e a paz.

O Dever de Felicidade

Consideremos em primeiro plano a felicidade. Sem dúvida que a Divindade quer que o ser humano seja feliz. A felicidade é um dever; não quero dizer simples tranquilidade filosófica, que é decerto boa coisa; quero dizer felicidade ativa. É um dever, não só para com a Potência Divina e nós próprios, mas também para com os outros, como mostrarei logo em seguida; e não é um dever difícil de cumprir, se desejamos apenas exercitar a inestimável faculdade do bom senso. E, no entanto, a maioria dos homens e das mulheres é frequentemente infeliz. Por quê?

Felicidade é um estado mental, e por isso o sofrimento que provém de doença ou de acidente não faz, em rigor, parte do nosso tema, conquanto nisso haja muitas vezes um lado mental que pode ser atenuado pelo raciocínio. A Justiça eterna governa o mundo, e, por conseguinte, não existe nenhuma possibilidade de acontecer conosco o que não tenhamos merecido; e, como a Justiça eterna é ao mesmo tempo o Amor eterno, tudo o que nos sucede deve ajudar o nosso desenvolvimento, e é capaz de o fazer, se nos dispomos a aceitá-lo de maneira correta e nos esforçamos por aprender a lição ali implícita. E se isso é verdade – e os que se aprofundaram nos mistérios da vida e da morte sabem que o é – queixar-se ou lamentar-se por causa do sofrimento é não somente desperdiçar muita energia inutilmente, senão ainda adotar um conceito de vida inteiramente insensato e inexato, e falhar na prova que lhe coube como uma oportunidade.

Consideremos algumas das causas mais frequentes da infelicidade habitual, a fim de ver como pode ser evitada. O ser humano demonstra excessiva ingenuidade ao excogitar razões para a sua desventura; delas a maior porção, contudo, pode ser classificada em uma ou outra destas quatro categorias: desejo, desgosto, medo e ansiedade.

O desejo – Muitos pessoas se tornam infelizes porque estão sempre suspirando pelo que não possuem: riqueza, fama, poder, posição social, sucesso nos empreendimentos. Não me esqueço de que o contentamento pode às vezes denotar estagnação; de que a chamada "divina insatisfação" é um pré-requisito do progresso. Procurar sempre o nosso progresso, melhorar nossa posição, aumentar nossa capacidade de ajudar os outros, tudo isso é bom e louvável, e contribui para nossa evolução; mas em geral o nosso descontentamento nada tem de divino, porque não é um desejo de aperfeiçoar-nos e ser úteis, antes apenas o anseio egoísta do prazer pessoal, que esperamos resultar da riqueza ou do exercício do poder, e daí originar tanto sofrimento. Marchemos para frente, é verdade, com todo o ardor que desejemos; mas sejamos felizes em nossa marcha, resignados nos insucessos, e jamais ocupados em demasia para estender nossa mão em auxílio dos nossos companheiros de peregrinação.

Entre as mais venenosas das múltiplas formas desta grande hera daninha chamada desejo, estão a inveja e o ciúme. Se as pessoas quisessem apenas ocupar a mente com seus próprios negócios, deixando em paz seus vizinhos, desapareceriam muitas raízes fecundas de infelicidades. Que importa que outra pessoa possua mais dinheiro ou uma casa maior, tenha maior número de criados ou seja dono de cavalos melhores, ou que sua mulher possa permitir-se mais extravagâncias em chapéus e vestidos? Todas essas coisas lhe proporcionam certa categoria de oportunidades – uma experimentação de sua capacidade para usá-las corretamente: poderá sair-se bem ou malograr-se; mas, como quer que seja, não somos nós o seu juiz, e nossa felicidade não depende evidentemente de malgastar nosso tempo em criticá-lo e invejá-lo, senão de nos certificarmos de que nós próprios estamos cumprindo cabalmente os deveres que dizem respeito à nossa situação na vida.

De todas as paixões que a pobre natureza humana alimenta, é o ciúme a mais ridícula. O ciúme pretende amar ardentemente, e no entanto se opõe a que outrem partilhe nossa devoção; ao passo que a afeição inegoísta não vê senão um motivo a mais de satisfação quando o objeto de nossa adoração é universalmente apreciado. Acima de tudo, o ciúme detesta ver provas da inclinação de outros pelo seu ídolo, e sem embargo está sempre ansioso por encontrar a confirmação de suas suspeitas, sujeitando-se a todos os dissabores para provar a si mesmo a existência daquilo que mais detesta! Veja-se, pois, quanto sofrimento totalmente inútil evitará os que forem fortes o bastante e suficientemente compreensivos para importarem-se com seus próprios negócios, recusando-se terminantemente a se deixar prender nas malhas da inveja e do ciúme.

Governemos os desejos e cultivemos o contentamento; que sejam limitadas e simples nossas necessidades e nossas ambições de progresso, tornando-nos úteis em lugar de visarmos à aquisição de bens materiais e veremos que ficará eliminada uma das causas mais férteis e mais poderosas de dor.

O desgosto – Causa pena ver que milhares de pessoas sofrem diariamente de angústia inútil e sem esperança, originada pelo desgosto. Uma talvez possuísse dinheiro, e o perdeu; outra tinha posição, e a perdeu. Isso, porém, não é razão para desperdiçarem sua força e seu tempo em lamentações que nada resolvem. Que procurem sem demora ganhar mais dinheiro ou preparar outra situação. "Deixai que os mortos enterrem os seus mortos", e volte-se o pensamento para o futuro.

Sim, e isso é verdade ainda mesmo que a perda tenha sido causada por sua própria culpa, até porque talvez o que se chore seja um pecado. Essas pessoas podem ter falhado, como já falharam muitas outras pessoas antes, mas não há tempo a perder. Se caíram, não fiquem a se lamentar no lodo: levantem-se imediatamente e prossigam no caminho com mais prudência. Voltem a face para diante, e marchem resolutamente. Se caírem mil vezes – mil vezes se levantem e prossigam de novo; é de todo inútil deixarem-se ficar em desânimo na estrada. Há tantas razões para fazer a milésima tentativa quantas houve na primeira, e se houver perseverança o sucesso virá. Certa vez disse um Mestre: "O único arrependimento que tem um pouco de valor é a determinação de não cometer o mesmo erro duas vezes".

A ciência hoje trilha caminhos onde outrora campeava a ignorância, e todo aquele que se disponha a examinar as provas disponíveis pode convencer-se de que a morte é apenas a passagem de uma câmara para outra, a porta que conduz a uma vida mais elevada e mais plena, e que de modo algum perdemos os nossos amigos, como erradamente tantas vezes se diz, mas simplesmente perdemos por algum tempo a faculdade de vê-los. Um pouco de estudo paciente dos fatos nos permite sem tardança passar da contemplação egoísta da ilusão daquela perda à certeza gloriosa que se descortina ante os que nos são mais caros que nós próprios; e, assim, uma das formas mais tristes da dor é, pelo menos, grandemente mitigada, quando não inteiramente removida.

O medo – Suponho que só aqueles que, como alguns membros do clero, tiveram oportunidades especiais de conhecer o lado íntimo da vida humana podem avaliar a extensão do sofrimento da humanidade em consequência do medo da morte.

Muitas pessoas que enfrentam corajosamente o mundo, com risos e mostras de alegria, estão, no entanto, sofrendo interiormente o tempo todo sob o peso de um terror secreto, sabendo que a morte virá e com medo de ver cair a espada[29]. Mas tudo isso é inteiramente desnecessário, e se deve exclusivamente à ignorância, como aliás todos os temores; pois os que compreendem o que é a morte não se apavoram quando ela se aproxima. Sabem que o ser humano não morre, mas apenas põe de lado o corpo, tal como se abandona uma veste usada; e para eles o processo aqui não é mais terrível do que o outro. O ser humano que neste século XX ainda desconhece os fatos concernentes à morte é simplesmente aquele que não se deu ao trabalho de ocupar-se do assunto; e, se ele sofre por medo do que não existe, não se deve queixar senão de si mesmo.

Muitos vivem obsediados pela apreensão de perder os bens, de ser reduzidos à pobreza. Há milhares de pessoas que conseguem viver com o que ganham, mas sentem que, se em virtude de doença, ou por outro motivo lhes faltar a renda necessária, se verão logo presas de terrível angústia. Ainda quando seja real esse perigo, nada eles ganham com isso de tanto se preocuparem; a constante e absorvente ansiedade não contribui para ajudá-los; de modo nenhum ficarão em maior segurança deixando que o terror paire sobre eles e escureçam todos os seus dias.

Essas pobres almas deveriam também procurar compreender a vida, perceber o objetivo do grande esquema da evolução, de que eles próprios fazem parte; pois, desde o momento em que tenham um pouco de compreensão desse plano, poderão ver que nada acontece por acaso, e sim que todas as coisas efetivamente cooperam no sentido do bem, e que, portanto, a

---

[29] Referência à espada de Damocles, que pendia sobre a sua própria cabeça; conforme a mitologia grega, que simbolizava a insegurança perante um risco de morte iminente. (N. E.)

dor, a aflição e o sofrimento não podem vir senão quando são necessários e têm seu papel a desempenhar no progresso futuro. É aconselhável que tais criaturas olhem para a frente com esperança, em vez de medo, sabendo que, se fizerem lealmente o melhor cada dia que passar, nada terão que reprovar a si mesmas, seja o que for que lhes possa reservar o futuro.

A ansiedade – As mesmas considerações nos mostram a futilidade das preocupações e lamentações. Se o mundo está nas mãos de Deus, e se todos nós trabalhamos sob Suas leis imutáveis, é evidente que só nos cabe cumprir nosso dever em nosso raio de ação, e procurar mover-nos inteligentemente com a corrente poderosa do progresso; mas lamentar-nos pelo modo como está ela operando, ou preocupar-nos com o que acontece, é obviamente o cúmulo da insensatez. Quantas vezes ouvimos das pessoas: "Se não fossem as circunstâncias adversas que me cercam, eu seria em verdade uma pessoa de projeção e mostraria logo o que posso fazer ao longo desta ou daquela linha; tolhida, porém, como estou, o que se pode esperar de mim?"

Ora, a pessoa que assim fala não tem a menor ideia do significado da vida. Cada pessoa preferiria, sem dúvida, uma série de circunstâncias que lhe desse oportunidade para usar os poderes que já possui, de demonstrar suas possibilidades. Devemos, porém, ter presente que a natureza quer desenvolver-nos em todas as direções, não somente em uma; e, para tal, muitas vezes nos encontramos postos em condições nas quais devemos fazer precisamente as coisas que dizemos não ser possível fazer, com o fim de aprender esta lição e desenvolver essa faculdade, que agora se acha latente dentro de nós.

Assim, ao invés de nos abatermos queixando-nos de que estamos sob o domínio de circunstâncias adversas, nossa tarefa consistirá em nos reerguermos para suplantá-las nós mesmos. A pessoa fraca é escrava das coisas que a rodeiam; a pessoa forte aprende a governá-las, e é isso exatamente o que lhe cumpre fazer.

Veja-se, além do mais, quanto nos preocupamos com o que pensam os outros a nosso respeito, esquecendo-nos de que o que fazemos não é da conta deles, a não ser que interfira em seus assuntos, e que a sua opinião, afinal de contas, não tem nenhuma consequência. O que devemos é cumprir nosso dever tal como o vemos, e procurar ajudar o próximo sempre que se nos oferecer oportunidade. Se a consciência aprova nossos atos, nenhuma outra crítica nos deve perturbar. É para o nosso Pai que está no Céu que somos responsáveis por nossos atos, e não para a sra. fulana que está espiando pela cerca da casa vizinha.

Talvez que essa digna senhora faça comentários maliciosos a nosso respeito, e meia dúzia de bons amigos se disponham a repeti-los com alguma dose de exagero. Se nos faltar sensatez, poderemos considerar-nos ofendidos, daí se originando uma dissensão que pode durar meses e envolver muita gente inocente; e então naturalmente tentaremos lançar a responsabilidade de todos esses fatos lamentáveis sobre os ombros da vizinha, a cujos comentários atribuiremos o propósito de nos ofender! Façamos uso do bom senso por um momento, e pensemos como isso é ridículo.

Em primeiro lugar, em nove casos entre dez, a vizinha não terá dito coisa alguma, ou falou em um sentido diferente do que nós entendemos, e assim provavelmente lhe estaremos fazendo grande injustiça. Até mesmo no décimo caso, se ela realmente o disse com aquela intenção, é possível que o fizesse sob o império de alguma exasperação cuja causa desconhecemos; talvez tivesse passado a noite sem dormir com uma dor de dente ou por causa de um filho pequeno doente. Certo que não é bondoso nem meritório levar em conta uma palavra irrefletida, que pronunciou sob a influência de alguma irritação. Sem dúvida que ela terá cometido um erro, pois lhe cumpria mostrar a mesma atitude de caridade angélica que sempre demonstramos. Não a estou defendendo de maneira alguma: apenas sugerindo que por se ter ela portado de modo insensato não existe razão para fazermos a mesma coisa.

Afinal de contas, que mal nos fez ela? Não foi a responsável pela nossa contrariedade, mas a nossa própria inconsequência. Que são as suas palavras, senão uma simples vibração do ar? Se não as tivéssemos ouvido, não estaríamos nos sentindo ofendidos, e, no entanto, a participação dela no processo teria sido exatamente a mesma. O sentimento de cólera é, portanto, erro nosso, e não dela; nós é que nos deixamos desnecessariamente levar a um estado de excitação extrema por algo que na realidade carece de força para nos influenciar. Foi nosso próprio orgulho que inflamou nossa paixão, e não as palavras fúteis da mulher. Raciocine, e verá que assim é. Simples e evidente bom senso, nada mais; e, não obstante, como são poucas as pessoas que enxergam claramente o bastante para seguir esse caminho! E quantos sofrimentos poderiam ser evitados, se apenas usássemos mais os nossos cérebros e menos as nossas línguas!

Essas considerações nos mostram que as nuvens que se opõem à felicidade podem ser desvanecidas pela força do conhecimento e da razão; e é incontestavelmente de nosso interesse e de nosso dever promover imediata e vigorosamente esse desanuviamento. De nosso interesse porque, quando o fizermos, nossa vida será mais longa e mais proveitosa: "um coração alegre marcha o dia todo; um coração triste se cansa em uma milha". Façamos o melhor, não o pior; busquemos no mundo o bem, não o mal. Que as nossas críticas sejam daquela feliz espécie que se precipita sobre uma pérola com o mesmo zelo do crítico caturra que quer descobrir um defeito; e não podemos fazer ideia de quão mais fácil e agradável se tornará a nossa vida. Há beleza por toda a parte na natureza, se somente desejamos procurá-la; há sempre numerosas razões para tristeza, se queremos apenas descobri-la, em vez de tratarmos de pesquisar as causas de descontentamento.

Eis aí o nosso dever, pois assentado está que tanto a felicidade como a desgraça são contagiosas. Todos os que estudaram estes assuntos sabem que essas ondas de matéria, mais delicadas do que as que podemos ver, e que se estão continuamente irradiando de nós em todas as direções, levam com elas, aos que estão ao nosso redor, os nossos sentimentos de alegria ou de sofrimento. Portanto, se damos curso à tristeza e à depressão, estamos consequentemente irradiando melancolia – obscurecendo a luz do sol de Deus para o nosso próximo, e tornando mais pesado o fardo a ser conduzido pelo nosso Irmão; e não temos o direito de assim proceder.

Por outra parte, se nós mesmos estivermos felizes, aquela irradiante alegria se estenderá a todos os que de nós se aproximam, e nos converteremos verdadeiramente em um sol, que projetará luz, vida e amor sobre nosso pequeno círculo aqui na Terra, do mesmo modo que a Divindade os difunde por todo o Universo; e assim, dentro de nossas limitadas possibilidades, nos tornaremos um de Seus colaboradores.

A Paz

Por trás da felicidade ativa deve existir uma paz permanente, que também devemos procurar irradiar à nossa volta. A falta de paz é uma das mais lamentáveis características do nosso tempo. Nunca houve época em que o ser humano necessitasse mais de pôr em prática o sábio conselho de São

Pedro: "Procurai a paz e segui-a", mas a maioria não sabe sequer por onde começar a procurar, e daí concluir que a paz é inatingível na Terra, e resignar-se a uma vida de inquietação.

O ser humano vive simultaneamente em três mundos, o físico, o astral ou emocional e o mental, possuindo em cada um deles um corpo ou veículo, por cujo intermédio se manifesta. Em todos esses níveis, em todos esses veículos, devia haver paz; entretanto, com a maioria de nós isso está bem longe de acontecer.

Na Terra física, rara é a pessoa que não se queixa de alguma coisa, que não esteja constantemente doente de um modo ou de outro. Um não faz bem a digestão, outro sofre de incessantes dores de cabeça, um terceiro padece de esgotamento nervoso, e assim por diante. No mundo da emoção, as coisas não se passam melhor, pois as pessoas com frequência se deixam abater e torturar por sentimentos violentos, melancolia, ira, ciúme, inveja; e se tornam assim desnecessariamente infelizes. Nem ficam em paz mentalmente, porque estão sempre saltando de uma para outra linha de pensamento, confusos e cheios de preocupações, desejando sem cessar coisas novas antes de haverem compreendido ou utilizado as velhas.

São três as causas dessa inquietação universal: a ignorância, o desejo e o egoísmo. O caminho para a paz consiste, portanto, em transpor tais obstáculos, substituindo-os pelos seus contrários; em adquirir conhecimento, autodomínio e altruísmo. As pessoas pensam muitas vezes que as causas de suas ansiedades são externas, que o sofrimento e os dissabores lhes fazem pressão de fora, sem refletirem que não há fator externo que as possa influenciar a não ser que o consintam. Senão nós mesmos podemos fazer-nos mal ou embaraçar-nos, assim como pessoa alguma pode promover o nosso progresso, senão nós mesmos. Como já se disse muito bem no Oriente, o caminho está dentro de nós. Se nos dermos ao trabalho de prestar atenção, veremos que é assim.

Para ganhar a paz devemos primeiro ganhar o conhecimento das leis à que está submetida a evolução. Quando as ignoramos, estamos sempre transgredindo-as, desviando-nos constantemente da senda do progresso da raça, à procura de alguma vantagem ou prazer pessoal e imaginário. A constante pressão da lei de evolução nos obriga a retroceder, para nosso próprio bem, ao caminho que havíamos deixado; ficamos inquietos; lutamos contra a lei; queixamo-nos do sofrimento e dos dissabores, como se nos chegassem por mero acaso, quando é a nossa resistência aos ditames da lei que nos faz sentir-lhe a força coercitiva.

Nossa saúde sofre porque muitas vezes vivemos de modo antinatural; comemos o alimento errado, usamos roupas impróprias, ignoramos a ventilação e o exercício, passamos nossas vidas em condições anti-higiênicas, e depois estranhamos que a cabeça nos doa ou que os nervos e os órgãos digestivos funcionem mal. A pessoa que conhece as leis de higiene e se dispõe a obedecê-las evita esses sofrimentos.

E isso também é verdade no tocante aos mundos do pensamento e da emoção; eles têm as suas leis naturais, cuja transgressão implica sofrimento. Muita gente, infelizmente, tem a ideia de que todas as regras concernentes a esses reinos do pensamento e da emoção são arbitrárias; os instrutores religiosos têm cometido o erro desastroso de falar sobre a imposição de castigo em virtude daquela transgressão, e assim puseram na sombra o fato real de que há igualmente muitas leis da natureza análogas às que nos são familiares na vida física, e que a consequência da infração delas não é castigo, mas simplesmente o resultado natural. Se uma pessoa segura uma barra de ferro em brasa com a mão desprotegida, queimar-se-á; mas não nos ocorre descrever a queimadura como um castigo por segurar a barra de ferro. No entanto, nós chamamos punições a outros resultados que são igualmente naturais e inevitáveis.

O conhecimento do grande esquema da evolução e de suas leis não só nos mostra como viver, mas ainda como ganhar a paz no futuro; e também dá a paz aqui e agora no presente, por isso que nos habilita a compreender o objetivo da vida, a ver a unidade através de toda a sua diversidade, o glorioso triunfo final por entre o nevoeiro da angústia e da confusão aparentemente sem esperança. Porque, quando o esquema é compreendido, seu objetivo deixa de ser uma questão de fé cega, passando a ser uma certeza matemática; e desta certeza advém a paz.

Ao nosso conhecimento devemos acrescentar o autodomínio – o domínio não simplesmente dos atos e das palavras, mas também dos desejos, das emoções e dos pensamentos.

Pois todos os pensamentos e emoções se apresentam como ondas da matéria dos corpos mental e astral, respectivamente; e em ambos os casos os pensamentos maus e egoístas são sempre vibrações relativamente lentas da matéria grosseira, ao passo que os pensamentos bons e enegoístas são ondulações mais rápidas que ocorrem somente na matéria sutil. Mas um súbito acesso de ira ou de inveja ou de medo submerge por um momento todo o corpo astral e o obriga a uma vibração especial. Essa agitação logo se acalma, e o corpo retorna ao seu nível normal de vibração. Mas depois disso é um pouco mais fácil responder à taxa particular de vibração que exprime aquela paixão má.

Há muito tempo ensinou o Senhor Buddha, aos seus fiéis, que a vida do ser humano comum é cheia de dores, porque ele se apega às coisas terrestres que perecem e desaparecem. Deseja riqueza e poder ou posição, e se mostra descontente porque não os alcança ou porque, tendo-os alcançado, vê que lhe estão escapando. Até aos seus amigos ele se apega erroneamente, porque seu amor se dirige ao corpo físico, que deve modificar-se e perecer, em vez de ao ser verdadeiro, que vive através dos séculos; e por isso, quando o amigo deixa seu veículo exterior, ele chora sua "morte" e supõe que o perdeu.

Tudo, em nossa civilização, tende a aumentar os desejos, a multiplicar nossas necessidades. Coisas que eram consideradas como luxo em uma geração passam a ser necessidades da vida na geração seguinte, e os nossos desejos se estendem sempre em novas direções. Se almejamos paz, devemos aprender a limitar nossos desejos, levar vida simples, procurando o bem-estar mas sem ambição de luxo, distinguindo o que é necessário do supérfluo. Vale mais reduzir nossas necessidades, deixando-nos tempo para repousar, do que extenuar-nos até à morte no desesperado esforço de satisfazer sem cessar nossas crescentes necessidades. Quem quer alcançar a paz deve certamente governar seus desejos.

Outra fonte repleta de desassossego é o hábito que temos de nos imiscuir nos assuntos de outras pessoas – de tentar constantemente impor-lhes nossa maneira de ver e de proceder. Muitos de nós parecem não ser capazes de manter uma convicção sobre qualquer assunto, social, político ou religioso, sem imediatamente discutir com todo o mundo que adote ponto de vista diferente, empenhando-nos em controvérsias acaloradas a esse respeito. Quando aprendermos a consentir de boa vontade a mesma liberdade aos outros para opinarem sobre qualquer assunto, aquela liberdade que tão vivamente reivindicamos para nós, quando aprendermos a nos abster de criticá-los por divergirem de nós, teremos avançado bastante no caminho que conduz à paz.

Acima de tudo, para a paz, é necessário que deixemos de lado nossa personalidade e procuremos ser altruístas. Enquanto vivermos concentrados em nós mesmos, enquanto o "eu" for o eixo ao redor do qual gira o nosso Universo, nós, insensível mas inevitavelmente, havemos de esperar que o "eu" seja igualmente o centro em relação aos outros indivíduos; e quando percebermos que eles estão procedendo sem se ocuparem de nós, sem reconhecerem nossa pretendida preeminência – seremos sempre irritáveis e dogmáticos, e a paz estará pairando longe de nós.

Devemos refletir que somos almas e não corpos; se nos identificamos com o veículo físico (como as pessoas geralmente fazem), não podemos evitar que seja atribuída importância indébita ao que lhe acontece, e nos tornamos, em larga escala, escravos dele e de suas perpetuamente instáveis impressões. É para se evadirem a tal submissão que os orientais adotam o hábito de pensar que os faz substituir nossas frases usuais – "Tenho fome", "Estou fatigado", por estas afirmações, mais exatas: "Meu corpo tem fome", "Meu corpo está fatigado".

Basta dar mais um passo para ver que incorremos também em erro quando dizemos: "Estou com raiva, estou com ciúme". O "Eu" real é o Ego que está por trás ou dentro de todos esses veículos, e esse Ego não pode sentir fome nem ciúme, embora seu corpo astral o possa; mas o ser humano labora em erro tanto ao identificar-se com o veículo astral quanto com o corpo físico. Não deve ele ser escravo de nenhum de seus corpos, mental, astral ou físico; os três juntos formam sua personalidade, sua expressão parcial e temporária, mas não são ele, da mesma forma como não o são as suas vestes.

Essas quatro fases têm, portanto, que ser percorridas. Devemos adquirir conhecimento por meio do estudo, e, tendo-o adquirido, pô-lo em prática; aprender a limitar nossos desejos e dominar nossas emoções e eliminar a personalidade inferior, identificando-nos, sim, com o Eu interno. Devemos substituir o egoísmo pelo altruísmo; devemos realizar o Deus que está dentro de nós, antes que possamos alcançar a paz de Deus, que ultrapassa toda a compreensão.

Esse é o caminho para a Paz. Possa esta Paz estar com todos nós.

Capítulo 19

PELO QUE PENSAMOS

O Reino do Pensamento

O estudante de ocultismo exercita-se na arte de pensar, e por isso o seu pensamento é muito mais ativo que o daquele que não o faz, podendo ele influenciar um círculo bem mais vasto e produzir muito maior efeito. Isso ocorre inteiramente fora de sua própria consciência, sem que faça esforço algum nesse sentido. Mas, precisamente por haver aprendido a servir-se do enorme poder do pensamento, tem o dever de usá-lo para ajudar os outros. A fim de o conseguir, com eficiência, compete-lhe saber exatamente como funciona esse poder.

Um dos mais flagrantes característicos do mundo invisível que nos cerca é a pronta resposta do tipo mais tênue de matéria que o forma às influências do pensamento e da emoção humanas. Para os que não estudaram, o difícil é, sob todos os aspectos, perceber a realidade absoluta de tais forças – entender que sua ação sobre os tipos sutis de matéria é tão precisa como o vapor ou a eletricidade sobre a matéria física.

Todos sabem que o ser humano, tendo à sua disposição boa quantidade de força motriz – cavalo-vapor ou energia elétrica –, pode produzir um trabalho útil e obter certos resultados. Mas poucos sabem que ele pode dispor de determinada soma dessa outra energia superior e com ela obter resultados igualmente definidos e reais.

Atualmente, no mundo físico, somente poucos seres humanos podem contar com uma larga soma das energias físicas, e, por conseguinte, só um reduzido número pode enriquecer por esse meio; mas uma característica particularmente interessante do lado invisível da vida é que todo ser humano, rico ou pobre, velho ou jovem, tem já à sua disposição quantidade bem apreciável de forças sutis, e que, portanto, as riquezas dos mundos superiores, oriundas do uso legítimo daqueles poderes, se acham ao alcance de todos.

Assim, todos têm o poder do pensamento; mas somente poucos o aproveitam inteligentemente; vale a pena, por certo, determo-nos a examinar o assunto e tentar compreendê-lo. Existem realmente outras razões, além das mencionadas, para o fazermos: a verdade é que, até certo ponto, todos nós usamos de forma inconsciente esse poder, e nossa ignorância nos faz muitas vezes empregá-lo indevidamente, ocasionando mal em vez de bem. A posse de um poder implica sempre responsabilidade; portanto, a fim de que não sejamos induzidos a praticar involuntariamente o mal, e para que utilizemos plenamente essas magníficas potencialidades, julgamos de todo conveniente explanar tudo quanto for possível sobre este assunto.

Os Efeitos do Pensamento

Que é então o pensamento, e como se manifesta? É no campo mental que ele primeiro se patenteia à visão do clarividente e se mostra como uma vibração da respectiva matéria – vibração que produz vários efeitos, todos em consonância com o que a experiência científica no mundo físico nos faria esperar.

1. Há o efeito operado no próprio corpo mental, e vemos que este efeito é de natureza a constituir um hábito. Existem muitos tipos diferentes de matéria no corpo mental, e cada um deles parece ter sua própria e especial taxa de ondulação, à qual está mais acostumada, pois a ela responde prontamente, e a ela tende a retornar o mais depressa possível, quando uma corrente impetuosa de pensamento, ou de sentimento o força a desviar-se. Um pensamento suficientemente forte pode fazer vibrar ao mesmo tempo e à mesma taxa todas as partículas de uma divisão do corpo mental; e sempre que tal acontece sua repetição é mais fácil. Ficam as partículas com o hábito de vibrar a essa taxa, o que facilita ao ser humano essa repetição do pensamento.
2. Há o efeito produzido sobre os outros veículos do ser humano que estão acima e abaixo do corpo mental em grau de densida-

de. Sabemos que perturbações físicas em um tipo de matéria são imediatamente comunicadas a outro tipo – que, por exemplo, um terremoto (que é um movimento na matéria sólida) dará lugar a uma onda potente no mar (que é matéria líquida), e, por outro lado, a perturbação do ar (que é matéria gasosa) por uma tempestade causará, continuamente, ondulações na superfície do mar, logo seguidas por grandes vagas.

De modo exatamente igual, uma perturbação no corpo astral do ser humano (aquilo que chamamos emoção) ocasionará vibrações no corpo mental, gerando pensamentos que correspondem à emoção. Reciprocamente, as ondas no corpo mental influem no corpo astral, se são de um tipo suscetível a essa influência (o que significa que certos tipos de pensamento com facilidade provocam a emoção). Assim como a onda na matéria mental atua sobre a substância astral, mais densa que aquela, também repercute ineluctavelmente na matéria do corpo causal, que é mais tênue; e deste modo o pensamento habitual do ser humano constrói qualidades no Ego.

Até agora nos temos ocupado do efeito do pensamento do ser humano sobre ele mesmo; e vemos que em primeiro lugar tende a reproduzir-se, e em segundo, influi não só em suas emoções, mas também, de modo permanente, sobre ele próprio. Voltemos agora aos efeitos que se operam ao seu redor – isto é, no oceano de matéria mental que nos envolve a todos, tal como o faz a atmosfera.

3. Todo pensamento dá origem a uma ondulação que se irradia, podendo ser simples ou complexa, segundo a natureza do pensamento de onde partiu. As vibrações podem, sob certas condições, limitar-se ao mundo mental, porém é mais frequente repercutirem nos mundos que lhe ficam acima e abaixo. Se o pensamento for puramente intelectual e impessoal – se, por exemplo, o pensador está estudando um sistema filosófico ou tentando resolver um problema algébrico ou geométrico – a onda-pensamento atuará exclusivamente na matéria mental. Se o pensamento for de natureza espiritual, se estiver impregnado de amor, de aspirações nobres ou sentimentos altruístas, elevar-se-á às regiões do mental superior, e

participará até do esplendor e glória do mundo intuicional – combinação que o tornará extraordinariamente poderoso. Se, pelo contrário, o pensamento estiver impregnado de desejos pessoais, suas oscilações imediatamente tenderão a descer, e esgotarão a maior parte de sua energia no mundo astral.

Todas essas ondas-pensamento operam em seus respectivos níveis, tal como faz uma onda luminosa ou sonora aqui no plano físico. Propagam-se elas em todas as direções, diminuindo de força à medida que se distanciam de sua fonte. A propagação não atinge só o oceano de matéria mental que nos envolve, senão também influencia outros corpos mentais que se movem naquele oceano. Todos estamos familiarizados com a experiência em que uma nota tocada em um piano ou um som emitido por um violino faz ressoar a nota correspondente em outro instrumento do mesmo gênero, afinada segundo o mesmo diapasão. Assim como a vibração emitida por um instrumento musical se transmite pelo ar e repercute em outro instrumento, assim também a vibração do pensamento emitido por um corpo mental se transmite à matéria mental circunjacente e se reproduz em outro corpo mental – o que, considerado de outro ponto de vista, significa que o pensamento é contagioso. Voltaremos mais adiante a esta questão.

4. Todo pensamento produz não só uma onda como também uma forma, um objeto definido, distinto, que é dotado de energia e vitalidade de determinada espécie, e que em muitos casos se comporta mais ou menos como uma criatura viva. Essa forma, como a onda, talvez fique somente no reino mental; é mais comum, porém, que desça ao astral e surta seu efeito principal no mundo das emoções. O estudo das formas-pensamento é de fundamental interesse; a descrição pormenorizada de muitas delas, com ilustrações coloridas, encontrar-se-á no livro *Formas-Pensamento*. Por enquanto nos ocupamos menos de sua aparência que dos seus efeitos e do modo por que podem ser utilizadas.

Consideremos separadamente a ação dessas duas manifestações do poder do pensamento. Pode a onda ser simples ou complexa, segundo o caráter do pensamento; mas sua força se exerce principalmente sobre um dos quatro níveis de matéria mental – as quatro subdivisões que compõem a parte inferior do mundo mental. A maioria dos pensamentos do ser humano comum gravita em torno dele próprio, de seus desejos e de suas emoções, e portanto dá lugar a ondas na subdivisão mais inferior da matéria mental; efetivamente, a parte do corpo mental formada por esse tipo de matéria é a única já totalmente desenvolvida e ativa na grande maioria dos seres humanos.

Sob esse aspecto, o estado do corpo mental é completamente diferente daquele do veículo astral. No ser humano civilizado de nossa raça, o corpo astral se acha tão desenvolvido quanto o físico, e o ser humano é perfeitamente capaz de usá-lo como veículo da consciência. Não está ele ainda habituado a usá-lo assim, e por conseguinte o faz com certa apreensão, não confiando em seus poderes; mas os poderes astrais estão presentes, e o uso é apenas uma questão de hábito. Quando ele se achar funcionando no mundo astral, durante o sono ou depois da morte, estará perfeitamente apto a ver e ouvir e a mover-se à vontade.

Mas no mundo celeste ele estará em condições bem diferentes, pois o corpo mental ainda não está plenamente desenvolvido, constituindo esta fase de sua evolução encargo atual da raça humana. O corpo mental pode ser empregado como veículo somente pelos que foram especialmente preparados para o seu uso por instrutores pertencentes à Grande Fraternidade de Iniciados; no ser humano médio, os poderes estão desenvolvidos apenas em parte, não sendo utilizáveis como veículo separado da consciência. Na maioria dos seres humanos, as partes superiores do corpo mental estão ainda totalmente adormecidas, inclusive quando as inferiores se encontram plenamente ativas. Significa isso necessariamente que, enquanto toda a atmosfera mental está surgindo com ondas de pensamento das subdivisões inferiores, há ainda relativamente pouca atividade nas subdivisões superiores – fato que precisaremos deixar bem claro quando viermos a considerar a possibilidade prática de usar o poder do pensamento. Esse fato também se reveste de grande importância no que concerne a distância até onde uma onda-pensamento se pode propagar.

Para melhor compreensão, faremos uma comparação com o efeito da voz de um orador perante o público. Pode ele fazer-se ouvir até certa distância – distância que depende da força de sua voz. No caso da forma-pensamento, essa força depende da potência das vibrações. Mas a distância até a qual pode ser compreendido o orador é outra coisa, dependendo muitas vezes da clareza de articulação mais do que da potência da voz. A clareza de articulação é, no caso de uma forma-pensamento, representada pela precisão e nitidez do contorno.

Muitos oradores, sem o devido preparo na arte de falar em público, podem falar tão alto que seriam ouvidos a considerável distância, mas completamente ininteligíveis. Do mesmo modo, aquele dotado de fortes sentimentos, mas não exercitado na arte de pensar, pode originar uma forma-pensamento capaz de transmitir com bastante intensidade o sentimento que a inspirou – alegria, terror ou surpresa; mas, ainda assim, ser tão vaga que não daria ideia alguma sobre a natureza ou a causa da emoção. Evidente, pois, que a clareza do pensamento é, pelo menos, tão necessária como sua força.

Por outro lado, a voz do orador pode ser clara e forte, e suas palavras perfeitamente audíveis no lugar em que se acha o ouvinte; mas as palavras não comunicarão nenhum significado àquele que esteja tão preocupado com outro assunto a ponto de não prestar atenção. Isso tem exata correspondência no mundo do pensamento. Pode-se emitir um pensamento nítido e forte, e dirigi-lo intencionalmente a outra pessoa; mas, se a mente desta se encontrar de todo absorvida por seus negócios pessoais, a forma-pensamento não produzirá a menor impressão em seu corpo mental. Muitas vezes as pessoas, quando tomados de pânico, não chegam sequer a ouvir os conselhos ou as ordens que lhes são dadas em voz alta; sob a mesma influência ficam igualmente impermeáveis às formas-pensamento.

A maioria dos seres humanos não sabe pensar, e até mesmo os que são um pouco mais adiantados raramente pensam de forma definida e com firmeza, exceto durante os momentos em que estão ocupados em alguma tarefa que lhes absorva toda a atenção. Consequentemente, existe grande número de mentes desocupadas ao nosso alcance para receberem qualquer ideia que nelas possamos semear.

A Onda de Pensamento

A ação da vibração do pensamento é eminentemente adaptável. Pode reproduzir-se com exatidão, quando se depara com um corpo mental que lhe responda prontamente em todas as suas particularidades; mas, quando tal não sucede, pode, não obstante, produzir um efeito de características semelhantes às suas em linhas gerais. Suponha-se, por exemplo, que um católico se ajoelhe contrito diante de uma imagem da Santa Virgem. Ele projeta de si mesmo ondas em todas as direções, ondas fortes de pensamento devocional; se alcançam estas o corpo mental ou astral de outro católico, despertam nele um pensamento ou sentimento idêntico ao originário; mas, se se trata de cristão pertencente a outra seita e para quem não seja familiar a imagem da Santa Virgem, as ondas ainda despertam nele sentimento de devoção, seguindo, porém, pelo canal que lhe é habitual e ser direcionada a Cristo.

Se entram em contato com um maometano, nele fazem nascer devoção para com Alá, enquanto no caso de um hindu, o objeto será Krishna, e, no do parse, Ahuramasda. As ondas excitam algum tipo de devoção onde quer que haja a possibilidade de repercutir a ideia. Se a onda de pensamento alcança o corpo mental de um materialista, para quem a ideia de devoção é desconhecida, mesmo assim produz um efeito elevado: a onda não criará um tipo de vibração ao qual não esteja habituado o homem, mas sua tendência é no sentido de despertar uma região mais elevada do seu corpo mental para alguma espécie de atividade, e o efeito, posto que menos permanente do que no caso de um receptor simpático, não pode deixar de ser benéfico.

A ação de um pensamento mau ou impuro é governada pelas mesmas leis. Se uma pessoa for tão insensata a ponto de se permitir pensamentos de ódio ou de inveja com relação a outro, ela irradiará uma onda de pensamento tendente a provocar paixões similares nos demais, e, mesmo que o seu pensamento de ódio seja por alguém inteiramente estranho aos outros, sendo impossível que esses partilhem seus sentimentos, a onda despertará neles, contudo, uma emoção da mesma natureza em relação a pessoas totalmente diferentes.

A Forma-Pensamento

O trabalho da forma-pensamento é mais limitado, porém muito mais preciso que o da onda. Não pode alcançar muitas pessoas – efetivamente, não pode influir sobre uma pessoa, a menos que esta contenha em si algo que se harmonize com a energia vibratória que anima a forma. Os poderes e as possibilidades dessa forma-pensamento serão compreendidos de maneira mais clara se procurarmos classificá-las. Vamos primeiro considerar a forma dirigida intencionalmente para outra pessoa.

1. Quando uma pessoa emite um pensamento de amor ou de gratidão (infelizmente pode às vezes ser de inveja ou de ciúme) em relação a alguém, esse pensamento gera ondas que se põem em movimento, tal como o faz todo e qualquer pensamento, e tende, portanto, a reproduzir-se nas mentes dos que estão dentro de sua esfera de influência. Mas a forma-pensamento que ele cria está animada de uma intenção definida e se encaminha, tão logo ela sai dos corpos mental e astral do pensador, diretamente à pessoa visada, a quem se prende.
Se esta pessoa no momento não está pensando em coisa alguma em particular, achando-se assim numa condição passiva, a forma-pensamento penetra em seus corpos mental e astral, para neles se fundir, qual um cometa ao cair no sol. E tende a provocar ali vibrações idênticas às suas – o que significa que a pessoa começará a pensar naquele assunto particular, seja qual for. Se ela se encontra em um estado de atividade mental, e essa atividade é em parte de natureza idêntica à da forma-pensamento, esta adere ao corpo mental pela parte que expressa o pensamento simpático para acrescentar sua força a este pensamento. Se a mente da receptora estiver tão preocupada que a forma-pensamento não pode ter entrada, ficará pairando sobre ela até que esteja suficientemente desembaraçada para lhe dar uma oportunidade de atingir seu objetivo.
2. No caso de um pensamento não dirigido a outra pessoa, mas relacionado especialmente com o próprio pensador (como em verdade são em sua maioria os pensamentos dos seres humanos), a onda se estende em todas as direções, conforme é habitual, mas a forma-pensamento flutua na vizinhança imediata de seu criador, com tendência para influir constantemente sobre ele. Enquanto sua mente estiver de todo ocupada por negócios, ou com pensamento de outro tipo, a forma flutuante aguardará sua oportunidade; mas quando a corrente de pensamento se esgotar, ou sua mente ficar por um momento desocupada, a forma-pensamento terá vez para reagir sobre ele, e logo

principiará a repetir-se – a fim de nele despertar uma reprodução do pensamento ao qual se entregou anteriormente.

Muitas pessoas estão rodeadas por uma concha dessas formas-pensamento, e com frequência sentem a sua pressão – que representa uma constante sugestão externa para certos pensamentos; e se o pensamento for de natureza má, elas poderão acreditar que o demônio as está tentando, quando a verdade é que elas são seu próprio tentador, e que os pensamentos ruins são todos de sua criação.

3. Há o gênero de pensamentos que não convergem para o seu criador nem se dirigem especialmente a qualquer pessoa. A forma-pensamento gerada neste caso não permanece em torno do pensador, nem é atraída particularmente por outra pessoa, e por isso continua flutuando sem objetivo no lugar onde veio à existência. Todo ser humano, ao movimentar-se na vida, está assim produzindo três categorias de formas-pensamento:

1. As que se afastam imediatamente para longe, visando a um objetivo definido.
2. As que vagueiam ao redor dele e o acompanham para onde ele for.
3. As que ele deixa atrás de si como uma espécie de marco que lhe assinala o caminho.

Toda a atmosfera está repleta de pensamentos da terceira categoria, vagos e indeterminados; à medida que caminhamos, vamos atravessando vastas massas de pensamentos; e, se nossas mentes já não estão ocupadas, essa vaga – fragmentos errantes de pensamentos de outras pessoas – muitas vezes nos influencia seriamente. Os pensamentos penetram na mente que se acha desocupada, e provavelmente a maioria deles carece de objetivo especial; uma vez que outra, porém, surge um que atrai a atenção, e a mente a ele se prende, retendo-o por alguns momentos, e depois o solta, um pouco mais forte do que era antes.

Naturalmente essa miscelânea de pensamentos de várias procedências não tem coerência, conquanto possam alguns iniciar uma linha de ideias associadas, e com isso provocar na mente uma atividade correspondente. Se uma pessoa se detém subitamente ao caminhar na rua e se pergunta: "Em que estou pensando e por quê? Como cheguei a este ponto na ordenação de meus pensamentos?", e se tentar retroceder na linha de seus pensamentos pelos últimos dez minutos, ficará provavelmente muito surpreendida por descobrir quantas ideias pueris e inúteis lhe passaram pela mente nesse lapso de tempo. Nem um quarto delas representa seus próprios pensamentos; são apenas fragmentos que foi recolhendo enquanto passava. Na maioria dos casos são totalmente sem valia, e a tendência geral é que sejam antes maus do que bons.

O Que Podemos Fazer Por Meio do Pensamento

Agora que compreendemos algo do *modus-operandi* do pensamento, vejamos qual o uso que podemos fazer deste conhecimento e quais as considerações de ordem prática que daí resultam.

Até que ponto o conhecimento dessas coisas serve para acelerar nossa evolução, e o que podemos fazer para ajudar os outros? É evidente que uma apreciação científica da maneira em que atua o pensamento mostra que se trata de matéria de suma importância, não somente para nossa própria evolução, senão também para a dos outros, e muito mais do que comumente se supõe.

Quando encaramos esta questão do pensamento pelo aspecto de seus efeitos sobre os outros, vemos que voltamos novamente, por ângulo diferente, a cada uma das observações que já enfocamos ao tratar da reação dessa força sobre nós mesmos. Isso é natural, pois o que serve ao nosso progresso também serve para o do próximo. Cabe-nos, portanto, insistir mais uma vez no assunto, embora de passagem.

Uma vez que todo pensamento ou emoção produz um efeito permanente, revigorando ou enfraquecendo uma tendência, e que, por outra parte, cada onda de pensamento ou forma-pensamento não só reage sobre o pensador, mas também influencia muita gente, é preciso ter o máximo cuidado com os pensamentos que nos permitimos interiormente, inclusive as emoções. O ser humano comum raramente pensa em esforçar-se por dominar uma emoção; quando a sente repontar em si, ele se deixa subjugar por ela, considerando-a coisa natural. Quem estuda cientificamente essas forças compreende que é de seu interesse, assim como de seu dever, opor-se à sua irrupção e, antes de entregar-se a tal sentimento, examinar se ele é ou não prejudicial à sua evolução e à do próximo.

Em vez de deixar que suas emoções cresçam livremente, urge tê-las sob domínio absoluto; e, como o estágio de evolução a que chegamos é o do desenvolvimento do corpo mental, encarar seriamente este assunto e ver o que pode fazer como ajuda nesse sentido. Em vez de consentir que a mente dê largas aos seus caprichos, deve esforçar-se por obter pleno domínio sobre ela, tendo presente que a mente não é o ele, mas um instrumento que ele deve aprender a usar. Não deixar que fique inativa ou vadia, exposta à influência de qualquer forma-pensamento transeunte. O primeiro passo para o domínio da mente é mantê-la ocupada em coisa útil – ter uma série de pensamentos definidos, bons e prestativos como fundo para as operações da mente – algo a que ela possa sempre retornar quando não há nenhuma necessidade imediata para sua atividade, em conexão com tarefas a serem realizadas. .

Outra coisa indispensável à educação da mente é fazer bem tudo que se tenha a fazer – em outras palavras, adquirir o poder de concentrar-se. Não é tarefa simples, como reconhecerá todo principiante que tente fixar a mente exclusivamente em um ponto, ainda que apenas por cinco minutos. Verá ele que há uma acentuada tendência para se desviar – que todas as espécies de pensamentos se intrometem; o primeiro esforço para fixar a mente em um assunto por cinco minutos é, provavelmente, decidir-se a desprender tempo igual a fazê-la retroceder sucessivamente dos vários pensamentos acessórios para os quais se desviou.

Felizmente, em que pese não ser coisa fácil a autoconcentração, existem muitas oportunidades para tentar levá-la a cabo, e sua consecução é de grande utilidade em nossa vida quotidiana. Devemos, portanto, aprender – seja o que for que estejamos fazendo – a focar nossa atenção sobre isso e executar a tarefa o melhor possível. Se escrevemos uma carta, cuidemos em que seja bem e corretamente escrita, e não permitamos que a falta de atenção nos pormenores a retarde ou frustre o objetivo; se estamos lendo um livro, ainda que seja uma simples novela, leiamos com atenção, procurando apreender o que o autor quis dizer, e tirar da leitura todo o proveito possível. O esforço para constantemente aprendermos alguma coisa, não deixando passar um dia sem que exercitemos a mente, é um dos mais salutares; pois é somente pelo exercício que a força vem, e o desuso sempre traz como consequência a fraqueza e mesmo a atrofia.

Também é de grande importância que aprendamos a poupar nossa energia. Todo ser humano só dispõe de certa quantidade de energia, e é responsável por sua utilização com o máximo de proveito. O ser humano comum despende força em muitas coisas fúteis: está sempre a desperdiçá-la sem a mínima necessidade ou justificativa. Algumas vezes ele se deixa possuir de intenso desejo por alguma coisa que lhe é inteiramente desnecessária, ou se atormenta por causa de males imaginários que supõe iminentes. Ou ainda se sente tomado de profunda depressão, sem saber exatamente por quê; mas, alegue o que alegar como causa ostensiva, o fato é que se deixa ficar mais ou menos em estado de excitamento e agitação, porque não aceita as coisas filosoficamente e não se conforma com aquela antiga e sábia máxima segundo a qual o que nos acontece vindo do mundo exterior "não tem grande importância, e na maioria das vezes, carece absolutamente de importância". Os pensamentos e as emoções da multidão comparam-se aos habitantes de um formigueiro em agitação, todos se precipitando louca e desordenadamente em diferentes direções, semeando o pânico e o tumulto; e precisamente por isso é que os ocultistas se esquivam à multidão, salvo quando o dever os obriga a dela participar. Ao estudante de ocultismo se faz especialmente necessário evitar semelhante dissipação de energias.

Uma das maneiras por que o ser humano médio desperdiça grande quantidade é o costume de travar discussões inúteis. Parece-lhe impossível sustentar uma opinião, seja religiosa ou política, ou tratar de algum assunto da vida ordinária, sem se deixar prender a um desejo imperioso de impor seu ponto de vista aos outros. Dá ele a impressão de ser incapaz de compreender o fato elementar de que não é assunto seu o que outra pessoa escolhe para crer, e que não foi incumbido pelas autoridades, a cujo cargo se encontra o mundo, de implantar a uniformidade nos domínios do pensamento e da prática.

O ser humano inteligente sabe que a verdade apresenta muitas facetas, e que nenhum ser humano ou corporação de seres humanos a detém em sua totalidade; sabe que há sempre lugar para a diversidade de opiniões em quase todos os assuntos concebíveis, e que, portanto, aquela que tenha ponto de vista oposto ou diferente pode estar com alguma parcela de razão. Sabe que, na maioria das vezes, os assuntos a respeito dos quais os seres humanos discutem não merecem a pena de ser discutidos: os que deles falam com mais ênfase e mais segurança são em geral os que menos sabem. Assim, o estudante de ocultismo deve recusar-se a malbaratar seu tempo em discussões; se lhe pedirem alguma informação, estará pronto a dá-la, mas não gastará tempo e energia em controvérsias estéreis.

Outra fonte, infelizmente comum, do desperdício de energia, é aquela ansiedade a que eu já me referi como um sério obstáculo no caminho da paz. Inúmeras pessoas estão frequentemente antecipando acontecimentos infaustos para si mesmas e para os que elas amam – afligindo-se com o medo da morte e o que virá depois dela, com o receio de um desastre financeiro ou a perda de posição social. Com essa inútil aflição se dispende grande soma de energia. Mas todos esses temores insensatos desaparecem naquele que sabe ser o mundo regido por uma lei de absoluta justiça; que o progresso em direção ao mais alto é a Vontade Divina para ele, e que ele próprio é a única pessoa que pode retardar esse progresso, do qual não será excetuado: e que tudo quanto lhe suceder no seu caminho, seja o que for, significa ajuda para ele. Deixa então de se afligir e de ter medo por si e pelos outros; simplesmente marcha para a frente e cumpre seu dever do melhor modo que lhe é possível, certo de que assim procedendo tudo lhe correrá bem. Sabe que o afligir-se a ninguém ajuda, e nunca foi de utilidade a quem quer que seja, mas, pelo contrário, é um dos fatores responsáveis por muita coisa ruim, inclusive desperdício de energia; e aquele que sabe abstém-se de empregar sua força em emoções mal dirigidas.

Vemos, assim, que, se necessário é para sua própria evolução que o ser humano mantenha a mente e as emoções sob domínio, e não use insensatamente sua energia, mais necessário é ainda de outro ponto de vista, porquanto só possuindo esse autodomínio é que se capacitará a ser útil ao próximo, a não lhe causar mal e a ensinar-lhe como fazer o bem. Se, por exemplo, ele se deixar levar pela ira, isso naturalmente repercutirá gravemente em si mesmo, porque o fará adquirir um hábito pernicioso e criará mais óbice à sua resistência contra as tendências más da próxima vez que o assaltarem. Mas também ecoará seriamente nos outros que o rodeiam, pois as inevitáveis vibrações que decorrem os atingirão igualmente.

Se ele fizer um esforço para superar sua irritabilidade, esses outros provavelmente farão o mesmo; e sua atitude os ajudará ou conterá, ainda que ele esteja longe de o imaginar.

Todas as vezes que se permitir irradiar uma onda de ira, tenderá esta a produzir uma vibração similar no corpo astral ou mental do próximo – fazendo-a surgir intensificada por motivos preexistente, ou, caso não existam , dar corpo a motivos novos; e assim estará contribuindo ele para tornar mais difícil o trabalho de autodesenvolvimento por parte do próximo e pondo-lhe uma carga mais pesada sobre os ombros. Por outro lado, se ele dominar e controlar a onda de ira, irradiará, pelo contrário, uma influência tranquilizadora, o que, sem dúvida, significará ajuda a todos os seus vizinhos que travam a mesma batalha.

Pouca gente se dá conta das responsabilidades que lhes impedem neste assunto. Sem dúvida, é entristecedor que nossos pensamentos maus se transmitam às pessoas de nosso círculo que se acham desatentas ou desocupadas. Mas a verdade mais ampla é ainda pior. Em todo ser humano existem germes ou possibilidades de mal, provindos de uma vida anterior e que não foram chamados à atividade na atual. Se emitimos um pensamento mau ou impuro, pode facilmente acontecer que um daqueles germes se torne ativo, e, assim, a nossa falta de autodomínio fará surgir na vida do outro um mal do qual poderia estar livre. Despertamos nele a tendência adormecida, que estava prestes a desaparecer, e com isso lhe retardamos o progresso.

Enquanto o germe permanece latente, o defeito está em via de eliminar-se; mas quando de novo o despertamos, poderá receber alento e crescer. É como se provocássemos uma abertura em um dique e deixássemos sair a água. Com efeito, aquele que dá curso a um pensamento mau não pode dizer qual a soma de males pelos quais virá a ser responsável; pois a criatura que se torna perversa em consequência desse pensamento pode, por sua vez, influenciar outras pessoas, e estas outras ainda, sucessivamente. É certo, por isso, que, por causa de um pensamento irrefletido, gerações futuras poderão vir a sofrer. Felizmente tudo isso é igualmente verdade no que respeita aos pensamentos bons; e a pessoa que o compreende faz uso correto do poder que lhe foi conferido, estando apta a exercer uma incalculável influência para o bem.

A Responsabilidade Pelo Pensamento

Dotados do tremendo poder que é o pensamento, devemos ser cuidadosos com seu uso. Quando tivermos de pensar em uma pessoa, cabe-nos representá-la como desejaríamos que fosse: a imagem que assim fizermos terá naturalmente influência sobre ela e tenderá a gradualmente induzi-la a se harmonizar com essa imagem. Fixemos o nosso pensamento nas boas qualidades de nossos amigos, porque pensando em uma qualidade poderemos fortalecer-lhe as vibrações e, por conseguinte, intensificá-la.

Dessa consideração decorre que o hábito da tagarelice e da maledicência, em que muita gente se compraz, é um defeito abominável e perverso, não havendo palavras suficientemente fortes para condená-lo. Quando alguns incidem na impertinência de discutir o comportamento alheio, geralmente não é sobre as boas qualidades que mais insistem. Vemos então numerosas pessoas que se ocupam em fixar o pensamento em um suposto defeito de outrem, chamando para esse defeito a atenção de muita gente que talvez o não tivesse observado; e desse modo, se a má qualidade realmente existe naquele sobre quem recaiu a crítica, certamente ficará ela acrescida pelo fortalecimento das ondas correspondentes. Se, como geralmente é o caso, o defeito – em lugar de estar no objeto da maledicência – existe tão só na imaginação maldosa de quem critica, então se está fazendo todo o possível para criar o defeito na pessoa visada; e se há somente um germe latente na vítima, é bem provável que o odiento esforço surta efeito.

Podemos ter pensamentos de auxílio para aqueles que amamos; podemos apresentar-lhes em pensamento um ideal elevado sobre eles mesmos, e desejar ardentemente que logo se tornem capazes de realizá-lo. Mas, se soubermos de certos defeitos ou vícios no caráter de um alguém, não devemos em circunstância alguma deixar que nossos pensamentos neles recaiam e os intensifiquem; o nosso plano de trabalho consistirá em um forte pensamento nas virtudes opostas, encaminhando as respectivas ondas para aquele que necessita de nossa ajuda. Infelizmente é este o comentário que se costuma fazer: "Ah! meu caro, como é lamentável que uma tal senhora possua tão mau gênio! Não sabe você que ontem ela fez isto e aquilo, e eu tenho ouvido dizer que ela constantemente..., etc., etc.? Não é uma coisa horrível?" E isso cada pessoa repete aos seus trinta ou quarenta amigos mais chegados, e em poucas horas centenas de pessoas estão espalhando correntes cruzadas de pensamentos, todos originadores de grande irritabilidade, em direção à infortunada vítima. Não é de admirar que esta não tarde a justificar as expectativas e confirme as previsões, com novos exemplos de mau gênio, que tanto se prestam ao regozijo dos maledicentes.

Quem estivesse animado do desejo de auxiliar em caso como esse teria todo o cuidado de evitar pensamentos sobre mau gênio, afirmando, ao contrário, com intensidade:

"Desejo que essa tal senhora fique calma e serena; ela conseguirá dominar-se para o conseguir; vou esforçar-me para enviar-lhe fortes ondas de pensamento calmantes, ondas tranquilizadoras, suscetíveis de ajudá-la a realizar a possibilidade Divina que nela existe".

No primeiro caso, o pensamento afina com a ira; no outro, é de serenidade; ambos igualmente e inevitavelmente atingirão sua meta, e tenderão a reproduzir-se nos corpos mental e astral do receptor. Pensemos com frequência e afetuosamente em nossos amigos, mas apenas em suas boas qualidades, e nos esforcemos, concentrando a atenção sobre elas, de modo a fortalecê-las e, por esse meio, ajudar nossos amigos.

Em geral as pessoas costumam dizer que não podem governar seus pensamentos ou suas paixões, embora procurem fazê-lo, sem resultado, chegando por isso à conclusão de que é um esforço em vão.

Esse modo de pensar carece de base científica. Se um mau hábito ou má qualidade adquiriu força dentro de nós, é porque em vidas precedentes consentimos que a força se acumulasse – é porque não lhe oferecemos resistência desde o começo, quando facilmente podia ser reprimida, mas deixamos que ganhasse a intensidade que agora nos é difícil combater.

A verdade é que somos dados a facilidades para nos movermos segundo determinada linha de comportamento, e, consequentemente, tornamos difícil nosso movimento segundo outra linha – difícil, mas não impossível. A quantidade de energia acumulada é necessariamente uma quantidade finita; mesmo que tenhamos consagrado várias vidas inteiramente a armazenar essa energia (suposição improvável), ainda assim o tempo empregado dessa forma foi um tempo limitado, sendo por isso finitos os resultados.

Se houvermos agora percebido o erro que cometemos, e nos dispusermos a superar aquele hábito e neutralizar a tendência, veremos que naturalmente se impõe o emprego exatamente de tanta energia em sentido contrário quanto a que foi despendida na aquisição do hábito. É claro que não podemos instantaneamente gerar força suficiente para anular o hábito de muitos anos; mas todo o esforço que fizermos fará reduzir a quantidade de força então armazenada para aquele resultado. Como almas viventes que somos, podemos ir gerando forças indefinidamente; e dispomos de uma reserva inesgotável de energia à qual recorrer. É, portanto, de todo certo que, se perseverarmos, chegaremos a ser bem-sucedidos. Por numerosas que sejam nossas falhas, cada vez mais irá diminuindo aquela quantidade finita de energia acumulada – que ficará exaurida antes que nós o estejamos, de modo que o nosso sucesso eventual é simplesmente um problema de mecânica.

O conhecimento de como usar essas correntes de pensamento está sempre ao nosso alcance para prestarmos auxílio quando soubermos de algum caso de sofrimento ou depressão. Acontece algumas vezes que nada podemos fazer fisicamente pelos que sofrem; nossa presença corpórea pode não lhes ser útil; seus cérebros físicos podem estar fechados às nossas sugestões, devido ao preconceito ou ao fanatismo religioso. Mas os seus corpos astral e mental são bem mais impressionáveis que o corpo físico, e sempre temos a possibilidade de nos aproximar deles por uma onda de pensamento simpático ou de sentimento de afeição e ternura.

A lei de causa e efeito opera assim na matéria sutil como na matéria densa, e por conseguinte a energia que pusermos em ação pode alcançar seu objetivo e produzir resultado. Não resta dúvida de que a imagem ou a ideia que desejamos pôr diante de uma pessoa, visando ao seu bem-estar ou ajuda, a alcançará; que ela se apresente com nitidez à sua mente dependerá primeiro da precisão do contorno que tenhamos sido capazes de lhe dar, e, segundo, do estado mental do receptor na ocasião. Pode ela estar de tal modo ocupada com pensamentos a respeito de suas provações e sofrimentos que haverá pouco lugar para que a ideia chegue a introduzir-se; mas neste caso nossa forma-pensamento ficará simplesmente esperando a oportunidade; e quando sua atenção for desviada, ou o cansaço a obrigar a suspender sua atividade mental, nosso pensamento logo se insinuará para cumprir a influência benfazeja. Há muitos casos em que a melhor boa vontade nada pode fazer fisicamente; mas não há hipótese admissível em que no mundo mental ou astral um alívio não seja proporcionado por um pensamento firme e concentrado de afeto.

Os fenômenos de cura mental mostram o quanto pode o pensamento, inclusive no mundo físico; e, como ele funciona muito mais facilmente nas matérias astral e mental, não é difícil imaginar como é realmente imenso o seu poder, quando queremos dele fazer uso. Devemos estar atentos a toda oportunidade de ser úteis dessa maneira; pouca dúvida há de que inúmeros casos se apresentarão. Quando saímos de casa, e pegamos alguma condução, estamos sempre nos deparando com pessoas que, visualmente, revelam sofrer alguma enfermidade ou depressão; é a nossa oportunidade, que podemos imediatamente aproveitar para tentar ajudá-las.

Procuremos incutir-lhes nosso sentimento de que, a despeito de seus sofrimentos e tribulações, é para todos que o sol brilha, e ainda há muita coisa por que devermos ser reconhecidos, muita coisa boa e bela no mundo. Podemos às vezes observar o resultado imediato dos nossos esforços – podemos ver efetivamente a pessoa reanimar-se ao influxo do pensamento que lhe enviamos. Nem sempre é possível esperar que seja imediato o resultado físico; mas, se compreendermos as leis da natureza, ficaremos, seja quais forem as circunstâncias, certos de que algum resultado está sendo alcançado.

Muitas vezes, à pessoa não afeita a estes estudos é difícil crer que esteja realmente influindo sobre aqueles a quem dirige seus pensamentos; mas a experiência de um grande número de casos tem demonstrado que quem quer que ponha em prática tais esforços verá com o tempo a comprovação final de que os êxitos se vão sucedendo, até não mais haver lugar para nenhuma dúvida.

Todos os seres humanos deveriam incorporar essa prática à sua vida, procurando desse modo auxiliar os que conhece e estima, sejam os vivos ou os comumente chamados mortos; pois naturalmente a posse do corpo físico não faz diferença quanto à ação das forças, em relação ao corpo mental ou ao corpo astral. Mediante esforços continuados e regulares naquele sentido, é possível fazermos muito bem, porque a prática nos dará força, e assim, ao mesmo tempo em que desenvolvemos nossas faculdades e nos asseguramos o progresso, ajudaremos o mundo com nossos esforços bondosos.

Assim, o que é verdadeiramente de nosso próprio interesse também é de interesse do mundo, e o que não é bom para o mundo jamais pode ser realmente de nosso interesse. Porque não há ganho legítimo que não seja para todos. A muita gente isso soará como uma afirmação estranha, pois estamos acostumados a pensar que alguém lucra o que outro perde; no entanto é uma grande verdade. Já mostrei alhures que, se em qualquer negócio uma parte é tratada injustamente e sofre prejuízo, não existe vantagem real para a outra parte.

Um negócio correto e honesto não pode senão significar lucro para ambas as partes. Um comerciante, vamos supor, compra suas mercadorias por atacado, e depois, tendo o cuidado de sobre elas dizer o que é estritamente exato, as revende no retalho com razoável lucro. Aqui todas as partes se beneficiam: o negociante do atacado e o do varejo trabalham cada qual no seu ramo de atividade; e os consumidores pagam o preço do varejo pela conveniência de fazerem suas compras a pequenas quantidades. Cada um obtém o que deseja, ninguém perde, todos ficam satisfeitos.

É somente um exemplo trivial do mundo físico. Nos reinos superiores do pensamento, podemos ver mais claramente como semelhante regra se aplica harmoniosamente. Suponha-se que uma pessoa adquira conhecimento. Pode ela repartir sua aquisição com centenas de pessoas, sem nada perder. Não somente assim, mas ainda outros, aos quais não o transmitiu, ganharão indiretamente com aquele conhecimento. Porque, adquirindo-o, irão se tornar mais sábios e mais úteis; suas palavras terão mais peso; suas ações mais judiciosas serão; e, em consequência, todos aqueles que o cercam sentirão a influência de sua sabedoria.

Podemos ir ainda mais longe. Uma vez que alguém sabe mais, tanto suas palavras e ações como seus pensamentos serão mais sábios do que antes. Suas formas-pensamento serão melhores, as ondas que fluem de seu corpo mental mais elevadas e mais ricas; e tudo isso deve seguramente produzir resultados que influirão nos corpos mentais dos que fazem parte de seu círculo. Como é próprio de todas as outras ondas, tendem elas a reproduzir-se, a provocar uma taxa semelhante de vibrações em tudo aquilo com que entram em contato. A mesma lei natural, cuja ação nos permite fazer ferver a água para nosso chá ou torrar nosso pão no fogo, dá a certeza de que os bons efeitos da sabedoria acrescida influenciarão os outros, ainda mesmo que o possuidor desta não diga uma só palavra.

Eis aí por que em todas as religiões tanta importância se dá à companhia dos bons, dos santos, dos puros. As qualidades humanas são contagiosas, e importa muito que sejamos cautelosos na escolha daqueles em quem confiamos.

Tome-se outro exemplo. Suponha-se que adquirimos o poder valioso de autodomínio. Talvez fôssemos, anteriormente, pessoa apaixonada, e agora temos que aprender a governar essa exteriorização de força, a mantê-la sob nosso domínio. Vejamos como isso tem influência sobre o próximo. No mundo físico essa atitude, sem dúvida, é mais agradável para os outros; mas consideremos o efeito em seus veículos sutis.

Quando no passado nos deixávamos arrebatar pela ira, irradiávamos grandes ondas em todas as direções. Todo aquele que observou a figura representativa de um acesso como esse, que aparece em *O Homem Visível e Invisível*, não precisará de que lhe contem os desastrosos efeitos que tais ondas devem ter produzido nos corpos astrais dos que tiveram a pouca sorte de se acercarem de nós. Talvez uma dessas pessoas se estivesse ela mesma debatendo contra idêntico mau hábito. Se assim foi, as emanações de sua fúria excitaram uma atividade análoga em seu corpo astral, e, portanto, nós contribuímos para reforçar o mal, para dificultar a tarefa do nosso irmão e tornar mais pesado o seu fardo do que sem isso teria sido.

Mas agora que já ganhamos o autodomínio, tudo felizmente mudou. Ainda emitimos vibrações, pois assim é a lei da natureza; já não são, porém, as sinistras explosões de ira, e sim o ritmo calmo e medido de fortes ondas de amor e de paz. E também estas repercutem no corpo astral do nosso próximo, e tendem a reproduzir-se nele; e, se ele está em luta contra as paixões, suas ritmadas vibrações o ajudam e o fortificam. Nossa força está sendo exercida em seu favor, e não contra ele, e assim lhe aliviaremos o fardo e o auxiliaremos no seu caminho para frente.

Acham-se os seres humanos tão inextricavelmente vinculados uns aos outros, a humanidade constitui de modo tão efetivo uma unidade no meio de toda a sua maravilhosa diversidade, que ninguém pode adiantar-se ou recuar sem ajudar ou retardar o progresso dos outros. Daí a razão por que nos incumbe cuidar sempre de que estejamos entre os que ajudam, e não entre os que estorvam, de que nenhum ser vivo, seja um ser humano ou animal, venha jamais a sofrer por causa de nossos pensamentos, palavras ou atos.

Capítulo 20

PELO QUE FAZEMOS

O Trabalho Para os Pobres

A questão do que podemos fazer é uma das quais é impossível tratar plenamente, pela razão de ter cada pessoa suas próprias oportunidades, e de não existirem duas séries de oportunidades idênticas. Frequentemente nos perguntam se um teósofo deve ocupar-se dos gêneros ordinários de obras de caridade, não especialmente relacionados com a Sociedade Teosófica. É assunto que cada um tem que resolver por si mesmo, pois a resposta depende das circunstâncias que lhe são peculiares. Penso que se pode traçar uma regra geral: quando há um trabalho teosófico especial que lhe seja possível realizar, a esse trabalho deve dedicar o seu tempo, porque se trata de algo que só ele pode fazer, ao passo que muitas outras pessoas têm capacidade para executar com a mesma eficiência que ele uma tarefa comum de caridade.

Vejamos, por exemplo, o caso de assistência às favelas, consistente na visita direta aos pobres para levar-lhes pequenos auxílios. Ninguém negará que é um trabalho meritório, sendo lamentável que se deixe de fazê-lo; mas, se for preciso optar entre despender tempo com essa ocupação física definida e empregá-lo numa esfera superior de atividade, que objetive apressar o advento da época em que deixarão de existir favelas, direi então que este último é um trabalho mais importante, oferecendo melhor aproveitamento do tempo. E isso porque só os que estudaram Teosofia estão em condições de ajudar a difusão dos ensinamentos teosóficos, enquanto toda pessoa boa e caridosa, seja qual for a classe social a que pertença, pode ocupar-se do trabalho de socorrer os pobres com víveres e cobertores.

Certamente que é um bom trabalho ajudar a construir uma estrada, mas não ocuparíamos nele um homem de formação universitária, como um engenheiro ou um médico. Pessoa alguma que possua determinada habilitação especializada, ou disponha do conhecimento necessário a torná-la apta a executar um serviço especial, não deve ser utilizada fora da linha de sua especialidade; porque são poucos os que a podem desempenhar, enquanto qualquer um pode fazer a tarefa que não requer habilidade especial, e bem numerosos são os que somente isso podem fazer. Perece-me, assim, que, se o teósofo tem possibilidade de empregar o seu tempo em ensinar e difundir a Teosofia, não deverá deixar de o fazer para se ocupar de uma espécie mais comum de trabalho pelo mundo. Se porém, a sua situação for tal que nada lhe seja dado fazer em prol da divulgação teosófica, que é a sua especialidade, então deverá certamente aplicar seu tempo disponível em uma das formas mais elevadas de obras de caridade ao seu alcance.

O que importa é que cultive em si o espírito de benevolência, e que sempre observe atentamente todas as oportunidades de prestar ajuda. Tanto melhor, sem dúvida, se puder ser útil da maneira mais elevada, orientando os outros sobre Teosofia; mas, se tal não for possível no momento, deverá ajudar de forma mais comum. Cumpre-lhe ocupar-se em enviar pensamentos bons, ou em contribuir para que os outros sejam felizes neste mundo físico. Ter sempre presente a ideia de cooperação em todos os seus pequenos atos diários. Deve decidir por si qual o melhor modo de o fazer. O estudo do lado oculto das coisas lhe oferecerá muitas sugestões, tornando mais interessante a vida quotidiana e habilitando-o a ser muito mais útil do que seria sem ele.

Mostra esse estudo que muitas ações aparentemente simples alcançam mais longe do que supomos, e por isso imprimem fortemente em nós a necessidade de vivermos racional e serenamente. Que toda ação tem o seu efeito sobre os que se acham dentro do seu raio de alcance, ainda quando à primeira vista pareça não interessar senão ao próprio agente; que por esse efeito sobre os outros é ele responsável, o que lhe dá uma oportunidade propícia à prática do bem. Uma vez que o tenha compreendido, percebe que deve ordenar sua vida segundo esse novo ponto de vista – que lhe cumpre, mesmo nas pequenas coisas, proceder assim, não por si, mas pelos outros. Muita gente vive para os outros no sentido de organizar sua vida segundo o que imagina estarem esses

pensando a respeito deles; mas o altruísmo de nossos estudantes será de outra espécie. Eles terão como guias as seguintes regras.
1. Que é preciso fazer todas as coisas desinteressadamente.
2. Que importa fazê-las com um propósito definido e o mais perfeitamente que lhes seja possível.

A Força do Mestre

Se o estudante assim proceder, se conduzir dessa forma a sua vida, os Poderes que regem o mundo logo o reconhecerão e o utilizarão, porque vivendo assim ele faz de si mesmo um canal por onde fluirá a força do Mestre, tornando-se um instrumento valioso em Suas mãos. Em verdade, o auxílio dos Santos é dado principalmente nos planos superiores; não se confina, porém, a estes: atua igualmente no mundo físico, se dermos oportunidade. O Mestre não despenderá Sua força em constranger uma corrente de Sua energia em direção à matéria densa deste mundo inferior, porque tal coisa não seria de boa economia espiritual; esta quantidade de energia não estaria sendo utilizada da maneira mais proveitosa. Mas, se uma pessoa, vivendo já neste mundo inferior, regulasse a vida para se tornar um canal adequado para aquela energia, a situação estaria alterada, merecendo que o Mestre fizesse um esforço que de outro modo não seria compensador.

Tenhamos presente que um canal deve ser aberto em ambas as extremidades, e não somente em uma. A extremidade superior do nosso canal consiste na devoção e no desinteresse da pessoa, no fato mesmo de que ela está ansiosa para ser utilizada, e em ordenar sua vida com vistas a essa finalidade. A extremidade inferior é o corpo físico, através do qual deve exteriorizar-se a influência, o que necessita igualmente de cuidadosa atenção, para não manchar a corrente enviada pelo Mestre.

É preciso lembrar que não estamos tratando de uma vaga abstração, senão de um fluido físico, embora invisível, que permeia a matéria do corpo e exsuda pelos poros da pele, ou se projeta das mãos ou dos pés. Eis a razão por que deve o corpo ser puro interiormente, não contaminado pela alimentação de carne, álcool ou fumo; e deve também manter-se escrupulosamente limpo exteriormente por abluções frequentes e completas, dando-se especial atenção às mãos e aos pés. De outro modo o fluido, transmitido com tanto cuidado dos planos superiores, ficará poluído ao passar pelo ser humano, e deixará de cumprir o objetivo a que é destinado.

Posto que essa força se irradie de todos os estudantes dignos, sem interrupção, podem eles também captá-la do alto e transmiti-la com uma intenção definida sobre um objeto particular. Em capítulo anterior, explicou-se como o ser humano comum pode proteger-se contra as más influências quando aperta as mãos ou quando se acha cercado por uma multidão; mas o estudante, em vez de proteger-se, procurará tirar, das circunstâncias desfavoráveis, oportunidades de influir nos outros. Ao apertar a mão de uma pessoa, transmitir-lhe-á a energia do Mestre que está fluindo através do seu braço estendido. O principiante pergun-tará: "Como posso fazê-lo? E, ainda que o tente, como ter certeza de que serei bemsucedido?"

Tudo o que se faz então necessário é uma firme convicção e uma intensa resolução – a convicção, baseada no seu estudo, de que tal coisa pode ser conseguida, e a resolução de o conseguir, que vem de sua profunda devoção para com o Mestre e do ardente desejo de executar a Sua vontade. O êxito em todos os esforços de magia depende da confiança absoluta do operador; aquele que duvida de sua própria capacidade já falhou. Portanto, tudo que se faz necessário é que identifique a saudação cordial ao seu visitante com este pensamento definido: "Eu vos dou também o amor do Mestre". Igualmente, quando se encontrar no meio de uma multidão, espalhará entre as pessoas a mesma influência do amor do Mestre; e essa difusão será para ele uma proteção bem melhor que todas as espécies de concha.

A Fabricação de Talismãs

Outro emprego que se pode dar a essa força consiste em dela impregnar certos objetos, convertendo-os por esse meio em talismãs. Já referi anteriormente o que são capazes de produzir os talismãs; trato agora do processo de sua fabricação. Os ramos mais avançados dessa arte requerem certo conhecimento, cuja obtenção só é possível mediante um curso de estudos extensos; mas todo aquele que é esforçado pode fazer um talismã temporário, que será de grande utilidade para quem precise de ajuda.

Qualquer pessoa afeita a esse trabalho conseguirá, de modo praticamente instantâneo, um processo ordinário de magnetização ou de desmagnetização pelo simples exercício da vontade; mas o principiante geralmente tem necessidade de contar com o auxílio da concentração de sua vontade, pensando com atenção nas várias fases do processo e usando os gestos apropriados. Suponha-se, por exemplo, que se deseja magnetizar um pequeno objeto (anel, medalha ou caneta) para servir de amuleto contra o medo; qual o método mais fácil de o fazer?

Deve-se começar pensando exatamente no objetivo. Desejamos carregar o objeto com matéria etérica, astral e mental, em que se acumulem determinadas ondas de coragem e confiança. O ocultista experimentado recolherá em cada um desses níveis os tipos de matéria que mais facilmente se prestem para receber e reter vibrações daquele caráter; o principiante, nada sabendo a esse respeito, usará qualquer material que lhe venha às mãos, e assim terá despendido maior quantidade de energia do que o faria um irmão com mais experiência.

A fabricação de um amuleto é comparável à gravação de uma inscrição, e a escolha do tipo exato de matéria corresponde à obtenção de uma superfície perfeita na qual se possa escrever. O principiante, para quem isso não é possível, escreverá com mais dificuldade e menos perfeição sobre a primeira superfície de que dispuser. A dificuldade que inicialmente irá encontrar é que a sua folha não será realmente uma folha em branco; o papel já contém uma inscrição, que é preciso apagar antes de poder escrever outra. Se o anel (ou a medalha) já tiver sido usado por alguém, estará impregnado do magnetismo dessa pessoa – magnetismo que pode ser melhor ou pior que o do estudante, mas, em qualquer hipótese, diferente do dele, constituindo assim um obstáculo – exatamente como toda espécie de escrita, boa ou má, já existente na folha de papel, serve de empecilho a que nela se escreva novamente. Ainda que o anel ou a caneta sejam novos, é possível que contenham algo do magnetismo particular do fabricante ou do vendedor; assim, em qualquer caso, a primeira coisa a fazer deve ser apagar tudo o que possa ali estar, a fim de obter uma folha limpa para a nossa inscrição. Existem diversos métodos para isso; vamos descrever um deles, que é bastante simples.

Colocai a ponta do dedo indicador contra a extremidade do polegar, formando um anel, e imaginai uma película de éter distendida através do anel, como na parte superior de um tambor. Dirigi a vossa vontade com toda a energia no sentido de formar-se essa película, e lembrai-vos de que com o efeito só da vontade ela se formará, embora não vos seja possível vê-la. Lembrai-vos também de que é essencial ao êxito da experiência que vos capaciteis deste fato – que os estudos prévios vos tenham convencido de que a vontade humana tem o poder de dispor a matéria sutil desta ou de outra forma qualquer.

Depois, mantendo a atenção fixa na película, de modo que esta fique inteiramente rígida, fazei passar através dela o objeto a ser desmagnetizado; assim o desembaraçareis a pleno da parte etérica do seu magnetismo anterior. Não quero dizer que o deixareis sem matéria etérica, mas que todas as partículas desta matéria serão retiradas e substituídas; da mesma forma que, se um tubo está cheio de gás e alguém sopra fortemente nele por uma das extremidades, todo o gás é expelido, mas o tubo não fica vazio, porque a pressão do ar ambiente faz com que se encha novamente. Assim, o éter de que foi especialmente carregado é retirado da medalha ou da caneta, tomando seu lugar o éter ordinário que interpenetra a atmosfera circundante.

O passo seguinte será deixar a película etérica dissolver-se, e substituí-la por uma de matéria astral, através da qual se passará de novo o objeto. O processo pode ser repetido com uma película de matéria mental, e ter-se-á então completamente livre o objeto, nos três planos, de toda espécie de magnetismo particular – como uma verdadeira folha em branco, na qual podemos escrever o que quisermos. O estudante, depois de alguma prática, pode formar uma película composta de matérias etérica, astral e mental, de modo que toda a operação se conclua passando o objeto apenas uma vez pelo anel.

Deve então o operador empregar toda a sua energia para imbuir-se nas qualidades que deseja lhe sejam comunicadas pelo anel (no caso, a coragem e a confiança em si mesmo), excluindo nesse momento todo pensamento de outras virtudes e fazendo-se a encarnação viva daquelas qualidades. E, quando tiver chegado ao ponto máximo de entusiasmo, segure o objeto na mão esquerda ou o deixe sobre a mesa à sua frente, e lhe insufle magnetismo com os dedos da mão direita, sem cessar, e com toda a força de sua vontade no sentido de penetrar-se da essência mesma da coragem, do valor e da intrepidez.

Será ele provavelmente auxiliado em sua concentração se, ao fazer isso, repetir a si mesmo inúmeras vezes e com firmeza estas palavras: "Coragem, confiança, em nome do Mestre", "Onde este objeto for, não estará o medo", ou outras expressões que contenham a mesma ideia. Que assim faça durante alguns minutos, jamais permitindo que sua atenção se desvie um só instante, e nenhuma sombra de dúvida lhe ficará quanto a ter conseguido fazer um talismã real e eficaz.

Esse processo certamente ocupará o principiante durante algum tempo; mas quem já estiver a ele habituado o concluirá facilmente e sem dificuldade. O ocultista exercitado faz constantemente uso de semelhante poder como um meio de ajudar aqueles com os quais entra em contato; e nunca envia uma carta ou um cartão postal sem pensar no presente de magnetismo tranquilizador, consolador ou fortificante que pode acrescentar. Tem ele à sua disposição muitas outras formas de construir um talismã, além da que acabo de descrever, e é possível que a enumeração de algumas contribua para uma compreensão mais completa da matéria, ainda que esses meios estejam além do alcance do estudante comum.

Variedades de Talismãs

Os amuletos são de muitos tipos e espécies – literalmente, milhares de espécies – mas podem ser apresentadas, para os nossos objetivos, quatro classes, que chamaremos, respectivamente, amuletos gerais, adaptados, animados e vinculados.

1. Gerais. O método atrás sugerido produz um talismã deste tipo. Uma pessoa treinada naturalmente consegue com menos trabalho um resultado melhor, não só porque sabe empregar a vontade de maneira eficaz, como porque aprendeu a selecionar os materiais mais apropriados; por conseguinte, a influência do seu amuleto é mais decisiva, e dura muitos anos, em vez de alguns meses apenas. Este tipo de talismã é muito simples; sua finalidade é transmitir uma corrente de ondas mais firme, que exprima a qualidade de que está carregado, e continue a fazê-lo com vigor inalterado por um período cuja duração depende da intensidade da força que lhe deu origem.

2. Adaptados. O amuleto adaptado é o que foi preparado cuidadosamente para convir a determinada pessoa. Seu autor estuda a pessoa a quem é destinado, e observa com atenção as deficiências de seus corpos mental, astral e etérico. Escolhe então nos vários planos os ingredientes para o talismã (assim como um médico seleciona as drogas para compor uma receita), preferindo determinado tipo de essência a fim de reprimir uma tendência astral indesejável, outra para estimular a ação lenta de algum setor da atividade mental que apresenta falhas, e assim por diante. Desse modo, produz um amuleto adaptado exatamente às necessidades da pessoa, e capaz de fazer por ela muito mais que um talismã geral – amuleto que seria de pouca utilidade para outra pessoa. É como uma chave feita com muitas guardas especialmente para a respectiva fechadura, e que não serve para nenhuma outra; ao passo que o talismã geral pode comparar-se a uma chave-mestra, que abre muitas fechaduras, sem corresponder especificamente a nenhuma.

3. Animados. Deseja-se algumas vezes estabelecer um centro de irradiação que, em lugar de ter atuação limitada a um pequeno número de anos, continue a funcionar durante séculos. Não basta, neste caso, que o objeto escolhido seja carregado de uma dose de força magnética – uma vez que, por maior que venha a ser esta força, estará esgotada no fim de algum tempo. Para que o resultado se faça mais permanente, devemos pôr em cena alguma forma de vida; e para isso habitualmente é adotado um de dois métodos.

Consiste o primeiro em incluir no talismã um fragmento minúsculo de um daqueles minerais superiores suficientemente ativos para desprender uma corrente contínua de partículas. Quando assim feito, a energia armazenada no amuleto durará por tempo quase ilimitado, pois, em vez de estar permanentemente irradiando de sua própria substância em todas as direções, permanece intata, projetando apenas as partículas que passam através dela. Desse modo, o trabalho de distribuição é feito pelo mineral, o que assegura considerável economia de energia.

O segundo método é o de dispor os elementos do talismã de tal maneira que ele sirva de meio de manifestação para qualquer um dos espíritos da natureza pertencentes a certas classes pouco desenvolvidas. Há tribos dessas criaturas que, embora cheios de energia e muito desejosos de utilizá-la, não se podem manifestar senão encontrando uma espécie de válvula. É possível, portanto, magnetizar um amuleto para servir precisamente à espécie de válvula requerida, e assim garantir, por seu intermédio, o escoamento ininterrupto de uma corrente de energia sob alta pressão, e que pode durar milênios, para grande satisfação dos espíritos da natureza e real benefício para todos os que se aproximam do centro magnetizado.

4. Vinculados. O talismã vinculado difere inteiramente dos demais tipos em uma particularidade importante. Todos os descritos acima são feitos e postos em ação por seus criadores, e em seguida abandonados a si mesmos para seguirem o seu curso e viverem sua vida, da mesma forma como um relojoeiro constrói um relógio e depois o vende a um cliente, nada mais sabendo do que acontece subsequentemente. Mas o relojoeiro prefere algumas vezes continuar em contato com sua obra-prima, assumindo o encargo de lhe dar corda e mantê-lo em boa ordem – o que corresponde ao arranjo concluído no caso de um talismã vinculado. Em lugar de simplesmente carregar o objeto de influência de certo tipo, o operador, ao magnetizá-lo, o põe em estreita relação consigo próprio, convertendo-o a um posto avançado de sua consciência, uma espécie de telefone receptor sempre em comunicação com ele, e através do qual pode chegar ao portador do talismã ou ser por este alcançado.

Um amuleto deste tipo não opera mecanicamente, sobre o princípio do giroscópio, como o fazem os outros; ou, talvez melhor dizendo, tem uma ação ligeiramente parecida, pois sugere tão fortemente a presença do seu criador que muitas vezes atua como preventivo, a fim de que o portador não faça o que aquele não desejaria vê-lo fazer; mas a sua ação principal é de uma espécie totalmente diferente. Estabelece um vínculo por meio do qual pode o portador, em um momento crítico, enviar um pedido de socorro ao seu construtor, que imediatamente sente o apelo e responde com um influxo de energia do tipo requerido, qualquer que seja.

O fabricante do amuleto pode também utilizá-lo como um canal através do qual enviará ondas periódicas de influência, administrando assim um tratamento – uma espécie de massagem emocional ou mental. Semelhante método de conduzir um caso (creio que nossos amigos da Ciência Cristã o chamam "tratamento a distância") não requer sempre um amuleto, sendo suficiente a simples projeção de correntes astrais e mentais; mas um talismã facilita o trabalho e permite ao operador tratar mais rapidamente com o duplo etérico do paciente.

Em geral, o vínculo se faz tão somente nos mundos físico, astral e mental inferior, e por isso mesmo se restringe à personalidade do seu construtor; há, porém, exemplos em que a um Grande Ser aprouve vincular um talismã físico a Si mesmo em seu corpo causal, e a influência do talismã perdura então através dos séculos. Foi esse o caso dos objetos físicos enterrados por Apolônio de Tiana em vários locais destinados a ter importância no futuro.

Desmagnetização

Não raro sucede que se deseje e desmagnetizar objetos maiores que os citados acima. Em tais casos, é preciso manter as duas mãos afastadas uma da outra a distância necessária, e imaginar uma larga faixa de matéria etérica estendida entre elas, através da qual o magnetismo anterior será retirado como já ficou dito. Outro método é o de manter as duas mãos uma de cada lado do objeto, e enviar uma forte corrente de matéria etérica através dele, de uma para a outra mão, expulsando assim a influência indesejável. A mesma força pode muitas vezes ser empregada do mesmo modo para aliviar uma dor. A dor de cabeça, por exemplo, é geralmente causada ou acompanhada por um congestionamento de matéria etérica no cérebro, e pode ser curada pelo mesmo método de pôr cada uma das mãos em cada lado das têmporas do doente, e expulsando por um esforço da vontade a matéria congestionada.

Outro uso a ser dado ao poder de desmagnetização é o de limpar uma sala das influências nocivas. Podemos receber uma visita que deixe ali uma atmosfera desagradável; podemos encontrar condições desfavoráveis predominantes em um apartamento de hotel; se tais emergências se apresentarem, é útil saber como proceder. Quem tiver experiência dessas formas moderadas de magia solucionará o caso em poucos minutos, aplicando a vontade já adestrada; mas é possível que o estudante novo julgue melhor usar de meios intermédios, tal como o faz a Igreja Católica.

O volume de uma sala, mesmo pequena, é demasiado grande para o emprego das táticas de purificação atrás recomendadas, pelo que devemos aqui invocar o princípio de simpatia e antipatia, e projetar no interior da sala uma série de vibrações tão hostis às influências más que sejam capazes de suplantar ou eliminar estas últimas. Não é difícil criar essas ondas; mas é preciso encontrar os meios de as espalhar rapidamente por toda a sala. Um método simples consiste em queimar incenso ou pastilhas; outro em aspergir água; mas tanto o incenso como a água devem ser submetidos ao processo recomendado para a fabricação de um talismã. Seu magnetismo original deve ser removido; serão impregnados do pensamento de pureza e paz. Se isso for plenamente feito, quando queimado o incenso, suas partículas (cada uma portadora da influência desejada) disseminar-se-ão rapidamente através de cada polegada cúbica de ar no quarto; ou, se a água que se usar for aspergida pela sala, cada gota se converterá imediatamente em um centro de radiação ativa. Um vaporizador é um método de distribuição ainda mais eficaz; e, se o estudante empregar água de rosas em lugar de água comum, o seu trabalho estará consideravelmente facilitado.

O método de ação desses desinfetantes etéricos e astrais é evidente. A influência perturbadora de que nos desejamos descartar manifesta-se por ondas etéricas e astrais de certo comprimento. Nossos esforços magnéticos enchem a sala de outra série de ondas, diferentes em comprimento e mais potentes, por terem sido criadas com intenção, o que provavelmente não aconteceu com as outras. As duas séries de vibrações discordantes não podem coexistir, e a mais forte sobrepujará e eliminará a mais fraca.

Existem alguns processos nos quais a força interna do ser humano, a força que nele circula, pode ser usada. Neste caso (como em todos os outros) conhecimento é poder, e maior poder implica responsabilidade maior e mais oportunidades. Se pudermos desenvolver sem demora esse poder, tanto melhor para nós, contanto que usemos essa vantagem para fins desinteressados, e façamos, com os nossos esforços, um pouco mais feliz o mundo, um pouco melhor, um pouco mais decente.

Fazer Bem as Pequenas Coisas

Tenhamos em mente a segunda máxima; que todas as coisas sejam feitas o mais perfeitamente que pudermos.

Comuniquemos magnetismo à carta que estamos escrevendo, e façamos dela um talismã; praticaremos com isso um grande bem; mas não esqueçamos que a simples escrita também deve ser materialmente perfeita – primeiro por cortesia para com o destinatário, e segundo porque todo trabalho para o Mestre deve ser feito com o máximo cuidado, inclusive nos mínimos pormenores. E, como todo o nosso trabalho é trabalho para Ele, executado em Seu nome e para Sua glória, isso quer dizer que jamais devemos fazer alguma coisa sem cuidado. Aqui, também, cabe proceder com desinteresse; ninguém tem o direito de causar dificuldade a outrem com uma caligrafia ilegível para economizar alguns minutos de seu próprio tempo, ocasionando a perda de muito tempo à outra pessoa.

Não devemos acreditar que, por sabermos mais do que os outros sobre o lado oculto das coisas, e podermos assim acrescentar vantagens especiais aos nossos atos quotidianos, estamos dispensados de cumprir o melhor possível a parte que normalmente nos compete nesses atos. Nosso trabalho deve ser melhor, e não pior, que o dos outros, em todos os sentidos e de todos os pontos de vista, para honra do Mestre a quem servimos. O que seja o trabalho que Ele nos atribua – pouco importa; que o executemos nobremente – é o que interessa acima de tudo. E aquele que, no curso de sua vida, desempenha bem e cuidadosamente os mínimos afazeres diários, não será apanhado desprevenido quando algum dia inesperadamente se vir face a face com uma grande oportunidade.

As pequenas coisas da vida pesam mais que as grandes; há tantas delas que é muito mais difícil prosseguir executando-as com firmeza. Observava Santo Agostinho: "Existem muitos que desejam morrer por Cristo; mas são poucos os que querem viver por Ele". Muitos de nós fariam incontinenti e com alegria uma grande tarefa pelo Mestre; mas Ele não costuma indagar sobre isso. O que Ele quer é que vivamos nossa vida com nobreza, não por nós mesmos, senão pelos outros; que nos esqueçamos de nós, para nos lembrarmos somente do bem da Humanidade. Estejamos sempre dispostos a ajudar, e isso não tardará a converter-se em hábito, como costuma acontecer com todas as coisas da vida. A existência assim tornar-se-á certamente mais interessante; e, acima de tudo, nos aproximará d'Ele cada dia mais.

Escrever Uma Carta

Mencionei anteriormente que o ocultista nunca envia uma carta sem lhe adicionar um pouco de energia e de encorajamento; mas não é preciso que seja pessoa muito adiantada para realizar um tão elementar ato de magia. Pode fazê-lo qualquer um com um pouco de atenção, bastando compreender como operam essas forças.

Sabemos todos que, quando um psicômetra segura com a mão uma carta, pode descrever a aparência pessoal do autor, o estado de sua mente ao escrevê-la, a sala em que se encontrava sentado, e qualquer outra pessoa acaso presente, e até mesmo o cenário em redor.

É evidente, pois, que uma carta encerra em si muito mais do que a mensagem nela escrita, e, conquanto só uma criatura desenvolvida, como um psicômetra, possa sentir tudo aquilo com suficiente nitidez para convertê-lo numa visão perfeita, um efeito aproximado é naturalmente factível mesmo nos que não veem claramente. As vibrações, sobre as quais se baseiam as observações do psicômetra, estão ali, haja ou não alguém presente em condições de ver por meio delas, e devem até certo ponto influenciar todo aquele com quem estejam diretamente em contato. Assim sendo, vemos que existe uma oportunidade para quem compreende. O estudante pode aprender o *modus-operandi* dessas forças, e portanto dirigi-las inteligentemente à sua vontade.

Suponha-se, por exemplo, que deseje mandar uma carta de condolências e consolação a um amigo que, como impropriamente dizemos, "perdeu" um ente que lhe é caro. Sabemos todos como é difícil escrever uma carta assim. Tentando fazê-lo, nós pomos no papel o quanto de consolação nos acode à mente, e nos esforçamos por expressá-lo com a maior veemência e simpatia que nos é possível, percebendo logo que as palavras são incapazes de o conseguir e não podem transmitir senão um alívio insignificante ao amigo aflito. Sentimos que é vã e ineficiente a nossa comunicação, embora a enviemos porque desejamos exprimir nosso pesar e sabemos que nos cumpre fazer algo em tais circunstâncias.

Uma carta como essa não é necessariamente inútil e sem valor. Pelo contrário, poderá produzir um efeito benéfico e levar um grande alívio ao sofrimento. Muitas vezes nos faltam as palavras, mas não os pensamentos; e, ao escrever a carta, nosso coração pode estar cheio do desejo ardente de incutir ânimo e auxílio, ainda que as palavras só palidamente o expressem. Se fizermos uso de nossa vontade, podemos conseguir que a carta seja portadora de nossos pensamentos e sentimentos, os quais assim reagirão sobre a mente e as emoções do destinatário, enquanto este lê atentamente a carta.

Sabemos que as correntes de pensamento e de sentimento podem alcançar imediatamente, sem o auxílio físico de uma carta, a pessoa enlutada; e a quem não tem outro trabalho urgente é possível, sem dúvida, consolar e reanimar o que sofre, enviando-lhe uma corrente vigorosa daquela natureza. Escrever a carta não impede que o estudante proporcione ao mesmo tempo uma ajuda eficaz por outro meio; mas é um suplemento útil enquanto ele se acha ocupado com outra tarefa.

Aqueles que estão se esforçando, dentro de suas limitadas possibilidades, por ajudar o mundo, logo verificam que têm uma multidão de casos em suas mãos, e que podem trabalhar melhor dividindo o tempo entre eles. O estudante mais adiantado deixará cada um dos casos sob os cuidados de uma forma-pensamento de grande força, que irradiará energia e alegria até que possa ele retomá-lo e dedicar-lhe toda a sua atenção. Mas àquele que ainda não dispõe de poderes suficientes será fácil produzir um efeito quase equivalente, se contar com uma base física para a forma-pensamento. Uma carta lhe dará precisamente essa base, podendo ele impregná-la de forças curativas e revigorantes até que se converta em verdadeiro talismã. Se o que escreve pensa com firmeza em sua simpatia e afeição, e deseja ardentemente instilar na carta seu pensamento e seu sentimento, certo que ela será portadora dessa mensagem. Quando chegar ao destino, o amigo que abrir a carta reconhecerá naturalmente a boa intenção do remetente e, em consequência, aceitará a influência, adotando inconscientemente uma atitude receptiva. E, à medida que proceder à leitura, os pensamentos e sentimentos de auxílio estarão continuamente atuando em sua mente e em sua sensibilidade, e o efeito sobre ele produzido ficará muito além do que exprimem meras palavras físicas.

A ação da carta não cessa aqui. O destinatário a lê, deixa-a de lado e talvez a esqueça. Mas suas vibrações, apesar disso, estarão irradiando constantemente e continuarão a influenciá-lo ainda muito tempo depois que a carta lhe houver saído da mente. Se acontece que ele põe a carta no bolso, levando-a consigo, a influência sobre ele será por isso mais imediata e mais forte; mas, em qualquer caso, uma carta de ajuda e boa intenção inundará o quarto de paz e reconforto, de modo que a pessoa em aflição lhe sentirá o efeito sempre que entrar no quarto, se bem que não tenha consciência da causa.

É óbvio que não é somente para consolação que esse poder é suscetível de emprego. Uma mãe que se sente inquieta pelas tentações que podem assaltar um filho ausente tem o recurso de enviar-lhe cartas que o cercarão de um halo de pureza e de paz, e o manterão a salvo e incontaminado em muitas ocasiões de perigo. Não são necessárias muitas palavras; até mesmo um cartão postal servirá como portador da mensagem de amor e de paz, tornando-se um verdadeiro escudo contra pensamentos maus, ou um incentivo no sentido do bem.

Pode ocorrer a alguns leitores que uma carta passe pelas mãos de tantas pessoas, antes de chegar ao destino, que o magnetismo de que é portadora já se encontra necessariamente alterado. Há boa dose de verdade nisso; mas os empregados dos correios, os carteiros e os criados, que a tiveram em suas mãos, não lhe dispensaram interesse, e, por conseguinte, a influência que seus pensamentos possam exercer é de caráter bem superficial; ao passo que o autor a impregnou de uma abundância de sentimentos que a saturou totalmente, e tem força bastante para suplantar todas as conexões fortuitas dessa espécie.

É oportuno acentuar que isso nos ajuda a compreender que há sempre uma responsabilidade implícita no ato de escrever uma carta. Podemos voluntariamente carregar nossa missiva de uma grande força para o bem, e tal coisa requer um esforço especial da vontade; contudo, ainda mesmo sem esforço especial algum, nosso estado de espírito ao escrevermos sem dúvida que se grava no papel, embora não com a mesma intensidade. Se, portanto, uma pessoa se encontra em estado de irritação ou de depressão ao redigir uma carta, tais emoções se refletem fielmente em seu trabalho, e a carta será portadora dessas vibrações, e as irradiará até o destinatário apesar de não lhe serem destinadas, e de a irritação ou a depressão não terem absolutamente a mínima relação com ele. Se, pelo contrário, o remetente está sereno e feliz, uma carta sua, ainda que seja apenas uma breve comunicação, conterá em si algo dessas qualidades, e transmitirá uma influência benéfica.

É, portanto, de toda conveniência que uma pessoa, entre cujos deveres se conte o escrever muitas cartas, cultive a serenidade e a benevolência, e procure sempre conservar-se em um estado de espírito de simpatia e de ajuda, a fim de que suas cartas fiquem impregnadas dessa boa influência. Aquele que é hipócrita, que tudo reprova, que tem espírito autoritário e mau temperamento, é inteiramente contraindicado para assumir a função de secretário, pois inevitavelmente distribuirá mal-estar e dissensão a todos os que tiverem a má sorte de se corresponder com ele.

A preferência que muita gente sente por uma carta manuscrita, em vez de datilografada, deve-se à circunstância de, com o passar da mão repetidas vezes sobre o papel, acumular-se maior soma de magnetismo pessoal na carta do que quando a mão não entra diretamente em contato com esta. Mas o estudante de ocultismo que escreve à máquina infunde-lhe magnetismo com o simples esforço da vontade, e muito mais eficientemente do que o faria uma pessoa que, desconhecedora destas verdades, escrevesse a carta à mão.

O ocultista amplia a ideia em muitas direções. Todo presente que faz a um amigo se destina a produzir um resultado mais permanente que o mero prazer causado a quem o recebe. Se dá ou empresta um livro a alguém, não se esquece de acrescentar aos argumentos do autor seu próprio ardente desejo de que sirvam para alargar e desenvolver os pensamentos do leitor. Procuremos todos espalhar desta maneira auxílio e bênçãos; certamente que nossos esforços não deixarão de alcançar seu justo resultado. Cada objeto perto de nós deve ser um centro de influência – e podemos fazer com que sua ação seja forte ou fraca, útil ou nociva. Cabe-nos, portanto, cuidar de que, sempre que dermos um presente a um amigo, sua influência seja poderosa e definida, e invariavelmente para o bem.

Tais coisas são ainda pouco estudadas no mundo exterior, mas representam em tudo grandes verdades. As pessoas avisadas prestar-lhes-ão a devida atenção, orientando suas vidas nessa conformidade, e, em consequência, serão não só mais felizes como mais úteis do que aquelas que se contentam em continuar ignorando tão elevada ciência.

O Trabalho Durante o Sono

Um dos pontos subsidiários mais gratos que o estudo de Teosofia nos revela é o da possibilidade de empregarmos utilmente as horas em que o corpo está dormindo. Lembro-me bem de como eu ficava furioso, nos primeiros anos da minha juventude, pela necessidade de gastar tempo em dormir, quando havia tanto trabalho importante a fazer, e de como, em consequência, tentava reduzir ao mínimo as horas de sono. Gozando de boa saúde e resistência física, durante alguns anos me preparei para dormir apenas quatro horas por noite, e pensava que assim estava ganhando tempo para o trabalho que tinha pela frente. Mas agora que sei mais sobre isso, vejo que laborava em erro, e como podia ter aumentado efetivamente minha eficiência permitindo-me um repouso normal, além de assegurar ao meu corpo mais energia para o trabalho em meus anos subsequentes. Foi-me, em verdade, reconfortante verificar, na literatura teosófica, que só o corpo permanece insensível durante o sono, enquanto o ser humano real prossegue em seu trabalho e executa realmente a maior parte dele, e o faz melhor, porque não se acha travado pelo corpo físico.

No entanto, os próprios estudantes de Teosofia, que estão habituados a pensar nos mundos superiores e na possibilidade de continuarem ativos neles, nem sempre se dão conta inteiramente de que lá é que está a vida real, e de que a vida neste mundo físico não passa de um interlúdio. Em nossa consciência de vigília muitos de nós sempre consideram a vida diurna como real e a noturna ou do sonho como irreal; mas a verdade é exatamente o inverso, o que é fácil ver refletindo que nesta vida a maioria de nós nada sabe em relação àquela, ao passo que naquela vida nós nos lembramos inteiramente desta. Esta vida sofre, portanto, diariamente, uma solução de continuidade; aquela é contínua, desde o berço ao túmulo e além deste. Além disso, como durante aquela vida o corpo físico é abandonado, o Ego pode manifestar muito mais de si mesmo. O ser humano no seu corpo astral está bem mais próximo de si mesmo do que aprisionado nesta sua representação física, que é tudo quanto podemos ver aqui.

Quando, mais adiante em nossa evolução, chegarmos a um desenvolvimento maior e pudermos funcionar em nosso corpo mental, estaremos em outro estágio mais próximo da realidade; em verdade, além desse não há senão mais um estágio para a manifestação do Ego em seu corpo causal, ao possuir uma consciência unificada que se estende ao longo de todas as idades, desde a época remota em que se elevou acima do reino animal até o infinito que está à sua frente.

Vejamos então o que podemos fazer à noite com esta vida, enquanto deixamos repousar o corpo físico. Muitas formas de atividade se abrem diante de nós, e, porque já as mencionei com minúcias no livro *Auxiliares Invisíveis*[30], não irei repeti-las aqui. Resumirei dizendo que durante as horas de vigília podemos ajudar qualquer pessoa que saibamos em aflição ou sofrimento, detendo-nos para formar uma imagem-pensamento nítida e bem definida do que sofre, e então verter uma corrente de compaixão, amizade e força; mas durante a noite podemos fazer mais do que isso – podemos levar mais longe o remédio e ir no corpo astral até o leito do enfermo, para ver exatamente do que está precisando e lhe proporcionar o que se fizer especialmente indicado no caso particular, em vez de lhe oferecer simplesmente um reconforto e consolação de caráter geral.

Podemos assim dar auxílio e ânimo não só aos vivos, mas também à vasta legião dos mortos, que não raro tem real necessidade, devido, em parte, ao falso e mau ensinamento religioso que recebem, e em parte à total ignorância das condições dos outros mundos, que predomina geralmente entre o público deste lado do véu. Trabalho como esse comporta variedades infinitas, que ainda estão longe de esgotar as possibilidades que se oferecem diante de nós. No mundo astral podemos ao mesmo tempo dar e receber ensinamentos. Graças ao anonimato do mundo astral, podemos assistir, inspirar e aconselhar toda espécie de gente que no mundo físico provavelmente não nos escutaria. Podemos sugerir ideias boas e liberais aos ministros e aos estadistas, aos poetas e aos pregadores, e a todos os tipos de escritores de livros, jornais e revistas. Podemos sugerir enredos aos novelistas e boas ideias aos filantropos. Podemos ir aonde quisermos e fazer qualquer espécie de trabalho que se nos apresente. Podemos, ocasionalmente, visitar todos os lugares interessantes

---

[30] Ed. Pensamento, São Paulo. (N. E.)

do mundo, e contemplar suas majestosas construções e seus cenários mais encantadores. As mais belas artes e as mais admiráveis músicas estarão inteiramente à nossa disposição, sem dinheiro e sem preço, não deixando de lembrar a música ainda mais maravilhosa e do colorido ainda mais esplendoroso do próprio mundo astral.

O que pode uma pessoa fazer aqui para se preparar a fim de tomar parte naquela obra superior? Bem, a vida é contínua; e, sejam quais forem as características que uma pessoa mostre aqui em seu corpo físico, ela certamente as mostrará também em seu corpo astral. Se aqui ela estiver cheia de alegria e sempre ansiosa por uma oportunidade de prestar serviço – então, ainda que de nada se recorde, pode estar inteiramente confiante de se ocupar utilmente, ao máximo de sua capacidade, também no mundo astral. E, portanto, se uma pessoa que não guarda lembrança nenhuma desta vida deseja estar de todo certo de que é útil ali e está cumprindo plenamente o seu dever, pode facilmente convencer-se disso pautando sua vida aqui do modo que sabe necessário àquele objetivo. Não há mistério algum quanto aos requisitos. Franqueza e sinceridade, calma, coragem, saber e amor farão dela uma obreira astral inteiramente útil, e todas essas qualificações se acham ao alcance de toda pessoa que deseje dar-se ao trabalho de as desenvolver.

Não é difícil ver por que são todas elas necessárias. Uma pessoa não pode consagrar toda a sua energia a uma obra como essa, a menos que a vida superior constitua para ela o único objetivo. Deve conhecer o mundo astral, seus habitantes e suas características; de outra forma, estará sempre tropeçando, e sentir-se-á desamparada em face de qualquer emergência que lhe surja. A coragem, é claro, lhe é indispensável, à semelhança do que acontece com aquele que se aventura no meio de florestas inexploradas ou na superfície do mar alto. Deve também possuir calma, porquanto, se já é coisa sumamente grave para alguém perder seu sangue-frio no mundo físico, é infinitamente mais grave quando não existe matéria física para interceptar o pleno efeito das vibrações de ira. Quaisquer manifestações de irritabilidade, excitação e impaciência no mundo astral fazem dela, imediatamente, objeto de temor, de modo que aqueles a quem deseje ajudar se esquivarão com pavor. Deve também possuir amor à humanidade, e o consequente desejo ardente de ajudar, no mais alto grau, pois, sem isso, nunca terá paciência para tratar amigavelmente com o terror, o pânico e a estupidez irracional que tantas vezes encontramos entre os mortos. Porque muitos dos casos que temos de resolver requerem em elevado grau uma doçura e uma convivência tal com o sofrimento que ninguém, por mais enérgico e cuidadoso que seja, está apto a tratar com eles se não estiver repleto de verdadeiro amor e conservar os seus veículos sob perfeito domínio.

Muitos trabalhos são realizados no mundo astral, além daqueles em que somos especialmente interessados. Muitos médicos visitam, durante o sono de seu corpo, casos nos quais se acham vivamente empenhados, ou a respeito dos quais se sentem inquietos. Na maioria desses casos, uma pessoa não tem consciência disso no seu corpo físico, mas toda nova informação que ela recolhe de suas investigações astrais muitas vezes chega como uma espécie de intuição à sua consciência de vigília. Conheci médicos que são capazes de o fazer intencionalmente e com plena consciência, e, como é natural, essa capacidade lhes confere grandes vantagens sobre os seus colegas. Um médico que falece não raro continua, após a morte, a interessar-se por seus pacientes, e algumas vezes tenta curá-los do outro lado, ou sugere (a seu sucessor encarregado do caso) tratamento que, com sua recém-adquirida faculdade astral, julga ser indicado. Conheci um médico (membro de nossa Sociedade) que, logo após a sua morte, promoveu reuniões com todos os seus pacientes anteriormente falecidos, e lhes passou a falar sobre Teosofia, de modo que agora se ocupa no mundo astral com numeroso grupo de discípulos.

Sei também de muitos casos de amizades formadas no mundo astral. Acontece muitas vezes que membros de nossa Sociedade, que vivem em regiões opostas do mundo e não têm oportunidade de se encontrar fisicamente, se conhecem, entretanto, em sua vida astral. Quando estão efetivamente em lados opostos do mundo, o dia de um é noite para o outro, mas geralmente há uma transposição para tornar possível o conhecimento. Os que são no mundo físico leitores assíduos continuam suas atividades nessa linha durante o sono. Grupos de estudantes prolongam suas reuniões, e, com as facilidades adicionais que o mundo astral lhes propicia, são quase sempre capazes de solucionar problemas que aqui apresentavam dificuldades.

Não só os amigos mortos, mas os amigos vivos, que estão do outro lado da Terra, nos rodeiam durante o dia todo, embora não os vejam os nossos olhos físicos. Nunca estamos sós, e, como no mundo astral a maioria dos pensamentos é visível, convém termos presente à mente esse fato, a fim de evitar que, por inadvertência, enviemos vibrações astrais que possam fazer sofrer aqueles a quem amamos.

Capítulo 21

PELO PENSAMENTO COLETIVO

Hinos e Rituais da Igreja

Em um dos capítulos anteriores expliquei como as cerimônias da Igreja impressionam a congregação e os paroquianos, e do que ficou dito não é difícil ver como o sacerdote, de seu lado, pode influenciar os que lhe estão por perto. Ele escolheu uma posição cujas responsabilidades são grandes, e, a fim de desempenhá-la convenientemente, importante é conhecer algo sobre o lado oculto das coisas, poder compreender a verdadeira significação dos serviços da Igreja a que pertence, e saber como executá-los da forma exata.

Muitas objeções têm levantado os ignorantes à afirmativa, sempre feita pela Igreja, de que a celebração da Eucaristia é uma repetição diária do sacrifício de Cristo. Mas, quando compreendemos, do ponto de vista oculto, que o sacrifício de Cristo significa a descida na matéria da emanação do Segundo Aspecto da Divindade, vemos que o simbolismo está certo, pois que o fluxo exterior de força invocado pela consagração tem uma conexão íntima e especial com o departamento da natureza que é a expressão daquele Aspecto Divino.

O sacerdote que o compreende não deixará de atribuir àquele serviço o lugar que lhe cabe, e cuidará de cercar o seu ponto culminante de tudo o que for preciso, no ritual e na música, para aumentar o seu efeito e preparar os fiéis a fim de nele participarem de modo mais receptivo. Capacitando-se também da tremenda importância do mistério de que é o guardião, o sacerdote executará a sua celebração com a máxima reverência e respeito, porque, embora sua atitude em nada modifique o fato central e seus efeitos, não há dúvida de que sua profunda devoção, sua compreensão e cooperação podem atrair uma influência adicional, que será da maior ajuda para a congregação e a paróquia. Um sacerdote com a vantagem de ser também ocultista tem excelente oportunidade para disseminar influência.

Como estudante de magia, ele aprecia, em sua plenitude, o efeito produzido pela música, e sabe como utilizá-la para construir formas harmoniosas e ativas. Estas podem ser feitas em grande número induzindo-se a congregação, tanto quanto possível, a tomar parte nos cânticos da igreja. É impossível que obtenham a elaboração de formas mais estudadas e magníficas, que produzem efeitos de longo alcance até os planos superiores; mas podem ser estimulados a um ponto quase incalculável, se consentirem em aderir a hinos e cânticos inspiradores e bem escolhidos.

Isso foi reconhecido mais plenamente pelo ramo inglês da Igreja Católica do que pelo ramo romano, com a vantagem resultante. A poderosa influência do hino processional não deve ser negligenciada, porquanto opera utilmente em todas as direções: primeiro, levando o coro entre a congregação e fazendo-o circular lentamente por todas as suas seções, as pessoas são consideravelmente animadas e auxiliadas a juntarem-se com vigor aos cantos. Segundo, a esplêndida aparência de uma procissão bem organizada, a cor e a luz, as ricas bandeiras e as majestosas vestimentas, tudo se conjuga para inflamar a imaginação, elevar os pensamentos das pessoas acima do nível prosaico da vida ordinária, e encorajar sua devoção e entusiasmo.

As Congregações

Muitas das considerações acima se aplicam também aos ministros de outras denominações religiosas. Apesar de não estarem investidos do poder do sacerdote, que os põe em contato com o reservatório de força que o Cristo dispôs para Sua igreja, podem eles fazer muita coisa por suas congregações, primeiro em virtude de sua própria devoção, e segundo por evocar a de seus fiéis. Os recursos da música congregacional estão à sua disposição, e, se eles conseguirem elevar os seus fiéis até o nível desejado, poderão também alcançar resultados maravilhosos, que decorrem da devoção combinada de grande número de pessoas.

Uma grande efusão de força e uma esplêndida e eficaz forma-pensamento coletiva podem ser assim suscitadas por uma assembleia de pessoas que se unam de todo o coração no serviço; mas há geralmente grande dificuldade em se obter esse resultado, pois os membros de uma congregação média em geral não estão plenamente exercitados em concentração, e, consequentemente, a forma-pensamento coletiva costuma ser uma massa caótica e interrompida, em vez de um conjunto harmonioso, ordenado. Quando sucede que alguns estudantes de ocultismo pertencem a essa assembleia, podem ser de grande utilidade aos seus companheiros de culto, por captarem conscientemente as correntes de devoção dispersas, para fundi-las em uma só, forte e harmoniosa. Faz-se logo evidente que todo membro da congregação tem aqui um dever definido.

Os Mosteiros

Melhores resultados que os produzidos por uma congregação ordinária são frequentemente obtidos das devoções unidas de uma corporação de monges, pois que são eles gradualmente exercitados em alguma coisa que se aproxima da concentração, habituando-se a trabalhar juntos. A influência que emana de um mosteiro ou de um convento da ordem contemplativa se reveste não raro de beleza, e é de grande utilidade para a região circunvizinha – o que mostra a estreiteza da objeção, comum entre os protestantes, de que, se as ordens ativas dos monges fazem pelo menos um bom trabalho para os pobres e os doentes, aqueles que adotam a via contemplativa convertem sua vida em puro sonho, com o seu isolamento egoísta do resto do mundo.

Na maioria dos mosteiros, as horas consagradas à oração são estritamente observadas, e o efeito resultante é um fluxo regular de força sobre a vizinhança, várias vezes por dia. Há algumas dessas instituições em que o esquema da perpétua adoração é cumprido diante da Hóstia consagrada na capela do mosteiro, e há então uma firme e poderosa corrente sempre fluindo, de dia e de noite, levando para a região circunvizinha um benefício que não se pode subestimar.

Efeitos Sobre os Mortos

O efeito produzido em todos esses casos é muito mais extenso do que imagina o pensador comum. O jovem estudante de ocultismo, se não é clarividente, acha por vezes difícil lembrar-se de que a quantidade de fenômenos que não vemos é muito maior que a quantidade dos que vemos, e de que, portanto, as criaturas que se beneficiam com os serviços da igreja, pelas emanações do pensamento e do sentimento coletivos, não são apenas os vivos, mas também os mortos – não só os seres humanos, mas ainda grande número de espíritos da natureza e de anjos pertencentes às ordens inferiores. Naturalmente, todo sentimento, seja qual for, neles despertado, reage sobre nós em retorno, e assim muitos fatores diferentes se combinam para nos fortalecer quando nos esforçamos para fazer o bem.

A Igreja Cristã dirige intencionalmente alguns de seus esforços para seus membros desaparecidos, e as orações e as missas pelos mortos representam uma importante característica da vida nos países católicos. Característica bem útil certamente; porque não só os bons desejos e as emanações de força alcançam e ajudam aqueles a quem são dirigidos, senão também a formação de tais orações e desejos é uma tarefa boa e caridosa para os vivos, além de lhes proporcionar um meio satisfatório e consolador para a manifestação de seus sentimentos, contribuindo para ajudar os que desapareceram, em vez de simplesmente lamentá-los.

Salvar as Almas

Centenas de pessoas boas e sinceras consagram grande soma de esforços e de devoção ao objetivo, assim denominado, de "salvar as almas" – o que geralmente significa o aprisionamento de outros nos limites de alguma seita particular estreita e sem caridade. Felizmente, suas tentativas nesse sentido raramente são bem-sucedidas. Não devemos, contudo, supor que todo o seu pensamento e energia assim empregados sejam em vão. Não fazem a metade do bem que poderiam fazer se fossem inteligentemente dirigidos; mas a boa intenção e o desinteresse que os acompanham despertam nos mundos superiores uma resposta, que alcança tanto o peticionário como o objeto de suas orações. Se o suplicante é sincero e livre de preconceito, a natureza responde antes ao espírito que à letra de semelhantes orações, e faz chegar ao seu objeto um benefício de ordem geral e certo progresso, sem lhe infligir ao mesmo tempo a abominação de uma estreita teologia.

Os que não gostam das Cerimônias

Há no mundo muitas pessoas de formação tal que as cerimônias, quaisquer que sejam, não as atraem. Pergunta-se então que espécie de provisão a natureza faz para elas, e como são compensadas por sua incapacidade de apreciar ou de partilhar os benefícios das diferentes vias de influência eclesiástica a que já me referi. Primeiro, embora sejam provavelmente os últimos a admiti-lo, os benefícios lhes aproveitam a um ponto considerável. Talvez que nunca entrem numa igreja; mas eu já descrevi como tais influências se irradiam até muito além dos muros dos edifícios, e como as vibrações se dirigem para todos os níveis, e, consequentemente, possuem algo que interessa a todos os tipos de pessoas.

É claro, porém, que tais pessoas perdem muita coisa que os outros podem ganhar, se o quiserem; quais as fontes, então, que estão abertas para elas e de onde podem obter um progresso correspondente? Não podem obter a mesma elevação – e suponho que a não desejariam; mas podem adquirir um estímulo mental. Assim como o pensamento de um grande santo, irradiando-se em todas as direções, suscita devoção naqueles que são capazes de senti-la, assim o pensamento de um(a) grande homem/mulher de ciência, ou de alguém de grande desenvolvimento intelectual, se irradia sobre o nível mental e alcança as mentes dos outros, na medida em que sejam estes capazes de lhe darem receptividade. Sua ação estimula o desenvolvimento mental, embora não atue tão diretamente sobre o caráter e a disposição daquela pessoa como sucede com a outra influência.

O conhecimento perfeito pode fazer em prol da vida tanto quanto a devoção perfeita; mas nós estamos ainda tão longe da perfeição que na vida prática temos que lidar com os estágios intermediários ou mesmo elementares, e parece claro que o conhecimento elementar é, no conjunto, provavelmente menos capaz de influir no caráter que a devoção elementar. Ambos são necessários, e antes de chegar ao Adeptado devem ser adquiridos integralmente; mas estamos, por enquanto, parcialmente desenvolvidos, de modo que a imensa maioria dos seres humanos pretende um e até certo ponto negligencia a outra – decerto que me refiro à maioria que está se esforçando, porque o mundo em sua maior parte está longe ainda de reconhecer a necessidade tanto do conhecimento como da devoção. A única organização, no Ocidente, pelo menos, que vai plenamente ao encontro das aspirações do ser humano nessas duas direções parece-me que é a Sociedade Teosófica, e as suas reuniões, embora se afigurem pequenas e sem importância aos olhos de um estranho, são capazes de, quando bem organizadas, irradiar uma poderosa influência, que será muito útil à comunidade.

Reuniões Teosóficas

Uma reunião pode dar os mais importantes resultados, não só para os que nela participam, como para os vizinhos que dela não tomam conhecimento. Mas, para que assim seja, devem os membros ter consciência do lado oculto de sua reunião, e trabalhar com vistas a produzir os efeitos mais elevados que possível. Muitos membros negligenciam de todo essa importante parte do trabalho, e, em consequência, têm uma ideia insuficiente do que é o trabalho de uma Loja.

Ouvi certa ocasião um membro confessar, com toda a franqueza, que as reuniões da Loja geralmente eram enfadonhas, e que por isso a elas nem sempre comparecia.

Fazendo esse reparo, não percebe ele os fatos mais rudimentares do trabalho de uma Loja; evidentemente, supõe que ela existe com a finalidade de lhe oferecer um passatempo; não lhe parecendo interessantes as reuniões, julga melhor ficar em casa. A escusa para semelhante atitude (se há uma escusa) é que, através de muitas vidas, e provavelmente no curso da primeira parte da vida atual, esse homem olhou as coisas inteiramente pelo seu lado exterior e do ponto de vista egoísta, e somente agora está se habituando gradualmente ao ponto de vista elevado e mais verdadeiro – atitude que leva em conta todos os fatores, tanto o superior quanto o inferior e menos importante; atitude de bom senso, em suma.

Quem assiste a uma reunião pelo proveito que pode tirar, ou para se divertir, está pensando somente em si mesmo, e não em sua Loja ou na Sociedade. Deveríamos fazer parte da Sociedade não pelo que pudéssemos ganhar com ela, mas porque, satisfazendo-nos a verdade que ela proclama, estamos ansiosos por difundi-la aos outros o mais possível. Se formos simplesmente egoístas com relação a este assunto, poderemos comprar os livros teosóficos e estudá-los, sem pertencer à Sociedade. Nós entramos para ela com o objetivo de disseminar o ensinamento e para melhor compreendê-lo, discutindo-o com os que despenderam anos esforçando-se por vivê-lo. Nós, que a ela pertencemos, muito lhe devemos no sentido de esclarecimentos e auxílio para a compreensão dos pontos difíceis, dos sentimentos de fraternidade e do pensamento benéfico.

Sei que durante os meus trinta anos de membro da Sociedade ela me proporcionou muito dessas coisas, mas estou inteiramente seguro de que, se tivesse entrado para a Sociedade com a ideia de lucrar alguma coisa, não teria adquirido nem a metade do que recebi. Em minha experiência da Sociedade, eu vi muitas e repetidas vezes que a pessoa que nela ingressa com a ideia: "Que poderei ganhar?", ganha pouco, porque, durante o tempo em que vai descendo a corrente de força, ele é um *cul-de-sac* – o que os mergulhadores chamam uma "extremidade morta", por onde nada circula. Que pode haver no fundo de um conduto senão água estagnada? Mas se o conduto é aberto e a água corre livremente, então pode passar grande quantidade.

Da mesma forma, se os membros vão a uma reunião pensando constantemente em si mesmos, e se lhes agrada o que ali se diz ou se faz, é certo que eles não ganharão senão muito pouco, em comparação ao que poderiam ganhar se adotassem atitude mais racional. Tais pessoas, sem dúvida, têm momentos ou fases de desinteresse pessoal; mas isso não é suficiente. A vida de um membro devia ser toda devotada a bem desempenhar sua missão, a cumprir seu dever o máximo que lhe fosse possível. Portanto, sendo membro da Sociedade e de uma Loja, teria que cumprir o seu dever desse ponto de vista igualmente. Se declara enfadonhas as reuniões, será o caso de lhe perguntarmos: "Que estás fazendo para evitar que elas sejam enfadonhas? Também estás presente, e também te compete velar no sentido de que as coisas se passem da melhor maneira possível".

Se cada membro individual sentir que é seu dever procurar fazer com que toda reunião seja proveitosa, é bem provável que assim aconteça, muito mais do que se ele for ali para distrair-se, ou até mesmo simplesmente para instruir-se.

Consideremos agora o lado oculto da reunião de uma Loja Teosófica.

Para isso, tomaremos como exemplo as reuniões ordinárias em que a Loja prossegue a sua linha particular de estudo. Refiro-me exclusivamente às reuniões de membros da Loja, porque o efeito oculto que desejo descrever é impossível com outras reuniões em que se admitam pessoas estranhas.

Naturalmente, o trabalho de toda Loja tem o seu lado oculto. Há conferências que são públicas e em que se dá a todos a oportunidade de fazerem perguntas; tudo isso é bom e necessário. Mas toda Loja digna desse nome realiza igualmente algo muito mais elevado que o simples trabalho no mundo físico, e esse trabalho superior não pode ser feito senão em virtude de suas reuniões privadas. Além disso, ele só pode ser executado se as reuniões privadas são adequadamente conduzidas e inteiramente harmoniosas. Se os membros estão de algum modo pensando em si mesmos – se alimentam vaidade pessoal, demonstram o desejo de brilhar ou de ter parte preeminente na sessão; se possuem outros sentimentos de natureza pessoal; se se mostram suscetíveis ou são movidos por inveja ou ciúme – nenhum efeito útil pode ser alcançado. Mas, se eles se esquecerem de si mesmos, no afã sincero de compreender o assunto em pauta para estudo, um resultado apreciável e benéfico, que talvez estejam longe de imaginar, estará ao imediato alcance. Expliquemos a razão disso.

Figuremos uma série de reuniões em que se esteja usando determinado livro como objeto de estudo. Cada membro sabe de antemão que parágrafo ou página será comentado na próxima reunião, e é de esperar que se dê ao trabalho de preparar-se para cumprir inteligentemente a parte que lhe toca. Não deve ficar na atitude da avezinha recém-nascida, de boca aberta para esperar que outra lhe dê o alimento; pelo contrário, todo membro deve ter uma compreensão inteligente do tema que se vai comentar, e estar preparado para dar sua contribuição sobre o assunto.

Excelente programa para cada membro do círculo seria chamar a si a responsabilidade quanto ao exame de alguns de nossos livros teosóficos – um tomando o primeiro volume de *A Doutrina Secreta*, por exemplo; outro, o segundo volume; outro, o terceiro; outro, a *A Sabedoria Antiga*[31], Annie Besant; outro, o *Esoteric Buddhism*, A. P. Sinnett, e assim por diante. Alguns dos membros podiam facilmente tomar dois ou três dos livros menores, e, por outro lado, se a Loja for bastante numerosa, um volume de *A Doutrina Secreta* poderá muito bem ser dividido entre vários membros, cada qual tendo a seu

---

[31] Ed. Teosófica, Brasília, 1991. (N. E.)

cargo cem ou cento e cinquenta páginas. A matéria exata a considerar na reunião seguinte é anunciada previamente, e cada membro se incumbe de estudar cuidadosamente o livro ou livros que lhe forem destinados, para qualquer referência ao respectivo texto, de modo que, ao comparecer à reunião, esteja de posse de informações acerca do assunto particular ao qual se refere o livro e preparado para oferecer sua contribuição quando chamado. Desse modo, todo membro tem sua tarefa a cumprir, e cada um recebe considerável ajuda para a plena e clara compreensão do tema em foco, pois todos os presentes estão, assim, nele fixando seu pensamento com interesse. Quando aberta a sessão, o presidente da Loja designa primeiro um dos presentes a fim de ler a passagem escolhida para estudo, e em seguida perguntará a cada membro, um por um, o que o seu livro diz, se este tem algo a esclarecer que se relacione com a matéria. Depois que todos expuseram a sua parte, são formuladas perguntas e discutidos alguns pontos que não estejam perfeitamente claros. Surgindo perguntas que os membros presentes mais antigos não se sintam capazes de responder plenamente, deverá ser ela escrita e encaminhada à sede da Seção Nacional da Sociedade Teosófica

Se um programa como esse for adotado, ninguém terá motivo para se queixar de serem monótonas as reuniões, porque todos os membros assumirão a sua própria parte em cada uma delas.

Cada qual deve ir às reuniões com o espírito de ajuda, pensando na contribuição que pode dar e de que modo ser útil, pois tudo depende da atitude de espírito.

Consideremos que efeito terão as reuniões sobre a vizinhança do local em que elas se realizam. Já observamos que o serviço de uma Igreja é um centro poderoso de influência; e a esse respeito qual é a atuação de uma reunião teosófica?

Para compreendê-lo, recordemo-nos do que foi dito sobre a ação do pensamento. A onda-pensamento pode ser gerada em diferentes níveis do corpo mental. Um pensamento interesseiro serve-se do tipo mais inferior da matéria mental, ao passo que um pensamento desinteressado, ou uma tentativa para compreender alguma ideia elevada, utiliza somente os tipos superiores. Um intenso esforço para entender o abstrato – uma tentativa para compreender o que significa a quarta dimensão ou a tabularidade de um esquema – significa, se bem-sucedido, uma atividade nascente do corpo causal; se o pensamento está mesclado com afeição desinteressada, com uma aspiração ou devoção elevada, é mesmo possível que a vibração do mundo intuicional nele venha a penetrar, multiplicando-lhe a potência.

A distância que pode ser irradiada por uma onda-pensamento efetivamente depende tanto de sua natureza como da oposição que ela encontra. As ondas de tipo inferiores da matéria astral são em geral desviadas e suplantadas por muitas outras vibrações no mesmo nível, da mesma forma que a suavidade de um som se perde inteiramente no meio do barulho de uma grande cidade.

Por esse motivo, o pensamento ordinário do ser humano médio concentrado em si mesmo, que principia no nível inferior do mental e desce imediatamente ao correspondente nível inferior do astral, é comparativamente ineficaz. Sua potência em ambos os mundos é limitada, porque, por violenta que seja, há um imenso e turbulento mar de pensamentos agitados ao redor, a tal ponto que suas ondas inevitavelmente se perdem e se deixam suplantar em meio à confusão. O pensamento gerado em um nível superior, no entanto, tem um campo de ação muito mais claro, porque atualmente o número de pensamentos que produzem tais ondas é muito pequeno – na verdade, o pensamento teosófico representa uma classe em si mesmo, desse ponto de vista. Há pessoas religiosas cujo pensamento é tão elevado quanto o nosso, mas nunca tão preciso e definido; há grande número de pessoas cujos pensamentos, em matéria de negócios e de ganhar dinheiro, são tão precisos quanto se possa desejar; mas não são elevados ou altruísticos. O próprio pensamento científico dificilmente é da mesma classe que o do verdadeiro teósofo, de modo que nossos estudantes têm praticamente para eles um campo no mundo mental.

O resultado é que, quando uma pessoa pensa sobre assuntos teosóficos, está criando ao seu redor uma poderosa onda, porque não encontra praticamente oposição, à semelhança do som no meio de um profundo silêncio, ou de uma luz que brilha em noite completamente escura. A onda põe em ação um nível de matéria mental ainda raramente utilizada, e as radiações que produz incidem sobre o corpo mental do ser humano médio em um ponto ainda completamente adormecido. Isso dá a semelhante pensamento o seu valor peculiar, não só ao pensador como aos outros que o rodeiam; pois sua tendência é despertar e pôr em uso uma parte totalmente nova do aparelho do pensamento. Essa onda não propaga necessariamente o pensamento teosófico aos que não o conhecem; mas, despertando essa parte superior do corpo mental, tende a elevar-se e a liberar o pensamento como um todo, seja qual for a linha em que tenha o hábito de mover-se, e assim produz incalculável benefício.

Se o pensamento de uma só pessoa dá lugar a tais resultados, o pensamento de vinte ou trinta pessoas dirigido ao mesmo assunto terá um efeito consideravelmente maior. A potência do pensamento unido de muitas pessoas é sempre muito maior que a soma de seus pensamentos separados; seria mais aproximadamente representada por seu produto. Assim, pode-se ver que, mesmo desse ponto de vista, exclusivamente, a reunião frequente de uma Loja Teosófica é algo excelente para a cidade ou comunidade, pois que seus trabalhos, se conduzidos com o espírito que convém, não podem senão produzir o eleito de elevar e enobrecer o pensamento da população circunvizinha. Naturalmente, há muita gente cujos espíritos não podem ainda ser despertados para esses níveis superiores; mesmo para essas, porém, o constante bater das ondas daquele pensamento mais avançado contribui, pelo menos, para aproximar o tempo do seu despertar.

E não devemos esquecer o resultado proporcionado pela construção de formas-pensamento definidas. Foram elas também irradiadas do centro de atividade, mas somente podem chegar às mentes que já são, até certo ponto, receptivas a ideias dessa natureza. Nos dias de hoje, entretanto, existem muitas dessas mentes, e os nossos membros podem atestar o fato de que, após haverem discutido questões como a da reencarnação, são muitas vezes inquiridos para dar informação sobre tal assunto por pessoas que antes não se supunha estarem nele interessadas. A forma-pensamento é capaz de acompanhar a natureza exata do pensamento em relação aos que de algum modo se acham preparados para recebê-lo, ao passo que a onda-pensamento, não obstante alcançar um círculo muito mais extenso, possui uma ação muito menos definida.

Temos já aqui um efeito muito importante sobre o nível mental, produzido não intencionalmente pelos nossos membros no curso ordinário do seu estudo – algo muito maior em verdade do que provavelmente jamais viriam a alcançar seus esforços intencionais. Mas não é tudo, pois o mais importante ainda está por vir. Cada Loja da Sociedade é um centro de interesse para os Grandes Mestres de Sabedoria, e, quando a Loja funciona bem e lealmente, os pensamentos dos Mestres e os dos Seus discípulos se voltam frequentemente para ela.

Dessa forma, uma força mais exaltada que a nossa pode muitas vezes irradiar de nossas reuniões, e uma influência de inestimável valor pode-se convergir para lá, onde, ao que saibamos, de outro modo não haveria de chegar. Isso parece realmente ser o limite último que pode atingir o nosso trabalho; contudo, existe algo além dele.

Todos os estudantes de ocultismo sabem que a Vida e a Luz da Divindade inundam o conjunto do Seu Sistema – que em todos os mundos, em todos os níveis, Ela verte aquela manifestação especial de Sua força que lhes é apropriada. Naturalmente, quanto mais elevado o mundo, menos velada é a Sua glória, porque à medida que subimos somos atraídos para mais perto de Sua fonte. Normalmente, a força que converge para cada mundo é estritamente limitada a ele; mas ela pode descer e iluminar um nível mais baixo se lhe for preparado um canal especial.

Esse canal é propiciado sempre que algum pensamento ou sentimento tem um aspecto de todo desinteressado. A emoção egoísta se move em uma curva fechada, e sua resposta vem, portanto, para o seu próprio nível; e emoção inegoísta é um fluxo de energia que não retorna, mas que em seu movimento para o alto representa uma canal para a descida do Poder Divino do nível imediatamente acima, que é a realidade que está por trás da velha ideia de resposta à oração.

Para o clarividente, esse canal é visível como um grande vórtice, uma espécie de gigantesco cilindro ou funil. É a imagem mais aproximada que podemos oferecer para explicá-lo no mundo físico, mas que não dá realmente uma ideia adequada de sua aparência, porque, quando a força passa através do canal, ela como que se faz una com o vórtice, saindo colorida por ele e trazendo-lhe as características – que mostram o canal por onde veio.

Semelhante canal somente pode ser aberto se todo o pensamento for sincero e harmonioso. Não quero dizer que não deve haver nenhuma discussão nas reuniões: mas que tal discussão seja invariavelmente conduzida em tom o mais cordial possível, e animada do sentimento pleno de fraternidade. Não devemos nunca supor que alguém, por divergir de nós, seja necessariamente de pensamento fraco ou sem compreensão. No mínimo existem sempre dois lados de toda questão, e por isso aquele que discorda pode muita vez estar simplesmente vendo o outro lado. Se assim é, dele nós podemos recolher alguma coisa, e ele alguma coisa de nós; e desse modo podemos fazer bem um ao outro. Mas, se nos agastarmos em uma discussão, estaremos fazendo mal um ao outro, em prejuízo da harmonia das ondas-pensamento. Um só pensamento nesse sentido é capaz de frustrar um excelente efeito. Tenho visto que isso muitas vezes acontece – várias pessoas trabalhando com satisfação e construindo um magnífico canal; subitamente, uma delas diz algo destoante ou pessoal, e então no mesmo instante tudo se desmorona, perdendo-se a oportunidade de ajudar.

Sempre que alguém está falando, ou lendo um parágrafo, ou procurando prestar ajuda, esforcemo-nos por coadjuvá-lo, e não estejamos pensando que poderíamos nós mesmos fazer coisa muito melhor. Não o critiquemos, antes lhe proporcionemos o auxílio do nosso pensamento. Podemos depois interrogá-lo a respeito de alguns pontos que não ficaram claros; mas não lhe enviemos então um pensamento hostil ou de crítica, porquanto, se o fizermos, podemos interferir na sequência do seu pensamento e lhe perturbar a exposição. Tomemos nota mentalmente de qualquer ponto sobre o qual desejemos perguntar, mas no momento procuremos ver o que de bom existe no que ele expôs, já que assim o estaremos estimulando.

O clarividente vê a corrente de pensamento fluindo do orador, e outras correntes de compreensão saindo da audiência e unindo-se àquela; mas o pensamento de crítica a encontra com uma taxa de vibração em sentido oposto, rompe-a e deixa tudo em confusão. Aquele que vê atuar essa influência fica tão fortemente impressionado por tal observação que é pouco provável esquecê-la, assim como proceder de modo contrário a ela.

Os pensamentos de ajuda dos ouvintes tendem a tornar mais clara a explanação do orador, e a gravá-la na mente daqueles a quem não seja familiar o assunto. Por essa razão, devem os membros comparecer mesmo às conferências públicas que versem temas elementares, feitas por seus companheiros, a fim de que, com sua plena compreensão, possam ajudar o expositor, criando formas-pensamento claras relacionadas com seu objeto, suscetíveis de causar impressão nas mentes do público que tenta compreender.

Aquele que cuida em estudar sinceramente as coisas superiores está, nesse instante, totalmente absorvido no tema e cria uma poderosa forma-pensamento no plano mental, que imediatamente é utilizada como um canal pela força que paira no mundo logo acima. Quando uma corporação de pessoas se funde em um pensamento dessa natureza, o canal que elas constroem é incomparavelmente maior em sua capacidade que a soma de todos os seus canais separados; e semelhante associação de pessoas é, portanto, de inestimável benefício para a comunidade em que trabalham, porque através delas (mesmo em suas reuniões de estudo mais ordinárias, quando examinam assuntos como rondas, raças e cadeias planetárias) é possível descer até o mental inferior a emanação daquela força que normalmente é peculiar do mundo mental superior; ao passo que, se dirigem sua atenção para o lado mais elevado do ensinamento teosófico, e examinam questões de ética e desenvolvimento da alma, como se vê nos livros *Aos Pés do Mestre, Luz no Caminho, A Voz do Silêncio*[32], e outras obras devocionais, podem elas preparar um canal do mais alto pensamento, por intermédio do qual o mundo intuicional pode descer ao mental, irradiando assim uma influência benéfica sobre muitas almas, que de modo algum estariam abertas à ação dessa força se permanecesse ela em seu nível original.

Essa é a verdadeira e maior função de uma Loja da Sociedade Teosófica: preparar um canal para a distribuição da Vida Divina; e assim temos nós mais uma demonstração de como o invisível é muito maior que o visível. Ao olho físico de alcance limitado, tudo o que é visível é um pequeno grupo de humildes estudantes que se reúnem semanalmente, esforçando-se sinceramente para aprender e tornar-se úteis aos seus semelhantes. Mas os que podem ver mais do que isso percebem as flores gloriosas que brotam dessa raiz minúscula, porque desse centro aparentemente insignificante saem nada menos de quatro correntes de influência: a corrente de ondas-pensamento, o ramalhete de formas-pensamento, o magnetismo dos Mestres de Sabedoria e a poderosa torrente da Energia Divina.

Eis aí também um exemplo da importância eminentemente prática de um conhecimento do lado invisível da vida. Por falta de tal conhecimento,

---

[32] Publicados pela Ed. Teosófica. (N. E.)

muitos membros têm negligenciado o cumprimento do seu dever, deixando de comparecer às reuniões da Loja; e assim perderam o inestimável privilégio de fazerem parte de um canal para a Vida Divina. Ainda não perceberam o fato de que se reúnem, não para receber, mas para dar, não para se divertirem e auferir qualquer vantagem, mas para desempenhar sua parte em um imenso trabalho pelo bem da humanidade.

Capítulo 22

PELAS NOSSAS RELAÇÕES COM AS CRIANÇAS

Do ponto de vista teosófico, o assunto de nossas relações com as crianças é sumamente importante e prático. Se compreendermos a finalidade da descida do Ego para encarnar-se, e se soubermos até que ponto a realização dessa finalidade depende da educação dada aos seus diferentes veículos durante a infância e o crescimento, sentiremos a imensa responsabilidade que cabe a todos os que, de qualquer modo, estejam em relação com as crianças, quer sejam os pais, os parentes mais velhos e os professores. Convém, portanto, considerarmos que sugestões pode a Teosofia oferecer quanto à melhor maneira de cumprir essa responsabilidade.

O Dever dos Pais

A natureza absoluta desse dever dos pais e dos professores para com os jovens precisa, em primeiro lugar, ser reconhecida. Não será demasiado enfatizar ou repetir insistentemente que a paternidade é uma responsabilidade excessivamente pesada e de um caráter religioso, por leviana e inconsideradamente que seja muitas vezes encarada. Os que põem um filho neste mundo se tornam diretamente responsáveis perante a Lei do *Karma* pelas oportunidades de evolução que devem oferecer a esse Ego, e será realmente pesada a sua punição se, por descuido ou egoísmo, os pais puserem obstáculos no seu caminho, ou deixarem de lhe prestar todo o auxílio e orientação que o filho tem o direito de esperar. No entanto, os pais modernos ignoram quase sempre essa óbvia responsabilidade; quantas vezes o filho é para eles nada mais que uma causa de fútil vaidade ou o objeto de uma irrefletida negligência!

Se desejamos nos tornar capazes de cumprir com o dever que temos para com os nossos filhos, devemos primeiro considerar como veio ele a ser o que é; devemos retroceder, em pensamento, a suas encarnações precedentes.

Quaisquer que tivessem sido as circunstâncias naquela época, possuía ele uma inclinação definida que lhe era própria – um caráter feito de qualidades boas e más, desenvolvidas ora mais ora menos.

Com o decurso do tempo, chegou ao fim aquela existência; mas, se este fim lhe veio pouco a pouco, por doença ou por velhice, ou rapidamente por algum acidente ou violência, não lhe terá trazido nenhuma transformação súbita de qualquer espécie em seu caráter.

Uma curiosa ilusão parece com frequência prevalecer, a de que o simples fato de morrer transmuda, de repente, um demônio em santo; que o ser humano, no momento da morte, qualquer que tenha sido sua vida, se converte em um anjo de bondade. Nada poderia estar mais longe da verdade – sabem-no perfeitamente aqueles cujo trabalho consiste em ajudar os que partem desta vida. A circunstância de se desembaraçar do corpo físico em nada altera o caráter de uma pessoa, que apenas ficou sem o seu invólucro: ela é precisamente a mesma pessoa depois de morta – tal como dantes, com os mesmos vícios e as mesmas virtudes.

Realmente, passando agora a atuar apenas no mundo astral, não dispõe ela das mesmas oportunidades para os manifestar; mas, conquanto se manifestem de maneira diferente na vida astral, estão ali ainda, e as condições e a duração da nova vida são a sua consequência. A pessoa pode permanecer neste mundo até que a energia posta em ação pelos seus desejos e emoções inferiores durante a existência física se tenha esgotado – até que se desintegre o corpo astral que para si mesma preparou; porque só então lhe é possível deixá-lo para a região mais elevada e mais tranquila do mundo celeste. Entretanto, embora aquelas paixões particulares estejam no momento gastas e consumidas, os germes que permitiram a existência dessas qualidades ainda se encontram lá. Permanecem latentes, não efetivos, certamente, porque desejos desse tipo requerem matéria astral para se manifestarem; são o que a Sra. Blavatsky denominou "privações de matéria"; mas estão prontas para renovar sua atividade, se estimuladas, quando a pessoa novamente se encontrar em condições que lhes permitam a atuação.

A seguinte analogia, se não for levada demasiado longe, poderá ajudar-nos a compreender a ideia.

Se fizermos soar continuamente uma pequena campainha em um vaso fechado e formos extraindo pouco a pouco o ar, o som ficará cada vez mais fraco, até ficar inaudível. A campainha não cessa de soar, tão fortemente como nunca; apenas a sua vibração não mais se manifesta aos nossos ouvidos, porque está ausente o meio através do qual esse resultado pode impressioná-los. Admitindo a entrada do ar no vaso, imediatamente ouviremos de novo o som da campainha tal como antes.

De maneira semelhante, existem certas qualidades na natureza do ser humano que necessitam de matéria astral para manifestar-se, assim como o som necessita do ar ou de alguma matéria mais densa como seu veículo; e, quando, no processo de separação do Ego, após o que chamamos morte, deixa ele o mundo astral e vai para o mundo mental, essas qualidades, não tendo mais como expressar-se, devem permanecer latentes. Mas, quando, séculos mais tarde, em sua descida para a reencarnação, reentra ele no astral, as qualidades que estavam latentes por tanto tempo, voltam a manifestar-se, e são as tendências da nova personalidade.

Assim também há qualidades da mente que necessitam, para sua expressão, de matéria dos níveis mentais inferiores: e, quando, após longo repouso no mundo celeste, a consciência do ser humano se retira com o verdadeiro Ego para os níveis mentais superiores, tais qualidades entram igualmente em estado latente.

Quando, porém, o Ego está próximo a reencarnar-se, é preciso inverter esse processo de separação: o Ego desce através dos mundos pelos quais passou em sua ascensão. Ao chegar a hora de sua emigração, vai primeiro aos níveis inferiores de seu próprio mundo, e ali procura exprimir-se, tanto quanto lhe seja possível, nessa matéria menos perfeita e menos plástica. Para lá poder se exprimir, tem que se revestir da matéria desse mundo.

Assim, o Ego reúne em torno de si matéria dos níveis mentais inferiores – a matéria que irá depois formar seu corpo mental. Mas essa matéria não é escolhida ao acaso; de todas as reservas variadas e inesgotáveis que o cercam, ele atrai a si precisamente aquela combinação apropriada para dar expressão às suas qualidades mentais latentes. Exatamente de modo idêntico, quando desce para o mundo astral, a matéria deste que, por lei natural, ele atrai para lhe servir de veículo, é aquela que dá expressão aos desejos que tinha ao concluir sua última vida astral. Efetivamente, ele retoma sua vida em cada mundo justamente onde a deixou a última vez.

Suas qualidades não estão ainda em ação; simplesmente são os germes de qualidades, e por enquanto sua única influência é assegurar-se de um possível campo de manifestação mediante o aprovisionamento de matéria conveniente que lhe permita exprimir-se nos vários veículos da criança. Que elas se desenvolvam mais uma vez, nesta vida, nas mesmas tendências definidas que na vida anterior, dependerá muito do encorajamento ou do que lhe oferecer o ambiente da criança durante seus primeiros anos. Cada uma delas, boa ou má, pode facilmente ser induzida à atividade ou debilitar-se, conforme seja ou não estimulada. Se estimulada, torna-se um fator mais poderoso na vida do ser humano, desta vez, que na existência anterior, se debilitada, persiste tão somente como germe não fecundado, que logo se atrofia e perece, não mais se apresentando nas encarnações seguintes.

Essa é, portanto, a condição da criança ao nascer, quando é confiada aos cuidados de seus pais. Não se pode dizer que já possua um corpo mental ou um corpo astral definidos, mas tem ao seu redor e em si mesma a matéria da qual devem estes ser formados.

Possui tendências de toda sorte, umas boas e outras más, e é de acordo com o desenvolvimento dessas tendências que se construirão os corpos mental e astral. E tal desenvolvimento, por sua vez, depende quase totalmente das influências externas que vão pesar sobre a criança durante os primeiros anos de sua existência. Nesse período, o Ego ainda não tem senão pouco domínio sobre seus veículos, e espera que os pais o ajudem a obter um comando mais firme, provendo-o de condições apropriadas; daí a responsabilidade deles.

A Plasticidade da Infância

É impossível exagerar a plasticidade desses veículos ainda não formados. Sabemos que o corpo físico de uma criança, que começa a fazer exercícios desde tenra idade, pode ser consideravelmente modificado. Um acrobata, por exemplo, tomará uma criança de cinco ou seis anos, cujos ossos e músculos não estão ainda endurecidos nem totalmente consolidados como os nossos, e habituará gradualmente os seus membros e o corpo a assumirem com facilidade, e sem esforço penoso, todas as espécies de posição que agora seriam absolutamente impossíveis para a maioria de nós, mesmo à custa de muito exercício. Embora nossos próprios corpos na mesma idade em nada diferissem substancialmente do daquele jovem, somente se tornariam flexíveis e elásticos quanto o dele se houvessem sido submetidos aos mesmos exercícios.

Se o corpo físico da criança é assim plástico e impressionável, seus veículos astral e mental o são muito mais. Eles vibram de acordo com toda vibração que encontram, e são ardentemente receptivos a quaisquer influências, sejam boas ou más, que emanam daqueles que os cercam. São semelhantes também ao corpo físico em outra característica – em que, embora tão suscetíveis e plásticos em seus primeiros anos, logo se fixam e se enraízam, adquirindo hábitos definidos que, uma vez firmemente estabelecidos, somente podem ser alterados com muita dificuldade Quando compreendemos isso, logo vemos a extrema importância do ambiente em que a criança passa os seus primeiros anos, e a grave responsabilidade que pesa sobre os pais de velarem para que sejam boas, tanto quanto possível, as condições de desenvolvimento da criança. A pequena criatura é como o barro em nossas mãos, para modelarmos quase como nos aprouver; de minuto em minuto, os germes das qualidades boas ou más, provindas da última encarnação, estão despertando para a atividade; de minuto em minuto, estão sendo construídos aqueles veículos que vão determinar as condições de sua nova vida: e é nosso dever acordar o germe do bem para opor-se ao germe do mal. O futuro do filho(a) está sob nossa vigilância, a um ponto bem mais considerável do que imaginam os pais, por mais afetuosos que estes sejam.

Pensemos em todos os amigos que conhecemos tão bem, e tentemos imaginar o que seriam se todas as suas boas qualidades fossem intensificadas ao máximo, e erradicados de seus caracteres todos os traços menos estimáveis.

Esse é o resultado que está ao nosso alcance produzir em nossos filhos e filhas, se quisermos cumprir nosso dever para com eles; tal é o espécime de humanidade que deles podemos fazer, se apenas quisermos dar-nos a esse trabalho.

A Influência dos Pais

Mas como? Podemos nos perguntar por quais meios. Por meio de preceitos? Por meio da educação? Certamente que sim; muito pode ser feito nesse sentido quando chegar o tempo; mas outro poder muito maior está em nossas mãos – um poder que está ao nosso alcance pôr em prática desde o próprio nascimento da criança, e até antes deste nascimento: é o poder da influência de nossa própria vida.

Até certo ponto isso é reconhecido, pois a maior parte das pessoas civilizadas e cuidadosa em suas palavras e atos na presença de uma criança, e estaríamos diante de um pai (ou mãe) degenerado(a) se consentisse que seu filho(a) o ouvisse fazer uso de linguagem destemperada, ou o visse deixar-se dominar por um excesso de paixão; o que o ser humano não percebe, porém, é que, se deseja evitar que sejam causados sérios danos aos seus pequenos, deve aprender a controlar, não apenas as suas palavras e ações, mas também seus pensamentos. É verdade que não podemos ver *incontinenti* o pernicioso efeito de nosso pensamento ou desejo mau sobre a mente de nosso filho; mas esse efeito não é o menor, porque é mais real e mais terrível, mais insidioso e mais extenso, que o mal visível ao olho físico.

Se um pai (ou mãe) se permite abrigar sentimentos de ira ou ciúme, de inveja ou avareza, de egoísmo ou orgulho, ainda que sem nunca externá-los, as ondas de emoção a que ele dá origem em seu próprio corpo de desejos estão decerto em atividade durante o tempo todo sobre o corpo plástico de seu filho(a), sintonizando suas vibrações na mesma frequência, despertando todos os germes daqueles defeitos que pode ter herdado de sua existência pretérita, e instalando em si o mesmo grupo de hábitos maus, os quais, uma vez definitivamente arraigados, será muitíssimo difícil corrigir. E é exatamente o que acontece no caso da maioria das crianças que vemos ao nosso redor.

A Aura de Uma Criança

Tal como se apresenta ao clarividente, o corpo sutil da criança é frequentemente uma coisa de grande beleza – de um colorido puro e brilhante, isento ainda das manchas da avareza e da sensualidade, bem como das sombrias nuvens da má vontade e do egoísmo, que tão amiúde escurecem a vida do adulto. Todos os germes e tendências a que já me referi – algumas boas e outras más – são ali visíveis; e assim as possibilidades da vida futura da criança estão expostas perante o olho do observador.

E como é triste ver a mudança que se opera quase sempre nessa agradável aura da criança, à medida que se passam os anos – notar quão persistentemente as tendências más vão sendo encorajadas e fortalecidas pelo ambiente, e como são totalmente negligenciadas as boas!

E assim as encarnações, uma após outra, vão se desperdiçando, e uma vida que, com um pouco mais de vigilância e cuidado por parte dos pais e dos educadores, poderia trazer bons frutos de progresso espiritual não chega praticamente a coisa alguma, e ao findar-se não deixa quase nenhuma colheita que possa ser adquirida pelo Ego, do qual tem sido tão parcial expressão.

A Negligência dos Pais

Quando observamos a criminosa negligência com a qual os responsáveis pela educação das crianças permitem que elas fiquem expostas a toda sorte de pensamentos mundanos e prejudiciais, cessamos de nos admirar da extraordinária lentidão da evolução e do quase imperceptível progresso, que é tudo o que o Ego tem a apresentar vida após vida como fruto do trabalho e da luta neste mundo inferior. No entanto, com um pouco mais de esforço quanto progresso poderia ser alcançado!

Não é necessária a visão astral para ver que mudança se faria neste velho e fatigado mundo, se a maioria, ou mesmo uma boa parte da próxima geração, se submetesse ao processo acima sugerido – se todas as más qualidades fossem reprimidas firmemente, atrofiando-se por falta de alimento, enquanto as boas fossem cultivadas assiduamente e desenvolvidas na maior extensão possível. Basta pensar o que todos por sua vez fariam por seus filhos, para concluir-se que em duas ou três gerações todas as condições de vida seriam diferentes, iniciando-se uma verdadeira idade de ouro. Para o mundo em geral, essa idade pode ainda estar distante, mas certamente nós, que fazemos parte da Sociedade Teosófica, devemos fazer tudo o que pudermos para apressar o seu advento; e, se bem que a influência do nosso exemplo não possa ir muito longe, está, pelo menos, em nossas mãos fazer com que os nossos filhos(as) tenham, para o seu desenvolvimento, todas as vantagens que lhes podemos oferecer.

O máximo cuidado, portanto, precisa ser mantido em relação ao ambiente das crianças, e as pessoas que querem persistir em seus pensamentos grosseiros e desafetuosos devem aprender, pelo menos, que, ao procederem assim, não estão em condições de se aproximar dos jovens – para não os infeccionarem por um contágio mais virulento que a febre.

Muito cuidado, por exemplo, é preciso na escolha das amas, ou babás, a quem são por vezes confiadas as crianças; é evidente, porém, que, quanto menos forem estas deixadas nas mãos de funcionárias, tanto melhor será. As amas não raro criam forte afeição pelas crianças, tratando-as como se fossem de sua própria carne e sangue; mas nem sempre acontece assim, e, mesmo que aconteça, via de regra, são elas menos instruídas que seus patrões. Uma criança deixada com muita frequência em companhia delas fica, pois, demasiado sujeita a um impacto de pensamento que é, provavelmente, de origem menos elevada que a de seus pais. Por isso, a mãe que aspira a ver o seu filho tornar-se uma pessoa de espírito fino e educado não deve confiar esse filho senão o menos possível aos cuidados de outrem, e, acima de tudo, deve exercer uma grande vigilância sobre seus próprios pensamentos quando o traz consigo.

E, como regra mais importante e fundamental, jamais deve dar asilo a qualquer pensamento ou desejo que não queira ver reproduzidos em seu filho. Não que semelhante conquista – meramente negativa – sobre ela própria seja suficiente, pois que, felizmente, tudo quanto ficou dito a respeito da influência e poder do pensamento se aplica tanto aos pensamentos bons quanto aos maus, e por isso o dever dos pais tem um lado positivo e um lado negativo. Não só cabe a eles absterem-se, com o máximo cuidado, de alimentar, com pensamentos indignos e egoístas, qualquer tendência má que porventura observe em seu filho, senão também é seu dever cultivarem neles próprios uma afeição firme e desinteressada, pensamentos puros, aspirações elevadas e nobres, a fim de que tudo possa reagir sobre a criança, ativando o que de bom existir latente nela e criando uma tendência para as qualidades boas que não estejam representadas em seu caráter.

Não devem recear que tais esforços de sua parte falhem no objetivo, por serem eles incapazes, à falta de visão astral, de seguir sua ação. A um clarividente a questão toda é óbvia; ele distingue as ondas que se formam no corpo mental dos pais pela elaboração do pensamento, vendo-as irradiando-se, e observa as vibrações simpáticas provocadas com o seu impacto no corpo mental da criança; e, se repete a observação a intervalos durante certo tempo, percebe a mudança gradual, mas permanente, produzida nesse corpo mental pela constante reprodução do mesmo estímulo ao progresso.

Se os próprios pais fossem dotados da visão astral, sem dúvida que seria de grande ajuda verem exatamente quais as capacidades do filho; mas, se não desfrutarem ainda tal privilégio, não deverão por isso descrer do resultado, porque poderão, com certeza matemática, acompanhar o esforço sustentado, quer lhes seja visível ou não o processo do seu trabalho.

E seja qual for o cuidado de que os pais cerquem o filho, é impossível que este (se ele vive no mundo) não encontre algum dia as influências que estimularão nele os germes do mal. Mas fará muita diferença quais os germes que serão estimulados em primeiro lugar. Geralmente o despertar dos germes para a atividade ocorre antes que o Ego possua domínio sobre os veículos; e, assim, ao assumi-lo, ele verifica que precisa lutar contra uma forte predisposição a várias coisas más. Quando os germes do bem acordam tardiamente, têm que combater para se impor contra uma série de ondas-pensamentos discordantes, já firmemente estabelecidas; e nem sempre o conseguem. Se, no entanto, graças a uma infatigável atenção antes do nascimento e durante muitos anos depois, são os pais bastante felizes para estimular somente as vibrações benéficas, quando o Ego assumir o comando não terá dificuldade em se expressar nesse sentido, estabelecendo-se então um hábito na mesma direção. E, quando vier a excitação má, como certamente virá um dia ou outro, há de encontrar a oposição de um forte impulso para o bem, a que em vão tentará sobrepor-se.

O domínio do Ego sobre seus veículos inferiores é muitas vezes fraco, a não ser que ele seja excepcionalmente adiantado; mas a sua vontade é sempre dirigida para o bem, porque seu desejo é que esses veículos se tornem os instrumentos do seu progresso; assim, o poder, que é capaz de pôr na balança, está sempre do lado bom. Mas, com o seu algo incerto comando sobre os corpos astral e mental, frequentemente ainda se mostra incapaz de contrabalançar uma forte tendência na direção má quando esta já se acentuou. Se, entretanto, depara uma firme tendência no rumo oposto, acha-se ele com isso habilitado ao domínio de seus veículos de maneira mais eficaz; e, depois que o faz, a sugestão má que aparecer mais tarde não será facilmente admitida. Num dos casos, a personalidade tem predileção pelo mal, uma disposição para o acolher e nele comprazer-se; no outro caso, há uma forte e natural aversão ao mal, tornando o trabalho do Ego muito mais fácil.

O pai (ou a mãe) não somente deve policiar seus pensamentos, como também as próprias ações.

Uma criança observa com rapidez a injustiça, e dela se ressente. E, se vê que é repreendida alguma vez por uma ação que em outra ocasião só prazer lhe causou, não há de que surpreender que seu sentido da invariabilidade das leis da natureza seja ultrajado! Além disso, quando a aflição ou tristeza vem aos pais, como tantas vezes acontece neste mundo, é dever deles, certamente, esforçarem-se, quanto possível, por evitar que o fardo do sofrimento pese sobre os filhos da mesma forma que sobre eles; pelo menos na presença destes, devem fazer um esforço especial para mostrar-se alegres e resignados, a fim de que a atmosfera sombria e penosa de depressão não se estenda de seu corpo astral ao deles.

Muitos pais bem-intencionados têm uma natureza ansiosa e atormentada: sempre se contrariam e contrariam os filhos por motivos insignificantes e coisas que em verdade carecem de importância. Se pudessem observar com a visão clarividente toda a inquietação e desassossego que assim produzem em seus próprios corpos superiores, e vissem como essas ondas perturbadoras introduzem agitação e irritação inteiramente desnecessárias nos veículos sensíveis de seus filhos, não mais se deixariam eles surpreender por semelhantes explosões de arrebatamento ou excitabilidade nervosa, e perceberiam que em casos assim deviam muitas vezes queixar-se antes de si mesmos. O que lhes caberia contemplar e ter diante de si como objetivo é um espírito sereno, a paz que ultrapassa toda compreensão, a perfeita calma que advém da confiança de que tudo enfim correrá bem.

Acima de tudo, devem esforçar-se por ser uma encarnação do Amor Divino, realizando-o plenamente em suas próprias vidas, para com ele inundarem a vida de seus filhos.

O corpo deve habitar uma atmosfera de amor; um filho não deveria jamais deparar-se com uma vibração dissonante, nunca saber mesmo, nos dias de sua juventude, que existe alguma coisa no mundo que não seja o amor. E, quando chegar o tempo, como infelizmente virá – quando ele aprender que no mundo exterior tantas vezes tristemente falta o amor – que tudo o mais que ele sinta é que o seu lar jamais o decepcionará, que lá, pelo menos, há de contar sempre com o máximo amor, a mais completa compreensão.

É óbvio que a educação do caráter dos pais, exigida por essas considerações, tem que ser a melhor possível, em todos os sentidos. Além de ajudarem assim a educação dos filhos, estarão eles também colhendo para si benefícios incalculáveis, pois os pensamentos que de início eram formulados, num esforço consciente, por amor ao filho, logo passarão a ser naturais e comuns; e com o tempo farão parte da própria natureza de toda a vida dos pais.

Não devemos supor que tais precauções devem ser negligenciadas quando a criança tiver mais idade, porque, embora essa extraordinária sensibilidade à influência do ambiente principie assim que o Ego desce até o embrião, muito antes do nascimento, ela continua, na maior parte dos casos, até o período da maturidade.

Se as influências, como acima sugerimos, forem exercidas sobre o filho durante a infância e a adolescência, o corpo de doze ou quatorze anos de idade estará mais bem aparelhado para os esforços que o esperam do que os de seus companheiros menos felizes, que não foram alvo de atenção especial. Mas ele ainda se encontra muito mais impressionável que um adulto; necessita ainda de ser envolvido por aquele mar ilimitado de amor perene; o mesmo auxílio e orientação firme sobre o nível mental deverão continuar sendo dispensados, a fim de que os bons hábitos, tanto de pensamento como de ação, não venham a ceder ante as novas tentações que provavelmente o assaltarão.

Se bem que seja dos pais, sobretudo, que deva ele esperar semelhante assistência durante os seus primeiros anos, tudo quanto ficou exposto acerca dos deveres daqueles serve igualmente a todos os que venham a entrar em contato com as crianças, a qualquer título, e muito especialmente aos que têm sobre si a tremenda responsabilidade de ensinar. A influência do professor, para o bem ou para o mal, em relação aos alunos, é tal que não se pode facilmente medir, e também depende, como acima se disse, não só do que ele diz ou faz, senão ainda mais do que ele pensa. Muitos professores costumam reprovar, em seus alunos, a exibição de tendências por cuja criação são, eles próprios, diretamente responsáveis; se os seus pensamentos são egoístas ou impuros, então verão refletir-se em torno deles próprios o egoísmo e a impureza, e o mal ocasionado por tais pensamentos não se detém naqueles a quem estão influenciando assim.

As jovens mentes, sobre as quais se refletem os pensamentos, absorvem estes e os fazem crescer e fortificar-se, e assim o mal também repercute nos outros ao redor, convertendo-se em uma tradição nociva que se transmite de geração em geração de moços, deixando a marca do seu caráter peculiar em uma escola ou classe particular. Felizmente, uma tradição boa pode-se estabelecer quase tão facilmente quanto a má – não exatamente com a mesma facilidade, porque há sempre as influências externas indesejáveis a serem levadas em conta; mas, apesar disso, um professor que compreende suas responsabilidades, e dirige sua escola dentro dos princípios sugeridos, não tardará em verificar que o seu autodomínio e o seu devotamento pessoal não foram infrutíferos.

A Necessidade de Amor

Somente há um meio pelo qual cada pai ou cada professor pode efetivamente obter influência junto à criança e desenvolver tudo o que de melhor nela existe: é envolvê-la na chama pura de um caloroso e constante amor pessoal, ganhando por essa forma, em troca, o seu amor e confiança. O admirável livro de Alcyone (Krishnamurti), *Educação como Serviço*[33] – livro que todo pai ou professor deveria ler, pelo doce espírito que inspira e os valiosos preceitos que encerra – insiste sobre essa qualificação, mais do que sobre qualquer outra.

É verdade que é possível extorquir a obediência e preservar a disciplina inspirando o medo; mas as regras impostas por este método se mantêm apenas enquanto a autoridade (ou o seu representante) está presente, e são invariavelmente postas de lado quando não existe receio de denúncia; a criança observa-as porque é obrigada, e não porque deseja proceder assim; e, ao mesmo tempo, o efeito sobre o seu caráter é desastroso.

Se, pelo contrário, se apela para a sua afeição, ela se alista imediatamente do lado da regra: deseja preservá-la, pois sabe que, transgredindo-a,

---

[33] Ed. Teosófica Adyar, Rio de Janeiro. (N. E.)

provocará sofrimento em quem ela estima; e, se o seu sentimento é bastante forte, lhe dará coragem para elevar-se acima de qualquer tentação, e a regra a deterá, não importando quem esteja presente ou ausente. Assim, é o objetivo alcançado, não só mais completamente, como também com mais facilidade e mais agradavelmente, tanto pelo professor quanto pelo aluno, e todo o lado melhor da criança é chamado à atividade, em lugar do lado pior. Em vez de desafiar a vontade da criança para uma oposição teimosa e persistente, o professor a dispõe em seu próprio favor na luta contra as distrações e tentações; evita-se o perigo da fraude e da obstinação, obtendo-se com isso resultados que nunca seriam alcançados com o outro sistema.

É da máxima importância tentar sempre compreender a criança, e fazer com que fique certa de que contará com amizade e simpatia. Há que ser cuidadosamente evitada toda manifestação de severidade, explicando-lhe sempre a razão das recomendações. É preciso, em verdade, deixar claro que por vezes ocorrem emergências súbitas, quando os mais velhos não têm tempo de explicar as recomendações, e ela compreenderá que em tais casos lhe cabe obedecer, ainda mesmo que não alcance bem o motivo; mas, mesmo assim, a explicação deve vir depois.

Certos pais ou professores desavisados cometem muitas vezes o erro de exigir obediência sem compreensão – atitude nada razoável; realmente, esperam por parte da criança, em todas as ocasiões e circunstâncias, uma paciência e santidade angélicas, que eles próprios estão longe de possuir. Não perceberam ainda que a severidade com uma criança não só é uma maldade, mas absolutamente irracional e insensata, pois nunca pode ser o meio mais eficaz de obter dela o que se deseja.

Os erros da criança são frequentemente o resultado direto do método anormal com que é tratada. Sensível e nervosa dentro de certa medida, não raro ela se sente vítima de mal-entendido se a repreendem ou castigam por motivo de ofensas, cuja torpeza escapa completamente à sua compreensão. Como admirar que, quando toda a atmosfera que a rodeia transpira a fraude e a mentira, seus temores algumas vezes também a levem à falsidade. Nesses casos, o *karma* da falta recairá com mais peso sobre aqueles que, por sua criminosa grosseria, colocaram uma criança fraca e ainda não desenvolvida numa posição onde lhe era quase impossível evitá-lo.

Se reclamamos lealdade por parte de nossos filhos, devemos primeiro que tudo praticá-la nós mesmos; cabe-nos o dever de pensar corretamente, tanto quanto falar a verdade e proceder do mesmo modo, antes que possamos esperar ser bastante fortes para salvá-los do mar da mentira e da fraude que nos cerca de todos os lados. Mas, se os tratamos como seres racionais; se lhes explicamos plena e pacientemente o que queremos deles; e lhes mostramos que nada têm que recear de nós, porque "o perfeito amor expulsa o medo" – então não tecemos nenhum óbice com respeito à sinceridade.

Ilusão curiosa, mas não incomum – remanescente talvez dos dias terríveis em que, por seus pecados, esta infeliz nação inglesa gemia sob a lúgubre tirania do puritanismo é que as crianças nunca podem ser boas quando não sofrem; que é preciso sempre contrariá-las, nunca se lhes consentindo fazerem as coisas por si mesmas, considerando que, quando satisfeitas, estão necessariamente em uma condição de maldade. Absurda e atroz como é essa doutrina, há muitas variantes dela que ainda prevalecem largamente e que são responsáveis por grande quantidade de malvadeza e de miséria inúteis, infligidas às pequenas criaturas, cujo crime único é serem naturais e felizes. Sem dúvida, a natureza quer que a infância seja uma idade feliz, e não devemos poupar esforços para que assim seja, porque sobre esse aspecto, como em todos os outros, se contrariamos a natureza, nós o fazemos a nosso próprio risco. Há um hino que nos diz o seguinte :

Deus desejaria que fôssemos todos felizes,
felizes durante o dia todo.

E neste, como em todos os outros casos, é nosso dever e nosso privilégio colaborar com Ele.

Ajudará muito as nossas relações com as crianças se nos lembrarmos de que também elas são Egos, de que os seus pequenos e débeis corpos físicos não representam senão o acidente do momento, e de que na realidade somos todos mais ou menos da mesma idade; devemos-lhes, por isso, respeito, assim como afeição, sem impor a nossa vontade ou individualidade sobre as delas. Nossa tarefa no sentido de educá-las é desenvolver somente o que em seus veículos inferiores deve cooperar com o Ego – o que fará delas melhores canais para o trabalho do Ego. Em tempos que se foram, na idade de ouro da antiga civilização atlantiana, a importância do ofício de professor das crianças era de tal modo reconhecida que a ninguém se admitia exercê-lo a não ser a um clarividente habilitado, que pudesse ver todas as qualidades e capacidades latentes de seus pupilos, e, portanto, pudesse trabalhar de modo inteligente com cada um deles, assim como desenvolver o que era bom e corrigir o que era mau.

No longínquo futuro da sexta raça-raiz, assim será novamente. Mas esse tempo está ainda muito distante, e devemos fazer o melhor que pudermos nas condições menos favoráveis de hoje. A afeição desinteressada é um maravilhoso acelerador da intuição, e aqueles que realmente amam seus filhos raramente estarão em dificuldade para compreender-lhes as necessidades; e uma observação aguda e persistente nos proporcionará, embora à custa de muito maior esforço, uma aproximação da visão mais clara de nossos predecessores atlantianos. Seja como for, vale a pena tentá-lo, pois, tão logo percebamos nossa verdadeira responsabilidade em relação às crianças, veremos que não há trabalho demasiado grande para habilitar-nos a cumpri-la melhor. O amor não é sempre esclarecido, nós o sabemos; mas é, pelo menos, mais sensato que a negligência, e os pais e professores que amam verdadeiramente serão estimulados a adquirir sabedoria pelo bem das crianças.

Educação Religiosa

Muitos membros de nossa Sociedade, quando sentem que seus filhos têm necessidade de algo para substituir a educação religiosa ordinária, julgam ainda quase impossível ensinar-lhes a Teosofia de maneira inteligível para eles. Alguns têm mesmo permitido a seus filhos seguirem a rotina habitual dos ensinamentos bíblicos, dizendo que não sabem fazer de outro modo, e que, embora muitos desses ensinamentos obviamente não correspondam à verdade, tal coisa poderá ser corrigida mais tarde. Semelhante atitude é inteiramente indefensável: a criança não deve perder seu tempo aprendendo alguma coisa que depois terá que pôr de lado. Se a real significação interna do Cristianismo pode ser ensinada aos nossos filhos, muito bem, porque é pura Teosofia; mas, infelizmente, não é essa a forma que toma a instrução religiosa nas escolas ordinárias.

Não existe nenhuma dificuldade real em apresentar as grandes verdades da Teosofia de forma inteligível às mentes de nossos filhos. É inútil embaraçá-los com as Rondas e as Raças, com *Mulaprakriti* e as Cadeias Planetárias; por interessantes que sejam todas essas informações, são elas, no entanto, de pequena importância na regra prática de conduta, ao passo que as grandes verdades éticas, em que assenta todo o sistema, podem, felizmente, fazer-se acessíveis mesmo à compreensão infantil. Que haverá de mais simples em essência do que as três grandes verdades expostas no livro *Idílio do Lótus Branco?* [34] "A alma do homem é imortal, e o seu futuro é o futuro de uma coisa cujo progresso e esplendor não têm limites.

O princípio que dá a vida está em nós e fora de nós, é imortal e eternamente benfazejo, não é ouvido, nem visto, nem sentido, mas é percebido pelo homem que deseja a percepção.

Cada homem é seu próprio legislador, o dispensador de glória ou de sombra a si mesmo – aquele que decreta sua vida, sua recompensa, seu castigo.

Estas verdades tão grandes quanto à própria vida são tão simples como a mente mais simples do homem. Alimentai com elas os que têm fome".

Podemos expressá-las mais concisamente, dizendo: "O homem é Imortal; Deus é bom; como semearmos, assim colheremos".

Nenhuma criança, por certo, deixará de entender essas ideias simples em suas linhas gerais, se bem que mais tarde possam levar anos estudando para compreender a sua imensa significação.

Ensinemos às crianças a grande e antiga fórmula de que "a morte é a porta da vida" – e não um destino terrível a temer, mas simplesmente um estágio do progresso que se deve acolher com interesse. Ensinamos-lhes a viver, não para si mesmas, mas para os outros – a ir pelo mundo como amigos e para ajudar, animadas de respeito, amor e cuidado para com tudo o que vive. Ensinemos-lhes a alegrar-se vendo e proporcionando a felicidade nos outros, nos animais e nos pássaros, como nos seres humanos; ensinemos-lhes que ocasionar sofrimento a qualquer ser vivo é sempre ação má, que jamais deve ser objeto de interesse ou divertimento para qualquer homem civilizado ou de pensamento são.

As simpatias da criança são facilmente despertadas, e sua satisfação em fazer alguma coisa é tão grande que ela imediatamente responde à ideia de que deve procurar ajudar a todas as criaturas ao seu redor, e nunca fazer-lhes mal. Deve ser ensinada a ser observadora, a fim de que possa ver onde se faz

---

[34] Ed. Teosófica, Brasília. 2003. (N. E.)

necessário o auxílio, tanto a um ser humano como a um animal, e dar prontamente o que preciso for e estiver ao seu alcance.

A criança quer ser amada, e gosta de proteger, e ambos estes sentimentos podem ser utilizados para ensiná-la a ser um amigo de todas as criaturas. Aprenderá bem depressa a admirar as flores que vicejam, não as colhendo inoportunamente para jogá-las fora alguns minutos depois na beira da estrada, onde murcharão; as que colher serão apanhadas com cuidado, evitando prejudicar a planta; ela as preservará e zelará, e o seu caminho através da mata e do campo nunca será marcado por flores fanadas e plantas arrancadas.

Educação Física

A educação física da criança é matéria da maior relevância, pois um corpo forte, puro e sadio é necessário para a completa expressão da alma que se desenvolve no interior. Ensinemos-lhe desde o início a extraordinária importância da pureza física, de modo que ela encare o seu banho diário exatamente como parte integrante de sua vida, como sucede com a alimentação diária. Cuidemos em que seu corpo não seja nunca intoxicado com as abominações e impurezas da selvageria moderna, tais como a carne, o álcool ou o fumo; cuidemos em que tenha sempre e abundantemente sol, ar puro e exercício.

Já vimos, em capítulo anterior, como é terrível o ambiente de uma grande cidade; e, se é maléfica a sua influência sobre os adultos, é dez vezes pior para as crianças, que são mais sensíveis. A verdade é que nenhuma criança deveria jamais ser educada em uma cidade; e as pessoas cujo mau *karma* as obriga a trabalhar em tais lugares deviam, pelo menos, fazer o possível para morar a uma razoável distância – pelo bem de seus filhos. É muito melhor que as crianças sejam educadas no interior, ainda que em meio a uma relativa pobreza, em vez de permitirem os pais, sob o pretexto de ganhar dinheiro para elas, que cresçam entre as influências nocivas de uma grande cidade. Onde a vida urbana fosse infelizmente inevitável, deveriam pelo menos ausentar-se dela sempre que possível, mantendo-as afastadas quanto mais tempo melhor.

Assim, nossos filhos crescerão puros, sadios e felizes; assim, daremos às almas confiadas aos nossos cuidados um relicário de que elas não terão porque se envergonhar, um veículo através do qual receberão apenas o que houver de melhor e mais elevado que o mundo físico é capaz de oferecer –

veículo que poderão usar como instrumento apropriado para as tarefas mais nobres e mais santas.

Ao ensinar a criança, os pais serão também obrigados a dar o exemplo, nisso como em outras coisas, e assim a criança, por sua vez, civilizará os adultos ao mesmo tempo em que progredirem. Os pássaros e as borboletas, os gatos e os cães, todos serão seus amigos, e a criança ficará encantada com sua beleza, em vez de desejar capturá-los ou exterminá-los.

As crianças educadas desse modo virão a ser homens e mulheres que reconhecerão seu lugar na evolução e o seu trabalho no mundo, e cada um constituirá um novo centro de força humanizante, mudando gradualmente a direção da influência humana sobre as coisas inferiores.

Se educarmos assim nossas crianças, se formos assim cuidadosos em nossas relações com elas, desempenharemos nobremente a grande tarefa sob nossa responsabilidade.

E, assim fazendo, estaremos ajudando a grande obra da evolução; cumpriremos com nosso dever, não só para com as crianças, mas também com a própria raça humana – não só para com aqueles Egos particulares, mas também para com os milhões de Egos que ainda estão por vir.

Capítulo 23

PELAS NOSSAS RELAÇÕES COM OS REINOS INFERIORES

Os Animais Domésticos

Nós temos para com os animais que nos cercam uma responsabilidade que cumpre não esquecer. Pode ela se apresentar de duas formas, ou melhor, dois graus. Um fazendeiro, na exploração do seu negócio, tem que lidar com um grupo numeroso de animais, que podem ser descritos como semidomésticos. Seu dever para com eles consiste, obviamente, em alimentá-los bem e tomar todo o cuidado para mantê-los em perfeita saúde. Pode algumas vezes ter um deles a seu serviço, mas suas relações com eles são, habitualmente, tão só de ordem geral, e, como estão ainda longe da possibilidade de individualização, não é provável que tenha maior influência sobre eles. Essas relações, efetivamente, não vão além de relações de negócio, sem embargo de lhes dispensar toda a atenção como se fossem humanos.

O caso é de todo diferente quando se trata de animais realmente domésticos, que vivem em nossa casa e com os quais estamos em contato íntimo e pessoal. Ninguém é obrigado a ter um cão ou um gato; mas, se os tem, assume para com eles muito mais responsabilidade que a do fazendeiro para com um animal de sua tropa. Seria imperdoável egoísmo criar-se um animal pensando unicamente no prazer que ele proporciona, e não no seu desenvolvimento.

Realmente, o animal doméstico é como que um filho mais jovem – com esta diferença: enquanto o filho é sempre um Ego, devendo ser ajudado a exercer domínio sobre seus veículos, não é o animal ainda um Ego separado, devendo-se ajudá-lo a que venha a sê-lo. O processo da individualização de um animal já foi descrito mais de uma vez; indicações nesse sentido podem-se encontrar em: *Compêndio de Teosofia, A Vida Interna, O Homem Visível e Invisível,* e *O Credo Cristão.* Uma leitura do que está escrito nesses livros mostrará em que consistem nossos deveres para com os animais. Cabe-nos procurar desenvolver-lhes a afeição e o intelecto, e o principal fator do desenvolvimento nesses dois sentidos é a afeição que viermos a sentir por eles. Já me referi extensamente aos erros que, com frequência, incorrem os seres humanos em seu trato com os animais domésticos. Todos esses erros se devem à atitude egoísta para com o animal, à tentativa de utilizá-lo para a satisfação de nossas próprias paixões – como, por exemplo, quando um cão é exercitado para caçar, com o que passa ele a fazer imensamente mais mal do que o faziam seus antepassados como animais selvagens nas florestas. Porque o animal selvagem mata só para alimentar-se, quando a isso o impele a fome; mas o cão é exercitado para matar pelo prazer de matar, sendo assim degradado na escala da evolução, em vez de progredir.

Entre as duas categorias, animais domésticos e animais de fazenda, podemos situar o cavalo, por ficar em relações individuais mais íntimas com o cavaleiro do que o animal da fazenda, estando, porém, longe de possuir a inteligência do cão ou do gato. Deve também ser tratado inteligentemente e, acima de tudo, com invariável bondade. Cabe ao cavaleiro sempre lembrar-se de que o cavalo não existe somente para servi-lo, senão que tem uma evolução própria, que deve ser favorecida. Não merece censura utilizá-lo para ajudar o homem, porque a associação com este lhe pode desenvolver a afeição e a inteligência; cumpre, porém, ser tratado sempre como se trataria um servidor doméstico, sem esquecer jamais seu interesse enquanto nos está servindo.

Os Pássaros

O estudante do lado oculto da vida deve desaprovar completamente a prática de manter pássaros em gaiolas. A perfeita liberdade e o sentimento dos grandes espaços livres estão na própria essência da vida de um pássaro, e o sofrimento por que ele passa ao ser aprisionado é quase sempre intenso e dos mais patéticos. A coisa é especialmente marcada no caso de pássaros que são nativos do país, e todos esses deveriam certamente ser deixados em liberdade.

Os pássaros de outras terras, que só podem ser felizes em climas diferentes, entram em uma categoria diversa. Eles também passam a maior parte do tempo lembrando-se do esplendor das cenas tropicais, e ansiando pela região natal, de onde nunca deviam ter sido levados – e para a qual deveriam ser reenviados o mais cedo possível. A falta aqui é daqueles que originariamente os capturaram; e dela participam agora os que os retêm somente na medida em que tiram proveito disso. O estudante que, sem refletir, tenha adquirido esses pássaros, dificilmente pode fazer outra coisa senão guardá-los, a não ser que esteja em condições de os restituir à sua terra de origem; mas deverá proporcionar-lhes gaiolas as mais amplas, e deixá-los sair para voar dentro da sala tantas vezes quanto possível, e abster-se ao mesmo tempo, é claro, de não estimular um tráfico abominável com outras compras idênticas.

As únicas relações úteis e racionais que podemos estabelecer com os pássaros são as que por vezes existem quando regularmente deixamos comida para eles em determinado lugar, aonde virão apanhá-la, mas sempre permanecendo em perfeita liberdade. Se alguém deseja conservar um pássaro, deve tratá-lo exatamente como trataria um gato – dando-lhe todo o alimento necessário e um lugar para abrigá-lo toda vez que o pássaro o quiser aceitar, deixando-o, contudo, livre para ir aonde desejar. A dificuldade está em que a inteligência do pássaro é muito menos desenvolvida que a do gato, sendo, portanto, mais difícil fazê-lo compreender as condições do arranjo. O melhor plano, sem dúvida, é não se ocupar de pássaros de outras terras, mas procurar conquistar amizade de pássaros selvagens de regiões vizinhas.

A individualização não é possível para os pássaros, porque a sua evolução não se passa dentro das nossas linhas; quando eles transcendem a evolução que lhes é própria passam a uma das ordens mais elevadas de espíritos da natureza. Não obstante, a amizade para com os pássaros desperta neles a gratidão e a afeição, e os ajuda em sua marcha evolutiva para diante.

As Plantas

Outro sentido em que podemos sobremodo exercer influência, se o quisermos, é com relação às plantas de nossos jardins. As plantas, como os animais, estão prontas a responder ao carinho e aos cuidados racionais, e são, com certeza, influenciadas não só pelo que fazemos por elas fisicamente, como também pelos sentimentos que lhes devotamos. Todo aquele que possuir a visão astral perceberá que as flores se deleitam a um sentimento de admiração, e o retribuem.

Os sentimentos do vegetal diferem mais em grau que em espécie dos do animal ou da criatura humana, e apresentam com o animal a mesma relação que os deste com o ser humano.

O animal é menos complexo em suas emoções que o ser humano, mas é capaz de afeição e ódio, de medo e orgulho, de ciúme ou vergonha. Alguns animais, também, parecem ter um senso de humor; em todo o caso, eles se comprazem enormemente em pregar peças uns nos outros, e protestam vivamente quando um ser humano pretende levá-los a ridículo ou divertir-se à custa deles. Nada indica que essas emoções sejam, guardadas as proporções, menos intensas no animal que no ser humano; mas podemos dizer que o animal tem menos emoções, que estas são menos complexas e que os seus meios de expressá-las são mais limitados.

Se descemos ao reino vegetal, vemos que as plantas carecem do poder de expressão; mas cometeremos um grave erro se daí concluirmos que elas não têm sentimentos a exprimir. No reino vegetal, a emoção é ainda muito menos complexa que a do animal, e é mais vaga – uma espécie de sentimento cego e instintivo. A principal manifestação física é o fato bem conhecido de que algumas pessoas são sempre felizes com as plantas, e outras sempre infelizes quando as medidas adotadas são precisamente idênticas. Essa diferença existe em toda a parte, mas na Índia tem sido especialmente notada, e certas pessoas descritas como dotadas de uma boa mão, reconhecendo-se que tudo o que plantam cresce, ainda que as condições sejam de todo desfavoráveis, e que tudo o que cultivam é certo prosperar. Quando é geral essa influência sobre o reino vegetal, não se trata de preferência individual, mas de certas características da pessoa e de certas qualidades de seus veículos etérico e astral, que são geralmente simpáticos aos vegetais, da mesma forma que há pessoas das quais todos os cães se tornam logo amigos, e outras que sem esforço podem domar os cavalos mais rebeldes.

Mas as plantas são também capazes de ligações individuais, e quando vêm a conhecer bem as pessoas ficam satisfeitas em vê-las (ou melhor, em senti-las) por perto. Aquele que dirige sobre suas flores uma corrente de admiração e afeto desperta nelas um sentimento de prazer – primeiro, um prazer geral de ser objeto de admiração, que se poderia comparar a uma espécie de orgulho; e depois, em segundo lugar, uma sensação de prazer na presença da pessoa que admira, sentimento que é, por sua vez, um germe de amor e gratidão. As plantas são igualmente capazes de ira e de antipatia, conquanto não disponham de meios para exteriorizá-las.

O ocultista que tem um jardim naturalmente se preocupa em cuidar dele com todo o carinho e esmero, e, ainda mais do que isso, será um amigo das flores, das árvores e das plantas, e as visitará frequentemente, presenteando-as com a sua admiração; e, assim, proporcionando prazer a esses humildes organismos, sentir-se-á cercado de um vago sentimento de afeição.

Pode-se dizer que o sentimento de uma planta não será suficientemente forte para ser digno de levar-se em conta. É verdade que a influência por ela exercida sobre uma criatura humana é inferior à do sentimento de um animal; mas essas influências existem, e, apesar de o sentimento de uma planta não parecer importante, o sentimento de centenas delas começa a ser um fato merecedor de atenção e, se desejamos criar-nos as melhores condições possíveis, não devemos ignorar os nossos irmãos menos desenvolvidos dos reinos inferiores. Isso ainda do ponto de vista puramente egoísta; mas o ocultista naturalmente pensa em primeiro lugar no efeito sobre a planta.

Quando fazemos um jardim, estamos dispondo ao nosso redor certo número de membros do reino vegetal para nosso próprio prazer; ao mesmo tempo, porém, isso nos oferece uma oportunidade de ajudá-los em sua evolução, oportunidade que não é para desprezar. As plantas diferem muito em sua capacidade para receber as influências humanas e lhes responder. Uma grande árvore, por exemplo, com seu crescimento lento e sua longa vida, é capaz de estabelecer uma relação muito mais forte que uma planta de vida simplesmente anual. Uma árvore assim chega a possuir uma personalidade própria e definida, capaz algumas vezes de exteriorizar-se temporariamente, podendo então ser vista pelo clarividente. Nesses casos, com o tempo, não raro assume ela a forma humana, conforme mencionei em *A Vida Interna*.

Os que desejarem compreender como há muito mais inteligência no reino vegetal do que geralmente se supõe leiam o excelente livro intitulado *Sagacity and Morality of the Plants*, de J. E. Taylor.

Os Espíritos da Natureza

Esta maravilhosa evolução foi descrita em um dos capítulos anteriores, mas do ponto de vista de seu efeito sobre nós, antes que do nosso sobre ela. Devemos agora considerar o outro lado dessa relação – a influência que podemos exercer sobre os espíritos da natureza que povoam nossa vizinhança, e a amizade que podemos contrair com eles. Muitas de suas tribos são tão belas e tão interessantes que vale a pena cultivar o seu conhecimento, e podemos ajudá-los a desenvolver seu intelecto e sua afeição, e assim fazer-lhes muito bem. Deles, os que possuem corpos etéricos têm a faculdade de os tornar fisicamente visíveis, quando querem, e por isso as pessoas que têm a sorte de ganhar sua amizade podem ocasionalmente ser recompensados vendo-os à visão ordinária. Há também uma probabilidade de que tais amigos possam ser ajudados pelos elfos a obter vislumbres de clarividência temporária, a fim de que dessa forma os vejam.

Uma fada tem muitos pontos de semelhança com um animal selvagem, e o método para lhe conseguir a amizade é análogo ao que teríamos que adotar para domesticar pássaros ou corças. A fada é esquiva e desconfiada em relação ao ser humano; como pode ser vencida essa desconfiança? A pessoa que deseja estudar de perto os hábitos de um pássaro dirige-se ordinariamente aos lugares aonde ele costuma ir, oculta-se e fica inteiramente quieto, esperando que o pássaro não o veja, ou, vendo-o, esteja seguro de sua perfeita imobilidade. A vista etérica de um espírito da natureza atravessa paredes ou matas, sendo portanto inútil tentar fugir à sua observação; e para ele a imobilidade mais importante não é a do corpo físico, mas a do corpo astral. É repelido pelas emanações impuras do homem ordinário – da carne, do fumo, do álcool e da falta de higiene em geral; evidentemente, aquele que desejar obter sua amizade deverá estar isento de tudo isso. O espírito da natureza repele, também, as tempestades das paixões e da impureza; assim, o ser humano que o procura deve ainda estar livre de todo sentimento baixo e egoísta, como a sensualidade, a ira, a inveja, o ciúme, a avareza e também a depressão.

Uma vez satisfeitos esses requisitos negativos, pode-se fazer algo positivo para atrair a aproximação de visitante tão reservado? Os animais são muitas vezes atraídos pela oferta de alimento; mas, como a fada não come, essa tentação particular não é aplicável em seu caso. Deve o estudante procurar atraí-la por meio de condições que ele saiba serem-lhe agradáveis. Uma afeição ou uma devoção forte e altruísta, ou em verdade todo sentimento elevado que funcione regularmente, criam uma atmosfera em que, devido à ausência de explosões selvagens, os espíritos da natureza neles se banham com delícia.

O ser humano que tem boa intenção – que demora algum tempo em um local agradável e solitário – (talvez em um bosque ou junto a um riacho ou a uma queda d'água) – e que se entrega a pensamentos como os acima sugeridos, é bem provável que venha a tornar-se consciente de uma presença não familiar, algo estranho e fascinante, e não humano; e talvez, se a sorte o favorecer, possa ver e sentir quando as tímidas e selvagens criaturas estiverem um pouco mais habituadas com ele e gradualmente aprenderem a confiar nele e a amá-lo. Mas, se o estudante se lembrar de que para o espírito da natureza isso é uma aventura semelhante à de um rato que faz amizade com um gato, ou de um homem que tenta estabelecer relações fraternas com um tigre na floresta, ele sentirá que é preciso ter uma paciência ilimitada, sem esperar resultados imediatos.

Quase todos os espíritos da natureza se deleitam com a música, e alguns são particularmente atraídos por certas melodias; por isso, acontecendo que o experimentador saiba executar algum instrumento portátil, como a flauta, poderão crescer as suas probabilidades de êxito se passar a tocá-lo. Conheci um elfo na Itália que ficou tão fascinado por um trecho especial de música que, ao ser tocado no piano, imediatamente ele deixava o bosque em que residia e vinha até o salão para apreciar e dançar ao som da música – ou a banhar-se em suas ondas sonoras, vibrando e bailando com seu ritmo. Mas nunca o vi proceder assim quando havia mais de duas ou três pessoas no salão – e mesmo estas deviam ser amigos em quem aprendera a confiar.

Mais de uma vez eu vi na Sicília o espetáculo de um jovem pastor, sentado em algum ponto solitário na fralda de uma colina, a tocar em sua dupla flauta de Pan, feita em casa, como um grego antigo, rodeado por uma audiência de fadas admiradoras que saltitavam alegremente, estando ele provavelmente pleno de uma felicidade inconsciente, conquanto, sem dúvida, a alegria delas devesse reagir sobre ele, dando mais calor à execução. Contudo, os camponeses veem às vezes os espíritos da natureza; numerosos casos estão citados no livro de Wentz, *Fairy Faith in Celtic Countries*.

As Coisas Inanimadas que nos Cercam

Estamos todos exercendo constantemente uma influência até mesmo sobre o que consideramos as coisas inanimadas que nos rodeiam. Algumas delas, aliás, não são de todo tão inanimadas como estávamos inclinados a pensar. Sabemos que a Vida Divina existe no reino mineral do mesmo modo que nos reinos mais elevados, e que, neste sentido, as rochas, as pedras e os minerais podem, com boa razão, ser considerados vivos. Mas certos objetos possuem tipo especial de vida, que é mais intensa e cujo estudo é de grande interesse.

Para explicá-lo, temos que voltar por um momento a uma analogia familiar.

Sabemos como a vida da essência elemental do corpo astral se concentra em uma espécie de personalidade (que chamamos o elemental dos desejos), e existe temporariamente como entidade separada, com desejos definidos e antipatias próprias, e suficiente força para exercer durante sua vida considerável efeito sobre o ser humano para o qual ela serve de veículo. Sabemos que a consciência similar que anima as células do corpo físico (incluindo, bem entendido, sua parte etérica) se manifesta em certos movimentos instintivos. De forma semelhante, a consciência que anima as moléculas de certos minerais se combina em um conjunto temporário quando essas moléculas são soldadas em uma forma determinada; e este é especialmente o caso quando aquela forma requer a presença e a atenção do ser humano, como acontece com as máquinas.

Um Navio

O melhor exemplo do que eu quero dizer nos é oferecido por um navio, porque temos aqui uma estrutura formada por considerável número de partes, e, habitualmente, de substâncias diversas. A história de Rudyard Kipling, no livro *The Ship that Found Herself*, não é mera ficção, mas encerra importante verdade.

Quando um navio acaba de ser construído, ele não é consciente de si mesmo como unidade, senão simples agregação de grande número de partes sensíveis separadas. Mas toda esta massa se tornará com o tempo uma unidade de consciência – será até certo ponto consciente de si mesmo como um todo – ainda que essa consciência, em comparação com a nossa, seja obscura e vaga.

E tal consciência é dotada do que não podemos definir senão como sentimentos, por indistintos que sejam se comparados àquilo a que damos habitualmente esse nome. Uma dessas obscuras entidades pode certamente (e muitas vezes é o caso) gostar de uma pessoa mais que de outra, de modo que essa pessoa é capaz de conseguir dela mais do que outra. Isso em nada altera o outro fato de que alguns homens são melhores marujos que os demais, podendo, com um pouco de prática, tirar do navio o melhor resultado. É por isso exatamente que alguns homens são esplêndidos cavaleiros, e podem quase imediatamente estabelecer relações amistosas com um cavalo; mas, fora disso, um cavalo é suscetível de afeiçoar-se a uma pessoa e aprender a compreender os seus desejos mais facilmente que os de um estranho. Dá-se a mesma coisa com a consciência mais vaga do navio. Não quero com isso que se pense que estou insinuando com o termo algo comparável, nas características ou na sensibilidade, à consciência do ser humano; mas ali certamente existe algo, embora incerto e impreciso, que não se pode definir por nenhuma outra palavra.

As Máquinas

O fato ocorre também com relação a uma locomotiva, a um automóvel ou a uma bicicleta. Da mesma forma que o condutor ou o motorista se acostuma com sua máquina e aprende a conhecer exatamente o que ela pode fazer, e a adaptar-se aos seus pequenos caprichos, assim a máquina, por seu lado, se habitua com o condutor e fará com ele, em vários sentidos, mais do que com um estranho. O mesmo deve acontecer com muitas espécies de máquinas, embora para essas não me fosse dada a oportunidade de uma observação pessoal.

Sem falar na influência adquirida por um indivíduo sobre a consciência mista de uma máquina, o simples fato da associação das partes de que ela se compõe produz um efeito sobre as moléculas da substância de que é feita. O ferro que fez parte de uma máquina, e participou assim do que é para ele uma exaltação de consciência, pode ser considerado como algo mais desenvolvido que o ferro que não foi usado para construir um sistema semiautônomo, como é a máquina. Passou a ser capaz de responder às vibrações adicionais e mais complexas, e isso, para um mineral, significa evolução. Está mais desperto que o outro ferro. Semelhante estado de vitalidade seria facilmente visível ao clarividente que houvesse aprendido a discerni-lo; mas eu não sei de nenhum método pelo qual se pudesse observá-lo fisicamente.

O poder adicional de responder não é sempre o mesmo, e surgirão variantes de diferentes aspectos. O ferro forjado, por exemplo, é muito mais vivo que o ferro fundido, e tal resultado é consequência dos golpes repetidos a que o submetem no processo de sua fabricação. A mesma coisa se pode observar em grau maior com uma ferradura, não só porque esta foi forjada, em primeiro lugar, como também submetida a constantes choques sobre a estrada quando usada pelo cavalo. Essa ação continuada durante muito tempo despertou nela um certo sentido que a faz antipatizar excessivamente com algumas entidades etéricas e astrais dos tipos mais baixos e malignos; e essa é a razão para a velha superstição de que, pendurando-se a ferradura na porta, esta afasta o mal e atrai a prosperidade ao seu possuidor.

Outro ponto interessante, relacionado com essa curiosa consciência compósita, é que, depois de certo tempo, ela se fatiga, fato que há sido frequentemente observado pelos que se ocupam amiúde com máquinas. Passado algum tempo, a máquina, embora perfeitamente em ordem, fica em um estado em que não funciona satisfatoriamente, mas se torna preguiçosa no seu trabalho. Muitas vezes parece mesmo impossível fazer-se alguma coisa para curá-la; mas, se for deixada inativa por algum tempo, recupera sem demora o seu estado normal e passa a funcionar como antes.

Com os metais, há provas suficientes de que são sujeitos à fadiga. Uma pena de aço algumas vezes arranhará o papel e escreverá mal quando usada continuamente durante muitas horas; mas o escrevente que tiver compreensão bastante da natureza deixará a pena de lado, em vez de jogá-la fora, e é possível que no dia seguinte a encontre melhor do que era anteriormente. Um barbeiro não raro vê que sua navalha deixa de apresentar um gume bem afiado, e chega a dizer que ela está ficando "cansada", deixando-a repousar. Alguns dias depois, essa mesma navalha estará em perfeita ordem, afiada como nunca.

Sabe-se que as locomotivas necessitam de um repouso regular, e após trabalharem durante algum tempo são levadas para a oficina e deixadas a resfriar; e assim a máquina tem o seu descanso tal como o faz normalmente o ser humano.

Vemos, desse modo, que a fadiga é uma das condições possíveis no reino mineral, e podem senti-la os metais, assim como a sentem os seres humanos em seus corpos físicos. (Ver *Response in the Living and Non-Living*, Professor J. C. Bose.) Mas é um fato que a fadiga não é sentida senão no mundo físico.

Existem pessoas – mas até agora eu só conheço poucas – que são anormalmente carregadas de eletricidade, e assim produzem um efeito especial sobre qualquer metal com o qual estejam habitualmente em contato. Diz-se, por exemplo, que tais pessoas ocasionam consideráveis desvios na bússola de um navio quando dela se aproximam; mas é um efeito físico, não se podendo considerar oculto.

Navios Fatídicos

Exemplo curioso da intervenção do lado oculto nos assuntos ordinários da vida nos é oferecido pela experiência de homens práticos do ofício – de que certas embarcações ou máquinas são o que se chamam fatídicas, ocorrendo acidente após acidente com eles ou neles, sem que nenhuma negligência aparente possa dar a explicação. Naturalmente algumas máquinas são mais bem feitas que outras; algumas pessoas, mais cuidadosas que outras. Não estou me referindo, porém, a casos em que nem um nem outro desses fatores haja participado. Em alguns casos, em que dois navios ou duas máquinas são perfeitamente semelhantes, e os homens que os dirigem possuem igual capacidade, um dos navios ou das máquinas sempre se sai bem, ou passa apenas por uma proporção normal de acidentes, ao passo que o outro está perpetuamente em dificuldade sem razão conhecida.

Não há dúvida de que assim acontece, e o fato apresenta um problema interessante ao estudante de ocultismo. Estou inclinado a crer que diversas razões podem às vezes concorrer para tal resultado. Em um caso, pelo menos, nos parece que se deve aos sentimentos de intenso ódio por parte de todos os homens da tripulação contra o capitão do navio, que teria sido um pequeno tirano da mais abominável espécie. Grande número de homens execravam o capitão, o navio e tudo o que lhe dizia respeito, e isso com toda a força de vontade de que eram dotados; e o estado dos seus sentimentos conduziu o mau resultado, dando lugar a que se sucedesse desastre após desastre com o navio. Quando foi substituído o capitão, o navio já obtivera a reputação de aziago, e assim as equipagens subsequentes estavam rodeadas de formas-pensamento correspondentes a tais sentimentos, o que naturalmente explica a continuação da série de acidentes.

Em outros casos, eu penso que os sentimentos de antipatia para com o construtor do navio deram causa a resultados semelhantes. Considero duvidoso que a ação de uma força má seja, em si mesma, suficiente para ocasionar acidentes graves. Mas na vida de todo navio há muitas ocasiões em que um acidente só vem a ser evitado pela vigilância e pela presteza – e em que bastaria um instante de demora ou negligência para precipitar uma catástrofe. A massa de formas-pensamento como as que mencionei seria amplamente suficiente para causar essa ausência momentânea de vigilância ou essa hesitação de um momento; e seria a ocasião mais propícia para que a influência má das formas-pensamento se manifestasse.

As Pedras Empregadas nas Construções

Ao falar de nossas casas, já aludi ao efeito que estamos constantemente produzindo sobre as paredes que nos cercam e sobre as peças do mobiliário em nossos quartos. Segue-se naturalmente que as pedras usadas em uma construção nunca estão no mesmo estado que as pedras que se acham ainda na pedreira. Aquelas foram, provavelmente, durante muitos anos consecutivos, impregnadas por influências de determinado tipo, e isto significa que se tornaram, depois disso, para sempre capazes de responder a tais influências mais facilmente que as pedras não utilizadas.

Estamos assim, em verdade, ajudando a evolução do reino mineral, quando fazemos uso desses minerais em nossas construções. Já expliquei como as diferentes influências a que os submetemos reagem sobre nós; e por isso, assim como uma igreja irradia devoção, e uma prisão irradia tristeza, da mesma forma cada edifício na parte comercial de uma cidade irradia a ansiedade e o esforço, associados tantas vezes com o cansaço e o desespero. Existem casos em que o conhecimento desses fatos pode ser de utilidade nas coisas mais prosaicas da vida física.

Enjoo no Mar

Sabemos, por exemplo, que senhoras sensíveis são muitas vezes acometidas pela angústia do enjoo do mar assim que põem os pés a bordo de um navio, ainda que o mar esteja perfeitamente calmo e não exista explicação física para a sensação. Em parte, sem dúvida, é autossugestão, mas para a maioria a sugestão vem do exterior. Muitos camarotes ficam tão completamente carregados com essa sugestão que se faz necessária bastante força mental por parte do novo ocupante para resistir-lhe. As vantagens físicas do ar fresco não representam, portanto, o único fator que concorre para decidir que uma pessoa que padece daquele mal deseje o maior tempo possível ficar no convés.

Quinta Seção

CONCLUSÃO

Capítulo 24

OS RESULTADOS DO CONHECIMENTO

R ESUMO

Conhecer alguma coisa do lado oculto da natureza torna a vida mais interessante para nós; interessante sobretudo para o clarividente, que pode vê-lo, ou para o sensitivo, que pode senti-lo – mas também interessante, em menor grau, para aqueles que não o podem ver ou sentir diretamente, e importante igualmente para todos, porque estão influenciando e sendo influenciados, ainda que inconscientemente para eles no que diz respeito ao seu cérebro físico.

Em cada caso, tentei indicar, em minhas considerações, a lição a aprender, mas vou aqui resumir os resultados.

Primeiro e antes de tudo, aprendemos o dever da felicidade, a necessidade de afastar a depressão e o sofrimento, nas circunstâncias mesmas que mais facilmente os produzem naqueles que não sabem. Mas ao mesmo tempo, aprendemos que a vida deve ser encarada e vivida seriamente, não para o prazer egoísta, senão para ajudar nossos semelhantes.

Vemos que nos cumpre estar em guarda contra influências insuspeitadas, como, por exemplo, os preconceitos relacionados com religião, raça ou classe, e o peso da opinião pública, jamais permitindo que influam em nosso julgamento, mas procurando sempre alcançar a verdade e ponderar os fatos por nós mesmos; que não devemos abandonar-nos sem reflexão, mesmo a uma inspiração presumidamente espiritual, mas também, neste caso, devemos "pôr à prova os espíritos" e usar o nosso bom senso.

Aprendemos a necessidade do trabalho ou do exercício sistemático; a futilidade de nos ofendermos, ou de nos deixarmos levar pela raiva, ou de permitirmos que nossa serenidade venha a ser perturbada, seja pelo que for; e a necessidade de mantermos incessante vigilância sobre nossos pensamentos, assim como sobre nossas palavras e ações, para que não nos atraiam influências indesejáveis e não atuem como tentações sobre o nosso próximo. E vemos que, de todas as influências acima mencionadas e de todas as demais igualmente nocivas, podemos sem dificuldade proteger-nos com a formação de conchas, se bem que a melhor proteção ainda seja a de nos deixar penetrar pelo Amor Divino, que está sempre emanando de nós sob a forma de amor para com os nossos semelhantes.

Aprendemos o perigo de nos escravizarmos aos hábitos do álcool, da alimentação com carne ou do fumo; aprendemos a conservar-nos livres de participar nas crueldades de um pseudoesporte; que devemos ser cuidadosos quanto à situação e à decoração de nossas casas e quartos, evitando influências más e esforçando-nos sempre para que ali penetrem a luz do sol e o ar puro; que o nosso vestuário deve ser ditado por considerações de saúde e bom senso, e não simplesmente pela moda; que as pessoas que têm a boa sorte de estar em contato especial com as crianças devem tratá-las com todo o amor, ternura e paciência; que devemos reconhecer a fraternidade de todas as formas da Vida Divina ao lidarmos com os animais e as plantas; que nunca devemos contribuir desnecessariamente para a destruição de coisa alguma, chame-se animada ou inanimada, pois o ocultista sabe que a Vida Divina está em todas as coisas, e a respeita; que o que somos, o que pensamos e o que fazemos são ainda mais importantes relativamente à sua ação sobre os outros que sobre nós mesmos; que devemos ser absolutamente verdadeiros em pensamento e em palavras, nada dizendo que não seja conforme à verdade, gentil, agradável e útil; que todo ser humano possui certa quantidade de força, e é responsável por fazer dela o melhor uso. Aprendemos que a ignorância da lei não é aceita como desculpa pela natureza, porque não altera o efeito daquilo que fazemos; que o mal não passa de uma sombra negra do bem, e é sempre temporário, enquanto o bem é eterno; e que, se em todas as coisas humanas o bem e o mal estão misturados, os poderes invisíveis empregam sempre o bem ao máximo, em todas as coisas e em todas as pessoas.

Esses pontos acerca dos quais escrevi não representam senão espécimes de uma legião imensa, havendo para tudo um lado invisível, e viver a vida do ocultista é estudar esse lado superior e oculto da natureza, e, portanto, adaptar-se inteligentemente a ele. O ocultista observa a totalidade de cada assunto que se lhe apresenta, em vez de somente a parte inferior e menos importante, e, consequentemente, regula a sua atividade de acordo com o que vê, em obediência às regras do bom senso e à Lei do Amor que guia o Universo. Os que, assim, estudarem e praticarem o ocultismo devem desenvolver em si mesmos estas três faculdades incomparáveis – conhecimento, bom senso e amor.

Tal é a maneira de proceder que nos sugere o estudo do lado oculto das coisas. Mas lembremo-nos de que esse lado oculto não permanece sempre oculto, porque a cada dia que passa mais numerosos são aqueles que estão aprendendo a percebê-lo, e um por um, dispersos aqui e ali, cada vez em maior número, estão principiando a vê-lo. Sendo óbvio que é essa a linha da evolução, e como os poucos que atualmente veem são apenas os precursores dos muitos que verão amanhã, que se pode predizer, à luz, dessas considerações, sobre o que será o futuro provável da humanidade?

O Futuro

A engenhosa especulação sobre este tema é um traço dominante em nossa moderna literatura de ficção. Foi tentada por Edward Bellamy, em *Looking Backward*, e mais recentemente, por H. G. Wells em diversas obras interessantes.

A linha mais usualmente adotada é a de seguir até uma conclusão lógica algumas das muitas teorias socialistas que estão hoje no ar, e tentar calcular como elas atuarão na prática entre os seres humanos tais como os conhecemos. Em um dos mais agradáveis livros do gênero, *In the Days of the Comet*, Wells audazmente introduz um fato inteiramente novo: uma alteração na composição de nossa atmosfera, que de repente inocula na raça humana o bom senso e o sentimento de fraternidade. Quando tal coisa acontece, imediatamente se seguem muitas outras mudanças óbvias; a guerra fica sendo uma impossibilidade ridícula, o nosso presente sistema social é visto com horror e estupefação, os nossos métodos de negócio são abandonados como indignos dos seres humanos, e assim por diante. Podemos naturalmente esperar o advento da era do bom senso na vida real, mas provavelmente virá muito mais lentamente que na história de Wells.

Será interessante ver quanta luz se projeta sobre o problema do futuro pela extensão mais elevada da consciência humana, a que já me referi em outra parte. Vemos que desse ponto de vista o futuro se divide em três partes: a imediata, a remota e a última; e, coisa singular, é da que se acha mais distante de nós que podemos falar com maior certeza, porque o plano da evolução se descortina à visão superior, e sua meta é clara. Nada pode interferir para impedir que essa meta seja atingida, mas os estágios que a ela conduzem podem ser largamente modificados pela vontade livre dos indivíduos, e não podem, por isso, ser previstos senão em suas linhas gerais.

O fim, no que tange a esse ciclo, é realizar a perfeição do ser humano. Cada indivíduo é destinado a ser algo muito mais do que atualmente entendemos como um grande ser humano, e um ser humano de bem, pois terá que ser perfeito em inteligência e em capacidade tanto quanto em espiritualidade. Toda a inteligência do maior dos filósofos ou do sábio, e muito mais que isso; toda a devoção e espiritualidade do maior dos santos, e mais ainda; – tudo isso será propriedade de cada indivíduo, de cada unidade do gênero humano, antes que chegue ao fim o nosso ciclo.

Para saber como tão admirável resultado será possível, devemos entender o plano segundo o qual opera a evolução. Evidentemente, na teoria corrente de uma pobre vida de setenta anos, seguida por uma eternidade de gozo ou de sofrimento sem objetivo, nada semelhante poderia jamais ser alcançado: mas quando estivermos convencidos de que o que comumente chamamos nossa vida é apenas um dia da vida real, e de que teremos tantos desses dias quantos forem necessários ao nosso desenvolvimento, perceberemos que o mandamento de Cristo "Sede perfeitos como o vosso Pai Celeste é perfeito" não é uma hipérbole vã, mas uma recomendação clara, à qual esperamos ser capazes de obedecer no devido tempo.

O futuro último, portanto, é a perfeição para todos os seres humanos, pouco importa que seja pouco ou quase nenhum o seu desenvolvimento atual. O ser humano virá a ser mais do que um ser humano. Eis o que significa, na Igreja primitiva, a doutrina da "deificação", a que numerosos Padres se referem. É uma questão não de um piedoso ponto de vista, mas de absoluta certeza para aqueles que veem o trabalho do esquema.

Claro, entretanto, que nos encontramos ainda muito longe de atingir essa meta; um longo caminho ascendente se abre diante de nós, antes que possamos chegar àquele cume longínquo, e, conquanto no conjunto o caminho se vá elevando regularmente, haverá necessariamente muitos altos e baixos no futuro, como houve no passado. A história nos mostra que até aqui o progresso da humanidade teve caráter cíclico.

Cada unidade vive sua longa série de vidas progressivas, não em uma só raça, mas em várias raças sucessivas, a fim de poder aprender as lições especiais que cada qual tem a ensinar. Podemos imaginar uma alma que se encarna na Índia para desenvolver o fervor religioso, na Grécia clássica para adquirir capacidade artística, na Roma dos Césares para aprender o poder imenso da disciplina e da ordem, e, entre nós, nos dias atuais, para adquirir os hábitos do espírito científico, e assim por diante.

A mesma multidão de almas passa através de todas as idades, animando todas as raças alternadamente, e aprendendo de todas elas; mas as próprias raças surgem, crescem, declinam e caem, segundo as necessidades. Assim, quando uma nação perde sua glória antiga e cede terreno na raça (como, por exemplo, parece ser o caso da Grécia moderna em relação à Grécia antiga), não quer isso dizer que certo grupo de seres humanos esteja decadente, mas que não há então almas que necessitam precisamente do mesmo tipo de educação que essa raça proporcionava em seu apogeu; ou ainda que essa educação é agora dada em outra parte.

Consequentemente, os corpos físicos dos descendentes daqueles grandes seres humanos da antiguidade são agora animados por almas de tipo inferior, ao passo que os grande seres humanos estão atualmente (como estavam) na vanguarda da evolução, encarnados, porém, em outra raça, a fim de se tornarem ainda maiores pelo desenvolvimento em novas direções. Uma raça desaparece precisamente como uma classe na universidade pode desaparecer, se a lição particular que lhe compete ensinar já não tiver estudantes que devam aprender.

A clarividência nos habilita a examinar uma seção da história passada da Terra de modo muito mais amplo que a acessível pelas vias ordinárias; e esse estudo mais completo do passado, até certo ponto, possibilita, por meio da analogia, prever alguns dos passos no futuro mais imediato.

Desse estudo dos arquivos parece certo que nós estamos no momento passando por um período de transição, e que, em vez de representar, como muitas vezes gostamos de imaginar, o mais alto desenvolvimento já ocorrido na Terra, estamos na realidade entre duas vagas do progresso. A tendência democrática – que alguns de nós tanto enaltecem – não representa, como geralmente se supõe, a realização última da sabedoria humana, mas é uma experiência que já foi tentada e levada até sua conclusão lógica há milhares de anos, e depois abandonada com universal aversão, por irracional e inexequível e por ter chegado a uma confusão sem fim. Se devemos renovar o curso dessa experiência, parece desagradavelmente certo que deveremos atravessar uma grande parte da confusão e dos sofrimentos consequentes, uma vez mais, antes de chegar ao estágio do bom senso que Wells, com tanta satisfação, descreve na história que atrás mencionamos.

Imagine-se um estado de coisas no qual toda decepção ou fraude seja impossível, em que as incompreensões não mais poderão ocorrer porque todo ser humano poderá ler o pensamento do outro – em que ninguém será constrangido a fazer um trabalho para o qual não esteja qualificado, porque, desde o começo, os pais e os tutores poderão ver exatamente as capacidades daqueles que estão confiados aos seus cuidados – em que um médico não pode cometer erros, porque verá por si mesmo precisamente o que sucede com o seu paciente, e pode acompanhar em minúcia a ação de seus remédios. Pensemos na diferença que isso trará às nossas vidas quando a morte já não nos separar daqueles a quem amamos, porque o mundo astral estará aberto para nós do mesmo modo que o mundo físico; quando for impossível duvidar por mais tempo da realidade do esquema Divino, visto que seus estágios inferiores estarão visíveis aos nossos olhos. A arte e a música estarão mais engrandecidas então, pois as cores e harmonias astrais se mostrarão à nossa disposição, tal como as que agora conhecemos.

Os problemas da ciência serão solucionados, porque as imensas contribuições ao saber humano se combinarão em todos os seus ramos num esquema perfeito. A geometria e a matemática serão muito mais satisfatórias, porque então veremos o que realmente significam e que papel desempenham no esplêndido sistema dos mundos.

A geometria que conhecemos não é senão um fragmento: é uma preparação exotérica para a realidade esotérica. Em virtude de havermos perdido o verdadeiro sentido do espaço, o primeiro passo para esta ciência é a percepção da quarta dimensão. Por exemplo, existem cinco, e somente cinco, sólidos regulares possíveis – os que algumas vezes são chamados os sólidos de Platão. Para nós, isso é um fato interessante, e nada mais; o estudante, porém, que foi iniciado nos Mistérios sabe que, com um ponto em um dos extremos da série e uma esfera no outro extremo, os sólidos formam um conjunto de sete, que têm um significado místico e explicam as relações entre um e outro dos diferentes tipos de matéria dos sete planos do nosso Sistema Solar, e o poder das forças que neles atuam.

Cada aspecto da vida será mais amplo e mais perfeito, porque veremos, muito mais do que agora, as maravilhas e a beleza do mundo a que está associado o nosso destino; compreendendo mais, não poderemos senão admirar e amar mais, e seremos por isso infinitamente mais felizes, uma vez que nos aproximaremos cada vez mais daquela perfeição última que é a felicidade absoluta, porque é a união com o Eterno Amor.

Capítulo 25

O CAMINHO DA CLARIVIDÊNCIA

Não duvido que inúmeras pessoas acharão difícil acreditar em muitas coisas que escrevi. Compreendo-as, porque isso também me pareceu fantástico, antes que eu houvesse estudado essas coisas ou pudesse vê-las por mim mesmo. Sei também que, sem levantar a mais leve suspeita sobre minha boa fé, muita gente duvidará que eu tenha visto claramente essas coisas e as relatasse com exatidão. Um amigo me fez uma crítica bastante original, dizendo:
"Parece que escrevestes tudo isso para justificar vossas próprias peculiaridades, pois as coisas que recomendais aqui são precisamente aquelas em que sois bem diferente de muitas outras pessoas".
O amigo confundia causa e efeito: se eu faço, ou procuro fazer, essas várias coisas que aconselhei, é justamente porque em relação a elas vi o que está descrito no livro. Se, porém, há (como pode muito bem haver) quem julgue ser difícil crer nessas coisas, posso apenas dizer-lhe que o melhor meio de obter confirmação de qualquer das ideias teosóficas é admiti-las e trabalhar com elas, porque então perceberá em breve que se comprovarão por si mesmas.
Está dentro das possibilidades de cada ser humano desenvolver as faculdades por meio das quais tudo isso foi visto, não havendo aqui nenhum mistério quanto ao método para conseguir semelhante desenvolvimento. Tais faculdades virão inelutavelmente a cada um, no curso do sua evolução; mas a maioria dos seres humanos está ainda a uma grande distância do ponto em que elas provavelmente se abrirão, apesar de não serem raros alguns vislumbres de clarividência, havendo muitas pessoas que possuem pelo menos certo grau de sensitividade.

Não me compreendam mal quando eu digo que o ser humano comum ainda está longe de possuir tais sentidos. Não pretendendo dizer que não seja ele suficientemente bom, pois que não se trata em absoluto de uma questão de bondade – conquanto, em verdade, se um ser humano de tendência cruel e impura adquirisse essas faculdades, ele faria mais mal do que bem, a si próprio e a todos os outros. O que quero dizer é que toda a tendência da vida e do pensamento modernos é desfavorável àquele desenvolvimento, e que o ser humano que desejar levá-lo a cabo deve abstrair-se quase inteiramente da vida do mundo e recolher-se a uma atmosfera totalmente diferente.

Uma vida como a que prescrevi neste livro é precisamente a que o ser humano deve ter para se pôr em condições favoráveis ao surgimento daquelas faculdades; e não é difícil ver quão longe disso está a vida ordinária nos dias presentes. Eis por que parece sem esperança sugerir ao ser humano médio que ele poderia empreender a tarefa de abrir esses poderes. Sem dúvida que estão ao seu alcance; mas colocá-lo em condições de iniciar um esforço real naquele sentido significaria já uma alteração radical no padrão de vida a que está acostumado. E então, ainda quando ele gradualmente erradicasse do seu corpo todos os produtos venenosos da carne, do álcool e do fumo, quando se desembaraçasse de todos os traços do egoísmo e da impureza – ainda assim, o esforço exigido ultrapassaria o que muitos seres humanos podem fazer.

O resultado eventual é tão certo como a resolução de um problema de Euclides, mas o tempo ocupado pode ser longo, e o trabalho requer uma determinação férrea e uma vontade inquebrantável; e são faculdades que atualmente estão apenas em posse de poucos. Nada obstante, "o que o homem fez, o homem pode fazer", se ele quiser; o que escreve estas linhas o conseguiu – e conheço outros que também foram bem-sucedidos; e os que ganharam esse prêmio sentem que ele é mais do que digno de todos os esforços despendidos para obtê-lo.

Permitam-me concluir o meu livro com uma declaração plena, feita com a maior singeleza, do que são aqueles poderes, mediante os quais foi ele escrito; por que são desejáveis e como podem adquirir-se.

O peixe é, como o ser humano, um habitante do nosso mundo: mas é óbvio que a sua concepção deste mundo deve ser extremamente imperfeita. Confinado, que é, a um só elemento, que pode ele conhecer da beleza das paisagens, da glória do pôr do sol, dos múltiplos e distantes interesses de nossa variada e complexa vida humana? Vive ele em um globo sobre o qual não sabe quase nada: não há dúvida, porém, de que vive plenamente satisfeito, e pensa que conhece tudo o que há para conhecer.

Não é lisonjeiro para a nossa vaidade, apesar de ser um fato absolutamente verdadeiro, que a maioria da humanidade se encontra precisamente na posição do peixe. Os seres humanos vivem em um mundo do qual somente um pequeno setor está ao alcance de suas vistas; acham-se, no entanto, satisfeitos com isso, e são geralmente de uma ignorância total ou de uma incredulidade irredutível quanto à vida mais ampla e maior que os rodeia por todos os lados.

Como temos conhecimento dessa vida mais ampla? Não só pela revelação religiosa, mas porque existem seres humanos que aprenderam a vê-la, não verdadeiramente em sua totalidade, mas pelo menos muito mais do que é visto pela maioria das pessoas. São esses a quem chamamos videntes ou clarividentes.

Como podem eles ver mais do que os outros? Pela abertura das faculdades latentes – faculdades que todo ser humano possui, mas que poucos sabem como usar.

Todo ser humano possui outros veículos de matéria mais sutil que a física – aquilo que São Paulo chamou um "corpo espiritual", assim como um "corpo natural". Do mesmo modo que por intermédio dos sentidos do corpo físico nós tomamos conhecimento das coisas materiais, assim também por meio dos sentidos daqueles corpos mais sutis nós temos conhecimento das coisas superiores.

São múltiplas as vantagens dessa visão. Para quem a possui, a maior parte dos problemas se resolve; não é uma questão de fé, senão de conhecimento, que o ser humano sobrevive ao que se chama morte, que a justiça eterna governa o mundo, que não há possibilidade de perdição para ninguém, e que, por mais enganosas que sejam as aparências, na realidade todas as coisas cooperam para o bem. O vidente pode não só aprender muito mais do que os outros, como também auxiliar muito mais os seus semelhantes.

Por ser a clarividência assim tão desejável, por existir latente em cada um de nós, podemos desenvolvê-la? Certamente que sim, se nos dispusermos a trabalhar nesse sentido; mas para a maioria das pessoas não é fácil tarefa, porque significa autodomínio e abnegação, perseverança e unidade de visão. Outras pessoas a fizeram, podemos também fazê-la; mas nada poderemos conseguir se não estivermos preparados para empenhar todo nosso poder no esforço, com uma determinação férrea em busca do êxito.

O motivo, também, há que ser puro e bom. Aquele que visa à clarividência apenas por curiosidade, ou por um desejo ignóbil de obter privilégios ou riquezas para si, melhor será que se detenha a tempo, e abandone toda espécie de exercício oculto, até que seu desenvolvimento moral e mental esteja mais adiantado. Porque o acréscimo de conhecimento e de poder significa o acréscimo de responsabilidade, e a visão superior pode ser maldição, em vez de bênção, para quem não está preparado.

Há numerosos meios de abrir a visão interior, e em sua maioria estão inçados de perigos, cumprindo evitá-los. Pode ser obtida pelo uso de certas drogas, pela auto-hipnose ou pelo mesmerismo; mas todos esses métodos podem trazer consigo maus resultados, que ultrapassam de muito as vantagens. Existe, contudo, um processo que não tem possibilidade de causar dano, e é o do domínio do pensamento com a meditação. Não digo que seja um trabalho fácil; ao contrário, é sumamente difícil. Mas digo que pode levar-se a cabo por um esforço firme, pois que isso já tem sido feito.

Aquele que o deseje tentar deve principiar por adquirir o comando do seu pensamento – tarefa hercúlea em si mesma. Deve aprender a concentrar-se sobre tudo o que faz, para que seja feito da melhor maneira possível. Aprender a manejar sua mente como um esgrimista hábil maneja sua arma, apontando-a nesta ou naquela direção, à vontade, e segurando-a com tanta firmeza quanto deseja. Experimentemos fixar nossa mente durante cinco minutos em um objetivo definido; antes que se tenha escoado a metade desse tempo, veremos que a mente se elevou além dos limites que lhe havíamos traçado. Isso quer dizer que ela não está perfeitamente sob o nosso domínio, e para sanar esse estado de coisas há de ser o nosso primeiro passo – um passo que não é fácil.

Só a prática constante nos dará semelhante poder; mas felizmente essa prática pode ser obtida ao longo do dia, tanto nos negócios como durante as horas de lazer. Se estivermos escrevendo uma carta, concentremos nela a nossa atenção, a fim de que seja bem escrita, com clareza e rapidez. Se estivermos lendo um livro, fixemos a atenção na leitura, a fim de podermos penetrar exatamente a intenção do autor e tirar proveito de tudo o que nos quis ele transmitir.

Além dessa concentração prática no curso ordinário da vida, será de grande ajuda reservar, a cada dia, um tempo determinado para um esforço especial em relação a essa mesma ordem de ideias. A hora mais conveniente é na primeira parte da manhã; mas, de qualquer modo, poderemos fazê-lo num momento em que estejamos seguros de não ser perturbados, e sempre à mesma hora, porque a regularidade é da essência da prescrição. Sentemo-nos tranquilamente e tenhamos a mente perfeitamente calma; a agitação ou a contrariedade, quaisquer que sejam, são de todo fatais ao sucesso. Depois, fixemos a mente em algum objeto escolhido de antemão, e considerêmo-lo atenta e exaustivamente, nunca deixando o pensamento extraviar-se um instante sequer. A princípio, sem dúvida, ele se extraviará; mas devemos sempre fazê-lo retroceder a fim de dar início a novo rumo. Havemos de preferir começar com pensamentos concretos; só depois de alguma prática é que os abstratos poderão ser considerados com mais resultado.

Quando, após um longo hábito, tudo isso se tornar perfeitamente familiar, quando tivermos alcançado o poder de concentração, e quando estiver a mente de todo sob o nosso comando, poderemos dar outro passo. Começaremos então por escolher como tema de nossa meditação matutina o mais elevado ideal que conhecermos. Seja qual for esse ideal, pouco importa: agora nos estaremos ocupando de princípios, e não de formas exteriores. O hindu ocupar-se-á de Shri Krishna, o maometano de Alá, o parse de Zoroastro, o budista do Senhor Buddha, e o cristão do Senhor Cristo, ou talvez, se for católico, da Virgem Maria ou de um dos Santos. Isso não tem importância, se a contemplação desse ideal despertar todo o ardor, devoção e reverência de que a pessoa seja capaz. Que o contemple com êxtase, até que sua alma esteja plena de sua glória e de sua beleza; e então, empregando toda a potência que sua longa prática da concentração lhe conferiu, que faça um esforço definido para elevar sua consciência até aquele ideal, para identificar-se com ele e tornar-se uno com ele.

Podemos fazer várias tentativas nesse sentido e nada conseguir; mas, se perseverarmos, se o nosso esforço se revestir de toda a sinceridade e desinteresse, chegará um dia em que subitamente nos veremos face a face com o sucesso, quando a ofuscante luz da vida superior brilhará diante de nós, e realizaremos aquele ideal mil vezes melhor do que nunca. Depois, retornaremos à luz dos dias habituais; mas aquele clarão momentâneo jamais será esquecido, e, mesmo que não possamos ir mais adiante, a vida nunca nos parecerá a mesma que era antes de o vermos.

Se persistirmos, porém, em nosso esforço, o esplêndido clarão de glória voltará a ser visto repetidamente, cada vez com maior duração que antes, até que, afinal, nos sentiremos capazes de elevar nossa consciência àquele nível superior que sempre desejamos – de observar, de examinar e de explorar essa fase da vida, tal como o fazemos agora com a presente; e assim nos uniremos às fileiras daqueles que sabem, em vez de estarmos adivinhando ou esperando vagamente, e nos converteremos em uma força para o bem no mundo.

Informações sobre Teosofia e o Caminho Espiritual podem ser obtidas na Sociedade Teosófica no Brasil, no seguinte endereço: SGAS - Quadra 603, Conj. E, S/N - (61) 3226-0662, CEP 70200-630. Também podem ser feitos contatos ou pelo e-mail secretaria@sociedadeteosofica.org.br - www.sociedadeteosofica.org.br